HINKEL – SYKORA
HEIMAT FLORIDSDORF

Umschlagentwurf: Grieder-Bednarik-Grafik

Umschlagfoto: Herbert Bednarik

ISBN 3-85398-000-7

1. Auflage 1977

Copyright © by Verlag Alfred Eipeldauer, Wien

Druck: WALDHEIM-EBERLE, KURIER-Zeitungsverlag und Druckerei-Gesellschaft m. b. H. & Co. KG, 1071 Wien, Seidengasse 3–11.

Printed in Austria

Raimund Hinkel – Bruno Sykora

# Heimat Floridsdorf

Mit erstem Floridsdorfer Straßenverzeichnis

Verlag Alfred Eipeldauer • Wien

Der besondere Dank des Verlages gilt jenen Floridsdorfern, die in jahrelanger, mühevoller Tätigkeit das Floridsdorfer Bezirksmuseum betreuten und die dort eine wichtige Grundlage für dieses Werk schufen:

Professor Ing. Otto Adamec †

Schulrat Richard Gerlich †

Oberschulrat Dir. Franz Haider †

Schulrat Rudolf Hösch

Franz Polly

Professor Dr. Leopold Wech

Franz Wurm †


Autoren und Verlag danken außerdem all jenen, die ihr Wissen oder einen Teil ihrer Arbeitskraft in dieses Heimatbuch investierten:

Bezirksvorsteher Otmar Emerling

Karl Kremsner

Susanne Lachnit

Adolf Rieß

Amtsrat Bruno Sokoll

Csaba Székely

Johanna Vogel

# Inhalt

# Überblick

Wer die Lage Floridsdorfs beschreiben will, kann dies durch drei Angaben unmißverständlich tun: Der 21. Bezirk liegt am Westrand des Marchfeldes, in der Nordwestecke des Wiener Beckens, am südöstlichen Ausgang der Wiener Pforte.

Floridsdorf befindet sich auf der Praterterrasse, der tiefstgelegenen Wiener Terrasse. Die Decke dieser Terrasse ist in der jüngsten Abteilung der Erdgeschichte, dem Alluvium oder Holozän, entstanden, also vor rund zehn- bis zwanzigtausend Jahren.

Auf dem linken Ufer der Donau ist die Praterterrasse etwa drei bis vier Kilometer breit. An sie schließt eine Lößdecke an. Die Grenze zwischen dieser Lößdecke und der Praterterrasse verläuft nahezu parallel zum Strom, über die Ortschaften Langenzersdorf, Groß-Jedlersdorf, Leopoldau, Kagran und Aspern.

Nördliche Teile des Bezirks bei Strebersdorf und Stammersdorf liegen allerdings nicht mehr auf der Praterterrasse, sondern auf einer Terrasse westlich von Seyring. Der Bisamberg, dessen südöstlicher Teil zum Floridsdorfer Gebiet gehört, erhebt sich über andere eiszeitliche Terrassen Wiens: Dieser Teil Floridsdorfs überragt also die Stadtterrasse, die Arsenalterrasse, die Wienerbergterrasse und die Laaerbergterrasse.

Ursprünglich war das Wiener Becken eine Mittelgebirgslandschaft und Teil einer gewaltigen Erdauffaltung, die vom Atlas über die Alpen, die Karpaten, den Balkan und quer durch Asien über die Sundainseln nach Australien verlief. Dieser mächtige Gebirgszug verschob sich aber teilweise nach Norden, bis er auf das noch ältere Urgesteinsmassiv der Böhmischen Masse stieß, worauf der Außenrand des Gebirges

9

brach. Das war die Voraussetzung dafür, daß später das restliche Verbindungsstück zwischen Alpen und Karpaten absinken konnte. Die so entstandene Beckenlandschaft – die Wiener Bucht – füllte sich mit Salzwasser. Vom Osten und vom Süden her strömte das Mittelmeer in diese Niederung.

Das bis zu dreihundert Meter tiefe Meer hinterließ Spuren. Man erkennt heute noch Strandlinien und Brandungsterrassen (Nußberg, Bisamberg), aber auch Brandungshöhlen (Anninger).

Als dieser Meeresarm durch neuerliche Gesteinsverschiebungen den Zusammenhang mit dem Weltmeer verlor, bildete sich ein gewaltiger Binnensee, das Sarmatische Meer, das bis nach Südrußland reichte. Das Gewässer im Wiener Raum wurde später von diesem Meer getrennt, verlor allmählich seinen Salzgehalt und wurde zu einem Steppensee. Der Wasserspiegel sank und sank. Als sich schließlich noch der Boden hob, war das Ende dieses Sees gekommen; er trocknete aus.

Durch die ehemaligen Meeresbecken strömten nun Flüsse. Ein Vorläufer der Donau entwässerte das Land zwischen Alpen und Böhmischer Masse nach Osten. Diese Urdonau wurde von mächtigen Gletschern gespeist, ausgiebige Regenfälle machten sie zum reißenden Wasser. Mit ihrer Kraft durchbrach sie die letzte noch vorhandene Nahtstelle zwischen Alpen und Karpaten und schuf damit die Wiener Pforte. Das Wasser schoß ins Wiener Becken und bahnte sich einen neuen Weg. Die Aufschüttungen der Urdonau, die bereits erwähnten Terrassen, bilden den Boden Wiens.

In der Jungsteinzeit (4500 bis 1800 v. Chr.) siedelten hier die ersten Menschen. Man fand auf Floridsdorfer Gebiet Waffen, Werkzeuge und etliche Schmuckstücke aus dieser Epoche. Die damaligen Siedler waren ausschließlich Jäger. Erst als das Klima milder geworden und das Eis zurückgegangen war, als die Steppe sich in saftiges Weideland verwandelt hatte, gingen die Menschen dazu über, Tiere zu halten. Das Urrind wurde zum Hausrind, das Wildschwein zum Hausschwein und das Wildpferd zum willigen Helfer bei der Feldarbeit.

Jetzt, da Jagd- und Weideräume nicht mehr oft gewechselt wurden, bauten die Menschen statt der primitiven Wohnhöhlen und Zelte Wohnungen mit festen Wänden, sogenannte Wohngruben. Der Ledersack wurde durch den hartgebrannten Topf aus Lehm ersetzt, Matten wurden geflochten, Flachs und Hanf gesponnen, Stoffe gewebt ... Die ersten Handwerksbetriebe entstanden, kunstvolle Steinwerkzeuge und Waffen wurden hergestellt. Bäuerliche Dauersiedlungen dieser Epoche gab es in den Gebieten von Leopoldau, Aspern und Langenzersdorf.

In einer längst nicht mehr bestehenden Schottergrube bei Leopoldau (im Hintergrund die Leopoldauer Kirche) wurden bedeutende historische Funde gemacht.

Nachdem die jungsteinzeitlichen Siedler Grasarten mit kräftigen Samenkörnern zum Getreide veredelt hatten, mußten sie Geräte zum Feldbau und Transport erfinden. Erstmals wurden Pflug und Wagen verwendet.

Die der Jungsteinzeit folgende Bronzezeit (etwa 1800 bis 800 v. Chr.) hinterließ im Floridsdorfer Gebiet ebenfalls deutliche Spuren. Die neue Metalltechnik, das Legieren von Kupfer und Zinn, diente zur Waffenherstellung und zur Schmuckerzeugung. Bronze wurde außerdem – ungemünzt! – als Zahlungsmittel verwendet.

In der Bronzezeit blühte der Tauschhandel. Die ersten Fabrikanten und Handelsherren machten ihre Geschäfte. Die Töpferöfen wurden verbessert und die Keramik verfeinert. Statt in Wohngruben, lebten die Menschen in wohnlicheren Blockhäusern. In Leopoldau wurden Vorratstöpfe und Grabbeigaben gefunden, die aus der Bronzezeit stammen.

Der Bronzezeit folgte die Eisenzeit (Ältere Eisenzeit, Hallstattkultur, 800 bis 400 v. Chr., Jüngere Eisenzeit, La-Tène-Kultur, 400 bis Chr. Geburt). Ein bedeutsamer Fund aus dieser Epoche wurde in Leopoldau gemacht: eine von Fachleuten sehr geschätzte Gewandspange, die sich in der Form von anderen derartigen Funden unterscheidet und sogar in einer französischen Enzyklopädie abgebildet und beschrieben wurde.

In der Eisenzeit war nach wie vor Bronze das gebräuchlichste Material zur Herstellung verschiedenster Gegenstände. Aus dem anfangs

11

seltenen Eisen wurden nur Messer, Schwerter und Lanzenspitzen ge-
schmiedet. Die Eisentechnik stammt aus Kleinasien.

Im 5. vorchristlichen Jahrhundert kamen von Südengland und Frankreich die Kelten ins Land und besetzten das gesamte Voralpengebiet
von Salzburg bis zum südlichen Burgenland. Ihr Norisches Königreich
war das erste staatsähnliche Gemeinwesen auf österreichischem Boden. Sie drangen über Ungarn bis nach Vorderasien vor. Hierzulande
verdrängten sie die Illyrer, einen indogermanischen Volksstamm.

Die Kelten, auch Gallier genannt, siedelten mit Vorliebe auf befestigten Höhen, zum Beispiel auf dem Leopoldsberg. Sie erfanden
neuartige Geräte und Werkzeuge, bauten Handel, Gewerbe und Ver-

**Aus der La-Tène-Zeit stammt diese Fibel, die im Floridsdorfer Bezirksmuseum auf-
bewahrt wird. Das Schmuckstück, das auch als „Wolfsangel" bezeichnet wird, wurde seiner Besonderheit wegen in einer französischen Enzyklopädie abgebildet.**

kehr aus, wechselten vom bisher üblichen Tauschhandel zum Gebrauch von Gold- und Silbermünzen, führten Zölle und Steuern
ein . . .

Lange bevor Cäsar mit seinem römischen Heer 58 bis 51 v. Chr.
Gallien erobert hatte und im Jahre 15 v. Chr. die römischen Feldherren
Drusus und Tiberius zur Donau vorgedrungen waren, hatten die
Römer das keltische Reich wirtschaftlich durchdrungen, und die Kel-

ten verloren ihre Macht. Auch hatten Auseinandersetzungen mit den Germanen begonnen, die keltische Oberschicht war vom alteingesessenen Bauerntum aufgesogen worden, es gab Aufstände, Plünderungen und Verwüstungen. Dem römischen Heer wurde kein nennenswerter Widerstand geleistet.

Nach der Besetzung schleiften die Römer die keltischen Festungen, auch jene auf dem Leopoldsberg. Sie beabsichtigten, ihr Imperium bis zu den Sudeten auszudehnen (Reste eines römischen Wachturms wurden in Muschau a. d. Thaya, Südmähren, gefunden), beschränkten sich aber schließlich auf den Donauraum, weil ihre militärischen Kräfte nicht reichten.

Am rechten Stromufer gründeten die Römer zahlreiche Kastelle und Städte. Das linke Ufer, also Floridsdorfer Gebiet, blieb lange Zeit hindurch Niemandsland, das zeitweise von römischen Soldaten kontrolliert wurde. Hier lebten nur die eingesessenen Bewohner und zugewanderten Germanen, vor allem Markomannen, Quaden und Rugier. Sie lieferten den Römern so manchen Kampf.

Die unruhige Zeit nach dem Ende der Römerherrschaft, die Verwüstung Pannoniens durch die Markomannen und Quaden, die Völkerwanderung und die Besetzung des Landes durch die Hunnen (um 433) beendeten die stetige Besiedlung Floridsdorfer Bodens. Um 550 wurde der Wiener Raum von Langobarden besetzt, und es ist anzunehmen, daß dieses Volk auch am linken Stromufer hauste. Wahrscheinlich ist auch, daß die Awaren, die in der zweiten Hälfte des 6. Jahrhunderts vom Asowschen Meer über Ungarn donauaufwärts zogen, hier lebten. Auch slawische Völker siedelten zeitweise in diesem Gebiet.

Nach den erfolgreichen Kriegszügen Karls des Großen gegen die Awaren (790 bis 796), kamen die Bayern ins Land. Der Floridsdorfer Raum wurde von den Bistümern Passau, Freysing und Regensburg christianisiert und kolonisiert. Alle diese Bistümer besaßen hierzulande Güter.

Die Magyaren kämpften 881 bei Wien gegen die Bayern, besiegten sie und brachten das Land in ihre Gewalt. Erst nachdem die Ungarn von Otto I. dem Großen 955 in der Schlacht auf dem Lechfeld (bei Augsburg) vernichtend geschlagen worden waren, wurde das Land wieder frei. 976 wurden die Babenberger aus Mainfranken als Markgrafen eingesetzt.

1014, nur 18 Jahre nach der ersten urkundlichen Nennung von „ostarrichi", wurde dem Bistum Passau ein Grundstück in „outcinessevve" (Jedlesee) geschenkt, auf dem eine Kirche erbaut werden sollte. In der von Kaiser Heinrich II. ausgefertigten Schenkungsurkunde wird zum erstenmal einer jener Orte genannt, die den heutigen Bezirk Floridsdorf bilden.

Das „erste goldene Zeitalter Österreichs", die Babenbergerzeit (976 bis 1246), war trotz mancher kriegerischer Auseinandersetzung auch für das Floridsdorfer Gebiet wirtschaftlich günstig. Schwere Schäden richteten allerdings die Mongolen an, die 1241 plündernd und mordend am linken Stromufer bis nach Korneuburg zogen.

Im Mittelalter kam es zu einem allgemeinen Aufschwung des Handels. Beim Ausbau der Handelswege war im Floridsdorfer Bereich die Donau sehr hinderlich. In kriegerischen Zeiten war der schwer zu überschreitende Strom eine Sicherheitszone für die Bevölkerung gewesen. Nun aber waren die zahlreichen Arme der Donau im Weg.

Die Donaubrücken wurden erst im Jahre 1439 erbaut. Vorher war das linke Stromufer mit Wien nur durch Fähren verbunden. Solche Überfuhren – sie wurden Urfahre genannt – befanden sich bei Klosterneuburg, Nußdorf und Stadlau. Wer nach Oberungarn, Polen oder Rußland wollte, benutzte die Stadlauer Überfuhr. Der Verkehr nach Böhmen und Mähren ging über die Klosterneuburger Überfuhr. An beiden Orten war die Donau leicht zu überqueren, weil sie dort nicht aus mehreren Armen bestand.

Wesentlich ungünstiger lag die Überfuhr zwischen Nußdorf und Jedlesee. Vor allem die „Schwarze Lacke", ein mitunter gefährlicher Donauarm, machte den Übergang schwierig und kostete die Handelsleute oft sehr viel Zeit.

Weil die Fähren den zunehmenden Verkehr nicht mehr bewältigen konnten, ließ Herzog Albrecht V. (Kaiser Albrecht II.) im Jahre 1439 Brücken errichten. Die ersten Brücken über die Donau lagen in der Nähe des heutigen Engelsplatzes. Sie mußten aber immer wieder verlegt werden, weil der Strom oft seinen Lauf änderte.

1688 bis 1698 wurden wieder neue Donaubrücken gebaut. Auch die Straßen mußten wegen der Donau, die sich ein neues Bett gegraben hatte, anders geführt werden. Der neue Straßenzug begann wie seine Vorläufer beim Roten Turm und überquerte auf der Schlagbrücke den Wiener Arm (heute Donaukanal).

Die Schlagbrücke wird schon Mitte des 15. Jahrhunderts in den sogenannten Fleischhauerbriefen erwähnt. Darin wird verordnet, daß Ochsen und Rinder, die unter den Fleischbänken beim Roten Turm verkauft werden, nirgendwo anders geschlagen werden dürfen als „auf der Schlachtpruckh bei dem roten Thurm". So war der Name „Schlagbrücke" entstanden.

Von dort aus folgte der neue Straßenzug der heutigen Taborstraße, überquerte in der Nähe des alten Nordwestbahnhofes das Fahnenstangenwasser und das Kaiserwasser und führte schließlich als Dammstraße durch die Durchlaufau bis zur Großen Taborbrücke, die den Hauptstrom überquerte. Die hölzerne Jochbrücke lag an der Stelle der heute aufgeschütteten Floridsdorfer Hauptstraße beim Wasserpark. Über den nördlichsten und kleinsten Wasserlauf der Donau führte das Kuhbrückl, das sich kurz vor der Gabelung der beiden Reichsstraßen, vor dem „Spitz", befand. Die eine Straße führte nach Böhmen, die andere nach Mähren.

Außer diesem Straßenzug und den verbindenden Brücken bestand kein anderer fester Donauübergang. Deshalb nahm auch die zu Beginn des 19. Jahrhunderts erbaute Straße nach Schloßhof und Preßburg bei diesem „Spitz" ihren Ausgang. Am Sammelplatz der Wege nach Böhmen, Mähren und in die Slowakei waren die Voraussetzungen für die Gründung und das Wachstum einer neuen Ansiedlung gegeben: 1786 entstand Floridsdorf.

Die Ansiedlung am „Spitz", auch „Klein-Jedlersdorf" oder „Jedlersdorf am Spitz" genannt, ist nach 1782 entstanden. Sie lag in der Gabelung der beiden Fernverkehrswege und gehörte bis 1804 zur Gemeinde Jedlersdorf.

Der Ausbau der Reichsstraße nach Böhmen beschleunigte das Wachstum Jedlesees. Stammersdorf entwickelte sich zur Reichsstraße

**Der Übergang der Großen Taborbrücke in die neu erbaute Franz-Josefs-Brücke.**

15

nach Mähren hin, und an der Straße nach Schloßhof entstand Donaufeld. Ortschaften, die nicht an wichtigen Straßenzügen lagen, verkümmerten. Leopoldau zum Beispiel blieb jahrhundertelang ein kleines Bauerndorf...

Auch die Eisenbahnlinien förderten das Wachstum der Siedlungen. 1837, als die Kaiser-Ferdinand-Nordbahn in Betrieb genommen wurde, entstanden in Jedlersdorf am Spitz, in Floridsdorf und Neu-Leopoldau (dem späteren Donaufeld) Werkstätten, Industriebetriebe und Arbeiterwohnviertel. Die Nordwestbahn, die 1872 gegründet wurde, förderte die Entwicklung von Jedlesee und Jedlersdorf.

Der Bahnbau und in der Folge die Donauregulierung (1870 bis 1875) brachten ein Handwerk um: Die Schiffmüller, einst ein blühender Gewerbestand, gingen zugrunde, weil das tote Wasser der Alten Donau die Räder ihrer Mühlen nicht mehr trieb und sich die Mühlen am neuen Strom gegen die Industrialisierung ihres Gewerbes nicht behaupten konnten. Die reiche Ortschaft Mühlschüttel verarmte und wurde ein Elendsgebiet.

Ein Opfer des Ausbaus der Donau zur modernen Großschiffahrtsstraße wurde auch das Äußere Zwischenbrücken. Nach der Regulierung des Stromes befand sich diese Ansiedlung bei Floridsdorf im Inundationsgebiet (zwischen Floridsdorfer Brücke und Nordbahnbrücke) und mußte abgerissen werden.

Für Floridsdorf und alle anderen Orte, die am linken Donauufer bestehen blieben, war die Donauregulierung eine weitere Voraussetzung für Aufbau und Wachstum: Die einst unberechenbaren Fluten waren gebändigt, und sie konnten nicht mehr im bisherigen Ausmaß zerstören, was in jahrelanger Arbeit geschaffen worden war.

# Jedlesee

Die meisten Ortschaften am linken Ufer der Donau wurden um die Mitte des 11. Jahrhunderts gegründet. Jedlesee ist älter. Der Name scheint bereits am 5. Juli 1014 auf: Kaiser Heinrich II. schenkte dem Bischof Berengar von Passau ein Grundstück in „outcinessevve", damit dieser dort eine Kirche bauen lassen könne.

Es ist allerdings unwahrscheinlich, daß ausgerechnet die im Augürtel des Donaustroms liegende und somit äußerst hochwassergefährdete Ortschaft Jedlesee als Standort einer bedeutenden Kirche ausgewählt wurde. Es ist deshalb anzunehmen, daß dieser Kirchenbau bloß „bei" Jedlesee geplant war. Daß Jedlesee in dieser Urkunde genannt wurde, ist wahrscheinlich darauf zurückzuführen, daß die Fähre bei Jedlesee allgemein bekannt war und der Ort deshalb als Orientierungspunkt erwähnt wurde. Die Kirche wurde jedoch nie gebaut.

Uozinesse, wie das Bauern- und Fischerdorf im Augebiet der Donau anfangs genannt wurde, bedeutet soviel wie See des Uz oder Ulrich. Der Ort wird in Urkunden noch öfter erwähnt: Im Codex traditionem Claustroneoburgensis, einem alten, handgeschriebenen Buch im Stift Klosterneuburg, erschienen im 12. Jahrhundert, ist ein Adalbero de Ucinse verzeichnet. In dem zwischen 1291 und 1298 verfaßten „Helblingbüchlein", das mittelhochdeutsche Gedichte des Ritters Seifried Helbling enthält, ist von Raubrittern bei Üezense die Rede.

Einige andere im Laufe der Jahrhunderte gebräuchliche Formen waren: Vezense, Uzeuse, Uczensee, Uczsee, Veczesew, Yetzleessee (1543), Yedlasee (1570), Jetlsee (1683).

Mit „See des Uz" war gewiß nicht der am Dorf vorbeifließende Donauarm gemeint, sondern ein altes Hochwasserrinnsal, dessen tief-

Jedlesee, wie es im zweiten Viertel des 19. Jahrhunderts ausgesehen hat.

gelegene Teile mit Wasser gefüllt blieben. Es zog sich nördlich der Häuser an der heutigen Anton-Bosch-Gasse hin und wurde wahrscheinlich als Fischteich benutzt.

Am westlichen Ortsrand führte die „Schwarze Lacke" vorbei, ein reißender Wasserlauf, der Jedlesee oft überschwemmte. Die „Schwarze Lacke" zweigte unterhalb von Langenzersdorf vom Hauptstrom ab und beendete ihren gewundenen Lauf im Gebiet der heutigen unteren Jedleseer Straße.

Trotz ständiger Gefahr, im Hochwasser Hab und Gut oder gar das Leben zu verlieren, blieben die Jedleseer seßhaft. Die Donau brachte ja nicht nur Verderben, sie gab auch Nahrung und Verdienst, verhalf manchem sogar zu Wohlstand. In Jedlesee befand sich nämlich lange Zeit eine Überfuhr, die gute Gewinne abwarf.

Bis zur Mitte des 15. Jahrhunderts gab es im Wiener Raum keine Brücken, und später, als es sie gab, waren sie nur zu oft unpassierbar. Mit dem „Urfahr", wie die Fähre genannt wurde, konnte man auch ohne Brücke über die Donau gelangen. Jahraus, jahrein wurden Menschen, Tiere und Waren über die „Schwarze Lacke" und den Hauptstrom gebracht. Die Schiffsknechte und die Fuhrleute verdienten gut.

Die Überfuhr war lange Zeit landesfürstliches Eigentum und wurde als Lehen vergeben oder verpachtet. Nachdem 1439 die Donaubrücken bei Wien erbaut worden waren, verlor die Jedleseer Fähre jedoch einiges an Bedeutung. Jedlesee entwickelte sich nicht weiter. 1573 standen im Ort nur zwölf Häuser.

Die Inhaber des landesfürstlichen Lehens Jedlesee waren: 1570 die Herren von Sintzendorff, 1575 der „Rat der Stadt Wien für das Pruggambt am Tabor" und 1627 der Stadtguardefähnrich André Gurlandt. Dieser kaufte Jedlesee 1642 um 200 Gulden vom Landesfürsten. Von da an konnte Jedlesee frei vererbt oder verkauft werden.

Im 17. Jahrhundert wurde der kleine Ort schwer geprüft: 1605, 1606 und 1607 brannten die Reiter des Siebenbürgerfürsten Stephan Bocskay

**1848 fand auf dem Jedleseer Friedhof eine der ersten ökumenischen Beisetzungen statt. Evangelische und katholische Geistliche stehen am Grab eines Gefallenen.**

die wenigen Häuser nieder, in den Jahren 1613, 1614 und 1615 gab es so schwere Überschwemmungen, daß „alle Prugkhen zerbrochen gewessen", 1645 waren die Schweden unter Torstenson bei der Wolfsschanze, 1656 richtete wieder die Donau großen Schaden an, und 23 Jahre später brach die Pest in Jedlesee aus. Schließlich kamen 1683 die Türken und brannten viele Dörfer nieder, darunter auch Jedlesee.

Nach Aufhebung des Lehensrechtes (1642) hatte die Herrschaft Jedlesee zahlreiche Besitzer. Antonia Renata Gräfin von Bouquoy erwarb Jedlesee im Jahre 1713. Neben drei schon bestehenden Kapellen an der „Schwarzen Lacke", die dem heiligen Sebastian, dem heiligen Nikolaus und den Heiligen Drei Königen geweiht waren, ließ sie die Maria-Loretto-Kapelle erbauen, die am 15. Oktober 1713 geweiht wurde.

Wenige Jahre später, 1736, wurde Jedlesee wieder einmal von einem schweren Schlag getroffen: Die Reichsstraße nach Böhmen (Kaiserstraße) wurde gebaut. Jetzt folgten die Fuhrwerke nicht mehr dem uralten Weg von Langenzersdorf nach Jedlesee, sondern fuhren abseits des Ortes auf der neuen Straße zum „Spitz", von wo man über die Donaubrücken nach Wien gelangen konnte. Nur wenn die Brücken unpassierbar waren, zogen die aus Böhmen und Mähren kommenden Fuhrwerke durch Jedlesee zur Nußdorfer Überfuhr. Es war sehr still geworden im Ort.

Zu dieser Zeit besaß Jedlesee neben einem Schlößchen, dem dazu-

Seite 20, oben: Die Bräuhausrestauration „Zum Gambrinus" auf der Prager Straße. Ein Bild aus der „guten alten Zeit".

Seite 20, unten: Die Prager Straße um die Jahrhundertwende, Blick gegen die Restauration „Gambrinus".

Bild oben: Altes, idyllisches Jedlesee: die Wenhartgasse.

Bild rechts: Bürgermeister Josef Jenowein, nach dem die „Jeneweingasse" benannt worden ist (siehe Straßenverzeichnis). Jenowein war von 1864 bis 1882 und von 1885 bis 1896 im Amt.

gehörigen Gutshof, dem Gemeindegasthof, dem Benefiziatenhaus (Benefiziat = Inhaber eines mit einer Dotation verbundenen Kirchenamtes) und zwei Zinshäusern neben der Loretto-Kapelle bloß 13 Wohngebäude.

Um wirtschaftlich bestehen zu können, entwickelte sich Jedlesee zur Prager Straße hin. 1771 wurden die Häuser in der Herrengasse (heute Anton-Bosch-Gasse) errichtet. Etwas später wurde die Augasse (heute Jeneweingasse) verbaut, und 1779 wurde die Maria-Loretto-Kapelle zur Kirche umgestaltet. Damit war Jedlesee, das vorher mit Jedlersdorf, Stadlau und Hirschstetten zur Pfarre und Schule Kagran gehört hatte, eine eigenständige Pfarre geworden.

Anton Freiherr von Störck, der Leibarzt Maria Theresias, seit 1778 Besitzer der Herrschaft Jedlesee, baute 1787 an der Prager Straße ein Brau- und Schankhaus. Zugleich entstanden dort mehrere Kleinhäuser. Am 30. April 1787 wurden in Jedlesee bereits 45 Häuser gezählt. Jedlesee hatte damit wieder Anschluß an seine Lebensader, den Handelsweg nach Böhmen, gefunden.

Schon fünf Jahre vorher, 1782, hatte Jedlesee seine eigene Schule. Sie wird in einem Schreiben des Freiherrn von Störck genannt. Diese Trivialschule (trivium = Dreiheit: Lesen, Schreiben, Rechnen) war auf Grund der Allgemeinen Schulordnung von 1774 errichtet worden. Sie

**Nahe der Überfuhrstraße befand sich bis 1927 der Flugplatz „Jedlesee-Donauwiese", von wo aus regelmäßig Linienflüge in die Schweiz durchgeführt wurden.**

1929: Der alte Columbia-Platz in Jedlesee, nahe der heutigen Gartenstadt.

befand sich bis 1839 im herrschaftlichen Zinshaus Nr. 93 bei der Lorettokirche. Der erste Lehrer, der urkundlich erwähnt wurde, war ein gewisser Wenzel Postranzki. Er unterrichtete von 1796 bis 1799 in Jedlesee.

1783 wurde in der Lorettokirche der erste Lokalkaplan eingesetzt. Es war dies Franz Jakob Liesneck, der vorher hier als Benefiziat gedient hatte.

So war Jedlesee, der Ort, der sich durch den Bau der Prager Straße vom weiteren Wachstum ausgeschlossen glaubte, doch noch gewachsen. Aber im selben Jahr, da man stolz 45 Häuser zählte, richtete die Donau wieder schweren Schaden an.

Vom 29. Oktober bis zum 2. November 1787 regnete es. Die „Allerheiligengüsse" ließen die Donau anschwellen. Der noch nicht vollendete Hubertusdamm brach an drei Stellen.

Der königliche Rat und Ödenburger Wasserbauingenieur Sigmund von Hubert hatte seit 1771 daran gearbeitet. Bis 1784 war der sechs Meter hohe Damm bereits von der Korneuburger Poststraße (Prager Straße) bis gegen Floridsdorf aufgeschüttet. Den „Allerheiligengüssen" aber hielt er nicht stand. Auch die Gemeindeschutzdämme am Ostufer der „Schwarzen Lacke" brachen.

Nach der Jahrhundertwende – inzwischen war die Kirchengasse (heute Wenhartgasse) angelegt worden – war Beethoven mehrere Male in Jedlesee. Er besuchte hier die Gräfin Erdödy, die ihren Landsitz in der Augasse (heute Jeneweingasse 17) hatte.

Bei einem dieser Besuche hatte Beethoven Liebeskummer. Die Comtesse Giulietta Guicciardi, die er sehr verehrte und der er seine Klaviersonate op. 27 in cis-Moll gewidmet hatte, wurde überraschend die Gattin des Komponisten Graf Gallenberg. Bei seiner kunstsinnigen Freundin Maria Erdödy und ihrem Musiklehrer Brauchle wollte Beethoven Trost finden.

Während seines Aufenthaltes im Erdödy-Schlößchen verschwand Beethoven. Die Gräfin glaubte, er sei heimlich abgereist, aber drei Tage nach seinem Verschwinden fand ihn der Musiklehrer Brauchle in einem entlegenen Teil des großen Gartens. An diesen Zwischenfall wird die Vermutung geknüpft, daß Beethoven wegen seiner unglücklichen Liebe den Hungertod suchte.

1805 stand Napoleon mit seinem Heer in der Schwarzlackenau. Der Korse war überlegen, und die Österreicher fügten sich. Rasch kam der Friede zu Preßburg zustande. 1809 aber war der Franzosenkaiser schon wieder im Lande. Während der Korse in Spanien war, hatten die Österreicher versucht, das französische Joch abzuschütteln. Napoleon jagte sie nach mehreren Gefechten bis nach Wien zurück.

Als er am 13. Mai 1809 bei Nußdorf über die Donau setzte, griff ihn Major O'Brien mit seinem Bataillon an. Der mutige Major, dessen Denkmal im Jedleseer Aupark steht, zwang die Franzosen zum Rückzug. Dieses Gefecht ermöglichte den österreichischen Sieg bei Aspern.

Der Augustiner-Eremit Norbert Bartsch, er war von 1799 bis 1809 Pfarrer in der Lorettokirche, mußte miterleben, wie die Franzosen während beider Invasionen die Kirche zum Gasthaus umgestalteten und alle Paramente (Textilien für gottesdienstliche Zwecke) raubten. Was sie nicht mitnehmen konnten, wurde zerstört. Aus Gram darüber starb Bartsch noch im selben Jahr.

Ein Mitkämpfer Andreas Hofers, der Kapuzinerpater Joachim Haspinger, war einer seiner Nachfolger in der Jedleseer Pfarre.

1830 kam es auf der Donau zu einem gigantischen Eisstoß, und darauf folgte eine der größten Überschwemmungen.

Am 28. Februar, um halb elf Uhr nachts, überstieg der Strom sein Ufer. Dann plötzlich fiel das Wasser rasch: Eismassen oberhalb Floridsdorfs stauten die Donau. Nach Mitternacht aber brachen Eis und Wasser los. Innerhalb von wenigen Minuten standen Jedlesee und die übrigen Dörfer der Umgebung unter Wasser.

In Jedlesee ertrank niemand. Der Brauhausbesitzer Anton Bosch hatte die Bewohner rechtzeitig gewarnt und sie von seinen Brauknechten mit Fuhrwerken in das große Brauhaus an der Prager Straße bringen lassen. Wer mit dem Pferdewagen nicht mehr zu erreichen war, wurde mit Booten geholt und in Sicherheit gebracht.

Um ein Uhr durchbrach das Hochwasser den Gemeinde-Schutzdamm bei der „Schwarzen Lacke". Um zwei Uhr hatte es bereits 72 Häuser weggespült und die übrigen unbewohnbar gemacht.

Im Brauhaus an der Prager Straße waren mehr als 350 Menschen untergebracht. Die notwendigen Nahrungsmittel wurden aus Korneuburg und Klosterneuburg herbeigeschafft. Anton Bosch erhielt für seinen Einsatz bei der Rettung der Jedleseer Bevölkerung eine Verdienstmedaille.

**Vor dem alten, heute noch bestehenden Nordwestbahnhof „Jedlesee" nahe der Prager Straße herrschte früher reger Betrieb. Das Foto stammt aus dem Jahre 1955.**

Zu dieser Zeit besaß die Herrschaft Jedlesee ein gewisser Christian Heinrich Gottfried Plattensteiner, dem auch Strebersdorf gehörte. 1841 verkaufte er beide Orte an das Stift Klosterneuburg.

In den Jahren 1849, 1850 und 1862 trat die Donau wieder über ihre Ufer. Erst acht Jahre später, nach langen Beratungen, wurde mit der Donauregulierung begonnen. Kaiser Franz Joseph tat am 14. Mai 1870 den ersten Spatenstich.

1872 begann für Jedlesee eine neue Epoche: Die Nordwestbahn wurde eröffnet. Reparaturwerkstätten wurden gebaut, die Nordwestbahnkolonie und zahlreiche Industrie- und Handwerksbetriebe entstanden. Der Zuzug vieler Menschen förderte den Wohnhausbau.

Pfarrer Vinzenz Wenhart, der seit 1869 die Pfarre Jedlesee betreute, verlegte 1872 den zu klein gewordenen Jedleseer Friedhof an der Wiener Gasse in die Schwarzlackenau. Der erste, der im neuen Friedhof begraben wurde, war der praktische Arzt Jakob Schoßer.

Unter Pfarrer Wenhart erhielt die Kirche Maria Loretto ihren 35 Meter hohen Kirchturm. Am 18. Juni 1877 wurde der erste Spatenstich gemacht, und schon am 2. September desselben Jahres wurde das Kreuz aufgesetzt.

Anfang der siebziger Jahre des 19. Jahrhunderts hatte sich die Zahl der Jedleseer Kinder stark vergrößert. Die Gemeinde kaufte daher einen Teil eines Zinshauses, damit die Kinder in vier Klassen unterrichtet werden konnten. Seit 1839 bestanden ja nur zwei Klassenzimmer, die sich in einer ehemaligen herrschaftlichen Meierei neben dem Pfarrhof (heute Wenhartgasse) befanden.

Die neuen Räumlichkeiten boten nur ein knappes Jahrzehnt genügend Platz. Wieder wurde die Klassenzahl erhöht, und 1893 wurde der Gassentrakt neu gebaut.

Am 8. Mai 1894 trat ein Gesetz in Kraft, demzufolge die Gemeinden Floridsdorf und Jedlesee, Teile von Groß-Jedlersdorf und Donaufeld (damals Teile der Gerichtsbezirke und politischen Bezirke Korneuburg und Groß-Enzersdorf) zur Großgemeinde Floridsdorf vereinigt wurden.

Schon vor dem Ersten Weltkrieg wurde die Prager Straße gegen Floridsdorf zu fast vollständig verbaut. In der Schwarzlackenau, die einst wegen ihres Wildbestandes als Jagdgebiet sehr geschätzt war und deren Hochbäume im ersten strengen Nachkriegswinter 1918/19 von den frierenden Wienern abgeholzt wurden, entstanden wilde Siedlungen.

In den zwanziger und dreißiger Jahren unseres Jahrhunderts wurden auf Jedleseer Boden viele Wohnbauten errichtet, darunter der Karl-Seitz-Hof, die sogenannte „Gartenstadt".

Das Herrschaftshaus in Jedlesee stammt etwa aus der Mitte des 17. Jahrhunderts. An seiner Westseite grenzte das Haus einst ans Ufer der Schwarzen Lacke. Durch einen Uferbruch ist ein Teil des Hauses abgesunken und wurde abgetragen.

Der Karl-Seitz-Hof, der Festungscharakter hat, wurde nach Plänen des Architekten Hubert Gessner gebaut und 1933 vollendet. Er ist ein typisches Beispiel für die damalige Bauweise und wohl einer der am besten gelungenen Bauten in dieser ersten Periode des sozialen Wohnbaus.

Am stärksten hat sich Jedlesee erst in jüngster Zeit verändert. Am Ufer der ehemaligen „Schwarzen Lacke", die nun zugeschüttet ist, entstanden städtische Siedlungen. Schulen und neue Wohnhausanlagen wurden im gesamten Jedleseer Gebiet errichtet, die Schwarzlackenau wurde saniert. Die Nordwestbahn, einst mächtiger Wirtschaftsfaktor in Jedlesee und Jedlersdorf, wurde eingestellt. Man hat die Gleise abgetragen, die Trasse und die Nordwestbahnbrücke umgebaut: Der statt dessen bestehende Straßenzug mit der Nordbrücke wurde am 19. Dezember 1964 für den Verkehr geöffnet.

Jedlesee ist ein moderner Bezirksteil geworden. Aber in den der Donau nahegelegenen Gebieten hat sich die ursprüngliche Romantik dieses Dörfchens zum Teil erhalten.

# Strebersdorf

Das Strebersdorfer Gebiet war schon in der Steinzeit besiedelt. Auf dem Bisamberg wurden Steinbeile und ein Steinhammer gefunden. Und daß mehr als 4000 Jahre später die Römer das Gebiet durchstreiften, ist gewiß: Beim „Eisenbahnerberg", wo die Prager Straße über die Gleise der Nordwestbahn (Schnellbahn) führt, wurde 1891 bei Bauarbeiten eine römische Münze ausgegraben.

Die älteste bekannte Urkunde, in der Strebersdorf erwähnt wird, stammt aus dem Jahr 1078. Der Ort lag damals westlich des heutigen Nordwestbahndammes an der Scheydgasse, im Gewirr der Donauarme. Dieses alte Strebersdorf und auch die in der Nachbarschaft gelegenen Orte Stallern und Krottendorf wurden 1440 vom Hochwasser weggeschwemmt.

Die ersten Besitzer der Herrschaft Strebersdorf waren die Vohburger, ein Markgrafengeschlecht aus Chamb am Regen. Berthold von Vohburg schenkte nach 1155 den Hof „Strobersdorf" dem Kloster Reichenbach. Im Jahre 1320 findet man den Ortsnamen im Register der Einkünfte des Passauer Bischofs. Die Besitzer wechselten oft. Strebersdorf gehörte zum Beispiel den Brüdern Stephan und Ulrich Eizinger von Eizing, dem Benediktinerstift Schotten, den Herren von Bisamberg, den Herren von Süßenbrunn, der Pfarre St. Veit.

Nach den Kreuzzügen hatten manche Adelsgeschlechter hohe Schulden und waren gezwungen, Güter zu verkaufen. Die Gemeinde Strebersdorf nützte diese Gelegenheit und kaufte 1379 von Martin von Valbach den Krottenhof, einen ausgedehnten Besitz in der Gemeinde Krottendorf.

Zu Beginn des 15. Jahrhunderts gab es viele Kleinkriege, die an

Strebersdorf nicht spurlos vorübergingen. 1428 kamen die Hussiten und brannten den Ort nieder, Raubritter trieben ihr Unwesen.

1440 machte die Donau dem alten Strebersdorf und den seit 1390 vereinigten Gemeinden Stallern und Krottendorf ein Ende. Sie versanken in einem gewaltigen Hochwasser. Die überlebenden Strebersdorfer verließen das gefährdete Gebiet und siedelten sich am Fuße des Bisamberges an.

Aus dem 12. Jahrhundert ist der Ort als „Strobersdorf" bekannt. Vor der Flutkatastrophe wurde er „Ströbleinsdorf" genannt, und die neugegründete Gemeinde beim Bisamberg hieß „Ströblesdorff". Der Name wandelte sich noch einigemal: Ströblesdorf (1469), Ströblestorff (1530), Stroblesdorf (1540), Streberstorff (1697).

Für die Entstehung des Namens gibt es zwei Erklärungen: „Strobersdorf" könnte nach einem Mann namens Strobo benannt worden sein – vielleicht war er der erste Ansiedler –, es kann aber auch das Dorf der „Strobler", der Strohhändler und Strohmattenerzeuger, gewesen sein. Solche Strohmatten benötigte man nämlich, um die bei Nußdorf und in Wien anlegenden Salzschiffe unbeschädigt an Land zu ziehen.

Wie die anderen an der Donau liegenden Gemeinden, wurde auch Strebersdorf von Feinden heimgesucht. 1477 eroberte der Ungarnkönig Matthias Corvinus das Land und verwüstete viele Ortschaften im Marchfeld, darunter auch Strebersdorf. Acht Jahre später eroberte er Wien und herrschte dort bis 1490.

Auch das 16. Jahrhundert begann schlecht: 1529 kämpften die Österreicher gegen das Heer des Sultans Soliman. Strebersdorf blieb dabei nicht verschont.

In all den Jahren mußten die gläubigen Strebersdorfer in Stadlau und später dann in Kagran zur Kirche gehen. Weil der Weg zur Kagraner Kirche recht weit und bei Schnee oder Hochwasser beschwerlich war, wurde Strebersdorf 1541 der Stammersdorfer Pfarre zugeteilt.

Vom Dreißigjährigen Krieg (1618–1648) war Strebersdorf nur zu Anfang und am Ende betroffen: Der protestantische Graf Thurn stand 1619 mit 10.000 Mann vor Korneuburg, zur gleichen Zeit drangen die Ungarn ins Marchfeld ein und verwüsteten viele Orte.

Gegen Ende des Krieges wichen die kaiserlichen Truppen, verfolgt von den gefürchteten Schweden, nach Wien zurück. Der in den Grafenstand erhobene Oberst Albrecht Wenzel Eusebius von Waldstein, besser bekannt als Wallenstein, deckte mit seinem Regiment den Rückzug und verteidigte die Wolfsschanze bei Jedlesee. Im selben

Jahr, 1645, kam der schwedische General Torstenson in die Strebersdorfer Gegend und bezog hier sein Lager.

Die Schweden eroberten die Wolfsschanze und beschossen Wien. Erst nach acht Wochen gelang es den Soldaten des Kaisers, diesen befestigten Brückenkopf zurückzuerobern. Nachdem Torstenson vergeblich auf Unterstützung durch ungarische Truppen gewartet hatte, zog er mit einem Großteil seines Heeres in Richtung Mähren ab.

1679 starb mehr als ein Drittel der Strebersdorfer Bevölkerung an der Pest. Die Krankheit, die schon in früheren Jahren und später im Jahre 1713 viele Opfer forderte, war von einer „Weibsperson" aus Wien nach Stammersdorf eingeschleppt worden und verbreitete sich rasch.

Kaum war die Pest überstanden, rückten wieder die Türken an. Am 16. Juli 1683 bezog Herzog Karl von Lothringen mit seinen Reitern und der Geschütztruppe südlich des Bisamberges Stellung, um die Türken zu hindern, über die Donau zu setzen. In die Leopoldstadt und in die Taborau waren sie schon eingedrungen. Das Heer des Lothringers lagerte von Langenzersdorf über Strebersdorf bis zur Wolfsschanze bei Jedlesee.

Am 25. Juli 1683 ging die Wiener Strombrücke in Flammen auf. Wien war vom Türkenheer lückenlos umschlossen. Die Lage der Wiener nahm bedrohliche Formen an. Graf Rüdiger von Starhemberg, der die Verteidigung Wiens leitete, beauftragte den Polen Kolschitzky, den Hilferuf in das Lager des Herzogs Karl von Lothringen zu bringen.

Kolschitzky, der auf Geschäftsreisen die türkische Sprache erlernt hatte, schlich unerkannt durch das Türkenlager. Der listige Pole zählte alle türkischen Krieger, die er auf seinem Weg sah, indem er jeweils für zehn Türken eine Erbse von einer Rocktasche in die andere wandern ließ.

Am 14. August 1683 setzte Kolschitzky bei Nußdorf mit einem Boot über die Donau und kam nach Strebersdorf. Als Zeichen des geglückten Unternehmens entzündete er vereinbarungsgemäß auf dem Bisamberg einen Holzstoß und wanderte nach Stammersdorf. Inzwischen war das österreichische Oberkommando nach Stillfried verlegt worden. Dort erwartete man die polnischen Hilfstruppen.

Von Stammersdorf ritt Kolschitzky – ein gewisser Oberst Heißler hatte ihm ein Pferd zur Verfügung gestellt – nach Stillfried, wo er am 15. August dem Herzog die ernste Nachricht aus Wien überbrachte. Sofort zogen der Lothringer, General Schulz und das kaiserliche Heer über den Bisamberg nach Stockerau. Sie hatten die Absicht, einen Donauübergang zu sichern, damit die Wiener durch einen

Entlastungsangriff, geführt vom Kahlengebirge herab, gerettet werden konnten.

Schon kurze Zeit später überschritten die Türken die Donau und brannten Jedlesee, Jedlersdorf, Strebersdorf, Stammersdorf, Langenzersdorf und viele andere Dörfer nieder. Auch diese traurige Kunde erreichte das abziehende Entsatzheer und bewog Herzog Karl von Lothringen, mit mehr als 12.000 Soldaten umzukehren und, über den Bisamberg kommend, Türken und Tataren anzugreifen.

Am 24. August 1683 besiegten die Kaiserlichen im Raume von Stammersdorf die Truppen des Paschas von Varasdin. Etwa 12.000 Türken und Tataren verloren bei dieser Schlacht ihr Leben.

1714 ist in Strebersdorf eine Kapelle gebaut worden. Es ist wahrscheinlich der Müller Sebastian Scheyd gewesen – Genaueres weiß man nicht –, der sie zum Dank dafür, daß seine Mühle vom Hoch-

**1973 wurde die Feldkapelle auf Kosten der Firma Böhler von ihrem ursprünglichen Standort entfernt und hinter der Wohnhausanlage Autokaderstraße aufgestellt.**

wasser des Jahres 1708 nicht vernichtet worden war, errichtete. Diese Feld- oder Emmauskapelle genannte Gedenkstätte befand sich lange Zeit südwestlich der Schnellbahnstation Strebersdorf, an der Scheydgasse gegenüber der Einmündung der Autokaderstraße. Ihr Eingang wies nach Nordosten. Neben der Kapelle pflanzten die Wirtschaftsbesitzer Simon Höfinger und Ferdinand Schmidl zur Erinnerung an die Aufhebung der Leibeigenschaft durch Kaiser Joseph II. (1782) zwei Pappeln.

Nachdem 1703 wieder fremde Soldaten – diesmal waren es Kuruzzen – brandschatzend durchs Land gezogen waren, verfiel die öffentliche Sicherheit immer mehr: Räuberbanden bildeten sich, Bettler und Vagabunden bestahlen die Leute. Die Regierung entschloß sich deshalb 1721 zu einer „General-Landes-Visitation". An einem Tag im Oktober durchstreiften Truppen das ganze Land und knüpften nach dem Standrecht alle auf, die im Verdacht standen, ihren Unterhalt durch Raub und Diebstahl zu bestreiten.

Im April 1753 verlieh die Gräfin Dietmannsdorf, „Wittib und Frau der Herrschaft Strebersdorf", der Gemeinde das Recht, halbjährig eine Schank zu betreiben. Diese Ausschank sowie eine Schafzucht und Weingärten auf dem Bisamberg waren die Haupteinnahmsquellen der Gemeinde und ihrer Bewohner.

1762 erbaute der Herrschaftsbesitzer Josef von Fillenbaum am westlichen Flügel des Strebersdorfer Schlosses eine Barockkapelle, die zwei Jahre später zur öffentlichen Kapelle erklärt wurde.

1805 soll Napoleon persönlich in Strebersdorf gewesen sein. Simon Höfinger, ein Landwirt, berichtete:

*„Meiner Ersteingedenken Ano 1805 Kamen die Franzosen den Tag 2en Leopoldi (= 17. Nov.) wo mir 2 vieleicht 100 Mann Kurisir in*

**Lange Zeit mußten die Verstorbenen auf dem Stammersdorfer Friedhof beigesetzt werden. Erst 1878 erhielten die Strebersdorfer einen eigenen Friedhof.**

33

*Quartir hatten. Weil der Nabolion im Hause Michl Gebhart Einloschirt hate die alles geblindert Schafe Hinner Hafer Mehl Wein und alle Körner für die Pferde gefüttert haben. Wo in Ganzen Hause alle Baime voll Pferde gehenckt waren."*

Auch im Kriegsjahr 1809 zogen die Franzosen durch den Ort. Weil aber der damalige Strebersdorfer Herrschaftsbesitzer, Graf Beroldingen, ein den Franzosen nahestehender Württemberger war, hatte die Gemeinde nicht so zu leiden wie andere Ortschaften.

Viel ärger traf die Strebersdorfer das Feuer, das in den frühen Morgenstunden des 4. Juli 1822 ausbrach. Die bereits eingebrachte Ernte dieses Jahres wurde nahezu vollständig vernichtet. Auch das Strebersdorfer Schloß, damals Besitz des Grafen Maximilian von Grimaus d'Orsay, sowie 35 Häuser und 17 Scheunen wurden von den Flammen zerstört.

Im selben Jahr starben viele Bewohner der Gemeinde an Cholera. Die Seuche nahm derart überhand, daß sogar daran gedacht wurde, einen eigenen „Cholerafriedhof" anzulegen. Das „Rote Kreuz" auf dem Mühlweg sollte der Mittelpunkt sein. Es wurde aus dem Stegbaum einer Schiffmühle gefertigt. Der Sockel ist ein Mahlstein.

Acht Jahre nach dem verheerenden Brand, am 1. März 1830, stand Strebersdorf eineinhalb Meter unter Wasser. Die Überschwemmung wirkte sich aber nicht so katastrophal aus wie in den anderen Dörfern an der Donau. Zwar stürzten einige Gebäude ein, aber Menschen kamen keine um.

Zur Zeit des wohl bedeutendsten Strebersdorfer Bürgermeisters, Franz Mayerweck (1838–1873), wurde die „Stockerauer Flügelbahn", eine Seitenlinie der Nordbahn, gebaut. Die Bahn nahm 1845 ihren Betrieb auf, allerdings hielten die Züge in Strebersdorf nicht: Für die Gemeinde war kein eigenes Stationsgebäude gebaut worden.

Die Strebersdorfer Kinder mußten bis 1845 in Stammersdorf zur Schule gehen. In diesem Jahr aber wurde der Gemeinde vom Klosterneuburger Propst der Bau einer eigenen Schule bewilligt. Am 29. September 1845 wurde diese neue Schule eröffnet. Der erste Lehrer war Michael Stöckl.

1848, als die Studenten in Wien vor das Landhaus zogen, um Presse-, Rede- und Unterrichtsfreiheit zu fordern, als Staatskanzler Metternich nach England floh und die Bürger in vielen Städten Europas revoltierten, wurde eine Nationalgarde aufgestellt. Auch die Strebersdorfer stellten 40 Mann. Der Überlieferung nach sollen sie bereits nach den ersten Schüssen das Feld geräumt haben.

1853 mußte eine der Pappeln neben der Feldkapelle gefällt werden,

Die Kongregation der christlichen Schulbrüder hat wesentlich dazu beigetragen, daß Floridsdorf heute als Schulbezirk gilt. Ihr „Pensionat St. Josef" eröffneten die Schulbrüder am 8. April 1889.

weil sie morsch. geworden war. Die zweite jedoch war gesund genug, um bis in unsere Tage bestehen zu können.

Der in Strebersdorf bestehenden, von Josef von Fillenbaum errichteten Kapelle wurde 1855 vom Floridsdorfer Baumeister Karl Frömml ein 15 Meter hoher Turm angebaut. Die theoretischen Voraussetzungen zur Schaffung einer Benefiziatenstelle waren aber erst 1864 gegeben. Damals nämlich starb der Wirtschaftsbesitzer Johann Kain. Sein letzter Wunsch war, daß sein Nachlaß „zur Errichtung eines geistlichen Benefiziums im Orte Strebersdorf verwendet werden möge, damit die Ortsbewohner, da sie schon nicht so glücklich sind, eine eigene Kirche zu besitzen, doch mindestens und namentlich an Sonn- und Feiertagen bei schlechter Witterung oder bei gebrechlichem Körper und schwächlicher Gesundheit im Orte selbst einer heiligen Seelenmesse beiwohnen können". Kains Testament wurde, weil die finanziellen Mittel doch nicht ganz reichten, elf Jahre nicht vollstreckt.

Und wieder gab es Krieg, den Strebersdorf jedoch heil überstand. Im Kriegsjahr 1866 befand sich auf den Gründen der Marxschen Gärtnerei (später Gärtnerei Böse) das Befestigungskommando, dessen Aufgabe es war, in einem weiten Halbkreis um die Donaudörfer

Schanzen zu bauen. Strebersdorf lag wieder einmal zwischen Freund und Feind. Aber bevor es noch zu Kämpfen gekommen war, bei denen der Ort hätte Schaden erleiden können, wurde in Nikolsburg ein Waffenstillstand ausgehandelt.

Fünf Jahre später brach ein Brand im Ort aus. Innerhalb kurzer Zeit standen 24 Häuser und 14 Scheunen in Flammen. Weil dies schon der zweite große Brand war, der einen Teil der Ortschaft vernichtete, entschlossen sich die Strebersdorfer, eine freiwillige Feuerwehr aufzustellen. Dieser Plan wurde aber erst acht Jahre nach der Feuersbrunst verwirklicht.

1875 wurde Johann Kains letzter Wunsch erfüllt: In Strebersdorf wurde an Sonn- und Feiertagen die Messe gelesen. Die bisher fehlenden kirchlichen Geräte und Gewänder konnten angeschafft und dem ersten Benefiziaten, Franz Stejskal, übergeben werden.

Wer in Strebersdorf starb, wurde auf dem Stammersdorfer Friedhof beigesetzt. Diese Regelung galt bis 1878. Die Begräbniszeremonie gestaltete sich stets sehr umständlich. Der Trauerzug war bis zum Friedhof etwa eine Stunde unterwegs. Ältere und gebrechliche Menschen hielten diesen Marsch nicht durch. Deshalb wurde durch einen Grundtausch in der heutigen Anton-Haberzeth-Gasse Platz für einen eigenen Friedhof geschaffen. Der Schottenabt Helfersdorfer weihte den neuen Friedhof am 3. September 1878.

1886 kaufte die Kongregation der christlichen Schulbrüder das Strebersdorfer Herrschaftsgut, das seit 1841 dem Stift Klosterneuburg gehörte. Das Schlößchen, „Marienheim" genannt, sollte als Bildungshaus dienen, erwies sich aber für diesen Zweck als zu klein. Schon im folgenden Jahr ließen die Schulbrüder den Bau erweitern. Die rasche Zunahme des Schulbetriebs machte noch mehrere Erweiterungen durch Anbau und Kauf nötig. Am 8. April 1889 eröffneten die Strebersdorfer Schulbrüder eine zweiklassige Schule für Knaben, das „Pensionat St. Josef".

Zwei Jahre zuvor war beim Schloß eine kleine neugotische Kirche erbaut worden, da die Kapelle den Anforderungen nicht mehr genügte. Diese zweischiffige Kirche diente ab 1888 als Ordens- und Pfarrkirche.

Obwohl die Bahn seit 1845 an Strebersdorf vorbeiführte, erhielt der Ort erst 1887 eine eigene Haltestelle. Damit war die „neue Zeit" angebrochen: 1894 wurde im Dorf eine Poststation eröffnet, 1896 wurde Strebersdorf an das Telegrafennetz angeschlossen, 1900 wurde Gas eingeleitet . . .

Viele Zuwanderer kamen nach Strebersdorf. Die Bevölkerungszahl wuchs, also stieg auch die Zahl der Toten: 1902 mußte der Friedhof vergrößert werden. Zugleich wurde in der Dr.-Albert-Geßmann-Gasse eine neue Schule errichtet. Sie wurde Ende August 1903 vom Schottenabt Leopold Rost geweiht.

Als 1904 Floridsdorf und eine Reihe von Marchfelddörfern zu Wien kamen, war auch ein Teil Strebersdorfs dabei. Es war gerade je-

Dr. Leopold Nekowitsch, Sohn eines Gast- und Landwirtes, war einer der beliebtesten Gemeindeärzte in Strebersdorf und Stammersdorf. Die Patienten kamen sogar aus der weiteren Umgebung zu ihm. In jungen Jahren kämpfte er gemeinsam mit einem Kollegen um die Errichtung einer Ärztekammer, die es damals noch nicht gab. Die Straße von Stammersdorf nach Strebersdorf, die er so oft gegangen war, wurde nach ihm benannt (siehe Straßenverzeichnis).

ner Teil, der der Gemeinde die höchsten Steuern eingebracht hatte. Damit war die Selbständigkeit des anderen Teiles Strebersdorfs eine finanzielle Unmöglichkeit geworden.

Die Strebersdorfer Gemeindevertretung konnte ihre Notlage glaubhaft machen, und so beschloß der Wiener Gemeinderat am 17. Jänner 1908, ganz Strebersdorf ins Wiener Gebiet mit einzubeziehen. Weil aber auch Stammersdorf zu Wien wollte, damit aber die Polizeikosten für die Stadt Wien zu hoch geworden wären, beschloß der Gemeinderat am 29. Oktober 1909, weder den restlichen Teil Strebersdorfs noch Stammersdorf aufzunehmen. Außerdem, so argumentierte der Gemeinderat, würde der geplante Donau-Oder-Kanal, der am Südrand von Strebersdorf projektiert war, diesen Ort von Jedlersdorf und Jedlesee trennen. Das aber sei keine gute Voraussetzung zur Vereinigung mit Wien.

Durch Hartnäckigkeit und die vermittelnde Tätigkeit des Ministers für öffentliche Arbeiten, Dr. Albert Geßmann, erreichten die Strebersdorfer schließlich doch, was sie wollten: Am 15. Februar 1910 beschloß der Wiener Gemeinderat die Angliederung des gesamten Ortes. Am 1. Jänner 1911, als das beschlossene Gesetz in Kraft trat, löste sich der Strebersdorfer Gemeinderat auf. Anton Haberzeth war der letzte Bürgermeister.

Bald schon hatten die Strebersdorfer an den Annehmlichkeiten, die eine Großstadt bietet, Anteil: 1912 wurde die elektrische Straßenbahn vom Spitz bis nach Strebersdorf geführt, und 1913 wurde der Ort an die Wiener Hochquellenwasserleitung angeschlossen.

Während des Ersten Weltkrieges befand sich Strebersdorf – wie noch in jedem Krieg – in besonders gefährdeter Lage, war doch der Bisamberg ein strategischer Hauptpunkt. Auf ihm waren Geschütze aufgestellt, Beleuchtungs- und Fernsprechstellen eingerichtet worden. Von Langenzersdorf führte eine Seilbahn auf die Elisabethhöhe.

Auf Strebersdorfer Boden wurden der Autokader, Eisenbahnwagen-Werkstätten, ein Munitions- und ein Futtermagazin errichtet.

**1959: Der „Eisenbahnerberg" an der Prager Straße erhält eine moderne, den neuen Verkehrsgegebenheiten angemessene Streckenführung.**

**194,6 Millionen Schilling kostete der Bau der Siedlung Autokaderstraße. Dort baute die Gemeinde Wien Wohnungen für fast 1000 Familien.**

Der Autokader war eine Art Arsenal. Dort wurden Kraftfahrzeuge eingestellt, ausgebessert und Bedienungsmannschaften ausgebildet. Die Waggonwerkstätten wurden nach dem Krieg erweitert, so daß dort etwa 350 Waggons gleichzeitig instand gesetzt werden konnten. Immer mehr Firmen ließen sich nach 1918 in Strebersdorf nieder.

Auf freiem Feld, nördlich der Rußbergstraße und östlich der Prager Straße, entstand um 1933 ein großes Barackenlager, das im Zweiten Weltkrieg dem Infanterieregiment 134 „Hoch- und Deutschmeister" als Kaserne diente. Der Bisamberg wurde zum Truppenübungsplatz. Auch die Hallen und Einrichtungen des ehemaligen Autokaders wurden wieder vom Heer benutzt.

Als englische und amerikanische Fliegerverbände Wien bombardierten, flogen sie zumeist über Strebersdorf ein. Das schaurige Schauspiel wurde wiederholt so beobachtet: In großer Höhe kamen gewaltige Bomberverbände in enger Formation aus dem Westen, überflogen Klosterneuburg und drehten über dem Bisamberg nach Süden. Die Unterseiten der silbern glänzenden Flugzeuge wurden schlagartig schwarz: Die Bombenschächte hatten sich geöffnet, über Floridsdorf und die angrenzenden Bezirke ging ein Bombenregen nieder.

Nach einem Entwurf des Architekten Ladislaus Hruska wurde die Maria Königin benannte Strebersdorfer Pfarrkirche gebaut. Sie wurde am 15. Oktober 1961 geweiht.

Die Flak-Batterien auf der Elisabethhöhe und im Gebiet von Stammersdorf führten einen verzweifelten Kampf. Strebersdorf lag oft im Splitterhagel der in großer Höhe explodierenden Flak-Granaten.

Im südlichen Teil des Strebersdorfer Gebietes wurden Vernebelungsanlagen aufgestellt. Ihre Standorte waren entsprechend dem im Wiener Raum herrschenden Nordwestwind und der Angriffsrichtung der Flugzeuge gewählt worden. Mehrere Male gelang es, eine dichte, künstliche Nebeldecke zu erzeugen, bevor die Bomber über das Gebiet flogen. Nach der Erfindung tauglicher Bodensichtgeräte auf Radarbasis waren auch die Vernebelungsanlagen keine Hilfe mehr.

Im April 1945, knapp vor dem Einmarsch der russischen Armee, lag Strebersdorf noch einmal mehrere Tage lang im Feuerhagel leichter und mittelschwerer Waffen: Vom Kahlengebirge aus wurden die zurückweichenden Truppen der deutschen Armee beschossen.

Nach dem Zweiten Weltkrieg wurden neben der Nordwestbahn-Haltestelle (heute Schnellbahnstation) viele Wohnhäuser für die Bediensteten der Österreichischen Bundesbahnen errichtet. Wo einst der Ort Stallern lag, nahe der Dirnelwiese, wurden bis zur Stadtgrenze Siedlungshäuser gebaut. Wo bis 1945 die große Barackenstadt, die Kaserne des Infanterieregiments 134 „Hoch- und Deutschmeister"

40

stand, erheben sich heute inmitten von Grünanlagen zahlreiche Wohnblocks.

Das neue Strebersdorf, entlang der Rußbergstraße, entstand nach 1950. 1961 wurde dort eine zweite Kirche gebaut. Südlich der Scheydgasse, auf dem „Industriegelände", siedelte die Stadtverwaltung große Firmen an. Und auch die „Freunde und Helfer" sind in Strebersdorf mit einer wichtigen Abteilung vertreten: Nördlich der Scheydgasse befindet sich die Diensthundestaffel der Wiener Polizei.

1973 mußte die Feldkapelle den Bauten der Firma Böhler Platz machen. Die alte Gedenkstätte wurde abgetragen und getreu ihrem früheren Aussehen nahe der Ecke Tomaschekstraße und Schlossergasse wiederaufgebaut. Ihr Eingang weist nun nach Südwesten.

Der 200jährige Baumriese, die Pappel bei der Kapelle, steht heute noch. Sie hat allerdings viel von ihrer Mächtigkeit eingebüßt, weil einige morsche Äste abgesägt werden mußten.

# Jedlersdorf und Jedlersdorf am Spitz

Eine Eintragung im Klosterneuburger Salbuch berichtet, daß der Kirche in Klosterneuburg im Jahre 1108 ein Weingarten am Bisamberg geschenkt wurde. Als Spender ist ein gewisser Berthold von Urliugestorf verzeichnet. Einige Inseln bei Urliugestorf erhielt das Stift 1199 von Heinrich von Mödling. Urliugestorf – das war der erste Name des Ortes Jedlersdorf.

Urliuge bedeutete im Mittelhochdeutschen soviel wie Kampf oder Krieg. Urliugestorf könnte also mit „Kriegsdorf" übersetzt werden. Es ist aber ebensogut möglich, daß der Ort nach seinem Besitzer oder Gründer benannt wurde: Dorf des Urliug. Dieser Männername findet sich nämlich mehrmals in abgewandelter Form im „Codex traditionem Claustroneoburgensis": Urluch, Orliugo, Urleuc, Orloc.

Der Ortskern des Dorfes wurde auf einer Insel angelegt, deren Mittellinie der heutigen Amtsstraße entsprach. Das nördliche Ufer dieser Insel lag beim jetzigen Bernreiterplatz, ihr südliches beim Haspingerplatz. Die Baumergasse folgt ungefähr der ehemaligen östlichen Uferlinie, der westlich der Amtsstraße liegende Teil der Jedlersdorfer Straße befindet sich etwa dort, wo das westliche Ufer war.

Die Grenzen Jedlersdorfs verschoben sich nach jeder Überschwemmung, meistens zugunsten der Jedlersdorfer und zum Schaden der Leopoldauer. So kam es zu einer mehrjährigen Auseinandersetzung zwischen den Bewohnern beider Dörfer. Sie stritten um die „Wankeläcker", ein Gebiet nahe der heutigen Ruthnergasse. Der Streit wurde 1260 von Ritter Conrad von Zelking geschlichtet.

1278 fand die Schlacht bei Dürnkrut statt. Rudolf von Habsburg besiegte Ottokar von Böhmen. Vor der Schlacht hatte der Habsburger

Aus der Mitte des 17. Jahrhunderts stammt das „Trillerkreuz" an der Brünner Straße. Es wurde vom Hof-Controllor Andreas Triller errichtet. Das „Trillerkreuz" ist eine aus Eggenburger Sandstein gearbeitete quadratische Säule und ist mehr als drei Meter hoch. Der Bildstock zeigt verschiedene religiöse Darstellungen. Die Inschrift auf der Deckplatte ist nur noch teilweise lesbar (Seite 46). Während des Weltkrieges wurde das Kreuz schwer beschädigt. Bei den Restaurierungsarbeiten konnten nicht mehr alle Einzelheiten der Bildhauerarbeit rekonstruiert werden, so auch nicht jene Inschrift, die auf den Stifter des Kreuzes hinwies: HERR ANDREAS TRILLER RÖM: KAY: MAY: DIENER VND HOF CANTRALOR VND SEINE PETTE HAVSFRAVEN ALS MARIA VND ANNA MARIA GOTT ZV EHRN TISES CREITZ MACHEN LASSEN.

gelobt, ein Kloster bauen zu lassen, falls er siegen würde. Er siegte und hielt Wort: In Tulln entstand ein Dominikaner-Frauenkloster, das später kaiserliches Frauenstift genannt wurde. Die Tullner Klosterschwestern erhielten 1280 „Urliugestorf samt Gerichtsbarkeit und allen Rechten und Zubehörungen".

Über jene 502 Jahre, in denen das Tullner Kloster die Herrschaft über Jedlersdorf besaß, ist nicht sehr viel bekannt. Man weiß, daß „Jetldorf", wie der Ort damals genannt wurde, 1529 von den Türken niedergebrannt wurde und daß dort schon neun Jahre später eine selbständige Pfarre bestand. Vorher – und auch mehrere Jahre nachher –

Die Kirche in der Amtsstraße ist dem heiligen Karl Borromäus geweiht. Lange Zeit wurde sie von Wallfahrern besucht und deshalb „Klein-Maria-Taferl" genannt.

war Jedlersdorf ein Filialort der Pfarre Kagran. Die eigene Pfarre war – vermutlich wegen Priestermangels – 1583 aufgelassen worden.

Ein Jedlersdorfer Wahrzeichen, das aus der Mitte des 17. Jahrhunderts stammt, konnte trotz schwerer Beschädigungen im Zweiten Weltkrieg bis in unsere Zeit erhalten werden: das „Trillerkreuz". Sein Stifter war der Hof-Controllor Andreas Triller, der diese quadratische, über drei Meter hohe Steinsäule Gott zu Ehren aufstellen ließ.

Das „Trillerkreuz" stand zunächst auf freiem Feld, nahe der Jedlersdorfer Viehtrift, neben dem alten Handelsweg nach Brünn. Heute befindet sich die Säule unweit des einstigen Standortes, an der Ecke Brünner Straße–Trillergasse.

In die Deckplatte des „Trillerkreuzes" ist ein Spruch eingraviert, der nur noch teilweise zu erkennen ist:

„HIN GETH TIE ZEIT HERR KOMBT DER TOT O MENSCH THVE BVES VND FÖRCHTE GOTT ZV GOTT STEHT VNSER HOFNVG."

1683 waren wieder die Türken im Ort. Die südlich von Jedlersdorf lagernden österreichischen Regimenter „Gran" und „Baden" waren keine Hilfe für die Dorfbewohner. Die Türken stürmten Jedlersdorf, plünderten die Häuser und zündeten sie an.

Die Pest wütete aber schlimmer als die Türken. Nach den furchtbaren Jahren 1713 und 1714 lebten in Jedlersdorf nur noch 37 Menschen. Die von der Krankheit verschont gebliebenen Bewohner des Ortes errichteten eine hölzerne Kapelle, die dem heiligen Karl Borromäus gewidmet war. Es wurde beschlossen, diese Kapelle aus Gemeindemitteln zu erhalten.

Aber 1745 brach Feuer im Dorf aus. Auch die Kapelle brannte. Alle Anstrengungen, die Flammen zu löschen, blieben erfolglos.

Da erinnerte man sich eines Bildes der Mutter Gottes von Maria-Taferl, das der Wallfahrtsführer Franz Dattler in seinem Haus verwahrte. Das Bild wurde geholt und voll Vertrauen in eines der brennenden Häuser geworfen. Die Legende weiß zu berichten, daß eben in jenem Haus das Feuer überraschend erlosch. Nachdem die verkohlten Trümmer und die Asche weggeräumt worden waren, kam das Marienbild zum Vorschein: Es war unversehrt.

Daraufhin wurde eine neue Kapelle gebaut und in ihr das Bild aufbewahrt. Zahlreiche Wallfahrer kamen nach Jedlersdorf, und in der Chronik wurde stolz vermerkt, daß auch Kaiserin Maria Theresia gekommen war, um das wundertätige Bild zu betrachten. Der Ort wurde von nun an auch „Klein-Maria-Taferl" genannt und entwickelte sich rasch.

Die Jedlersdorfer gehörten damals in den Pfarrsprengel Kagran, und der dortige Pfarrer namens Anton Baxta wollte an den unverhofften Einnahmen der Jedlersdorfer teilhaben. Er ließ sich Zehent zahlen, beanspruchte also einen Teil des Ertrages für sich und setzte eine neue Gottesdienstordnung fest. Die Ortsbewohner protestierten.

Als die Jedlersdorfer 1765 ihre Kapelle erweiterten und ohne Wissen des Kagraner Pfarrers Messen lesen ließen, verstärkte sich der Konflikt. Mehreremal begehrte die Gemeinde, zur eigenständigen Pfarre erklärt zu werden, doch wurde die Bitte immer wieder abgewiesen.

Eine Schule hingegen bestand schon seit 1766. Unterrichtet wurde im gemeindeeigenen „Halterhaus", das wegen der zahlreichen Wallfahrer, die nach „Klein-Maria-Taferl" kamen, mit einem halbjährlichen Schankrecht ausgestattet war. Der erste Lehrer in Jedlersdorf war Johann Georg Funk.

**Das wundertätige Marienbild befindet sich seit den späten fünfziger Jahren wieder in der Karl-Borromäus-Kirche. Es wurde, wie schon in früheren Zeiten, über dem Hochaltar angebracht.**

Durch eine Verordnung Kaiser Josefs II., datiert vom 12. Jänner 1782, wurde nebst anderen Klöstern auch das Frauenstift in Tulln aufgehoben. Jedlersdorf fiel einem Religionsfondsgut zu und wurde von der k. k. Staatsgüteradministration verwaltet.

Der Kaiser ging gern auf Jagd. Als er eines Tages in der Jedlersdorfer Gegend war, besuchte er auch die Kapelle im Ort. Dieses Ereignis ließen die Jedlersdorfer nicht ungenutzt. Wieder einmal trugen sie ihre Bitte vor: „Wir wollen eine selbständige Pfarre!"

Ihr Wunsch wurde erfüllt. Der erste Pfarrer – er betreute die Gemeinde von 1783 bis 1796 – war Karl Enders. 1785 vergrößerte Enders die Kapelle und ließ einen Turm anbauen. Zwei Häuser wurden als Schule und Pfarrhof eingerichtet.

Im Süden der Gemeinde, westlich der Reichsstraße nach Mähren, besaßen die Jedlersdorfer Weidegründe. Nachdem die Grundherrschaft des Frauenklosters aufgehoben worden war, wurde der südlichste Teil dieser Weiden an Neuansiedler verkauft. In der Gabelung Brünner Straße–Prager Straße entstand 1782 „Klein-Jedlersdorf", das auch „Jedlersdorf am Spitz" und später nur noch „Spitz" genannt wurde. Anfangs bestand die Siedlung nur aus 15 Häusern.

Wie alle Ortschaften in der Umgebung, war auch Jedlersdorf am Spitz durch die oft Hochwasser führende Donau gefährdet.

Als 1786 die Ortschaft Floridsdorf entstand, wurde in Jedlersdorf am Spitz das Gemeindegasthaus gebaut. Es stand bis zu seinem Abbruch im Jahre 1901 dort, wo sich heute das Magistratische Bezirksamt für den 21. Bezirk befindet. Auf ausdrücklichen Wunsch des Kaisers wurde das Gasthaus einstöckig angelegt, damit die in Floridsdorf und am Spitz Wohnenden bei Hochwasser dort Zuflucht finden konnten. Schon ein Jahr später – bei den „Allerheiligengüssen" – mußte sich das Spitzer Wirtshaus bewähren.

Die geräumige Gaststätte war auch für Reisende bestimmt, die abends oder nachts vor den Brückenschranken anlangten. Bei Einbruch der Dunkelheit wurde die Donaubrücke nämlich gesperrt, weil sie nicht beleuchtet war.

Die Ortschaft am Spitz galt bis 1804 als Teil von Jedlersdorf. 1804 wurde sie aber von der Muttergemeinde getrennt und war 70 Jahre hindurch eine eigenständige Gemeinde. Ortsrichter waren Martin Bowelka, Lorenz Stryeck und Andreas Kaiser.

Pfarrer Wenzel Summer, der von 1796 bis 1803 in Jedlersdorf tätig war, kaufte die Ortschaft im Jahre 1807. Er konnte sich vorerst nur zwei Jahre lang ungetrübt seines Besitzes erfreuen. 1809 nämlich kamen die Franzosen und brannten den Ort völlig nieder. Das in der Kirche aufbewahrte Marienbild blieb abermals unbeschädigt.

Der Herrschaftsbesitzer Summer hätte viel Geld aufwenden müssen, um Pfarrhof und Schule neu aufbauen zu lassen. Das wollte er nicht und versuchte deshalb, die Aufhebung der Pfarre durchzusetzen. Dazu war es vor allem einmal notwendig, das Marienbild aus Jedlersdorf fortzuschaffen.

Nach dem Brand hatte die Witwe Katharina Dattler das Bild in Verwahrung genommen. Sie wollte es, sobald die Kirche wieder instand gesetzt war, an seinen ursprünglichen Platz bringen. Aber lange bevor noch mit den Arbeiten an der Kirche begonnen wurde, verfügte das Kreisamt, daß der Witwe das Bild wegzunehmen sei. Grund: unbefugte Winkelandacht. Nun glaubte man, daß einer Vereinigung der Jedlersdorfer mit der Jedleseer Pfarre nichts mehr im Wege stünde. Die Annahme war falsch.

Nach wie vor besuchten zahlreiche Wallfahrer den Ort, obwohl sich der Grund für ihre Wallfahrt, das Marienbild, in der Karmeliterkirche in Leopoldstadt befand. Es blieb nichts übrig: Die Pfarre Jedlersdorf mußte erhalten bleiben. Allerdings schränkte man ein: Es sollte kein eigener Pfarrer eingestellt werden, bis nicht das Pfarr- und das Schulhaus wiederhergestellt wären und solange Jedlersdorf weniger als 600 Einwohner hätte. Bis dahin, wurde beschlossen, würden nur Pfarrprovisoren eingesetzt.

Einer der Pfarrprovisoren war Joachim Haspinger, der Mitkämpfer Andreas Hofers. Er war von Juli 1811 bis Juni 1813 und vom August

**Das Lokomobil wurde bei allen möglichen Arbeiten eingesetzt, hier zum Antrieb der Dreschmaschine des Jedlersdorfer Fuhrwerksunternehmers Florian Ott.**

1814 bis April 1815 hier tätig. Von 1819 bis 1822 hatte Jedlersdorf keinen eigenen Seelsorger, sondern war dem Jedleseer Pfarrer zugeteilt. Das wundertätige Marienbild wurde erst im September 1824 nach Jedlersdorf zurückgebracht und in der Kirche über dem Tabernakel des Hochaltars angebracht.

Das Hochwasser des Jahres 1830 hatte verheerende Folgen in Jedlersdorf: Es ertranken neunzehn Menschen, und mehrere alte Häuser wurden zerstört.

Am 1. Mai 1834 verkauften Wenzel Summer und sein Verwalter Josef Springer, der inzwischen zum Mitbesitzer geworden war, die Jedlersdorfer Herrschaft an das Stift Klosterneuburg.

Als 1872 die Nordwestbahn ihren Betrieb aufnahm, entstand in Jedlersdorf ein großes Fabriksgebiet. Sein Zentrum entwickelte sich an der Brünner Straße. Allein in der Nordwestbahn-Hauptwerkstätte waren 320 Menschen beschäftigt. Für sie wurden Wohnungen gebaut – die „Nordwestbahnkolonie". An der Jedlersdorfer Straße und der Koloniestraße entstanden Wohnhäuser für Beamte, nördlich der Werkstätten wurden Wohnhäuser für Arbeiter gebaut.

Der Zuzug vieler kinderreicher Arbeiterfamilien machte auch den Bau einer Schule notwendig. Sie wurde 1876 im Fabrikviertel (Kuenburggasse) errichtet. Sechs Jahre später wurde ihr ein Kindergarten angeschlossen.

Floridsdorf und Jedlersdorf am Spitz hatten zwar verwaltungsmäßig immer zusammengearbeitet, dennoch war jede Gemeinde selbständig. Das änderte sich 1874. Die beiden Ortschaften schlossen sich zusammen, um ein Kanalprojekt besser durchführen zu können. Der Name „Floridsdorf" ging auf die vereinigte Ortschaft über. Das Gebiet nördlich des neuen Ortes verblieb zunächst bei Jedlersdorf.

1894 wurde die Großgemeinde Floridsdorf gegründet. Der südliche Teil Jedlersdorfs, der im Volksmund auch als Neu-Jedlersdorf bezeichnet wurde, kam zur Großgemeinde, die Floridsdorf, Jedlesee, Neu-Jedlersdorf und Donaufeld umfaßte.

Das älteste Jedlersdorf, das Gebiet nördlich der Verbindungsbahn, des ehemaligen Schienenstrangs zwischen Nord- und Nordwestbahn, blieb jedoch bis 1904 selbständig. Dann wurde es in den neu geschaffenen 21. Wiener Gemeindebezirk mit einbezogen.

Das Gebiet von Jedlersdorf ist so groß, daß in den Grundbüchern zwischen Jedlersdorf I und Jedlersdorf II unterschieden wird. Jedlersdorf I ist das nördliche Gebiet samt altem Ortskern, das auch als Groß-Jedlersdorf bezeichnet wird. Jedlersdorf II ist das südliche Gebiet, das 1894 an die damalige Großgemeinde Floridsdorf abgetreten wurde.

Die Schnellbahntrasse in Richtung Stockerau verläuft in der Nähe der Trennlinie von Jedlersdorf I und Jedlersdorf II.

Die Karl-Borromäus-Kirche in der Amtsstraße, eine einfache Landkirche, im Volksmund als „Klein-Maria-Taferl" bezeichnet, wurde 1931 und nach dem Zweiten Weltkrieg vollständig renoviert. Sie ist noch heute eine Wallfahrtskirche.

Auch das Trillerkreuz, das im Eckhaus Brünner Straße-Trillergasse eingemauert war, hatte eine Renovierung nötig. Schon 1945 bemühte sich Gemeinderat Josef Kohl, die größten Schäden am Kreuz beheben zu lassen, aber erst 1967 wurde das Kreuz aus der Nische ausgebaut und vom Bildhauer Rudolf Schwaiger restauriert.

Nach dem Zweiten Weltkrieg wurden in Jedlersdorf viele Wohnhäuser gebaut. An der Siemensstraße entstanden große Siedlungen, und nach 1961 wurde auch das Land nordwestlich des alten Ortskerns, gegen Strebersdorf zu, verbaut. In jüngster Zeit sind 1440 Wohnungen in der Mitterhofergasse entstanden.

Zwischen Brünner Straße und Ruthnergasse schreitet das Wohnbauprojekt „Marco Polo" seiner Verwirklichung entgegen. Hier entstehen 1388 moderne Terrassenwohnungen, 200 Terrassen-Einfamilienhäuser mit 1590 Pkw-Abstellplätzen und verschiedenen Versorgungs-, Erholungs- und Schulzentren. Ein Kirchenneubau ist ebenfalls geplant.

# Leopoldau

Leopoldau dürfte das älteste Siedlungsgebiet in Floridsdorf sein. Zahlreiche Funde beweisen eine fortlaufende Besiedlung von der Jungsteinzeit bis zur Völkerwanderung. Der erste Name Leopoldaus, „Alpiltowe", ist keltischen Ursprungs. „Towe" oder „tow" bedeutet soviel wie Au.

Auen gab es hier in großer Zahl. Viele Donauarme durchzogen das Gebiet. Ein Arm führte längs der heutigen Siemensstraße und der Eipeldauer Straße bis in die Nähe des Kagraner Platzes. Ein anderer Donauarm floß nördlich des Dorfes in das Gebiet der sogenannten Trabrennvereingründe. Er zog am westlichen Ortsausgang vorbei (heute Kugelkreuz Siemensstraße), wandte sich zum östlichen Dorfende und folgte dem Lauf der heutigen Sebaldgasse. Viele andere, kleinere Arme durchschnitten das Leopoldauer Gebiet.

Nicht alle Donauarme führten zur selben Zeit Wasser. Sie wechselten einander ab. Einmal rauschte die Donau durch dieses Gerinne, ein andermal durch jenes. Und nach jeder Überschwemmung grub sich der Strom ein neues Bett.

Da das Wasser klar und fischreich war, siedelten sich hier Menschen an. Schon in der Jungsteinzeit hoben sie ihre Wohngruben aus, überdeckten sie mit Ästen und Zweigen, verschmierten das kegelförmige Dach mit Lehm und lebten in diesen primitiven Behausungen. In den Schottergruben an der Eipeldauer Straße wurden solche Siedlungen freigelegt. Schaber, Steinbeile, Gefäße, Fibeln, Urnen und Mondidole wurden gefunden.

Aus der Eisenzeit stammt eine Fibel, die auf Leopoldauer Gebiet entdeckt wurde. Es ist dies eine Kleiderspange mit zwei Hundeköpfen, in der Darstellung typisch für den Geschmack der Kelten im vierten Jahrhundert vor Christi.

Die Leopoldauer Fibel ist eine Besonderheit. Die Kelten bevorzugten damals Verzierungen mit Vogel- oder Menschenköpfen. Zahlreiche Funde in Süddeutschland und Böhmen beweisen das. Die Leopoldauer Fibel ist ganz anders. Sie ist eine von Fachleuten geschätzte Seltenheit.

Die Kelten, die zuvor die Illyrer verdrängt hatten, wurden vertrieben. Die Germanen griffen sie von Norden an, aus dem Süden drängten die Römer zur Donau. Nachdem die Kelten das linke Donauufer verlassen hatten, blieb es lange Zeit unbesiedelt. Es war Niemandsland. Manchmal jedoch mag es hier zu Kämpfen zwischen Römern und Germanen gekommen sein: Südlich von Leopoldau wurden Skelettteile und zwei Lanzenspitzen gefunden. Die eine hatte einem Römer gehört, die andere einem Germanen. Die beiden Soldaten hatten einander getötet.

„Alpiltowe" tritt erst wieder um die Jahrtausendwende in Erscheinung. Zur Zeit der Babenberger stießen Bayern und Franken nach Osten vor. Sie rodeten Auen und Wälder und siedelten sich in „Alpiltowe" an. Ort und Land gehörten damals dem Markgrafen Leopold III., dem Heiligen. Der schenkte alles seinem Sohn Leopold IV., dem Freigiebigen, und dieser übergab den Ort dem Stift Klosterneuburg.

Im Salbuch des Stiftes, einem Buch, in dem die Besitzveränderungen innerhalb eines bestimmten Gebietes verzeichnet sind, findet man „Alpiltowe" 1125 zum erstenmal schriftlich festgehalten.

Der Name des Ortes hat sich im Lauf der Zeit noch oft verändert: Alpoltowe, Altentoe, Alpeltow, Elpeltow, Elpeltau, Elpitau, Eylpeltau, Eylpoltau, Apoltau, Eupoltau, Eipeldau, Leopoldau.

Die Geschichte des Ortes beginnt katastrophal. Die Alpiltower wurden mehrmals von den Donaufluten überrascht. 1012, 1014, 1118, 1126, 1172 und 1173 richtete der Strom große Schäden an. Was den Fluten widerstand, wurde von Feinden niedergemacht. Böhmen, Ungarn und Türken zogen durch Leopoldau, plünderten die Häuser und brannten den Ort nieder.

Der älteste Teil Leopoldaus befindet sich dort, wo die Statue des heiligen Leopold steht, am östlichen Ende des Leopoldauer Platzes. Der Sage nach soll Leopoldau im 12. Jahrhundert aus 47 Häusern bestanden haben.

Die Bewohner dieser 47 Häuser hatten gewiß kein leichtes Leben. Immer wieder setzte die Donau alles unter Wasser. Im Jahre 1210 regnete es sieben Tage und Nächte. Das darauffolgende Hochwasser, das ganz Korneuburg vernichtete, fügte auch Leopoldau schweren Schaden zu.

Als 1224 und 1225 in Österreich die Pest ausbrach, blieb auch Leopoldau nicht verschont. Ein Jahr darauf stürmten die Böhmen das Dorf, 1235 wurde es von der Donau überflutet, und 1236 kamen wieder die Böhmen und brannten die Häuser nieder.

Durch die zahlreichen Überschwemmungen verwischten sich die Grenzen zwischen Leopoldau und Jedlersdorf. Dadurch entstand ein heftiger, mehrere Jahre dauernder Streit zwischen den Dörfern. Ottokar II. ließ diesen Streit von Ritter Conrad von Zelking schlichten. Am 14. März 1260 wurde eine Urkunde ausgefertigt, in der die neuen Grenzlinien festgelegt wurden.

Die folgenden Jahrzehnte waren für die Leopoldauer trotz betrüblicher Abwechslung einigermaßen gleichförmig: Kriege, Krankheiten, Überschwemmungen.

Als Herzog Albrecht V. 1439 Brücken über die Donau schlagen ließ, blühte der Handel auf. Nun konnten die Leopoldauer ihre Produkte leichter auf den Markt bringen.

Bis 1438 gehörten die Leopoldauer zur Pfarre Stadlau, und als diese im gleichen Jahr vom Hochwasser zerstört worden war, wurden sie in Kagran eingepfarrt. Am 6. Mai 1438 aber gestattete der Passauer Bischof die Weihe der Leopoldauer Kapelle und des sie umgebenden Friedhofs. Ab sofort durfte der jeweilige Kaplan „im Falle der Noth, wenn der Zugang zur Kirche in Kagran unmöglich sey" die pfarrlichen Rechte ausüben. Zur selbständigen Pfarre wurde Leopoldau allerdings erst 1489.

Die Überschwemmungen, Seuchen und Überfälle feindlicher Soldaten machten den Leopoldauern auch in den folgenden Jahren zu schaffen. Als 1484 die Ungarn unter Matthias Corvinus gegen Wien vorrückten, verließen die Leopoldauer ihre Häuser und halfen dem Heer Friedrichs III.: Sie arbeiteten fleißig an den Schanzen vor Wien und versorgten die Stadtbevölkerung mit Lebensmitteln.

Das machte sich für die Leopoldauer bezahlt. Als Corvinus 1490 starb und das von den Ungarn besetzte Wien wieder von den Österreichern übernommen wurde, belohnte der Kaiser die Leopoldauer: Im Majestätsbrief vom 4. Dezember 1492 wurden sie von der Brückenmaut befreit. Dieses Sonderrecht war bis zur Abtragung der alten Taborbrücke (1875) in Kraft.

Noch während die Ungarn in Wien herrschten, kam es zu einer Überschwemmung, bei der sich die Donau ein völlig neues Bett grub. Ab 1489 war Leopoldau von Kagran durch einen Wasserarm getrennt.

Noch im selben Jahr wurde die Zugehörigkeit der Kapelle zur Pfarre Kagran aufgehoben. Leopoldau war nun eine selbständige Pfarre. Der erste Pfarrer hieß Martin Gaunersdorfer. Zur Pfarre Leopoldau gehörten auch das Gebiet der späteren Leopoldstadt, die Brigittenau und die Durchlaufau.

Mit Überschwemmungen und Brandschatzungen ging es weiter. 1506 wütete wieder die Pest im Land. Den räuberischen Türken (1529 und 1532) folgten gefräßige Heuschrecken (1570). Die Tiere, die in riesigen Schwärmen auftraten, vernichteten die Ernte. Türken, Ungarn, Böhmen, Schweden, Heuschrecken – niemand zog an Leopoldau vorbei, ohne es zu zerstören. Aber die Leopoldauer bauten ihr Dorf immer wieder mit Hilfe des Stiftes Klosterneuburg auf.

Das Kugelkreuz an der Siemensstraße erinnert an die Pestjahre 1679/80. Etwa 700 Tote sollen rund um das Kreuz bestattet worden sein. Es heißt, daß nur fünf Erwachsene und mehrere Kinder die schreckliche Krankheit überlebt haben.

Auch die Säule vor der Schule Aderklaaer Straße 2 soll an die Pestjahre erinnern. Angeblich wurden dort 133 Tote begraben.

Über das Kugelkreuz an der Siemensstraße ist noch eine andere Version in Umlauf: Das Kugelkreuz, so heißt es, sei gar kein Pesthügel, sondern der letzte Tumulus (Hügelgrab) auf dem Boden Wiens. Es soll dort irgendeine Persönlichkeit aus der frühen Geschichte, ein Heerführer etwa, begraben sein.

1683, nachdem der Ort von Neuansiedlern belebt worden war, zogen die Türken durch Leopoldau und brannten alles nieder. Im Sterbeprotokoll von Leopoldau heißt es: „Vom 7. Juni 1683 bis 17. März 1684 keine Sterbefälle hier, weil die Leute auf der Flucht waren vor dem Türkeneinfall."

Die Leopoldauer Kirche wurde 1696 erbaut. Der nahe Pfarrhof war anfangs ein stiftlicher Gutshof, der später zum Sommersitz für den Prälaten des Stiftes Klosterneuburg umgebaut wurde. Im Speisesaal befindet sich noch heute ein sehenswertes Deckenfresko von Balthasar Scabino de Rossa aus dem Jahre 1717.

Im Umkreis des Dorfgebietes von Leopoldau wurden lange Zeit keine festen Bauten errichtet. Erst 1722 wurde am alten Leopoldauer Weg, der das Dorf mit der Donaubrücke verband, ein Denkmal erbaut. Der Forstmeister Otto Ferdinand Herzog stellte ein Standbild des heiligen Patrizius auf, um für die Errettung vor Wilddieben zu danken, die ihm aufgelauert hatten.

Eine Schule soll in Leopoldau schon um 1600 bestanden haben. 1649 wird Matthias Gradinger als Lehrer genannt. Der Unterricht

1842 ließ der Leopoldauer Ortsrichter Zeinlinger das Armenhaus niederreißen und das Markthaus bauen. Darin befanden sich das Bürgermeisteramt und die Spar- und Vorschußkasse. Die Armen fanden im Markthaus weiterhin Unterkunft.

fand im Gemeindearmenhaus oder im Gemeindegasthof statt. Mangelte es an Lehrern, dann unterrichteten Handwerker, Kaufleute oder der Wirt. Ab 1730 gab es dann eine Pfarrschule, die im Pfarrhof untergebracht war. Von da an wurde regelmäßig unterrichtet.

Zu dieser Zeit weideten die Leopoldauer Kühe noch in den Auen vor der Donaubrücke und bei der heutigen Dresdner Straße. Sie wurden über das „Kuhbrückl" dorthin getrieben. Leopoldau besaß damals noch sehr viele, weit ausgedehnte Gründe.

1786 mußten die Leopoldauer ihre besten Weiden hergeben. Das Stift Klosterneuburg verfügte als Grundherr die Bereitstellung von fünfzig Joch der Weiden in der Haidschüttau. Darauf sollte Floridsdorf gegründet werden. Die Leopoldauer protestierten. Mit den mageren Ersatzweidegründen im Inselgebiet der Donau waren sie gar nicht zufrieden. Ihr Einspruch hatte aber keinen Erfolg. Floridsdorf entstand trotzdem.

Der Pfarrer von Leopoldau hatte eine Zeitlang auch den Werd (Leopoldstadt) und die Brigittenau betreut. Der Werd war schon 1628 ausgepfarrt worden, 1787 wurde auch die Brigittenau der Leopoldauer

Kirche entzogen und der Pfarre St. Leopold (heute Taborstraße) zugeteilt.

Die „Allerheiligengüsse" des Jahres 1787 hatten Leopoldau schwer getroffen. In einem alten Gemeindebuch steht darüber folgendes zu lesen:

*Fol. 73. Die Allerheyligen Gieß 1787.*

*Von der großen Überschwemmung 1787 der Donau ist nothwendig zu beschreiben um die Gemeinde vor Schatten zu warnen. Im Jahre 1787 den 29ten Oktober hat die Donau so gewaltig angefangen zu gießen, daß das Wasser bis 1ten November in Aller-Heyligen-Tag die vollständige Höhe hat erreicht und so ein Entsetzlich große Wasser-Gieß gewesen, welches bey Manns Getenken ist nicht erhört worden.*

*Erstlich hat die ganze Gemeinde allen Fleyß angewendet, bey den dermahligen Unterthan Michel Ottensteiner in Nr. 1, wie auch bey den dermahligen Schneider Häusl Eva Fellnerin (heute Leopoldauer Platz 90) und absonderlich bey den dermahligen Unterthan Josef König (heute Leopoldauer Platz 89) da ist es am gefährlichsten gewesen, dieweil gemeldter König, den Graben und Tam welcher den hinteren Teil von seinem Hauß amfanget imer ernietreget und abgegraben hat, welches ihme König ist zwar öfters verbothen und betroht worden, wenn ein großer Wasser-Gieß wird entstehen, so wird die gantze Gemeinde großen Schaden dadurch leyden müssen, aber der König war imer boshaft und hartnäckig und hat nichts geachtet, bis er selbst und die gantze Gemeinde Schaden hat leyden müssen. Dieweil das Wasser so gewaltig hat zugenohmen, daß in drei Tagen das ganze Dorf mit den gewaltigen Wasser ist umrunnen gewesen, daß kein Mensch mit Trukenen Fuß aus seinen Hauß hat kumen können, ausgenohmen von den Pfarrhof bis zu den Wirtshaus, da ist das Wasser inwendig in Dorf nicht kumen, aber auswendig um das Dorf hat jeder Nachbar Schanzen miessen, sonst wärr das Wasser mit Gewald 2 u. 3 und noch mehrere Schug (Schuh) in die Scheunen und Häuser hinein gerunen.*

*Darnach ists in untern Ort wiederum gefährlich worden, weil das Wasser mit Gewalt den 1ten November um 7 Uhr in untern Orth des Dorfes gerrit und in Dorf ist herauf gerunnen, da haben die Leuth zwar bei ihren Gassen Thorren verschanzt so viel es möglich gewesen, aber es hat nicht viel gefruchtet, derweil es einigen hinten, einigen vorn hineingerunnen.*

*Darnach um 11 Uhr Mittag hat das Wasser den Tham und Graben bey Josef König abgerissen, obschon anfangs des Wassers vielle Mühe und Fleiß ist angewendet worden, weil aber die neu erst errichtete*

Schanz keine Festigkeit gehabt hatte, so hat das Wasser erstlich die neu errichtete Schanz weggerissen und nach und nach immer mehr Luft bekumen, daß nicht mehr zu helfen ist gewesen und die Häuser auf der Winter Zeill (Kirchenseite) mit so entsetzlichen Wasser angefüllt daß alle Scheuern, Stallungen und Schüttkasten getränkt und in einer halben Stundt das ganze Dorf mit Wasser ist angefüllt worden.

Auf der Sommer Zeill (Pfarrhofseite) hat das Wasser nicht so stark hereingebrochen, aber es ist ihnen fast auch nicht besser ergangen als auf der Winter Zeill, denn es sind gar wenig Scheuern, Kasten und Stallungen gewesen in ganzen Dorf, wo das Wasser nicht großen Schaden gemacht hat und in niederigen Häusern das Wasser bis 4 und 5 und mehrere Schug ist gewesen, und fast wenig Unterschütt hat finden können im ganzen Dorf und fast alle Häuser in ihren Gebäuden großen Schaden erlitten haben und auch viel Vieh, Schwein, Anten, Gänße und Hühner und dergleichen Vieh ersoffen und von umgefallenem Gebäu sind erschlagen worden, weil fast kein Haus ist unbeschädigt verblieben und einige Häuser fast ganz umgefallen sind.

Dieses ist der Gemeinde zu einer Warnung und Angetenken in das Protokoll eingetragen worden, um vor großen Unglück zu warnen, daß die Gemeinde jemer (immer) auf diese Graben und Tahm um das ganze Dorf herum, eine genaue Aufsicht hat, damit dieser Graben oder Tahm jmer sollen erhöht werden und niemals in Vergessenheit kumen lassen, weilen durch diese Wasser Tahm kann viell Unglück verhütet werden.

|  |  |
|---|---|
| Johann Hofbauer | Leopold Hofer |
| Dorfrichter allda | Geschworener |

Leopold Schlätzmiller
Geschworener

1805 waren die Franzosen in Leopoldau, 1809 wurden in der Umgebung von Leopoldau, in Aspern und Wagram, zwei Schlachten geschlagen. Die Leopoldauer hatten wieder einmal ihr Dorf verlassen. Diesmal aber hatten sie Glück: Die Franzosen zerlegten zwar Fleisch in der Kirche und verwendeten Orgel und Kirchenstühle als Brennholz, aber im Ort selbst brannte kein einziges Haus.

Wenn der Feind sie verschont hatte, traf die Leopoldauer meist ein anderes Mißgeschick: 1812 und 1820 brach im Ort Feuer aus und richtete großen Schaden an.

Im Jahr darauf verloren die Leopoldauer wieder einmal ihre im Jahre 1492 verliehene Brückenmautfreiheit. Man hatte ihnen diese Freiheit schon mehrmals aberkannt, aber immer wieder wurde sie kurz

**Der alte Leopoldauer Ortsteich, von dem nur noch ein kleiner Rest erhalten blieb. Ein relativ großer Teil der alten Bauernhäuser besteht jedoch heute noch.**

darauf erneut bestätigt. Diesmal aber mußten die Leopoldauer vierzehn Jahre lang Maut zahlen.

Völlig unerwartet erschien dann am 3. Oktober 1835 in der „Wiener Zeitung" eine Kundmachung: „Die Gemeindemitglieder von Leopoldau genießen wie bisher die Mautfreiheit im Vergleich vom 27. Jänner 1597."

Die Leopoldauer freuten sich darüber, beluden neun zweispännige Wagen mit Kraut und Erdäpfeln und fuhren – an der Spitze der Ortsrichter Zeinlinger – zur Donaubrücke. Wieder mußten sie Maut zahlen. Und es nützte gar nichts, daß sie die Zeitung vorwiesen. Erst am 16. September 1836, nachdem sich das Stift Klosterneuburg für die Leopoldauer eingesetzt hatte, wurde die Brückenmautfreiheit bestätigt und in Zukunft auch eingehalten.

Während all dieser Zwistigkeiten ereignete sich eine der größten Katastrophen: Am 28. Februar 1830, kurz nach Mitternacht, überflutete die Donau das ganze Gebiet. Der Schneidermeister Franz Diringer bemerkte das Unheil als erster. Die Fluten kamen nicht wie gewöhnlich von der Jedlersdorfer Seite, sondern stürzten über den Satzingerweg nach Leopoldau.

Diringer schlug Alarm und begann sofort, die im Schlaf überraschten Leopoldauer zu bergen. Einige Beherzte halfen ihm dabei. Im Dorf selbst ertranken nur zwei Menschen. Den Bewohnern der Schiffsmühlen, die auch zu Leopoldau gehörten, erging es viel schlechter.

Nach dem Unglück wurden in Leopoldau die Verluste gezählt: Sechs Menschen waren ertrunken, 167 Kühe, 61 Pferde, 43 Schweine,

281 Schafe und viel Geflügel kamen um. 89 Häuser waren schwer beschädigt, nur fünf waren ganz geblieben . . .

Leopoldau erhielt von vielen Seiten Unterstützung. So war es möglich, daß das Dorf wieder innerhalb kurzer Zeit aus den Trümmern erstand. Bisher hatte man beim Bau der Häuser nur ungebrannte Ziegel verwendet, nun aber standen gebrannte zur Verfügung.

1831 wurde Leopoldau zur Marktgemeinde ernannt. Jeden Dienstag von 8 bis 12 Uhr durfte nun der Körnermarkt abgehalten werden. Am 12. April 1831 kamen zum erstenmal Getreidehändler, Bauern und Müller aus Wien und dem Marchfeld zum Leopoldauer Markt.

1842 ließ der Ortsrichter Zeinlinger das alte Armenhaus am Leopoldauer Platz 20 niederreißen. Das Haus war der Gemeinde 1453 vom Amtmann Georg Töller geschenkt worden. Er hatte die Bedingung gestellt, daß dort „für immerwährende Zeiten" die Armen des Ortes eine Zuflucht fänden. Ortsrichter Zeinlinger ließ an derselben Stelle das „Gemeinde-Markthaus" errichten, in dem auch die Armen untergebracht werden konnten.

In den folgenden Jahren entstanden auf Leopoldauer Gebiet viele Fabriken und Wohnhäuser. Es entwickelten sich auch zwei neue Ort-

**Leopoldau, ein typisches Angerdorf, hat sich seinen Charakter erhalten. Es hat sich nicht viel verändert in den vergangenen Jahrzehnten: Der Straßenbelag wurde verändert, und die Bäumchen sind zu stattlichen Bäumen geworden . . .**

**Dieses Bild wurde im September 1965 aufgenommen. Es zeigt das Areal der Groß-
feldsiedlung. 1966 wurde dort mit den Aufschließungsarbeiten begonnen.**

schaften: Neu-Leopoldau und Mühlschüttel. Die beiden Ortschaften
wurden 1881 nach langen Verhandlungen von Alt-Leopoldau getrennt
und bildeten die neue Katastralgemeinde „Neu-Leopoldau mit Mühlschüttel", die 1886 in „Donaufeld" umbenannt wurde. Der einst so
große Besitz des Dorfes Leopoldau war wieder um ein Stück kleiner
geworden.

1904 beschloß der Gemeinderat der k. k. Reichshaupt- und
Residenzstadt Wien die Zusammenlegung einiger Gemeinden und
deren Vereinigung mit Wien.

Von allen betroffenen Dörfern wehrte sich Leopoldau am entschie-
densten. Die in diesen Beschluß miteinbezogenen Dörfer – außer Aspern – hatten nämlich Schulden und wurden diese durch die Vereinigung mit der Hauptstadt schlagartig los. Die Leopoldauer aber
hatten eine volle Gemeindekasse – und wurden diese selbstverständ-
lich auch los.

In langen Verhandlungen mußten die Leopoldauer zur Vereinigung
überredet werden. Bürgermeister Dr. Karl Lueger kam mehreremal in
die Marktgemeinde und machte den Leopoldauern viele Versprechungen. Aber sie blieben hart. Erst als versprochen wurde, den Dorf-
charakter des Leopoldauer Platzes zu erhalten, den Leopoldauer Ge-

meindestier weiterhin hier zu belassen und das Gaswerk auf Leopoldauer Grund zu bauen, gaben die Vertreter der Gemeinde ihre Zustimmung zur Vereinigung mit Wien.

Die Leopoldauer Bauern, die dort Gründe besaßen, wo die Gemeinde Wien 1911 das Gaswerk baute, wurden reich. Noch reicher
wurden jene, die Gründe am Großen oder Langen Feld verkauften, wo
sich heute die Großfeldsiedlung befindet. Die Stadt Wien zahlte dafür
insgesamt 18 Millionen Kronen, genug Geld, um damit das Wiener
Rathaus noch einmal bauen zu können.

Der Reichtum währte nicht lange, denn die Leopoldauer hatten den
Großteil ihres Geldes nicht wieder angelegt. Als die Inflation einsetzte,
bekamen die meisten um den Verkaufserlös ihrer Felder höchstens ein
Viertel Wein . . .

Heute ist Leopoldau Wohngebiet und Industriestandort. Der Ortskern ist erhalten geblieben, wurde sogar durch das Bundesdenkmalamt
geschützt. Westlich dieses Ortskerns ist das zweite Gesicht Leopoldaus
erkennbar: das Industriegebiet mit großen Fabriken und dem wahr-
zeichenartigen Gasometer. Im Norden und Nordosten zeigt sich Leopoldau wieder von einer anderen Seite: Dort ist die Großfeldsiedlung
entstanden, eine Wohnstadt von gigantischen Ausmaßen. Auch die
Nordrandsiedlung, die nördlich der Nordbahntrasse liegt, gehört zur
Katastralgemeinde Leopoldau.

# Stammersdorf

Auf Stammersdorfer Gebiet, so nimmt man an, haben schon in der Eiszeit Menschen gelebt: Es wurden nämlich Mammutknochen gefunden, deren Beschaffenheit darauf schließen läßt, daß diese gewaltigen, bis zu vier Meter hohen Tiere hier gejagt wurden.

Aus der Umgebung von Stammersdorf – vom Bisamberg – stammen urgeschichtliche Funde: Nahe der Elisabethhöhe waren bis zum Jahr 1866 die Überreste eines urgeschichtlichen Walles nachweisbar. Dieser Wall war ein Teil einer befestigten Siedlung. Gefäßscherben, Reste vom Wandbewurf, Steinwerkzeuge und Tierknochen wurden dort gefunden. Im nordöstlichen Teil des Berges fand man Hornsteinwerkzeuge, Messerchen, Schaber, Pfeilspitzen und kunstvolle Klingen.

Im ersten Jahrtausend zogen Germanen, Römer, Hunnen, Langobarden, Awaren und Magyaren durch das Land. Später, als die Ostmark entstand, siedelten sich hier Bayern und Franken an. Damals – so wird vermutet – wurde Stammersdorf gegründet. Genaue Nachricht gibt es erst ab der Mitte des 12. Jahrhunderts. In Urkunden aus dieser Zeit wird der Name Stammersdorf in verschiedenen Spielarten genannt: Stenmarsdorf, Staemerstorf, Staemlesdorf, Steinmarsdorf, Stamleinsdorf, Stoumarsdorf. In einer Urkunde Herzog Albrechts aus dem Jahre 1355 ist von einem „Urfahr bei Stemesdorf" die Rede. Die Herleitung des Namens konnte bisher nicht eindeutig geklärt werden.

Stammersdorf wurde als linsenförmiges Angerdorf angelegt, was sich besonders in Kriegszeiten bewährte. Um das Dorf waren Verteidigungsgräben gezogen, die Ortsausgänge konnten durch Barrikaden gesichert werden. Das Vieh fand in Notzeiten auf dem Anger, der rundum durch eine Häuserzeile geschlossen war, Futter und Wasser.

**1846 ließ der Erbpostmeister Franz Stadler von Wolfersgrün im Ortsfriedhof ein Mausoleum bauen. Es ist das einzige klassizistische Bauwerk in Floridsdorf.**

Ursprünglich gehörte der Ort zur Pfarre St. Veit bei Klein-Engersdorf. 1469 wurde die in Stammersdorf bestehende St.-Nikolaus-Kapelle zur Filiale von St. Veit erhoben und den Schotten in Wien übergeben. Der Abt dieses Ordens, Matthias Fink, kaufte ein Jahr später das Herrschaftshaus, den heutigen Pfarrhof.

Stammersdorf erging es in den nächsten Jahrzehnten nicht besser als den anderen Dörfern im Marchfeld und an der Donau: 1477 wurde der Ort von den Ungarn verwüstet, 1482 und 1484 stürmten sie wieder die Verteidigungsgräben in Stammersdorf. Bei der ersten Türkenbelagerung, 1529, wurden fast alle Häuser in Brand gesteckt...

Obwohl das Stift Schotten offiziell erst 1544 mit der Herrschaft Stammersdorf belehnt worden war, erhielt der Ort bereits 1540 eine eigene Pfarre. Rings um die Kirche hatte man einen Friedhof angelegt, der sich rasch füllte: Als 1569 eine Pocken- und Pestepidemie ausbrach, starben viele Menschen.

Stammersdorf war um 1590 einer jener Orte, in denen die Lehre Martin Luthers mit besonderem Eifer verbreitet wurde. Von weit her kamen die Menschen, um den Pastor Stanislaus Freitag zu hören, der hier predigte. Der Feldweg zwischen Stammersdorf und Jedlersdorf, die heutige Jedlersdorfer Straße, hieß viele Jahre „Luthersteig".

Zu Beginn des Dreißigjährigen Krieges schlugen die Böhmen unter Graf Thurn in Stammersdorf ihr Lager auf. 10.000 Mann machten 1619 die Gegend unsicher. Nachdem die Böhmen abgezogen waren, kamen ungarische Truppen und plünderten nebst Stammersdorf auch die anderen in der Nähe befindlichen Gemeinden.

Bis zum Ende des Krieges war es im Ort verhältnismäßig ruhig. Lediglich 1644 brannten viele Häuser im Dorf – allerdings ohne daß Feinde das Feuer gelegt hätten. Die kamen erst wieder 1645. Diesmal waren es die Schweden unter ihrem General Leonhard Torstenson. Auch sie wählten Stammersdorf zu ihrem Lagerplatz und mußten von den Einwohnern verköstigt werden. Die Stammersdorfer waren daraufhin so arm, daß sie sich vom Schottenstift Getreide zum Anbau leihen mußten.

Bevor die Türken abermals Angst und Schrecken verbreiteten, hatten die Stammersdorfer innerhalb kurzer Zeit zweimal eine furchtbare Seuche zu überwinden: 1655 und 1679 brach die Pest aus.

Vier Jahre später stand das Dorf in Flammen, der türkische Halbmond glänzte über den dort aufgeschlagenen Zelten. Am 24. August kam es dann zu einer großen Schlacht auf der Stammersdorfer Heide. Karl V. von Lothringen besiegte mit einem Teil seines Heeres die Truppen des Paschas von Varasdin. Drei Wochen später, am 12. September, wurde Wien vom Kahlenberg her befreit.

Wenige Jahre nach der zweiten Türkenbelagerung ließ Abt Sebastian I. Faber den Pfarrhof neu erbauen, und 1713 wurde die Pfarrkirche erweitert. Aber im selben Jahr brach eine Pestepidemie aus, die Stammersdorf nahezu entvölkerte.

Nach den Kuruzzen, die Stammersdorf 1703 stürmten, machten einheimische Diebs- und Räuberbanden, Bettler und Vagabunden den anständigen Leuten viel zu schaffen. Die daraufhin angesetzte „General-Landes-Visitation" ist auch im Kapitel Strebersdorf erwähnt.

Während der Franzosenkriege wurde Stammersdorf wieder einmal seinem Ruf als ausgezeichneter Lagerplatz gerecht. 1805 schlugen die österreichischen Truppen unter Feldmarschall Hiller dort ihre Zelte auf. Am 27. Dezember 1805 trafen im Stammersdorfer Jagdschloß „Rendezvous" Erzherzog Karl und Napoleon zusammen. Die Unterredung – so heißt es – war für beide Heerführer unbefriedigend.

Bis 1833 befand sich rund um die Stammersdorfer Wehrkirche ein Friedhof. Er wurde wegen Überbelags aufgelassen und ein Stück nordwärts neu angelegt.

Vier Jahre später, während der Schlacht bei Aspern, bezog das sechste Armeekorps Stellung längs der Höhen von Stammersdorf. Napoleon wurde am 21. und 22. Mai 1809 bei Aspern geschlagen und wich zurück. Aber nach der für ihn günstig ausgegangenen Schlacht bei Wagram (5. und 6. Juli 1809) kehrten die französischen Truppen zurück und steckten Stammersdorf in Brand. Selbst die Kirche, der Pfarrhof und die Schule brannten.

1820 und 1833 starben viele Stammersdorfer an Cholera. Der kleine, rings um die St.-Nikolaus-Kirche gelegene Ortsfriedhof konnte die Toten nicht mehr fassen. Er wurde deshalb 1833 aufgelassen und etwa hundert Meter nach Norden verlegt.

1866 war wieder Krieg. Das österreichische Armeeoberkommando hatte sich im Magdalenenhof auf dem Bisamberg einquartiert, im gesamten Gebiet bauten Soldaten Schanzen und Befestigungsanlagen.

Schon damals wurden nördlich des Ortes Schießstätten errichtet, die während beider Weltkriege verbessert und erweitert wurden. Heute noch benützt das Bundesheer – sehr zum Leidwesen der lärmgeplagten Anrainer – eine große Schießstätte in Stammersdorf.

In Stammersdorf selbst waren 1866 15 Offiziere, fast 500 Mann und mehr als 200 Pferde untergebracht. Gleich nach Kriegsende brach die Cholera aus, an der viele Stammersdorfer zugrunde gingen.

1877, also zwei Jahre früher als die Strebersdorfer, hatten die Stammersdorfer ihre eigene freiwillige Feuerwehr. Und schon bald hielt das technische Zeitalter im verträumten Weinbauerndorf Einzug: Während der Wintermonate des Jahres 1884 wurden zwanzig Petroleumlampen angeschafft, um einige Plätze bei Nacht beleuchten zu können. Zwei Jahre später verkehrte die erste Dampftramway von der Augartenbrücke nach Stammersdorf, und 1903 wurde die Lokalbahn von Stammersdorf nach Auersthal (derzeit bis nach Dobermannsdorf) in Betrieb genommen. Auf dieser Linie verkehrten bis Mitte 1976 Dampflokomotiven, die letzten im Raum Wien.

Die Großgemeinde Floridsdorf kaufte 1901 ein am östlichen Ortsrand von Stammersdorf gelegenes 121.000 Quadratmeter großes Grundstück, um einen Großfriedhof anlegen zu können. Der Floridsdorfer Friedhof an der Gerichtsgasse und der Donaufelder Friedhof an der Töllergasse waren nämlich zu klein geworden. So entstand der Floridsdorfer Zentralfriedhof. Er wurde am 27. Mai 1903 eingeweiht und am 1. Juni eröffnet. Gleichzeitig wurden der Floridsdorfer und der Donaufelder Friedhof in Parkanlagen umgewandelt.

Zwei Jahre vor Beginn des Ersten Weltkrieges wurde die Strecke der Dampftramway bis Stammersdorf elektrifiziert. Dann wurden der

Bisamberg und ein weites Gebiet in und um Stammersdorf zu einer gewaltigen Festung ausgebaut. Der Krieg hatte begonnen. Der Artilleriegeneral Fath leitete den Stellungsbau. Seine Soldaten setzten ihm auf der „Fathhöhe" ein Denkmal, dessen Vorderseite seit 1957 an den Dichter Josef von Eichendorff erinnert.

Fünf Jahre nachdem Stammersdorf ans Stromnetz angeschlossen und deshalb eine große Feier veranstaltet worden war, hatten die Bewohner neuerlich Grund zum Feiern: Am 27. November 1928 wurde der Ort zur Marktgemeinde erhoben, zehn Jahre später schloß sich Stammersdorf dem Wiener Bezirk Floridsdorf an. Es ist demnach der jüngste Teil des 21. Bezirks. Der letzte Stammersdorfer Bürgermeister war Leopold Eisenheld.

Während des Zweiten Weltkriegs wurde an der Brünner Straße ein Reservelazarett eingerichtet, im Wald des Herrenholzes entstand ein Rüstungsbetrieb, Flakstellungen wurden gebaut. Unter den militärischen Einheiten, die nach Stammersdorf verlegt wurden, befand sich auch das Fliegerausbildungsregiment 43. In dieser Einheit diente 1940 einige Zeit ein Leutnant als Regimentsadjutant, der später der erfolgreichste und höchstdekorierte deutsche Pilot des Zweiten Weltkriegs werden sollte: Hans Ulrich Rudel.

**Um das Jahr 1930 wurde diese Aufnahme gemacht. Sie zeigt Stammersdorf mit Blick zur Donaupforte, herausragend die trutzige Wehrkirche St. Nikolaus.**

Noch Mitte der fünfziger Jahre zeigte sich das Zentrum Stammersdorfs betont ländlich, wie hier die Steidlgasse, benannt nach dem Gemeindearzt Josef Steidl.

Im April 1945, als die siegreiche Rote Armee heranstürmte, sprengten deutsche Truppen die große Sendeanlage auf dem Bisamberg. Nur das Notstromaggregat, österreichische Qualitätsarbeit aus dem Jahr 1932, hat die Zerstörungen des Jahres 1945 überstanden und ist heute noch einsatzbereit.

Stammersdorf hat ein trauriges und ein lustiges Ende. Der Floridsdorfer Zentralfriedhof im Osten stellt das traurige Ende dar, das lustige befindet sich im Westen, entlang der Hagenbrunner Straße. Dort legen Reime und Sprüche an manchen Kellerwänden Zeugnis vom Humor der Stammersdorfer ab:

„Wir wünschen allen, die uns kennen, das Doppelte von dem, das sie uns gönnen!"

Oder: „Sonderbar ist's, wenn man im Sommer die Weinbeer'n betracht', daß aus den grasgrünen Dingern die roten Nasen werd'n g'macht!"

Stammersdorf hat sich seinen ländlichen Charakter bis heute bewahren können. Der Ortskern wurde zur Schutzzone erklärt. Die alten Häuser sollen auch im nächsten Jahrhundert ihr Aussehen nicht verlieren, damit das Gesamtbild des alten Weinhauerdorfes gewahrt bleibt.

# Zwischenbrücken

Zwischenbrücken lag – wie schon der Name sagt – zwischen zwei Donaubrücken: der großen und der kleinen Taborbrücke. Der Ort entstand nach 1688, als die Donaubrücken und die Befestigungsanlage im nördlichen Augebiet vor Wien, der Tabor, neu angelegt wurden. Mautwächter und Wachsoldaten hatten hier als erste ihre Häuser und Wachgebäude, später wurden dann zwei Gasthöfe gebaut, die von Fuhrwerkern und Reisenden gern besucht wurden. Mehrere Schiffmüller ließen sich am Nordufer der Taborau und am Kaiserwasser bei der Kleinen Taborbrücke nieder.

Der Ort gehörte zur Pfarre Leopoldau. Der Weg dorthin war aber weit, und die Mautbeamten hatten selbst am Sonntag nicht genügend Zeit, um den Dienst an der Brücke wegen eines Kirchenbesuches aufzugeben. Sie wollten deshalb eine eigene Kirche oder Kapelle. 1769 wurde ihr Wunsch erfüllt: Eine dem heiligen Johannes von Nepomuk geweihte Kapelle wurde gebaut. Der erste dort eingesetzte Benefiziat hieß Christian Volkmann. Seinem Nachfolger Hennrichs setzten die Franzosen im Jahre 1809 arg zu; nicht nur, daß sie Kapelle und Kirchenkasse plünderten, nahmen sie dem Benefiziaten alles weg, was er besaß, und jagten ihn wie einen Bettler durch das Land.

Gleich gegenüber der Nepomukkapelle befand sich eines der großen Gasthäuser. Dort trafen einander am Sonntag, dem 25. September 1814, Zar Alexander von Rußland, der Preußenkönig Friedrich Wilhelm und Kaiser Franz I. Zur Erinnerung an diesen Tag wurde das Gasthaus forthin „Zu den drei Alliierten" genannt.

Als die Gemeinde Floridsdorf 1836 eine eigene Pfarre erhielt, wurde Zwischenbrücken in diesen Pfarrsprengel aufgenommen. Ein Jahr später erlebte der Ort durch den Bau der Kaiser-Ferdinand-Nordbahn einen ungeahnten Aufschwung: Die Nordbahnwerkstätten entstanden, eine Maschinenfabrik, eine Gasfabrik und ein Walzwerk nahmen den Betrieb auf. Ein gewisser Leopold Stephan erzeugte hier 1849 die ersten Gummiwaren in Österreich.

Man unterschied das Äußere und das Innere Zwischenbrücken. Das Äußere Zwischenbrücken lag näher bei Floridsdorf, das Innere Zwischenbrücken befand sich beim Kaiserwasser, nahe der Brigittenau. 1850 wurde Zwischenbrücken mit Brigittenau zusammengeschlossen und dem damals schon bestehenden 2. Bezirk angegliedert.

Anläßlich der Donauregulierung in den Jahren 1870 bis 1875 wurde das Äußere Zwischenbrücken abgetragen: Es hätte sich sonst auf der Donauwiese, zwischen der Franz-Josefs-Brücke (Floridsdorfer Brücke) und der Nordbahnbrücke, befunden.

Auch das Innere Zwischenbrücken (etwa im heutigen Kreuzungsbereich Innstraße–Vorgartenstraße gelegen) wurde zum Teil abgetragen, weil die Straßenzüge nicht in die Planung des 20. Bezirks paßten, der im Jahre 1900 geschaffen wurde. Die Zwischenbrückener Bevölkerung übersiedelte nach Donaufeld, Leopoldau und nach Kaisermühlen.

Was von Zwischenbrücken übrigblieb, ist heute ein Teil der Brigittenau.

# Neu-Leopoldau, Donaufeld

Seit 1772 stand weithin sichtbar am alten Leopoldauer Weg, der von Leopoldau zur Donaubrücke führte und einem alten Donauarm folgte, eine zweieinhalb Meter hohe Säule mit der Statue des heiligen Patrizius. Sie war das erste feste Bauwerk in dieser Gegend. Nachdem 1823 neue Straßen angelegt worden waren (Leopoldauer Straße, Angerer Straße), entstanden Fabriken und Wohnsiedlungen. Eine neue Ortschaft entwickelte sich: Neu-Leopoldau.

Das erste Wohngebäude entstand 1829 am Mühlschüttelarm der Donau. Wo die alte Schulgasse (Freiligrathplatz) und die Schiffgasse (Fultonstraße) einander kreuzten, stand eine Hütte der englischen Schiffsbauer John Andrews und Joseph Prichard, die dort ab 1830 Dampfschiffe bauten. 1838, nachdem der Schiffsbau eingestellt worden war, wurde die Hütte in ein Wohnhaus umgestaltet.

1837 entstand auf Leopoldauer Boden, knapp an der Grenze zu Floridsdorf, das große Bahnhofsgebäude der Kaiser-Ferdinand-Nordbahn. Der ehemalige Leopoldauer Ortsrichter Zeinlinger errichtete auf seinem Feld in den „Krautgärten" ein Gasthaus, 1853 wurden Wagenbauwerkstätten angesiedelt, und ein Jahr danach bauten Breitfeld und Evans eine Maschinenfabrik und Kesselschmiede.

1859 kaufte ein gewisser Josef Wernhart, ein Milchmeier aus Floridsdorf, Äcker in der Ried „Alte Krautgärten" und ließ sie parzellieren. Schon zwei Jahre später standen dort die ersten Häuser. Sie wurden Leopoldau zugezählt, erhielten aber die Bezeichnung Neu-Leopoldau.

Trotz eines Hochwassers im Jahre 1862 ließen sich die neuen Ansiedler nicht entmutigen. 1863 wurden in Neu-Leopoldau bereits 30 Häuser gezählt. Aber noch immer war der Ort nicht eigenständig.

75

Weil die Entfernung zwischen den beiden Dörfern relativ groß war, wurde in Neu-Leopoldau schließlich ein pensionierter Richter als Polizist eingesetzt. Er und zwei andere Neu-Leopoldauer wurden ab 1864 in die gemeinsame Gemeindevertretung nach Alt-Leopoldau entsandt.

Im Kriegsjahr 1866, als Österreich gegen Preußen und Italien kämpfte, mußte die Gemeinde Neu-Leopoldau im Juni täglich 40 bis 60 Arbeiter zum Bau der Schanzen zur Verfügung stellen. Dabei war es gar nicht leicht, so viele Leute aufzubringen. Die meisten waren nämlich aus Angst nach Wien geflohen. Viele Häuser standen leer.

**Die Schiffmüller, ein einst reicher Berufsstand, mußten ihre Haftplätze nach der Donauregulierung verlassen: Das Wasser der Alten Donau trieb ihre Mühlräder nicht mehr. Viele gaben daraufhin ihr Gewerbe auf.**

Für Neu-Leopoldau begann nach Einstellung der Kampfhandlungen eine neue Periode: Die Abtrennung von Alt-Leopoldau kam ins Gespräch.

Mittlerweile gab es allerdings noch andere Aufregungen: Die Nordbahnmagazine brannten, ein Jahr später stand die aus der Evansschen Maschinenfabrik hervorgegangene Petroleumfabrik des Dr. Pilz in Flammen, und 1871 überschwemmte die Donau das Land.

Als 1872 in Neu-Leopoldau der Bau einer Schule gefordert wurde und ein Jahr später die Ortschaft dem Wiener Polizeirayon zugeteilt wurde, stimmten die Vertreter Alt-Leopoldaus für eine Abtrennung des neuen Ortes. Die Neu-Leopoldauer aber waren dagegen. Ihr Gemeindevermögen wäre zu gering gewesen, so daß sie nicht allein hätten bestehen können.

Als die Verhandlungen abgeschlossen und alle Probleme gelöst waren, wurde auch der Mühlschüttel eine selbständige Ortschaft.

Nach der Überschwemmung im Jahre 1830 war der Mühlschüttel nur mehr eine verödete Insel östlich von Floridsdorf. Bloß drei Müller arbeiteten dort. Um die Verbindung nach Floridsdorf aufrechtzuerhalten, mußten sie Überfuhren betreiben. Weil das sehr kostspielig und zeitraubend war, überbrückten sie den Mühlschüttelarm und legten einen Fahrweg an, der bis zur Schloßhofer Straße führte.

Daraufhin siedelten sich mehrere Müller an. 1836 waren es schon zwanzig. Sie bauten eine neue Brücke und verbesserten die alte. Als ein Jahr später die Kaiser-Ferdinand-Nordbahn gebaut wurde, verloren die Brücken ihre Bedeutung. Die Bauten der Bahn dämmten den Mühlschüttelarm ab, so daß die beiden Brücken, die die Insel mit dem Festland verbanden, durch Aufdämmungen ersetzt werden konnten.

1846 war der Mühlschüttel bereits so bevölkert, daß er nach Floridsdorf eingepfarrt wurde. Die Mühlschüttler Kinder gingen auch dorthin zur Schule.

Das Hochwasser des Jahres 1862 schadete den Müllern nicht allzuviel, und nach Ende des Krieges gegen Preußen (1866) verdienten

1885 regte der Leopoldauer Bürgermeister Josef Baumann an, der Gemeinde Neu-Leopoldau einen anderen Namen zu geben. Es kam nämlich immer häufiger zu Verwechslungen der Orte Leopoldau und Neu-Leopoldau. Josef Baumann – wie das Bild zeigt, ein passionierter Jäger – schlug vor, Neu-Leopoldau in Donaufeld umzubenennen. Der entsprechende Antrag wurde 1886 von der Statthalterei bewilligt.

Die Lastkraftwagen der Kehrichtabfuhr wurden von der Bevölkerung „Lindwurm"
genannt. Der Müll wurde auf die einstige Donauinsel Bruckhaufen gebracht, wo
sich die Mistablagerungsstätte befand. Sie wurde später eingeebnet und besiedelt.

Links die alte Schule in der Donaufelder Straße, rechts die Gleise der Dampftramway zwischen Floridsdorf und Groß-Enzersdorf. Das Bild stammt aus dem Jahr 1905.

Die Unfallversicherungshäuser – ein Vorläufer des sozialen Wohnbaus.

sie wie nie zuvor. Mühlschüttel wurde eine reiche Gemeinde. Ihr „Müllerkirtag" war ein beliebtes Wiener Volksfest.

Ab 1870 mußten die Müller am Mühlschüttel den Leopoldauern einen Straßenbeitrag leisten. Dafür wurden die Häuser am Mühlschüttel numeriert. Man zählte in der neuen Ortschaft 84 Mühlen und Häuser.

1870 wurde auch das Volk gezählt: In Alt-Leopoldau lebten 891 Menschen, in Neu-Leopoldau 1267 und am Mühlschüttel 819. Sechs Jahre später waren die Einwohnerzahlen weiter gestiegen: Alt-Leopoldau hatte 1500 Einwohner, Neu-Leopoldau 2918, Mühlschüttel 2461.

Neu-Leopoldau hatte mittlerweile eine eigene Schule erhalten. Ab 1. Februar 1873 unterrichtete Oberlehrer Josef Nichtawitz die Neu-Leopoldauer Kinder. Auch die Kinder der Mühlschüttler Eltern gingen nun in Neu-Leopoldau zur Schule.

Die Alt-Leopoldauer drängten weiterhin auf die Abtrennung der volkreichen Orte Mühlschüttel und Neu-Leopoldau. Nach langen Verhandlungen bestimmte der Landtag am 9. Juli 1880, daß die Gemeinde „Neu-Leopoldau mit Mühlschüttel" von der Gemeinde Alt-Leopoldau einiges Vermögen erhalten solle, dafür aber auch Verpflichtungen übernehmen müsse.

Am 16. Jänner 1881 hielt die Vertretung der jungen Gemeinde ihre erste Sitzung ab. Den Vorsitz führte Bürgermeister Alois Bertl.

Wie sich herausstellte, wurde die neue Ortschaft „Neu-Leopoldau mit Mühlschüttel" sehr oft mit „Alt-Leopoldau" verwechselt, weil beide einfach „Leopoldau" genannt wurden. Die Post kam in Schwierigkeiten, die eine Umbenennung immer dringlicher erscheinen ließen. Deshalb regte der Alt-Leopoldauer Bürgermeister Josef Baumann an, die neue Gemeinde „Donaufeld" zu nennen. Dieser Antrag wurde von der Statthalterei 1886 bewilligt.

In Donaufeld wurden viele Schulen gebaut. Zwei von ihnen, die Knaben-Hauptschule Kahlgasse 8 und die Mädchen-Hauptschule Franklinstraße 45, wurden 1942 zu einem Reservelazarett der Deutschen Wehrmacht umgebaut und bilden heute mit einem Verbindungstrakt das Floridsdorfer Krankenhaus. Es wurde bis 1974 von Primarius Dr. Wolfgang Riese geleitet.

Mit dem Bau der Donaufelder Pfarrkirche wurde 1905 begonnen. Die Pläne zur Kirche und ihrem 96 Meter hohen Turm – dem dritthöchsten in Wien – stammen von Franz R. v. Neumann, Karl Troll und Johann Stoppel. Die Pfarrkirche auf dem Kinzerplatz, das weithin sichtbare Zentrum Donaufelds, wurde am 8. Juni 1914 geweiht.

Donaufeld ist heute Wohngebiet, Industriegebiet, Gartenbaugebiet, Erholungsgebiet und Kulturgebiet, ein Bezirksteil mit vielen Funktionen.

# Floridsdorf

Die meisten Ortschaften, die den heutigen 21. Wiener Gemeindebezirk bilden, wurden im 11. oder 12. Jahrhundert gegründet. Ein Ausnahmefall ist die Gemeinde Floridsdorf. Sie entstand erst Jahrhunderte später, nämlich im Jahre 1786.

Mehrere Vorbedingungen begünstigten die Gründung des Dorfes in der Nähe des Spitzes:

Es war zum Beispiel von Bedeutung, daß von 1688 bis 1698 die Donaubrücken von der Brigittenau in die Durchlaufau verlegt wurden. Der Ausbau der Straße nach Böhmen (Prager Straße) und der Straße nach Mähren (Brünner Straße) spielte sicherlich eine ebenso große Rolle.

Wichtig war auch, daß 1771 die kaiserlichen Jagdgründe auf dem linken Donauufer freigegeben wurden. Und am 14. März desselben Jahres erließ Kaiserin Maria Theresia ein Patent, das die Zerteilung und Bearbeitung der Gemeindehutweiden – jener Weiden also, auf denen das Vieh gehütet wurde – eindeutig regelte.

Daraufhin wurde die Ortschaft Jedlersdorf am Spitz gegründet (1782).

Ein weiterer Schritt zur Gründung Floridsdorfs war das sogenannte Robotabolitionsdekret Kaiser Josephs II. Diesem Dekret zufolge wurde die Naturalrobot abgeschafft. Die Bauern brauchten ihrer Herrschaft nicht mehr Getreide, Wein und andere landwirtschaftliche Erzeugnisse abzuliefern. Die zu den herrschaftlichen Meierhöfen gehörenden Felder wurden aufgeteilt, und die Untertanen erhielten das volle Eigentumsrecht an ihren Häusern und Feldern.

Schließlich – und das hielten die Befürworter der Gründung Flo-

Floridus Leeb, der 54. Propst des Stiftes Klosterneuburg, war der Grundherr des 1786 neu gegründeten Ortes. Ihm zu Ehren wurde die Ansiedlung „Floridsdorf" benannt. Leeb hat den Floridsdorfern in den ersten Jahren nach der Ortsgründung manchen Gefallen getan, und vor allem hat er die neue Gemeinde des öfteren finanziell unterstützt.

ridsdorfs für sehr wichtig – wurde 1785 im Gebiet der Schwarzen Lacke mit dem Bau des Uferschutzdammes begonnen. Daß der Damm des Ingenieurs Hubert nicht das hielt, was beim Bau versprochen worden war, merkte man erst bei den „Allerheiligengüssen" im Jahre 1787.

Dem Robotabolitions-Hofcommissär Augustin Holzmeister war die Aufgabe zugefallen, das Gebiet östlich der Brünner Straße, das dem Stift Klosterneuburg gehörte, aufzuteilen und an 30 Neuansiedler zu

Die Statue des heiligen Patrizius wurde 1722 vom Forstmeister Otto Ferdinand Herzog aufgestellt. Er wollte damit seine Dankbarkeit dafür zeigen, daß er Wilddieben, die ihm aufgelauert hatten, glücklich entkommen war. Die Statue, ursprünglich auf freiem Feld aufgestellt, befand sich dann lange Zeit in einer Nische des Hauses Leopoldauer Straße–Patrizigasse. Derzeit befindet sie sich im Besitz der Familie Schuller.

vergeben. Ein parzelliertes Grundstück kostete etwa 500 Gulden. Grundherr blieb weiterhin das Stift Klosterneuburg. Statt der Robot zahlten die Neuansiedler einen wesentlich günstigeren Hauszins.

Die heutige Schloßhofer Straße war die Dorfstraße des neugegründeten Ortes, 22 der 30 Baugründe befanden sich an dieser Straße, die restlichen acht lagen an der Brünner Straße, gegenüber den Häusern von Jedlersdorf am Spitz.

Die 30 Gründe wurden vorwiegend an junge, unverheiratete Männer vergeben. Man trachtete danach, die Bevölkerungszahl Floridsdorfs rasch zu heben, und hoffte, dies durch voraussehbare baldige Heirat und reichen Kindersegen der Neuansiedler zu begünstigen. Die Leopoldauer waren die einzigen, die mit der Gründung des Ortes ganz und gar nicht einverstanden waren. Der Boden, auf dem Floridsdorf entstanden war, wurde von ihnen als Weideland genützt. Da den Leopoldauern das Nutzungsrecht entzogen wurde, richtete ihre Gemeindevertretung einen Beschwerdebrief an den Kaiser:

*Im Jahr 1786 unter den dermahligen Dorfrichter Johann Georg Hyr, ist das Dorf Floridsdorf Ney aufgebaut worden, der Gemeinde Leopoldau zu ihren größten Schaden. Weillen der Gemeinde Leopoldau bey 50 Joch die beste Hornvieh Weide ist dazu genohmen worden, und ist der ganze Grunt, wo jetzund Floridsdorf steht samt ihren Hausgarten und ihrer Viehweide samt Haidschütten, der Gemeinde Leopoldau entzochen worden. Vor dieses ist der Gemeinde Leopoldau der Zainthaufen, Gänß und Seillenhaufen, Grabstein, samt den übrigen Haufen, welche um diese Haufen liegen, nichts davon ausgenohmen, und als die Kagraner Schütt zu ihrer Viehweide, und auch vor ihr Hornvieh zum Grassen eingeräumt worden. Das Original wird in der Gemein Laad aufbewahrt werden, welches von den dermahligen Gnädigen Herrn Päladen Floridus, Probsten zu Klosterneuburg selbst ist unterschriben worden mit seiner eigenen Handschrift.*

*Im Jahre 1790 ist es in das Prothokol eingetragen worden von nebenstehenden Dorfrichter*

| Johann Hofbauer | Leopold Hofer | Michael Jöchlinger |
|---|---|---|
| Dorfrichter in | Geschworner | Geschworner |
| Leopoldau | | |

Dieser Brief nützte ihnen nichts. Sie mußten die Leopoldauer Hutweide abgeben, gewannen allerdings Gründe in Kagran, die ihnen vom Stift Klosterneuburg als Ersatz zur Verfügung gestellt wurden. Nach Ansicht der Leopoldauer waren die Ersatzgründe weniger wertvoll.

Die neue Ansiedlung wurde nach dem Grundherrn, dem Prälaten des Stiftes Klosterneuburg, Dr. Floridus Leeb, benannt. Am 25. September 1786 scheint der Name Floridsdorf zum erstenmal im Prälatur-Erledigungsprotokoll des Stiftes Klosterneuburg auf. Die Gemeinde bat um ein Darlehen von 7000 Gulden zur Erbauung des Gemeindegasthauses „Zum golden Engel" (heute „Hotel am Spitz"). Die Floridsdorfer erhielten das Geld, mußten sich aber verpflichten, an die Waisenkasse nebst den laufenden Kosten jährlich mindestens 200 Gulden zu zahlen.

Noch im Herbst des Jahres 1786 wurde eine Gemeindeziegelei eröffnet. Dort wurde sogleich mit der Arbeit begonnen, um beim Häuserbau keine Verzögerung eintreten zu lassen. Das erste fertiggestellte Gebäude war das Gemeindegasthaus. Es wurde Ende Mai 1787 vollendet.

Nur ein Jahr dauerte es, bis das Amtsgebäude an der Franz-Joseph-Straße (heute Hermann-Bahr-Straße) bezogen werden konnte. Am 29. April 1895 wurde mit den Erdaushebungsarbeiten begonnen, im Juli 1896 zogen die Mieter ein: die Bezirkshauptmannschaft, das Bezirksgericht, das Steueramt und das Polizeikommissariat.

Rechts: Der Floridsdorfer Gemeinderat und Vertreter im Sparkassenausschuß Johann Schöpfleuthner samt Gattin vor seinem Weinkeller in der Stammersdorfer Kellergasse (Hagenbrunner Straße).

Als die meisten Ansiedler ihre Häuser bereits aufgestellt hatten, kamen die „Allerheiligengüsse". Viele Gebäude wurden zerstört, der Rest wurde schwer beschädigt. Wieder griff Propst Floridus Leeb helfend ein. Er gewährte Kredite und erließ den Floridsdorfern den Hauszins für sechs Jahre.

1793 beantragten die Floridsdorfer den Bau einer eigenen Schule. Für diesen Zweck wurde ihnen das Haus Nummer 30 zur Verfügung gestellt. Der erste Lehrer, Johannes Nunk, trat am 1. Oktober 1794 seinen Dienst an.

Im selben Jahr versuchte die Gemeinde, die Bewilligung zum Bau einer Kapelle zu erhalten. Propst Floridus Leeb, der seiner Gemeinde schon 1792 einen vergoldeten Altar geschenkt hatte, hätte gegen den Bau nichts einzuwenden gehabt. Die Landesstelle war aber dagegen.

Es mangle, so begründete man die Ablehnung des Gesuches, an Priestern, und Floridsdorf habe außerdem noch zuwenig Einwohner, als daß der Bau einer eigenen Kapelle gerechtfertigt wäre. Mit einem Dekret, ausgestellt am 21. Februar 1795, wurde der Kapellenbau verboten.

Nach neuerlichem Ansuchen erhielt die Gemeinde folgendes Schreiben:

### Der Gemeinde Floridsdorf

*Das löbl. k. k. Kreisamt hat hieher erinnert: Die hohe Landesstelle habe auf den von selbem erstatteten Bericht über das Gesuch der Gemeinde Floridsdorf um Erlaubniß zur Errichtung eines Bethauses unterm 27. Dezember v. J. erinnert: daß der Gemeinde Floridsdorf die gebethene Erlaubniß, ein Bethaus zu ihrer Privatandacht nach dem eingelegten Riße, wozu die Baukosten von Gutthätern zusammengebracht worden seyn sollen, herzustellen, jedoch dergestalt ertheilet werde, daß das erzbischöfliche Konsistorium die innere Einrichtung dieser Kirche an Altären, Bildern und anderen Kirchengeräthschaften vor deren Ausstellung in Augenschein zu nehmen habe; daß in diesem Bethause keine Messen gelesen, keine öfentliche Andachten, oder geistliche Handlungen, die nur für öfentliche Andachten anzusehen sind, abgehalten, mit einem Worte keine Gottesdienstliche Verrichtungen ohne Konsens des erzbischöflichen Ordinariats vorgenommen, auch keine zu dieser Absicht dienliche Einrichtungen getroffen werden sollen.*

*Welches der Gemeinde Floridsdorf hiemit zur Wissenschaft erinnert wird.*

*Von dem Hofgerichte des Stiftes*  
*Klosterneuburg, den 6. März 1801*

*Thomas Aichberger,*  
*Expeditor*

Diese Aufnahme aus dem Jahr 1899 zeigt das Kaufhaus Lambert Sild und das daneben befindliche Gasthaus Alois Böck. Links neben dem Torbogen ist noch die alte Hausnummer, Hauptstraße 40, zu erkennen. Sie wurde später auf Am Spitz 7 geändert. Heute befindet sich dort eine Zweigstelle der Ersten österreichischen Spar-Casse.

Das Foto der „Handlung des Josef Schwaiger" stammt ebenfalls aus der Jahrhundertwende. Das Haus befand sich auf der Prager Straße, in der Nähe des Spitzes.

**Auf dem Grund des Spitzer Wirtshauses (Bild) wurde 1901 das Amtshaus gebaut.**

Nun ging man daran, eifrigst zu sammeln. Innerhalb kurzer Zeit wurden Geld und Waren im Wert von 8417 Gulden gespendet. Die auf die Gesamtkosten fehlenden 267 Gulden stellte die Gemeinde zur Verfügung.

Am 4. Mai 1801 wurde der Grundstein zur Kapelle gelegt, im Juni des nächsten Jahres war der Bau vollendet. An dem Verbot, in der Kapelle Messen zu lesen, hatte sich mittlerweile nichts geändert.

Mehr Erfolg hatten die Floridsdorfer auf dem Schulsektor: 1805 wurde Ecke Schloßhofer Straße und Schöpfleuthnergasse ein neues Schulgebäude errichtet. Prälat Gaudenz Dunkler, Nachfolger von Floridus Leeb, nahm am 1. September 1805 die Weihe vor.

**Der alte Floridsdorfer Markt in der Haidschüttgasse (1901 bis 1903).**

Die Kapelle, die von den Floridsdorfern so gern zur Kirche ausgestaltet worden wäre, wurde 1809 von den Franzosen als Batterie-
stand verwendet und für diesen Zweck bis zur Hälfte abgetragen.
Nach den Franzosenkriegen mangelte es an Baumaterial, und deshalb
entschlossen sich die Floridsdorfer, auch die Überreste der Kapelle
abzutragen.

Die Ziegel wurden bei anderen Bauten in Kagran und Zwischenbrücken verwendet.

Den Gemeinden Floridsdorf und Spitz erging es 1830 nicht besser
als den anderen Dörfern, die an der Donau lagen und vom Hochwasser verheert wurden.

Die Bewohner der Ortschaft Spitz flüchteten auf die Dachböden,
kletterten von Haus zu Haus, weil das Wasser und das Eis die Gemäuer
vieler Häuser eindrückten. Auf diese Weise waren auf einem einzigen
Dachboden mehr als hundert Menschen zusammengekommen. Sie
wurden von Matthias Spann, dem Wirt des Spitzer Gasthauses, und
von dessen Leuten mit Booten gerettet. Nur zwei Häuser im Ort Spitz
blieben unbeschädigt, die anderen wurden ganz oder teilweise zerstört. Sechs Menschen kamen ums Leben.

**Zwischen Amtshaus und dem heutigen Forum-Kaufhaus befand sich lange Zeit der
Floridsdorfer Markt. 1926 wurde er zum Schlinger-Hof verlegt.**

**4. Juni 1905: Der Gesangverein „Harmonie" feiert vor der St.-Jakobs-Kirche sein
40jähriges Bestandsjubiläum mit einer Feldmesse und einer Fahnenweihe.**

Im benachbarten Floridsdorf entstand ebenso großer Schaden. Von
den 64 Häusern, die 1830 bestanden hatten, stürzten zehn ein, 36
wurden schwer beschädigt. Acht Menschen ertranken.

Die vom Hochwasser überraschten Floridsdorfer klammerten sich an
im Wasser treibende Holzstücke und Bäume, ihre Lage schien aussichtslos. Einige beherzte Männer bestiegen ihre Boote, um die vom
Ertrinken Bedrohten zu retten. Aber die Boote kenterten in den vom
Sturm aufgepeitschten Wassermassen, so daß die Retter selbst gerettet
werden mußten.

Dem alten, aber agilen und mutigen Fischer Peter Berner gelang
das Unglaubliche. Er und sein Nachbar Franz Stroh setzten sich in
ein großes Boot und holten in waghalsiger Fahrt 175 Menschen aus
dem Wasser.

Vier Jahre später wohnten in Floridsdorf bereits 1177 Menschen.
Wieder wurde versucht – und das mehreremal –, den Bau einer
Floridsdorfer Kirche durchzusetzen. Ohne vom zuständigen Amt eine
Baubewilligung erhalten zu haben, wurde die Gemeinde – gewisser-

Das ehemalige Gebäude der „Floridsdorfer Gemeinde Sparcassa" am Spitz, um 1905. Nach 1945 lenkte Dr. Franz Koch von hier aus die Geschicke des Bezirks.

Die Jahrhundertwende in Floridsdorf: Fast wäre die Gemeinde Hauptstadt von Niederösterreich geworden. Im Mittelfeld die damals bereits 64 Jahre alte St.-Jakobs-Kirche an der Schloßhofer Straße.

maßen vorbeugend, falls eine Bewilligung je erfolgen sollte – verpflichtet:

1. zur Herstellung, Erhaltung, Erweiterung und künftigen Wiederherstellung der Kirche;

2. ebenso der Kircheneinrichtung, der Glocken und anderer Notwendigkeiten;

3. zur unentgeltlichen Beistellung des für den Pfarrhofgarten erforderlichen Grundes;

4. zur Hand- und Zugrobot bei der ersten und allen künftigen Pfarrhofbaulichkeiten;

5. zur Herstellung und Erhaltung des Friedhofes;

6. nach der Erbauung des Pfarrhofs zu einer jährlichen Zahlung von 140 Gulden an das Stift und

7. bis zur Fertigstellung des Pfarrhofs zur Beistellung einer anständigen Wohnung für den Pfarrer.

Am 1. September 1834 wurde mit dem Bau begonnen, ohne daß die Bewilligung eingelangt war. Ja selbst Ende Februar 1835, als der Kirchenraum und der halbe Turm bereits standen, war die Genehmigung noch ausständig. Der zuständige Regierungsrat fand nämlich, daß die Gemeinde zu arm sei, um sich den Bau einer Kirche leisten zu können.

Dem Ortsrichter Zaunscherb, der den Kirchenbau eifrig vorangetrieben hatte, fiel nun die unangenehme Aufgabe zu, die Eigenmächtigkeit einzugestehen. Er mußte sich viele Vorwürfe gefallen lassen, und was ihm sicherlich am unangenehmsten war: Den Vorwürfen folgte ein neuerlicher abschlägiger Bescheid.

Erst am 20. Mai 1835 genehmigte die k. k. Hofkanzlei den Kirchenbau. Daraufhin wurde wieder eine Sammlung eingeleitet, die die Geldmittel zum Ausbau des Turms sicherte.

Am 10. April 1836 – es war ein Sonntag – hatte Floridsdorf eine eigene Kirche. Zwei Tage später wurde der hinter der St.-Jakobs-Kirche gelegene Friedhof geweiht, und schließlich, am 16. April, wurde Bernhard Hartner, Kooperator in Leopoldau, zum „Lokalienverweser" bestimmt.

Der erste Pfarrer an der St.-Jakobs-Kirche, der am 1. August 1836 eingesetzt wurde, war Ignaz Weigl. Noch im selben Jahr wurden die Schwarzlackenau und Zwischenbrücken eingepfarrt.

Mittlerweile war die Zahl der schulpflichtigen Kinder angestiegen. Deshalb wurde 1842 die Schule in der Schloßhofer Straße ausgebaut. 1846, als der Mühlschüttel nach Floridsdorf eingepfarrt wurde, wurden auch die Mühlschüttler Kinder hierher in die Schule geschickt.

Ohne Genehmigung der zuständigen Landesstellen bauten sich die Floridsdorfer eine Kirche. Der „illegale" Kirchenbau brachte dem Ortsrichter Zaunscherb, der die Arbeiten vorangetrieben hatte, viel Ärger ein. Erst 1835, ein Jahr nach Baubeginn, langte die Genehmigung der k. k. Hofkanzlei ein.

1850 richtete ein Hochwasser so viel Schaden an, daß in der Gemeindekasse zwei Jahre später nicht einmal genug Geld war, um Straßenlaternen kaufen zu können. Indes trafen die Floridsdorfer in den nächsten Jahren neuerlich unvermutete Ausgaben: Sie mußten mehrmals Soldaten einquartieren und gaben dafür eine ansehnliche Summe aus.

Am 2. Februar 1862, nachdem das Bezirksamt wiederholt dazu aufgefordert hatte, wurden in Floridsdorf erstmals die Straßen beleuchtet. Und weil das Geld in der Gemeindekasse immer weniger wurde, führte man rasch eine neue Steuer ein: Seit 1869 wird in Floridsdorf Hundesteuer eingehoben.

1872 wurden die Petroleumlampen auf den Straßen gegen Gasleuchten ausgetauscht. Zwei Jahre später vereinigten sich die Gemeinden Spitz und Floridsdorf. Die neue Gemeinde behielt den Namen Floridsdorf. Nun wurde jedes Haus fortlaufend numeriert, und alle Straßen erhielten Namen. 1886 wurde die Kanalisierung Floridsdorfs begonnen. 1886, hundert Jahre nach der Gründung, standen in Floridsdorf 179 Häuser, in denen 5131 Menschen wohnten.

Am 1. April 1887 erhielt die Gemeinde Floridsdorf die Bewilligung, täglich einen Markt abzuhalten. Als Standort wurde der Platz am Spitz (beim heutigen Amtshaus) gewählt.

1894 entschlossen sich die Gemeindevertretungen von Floridsdorf, Jedlesee, Groß-Jedlersdorf und Donaufeld, eine Großgemeinde zu bilden.

# Die Großgemeinde

In den Aufzeichnungen, die der Statthalter Erich Graf Kielmansegg hinterlassen hat, findet sich folgender Abschnitt:

„Ich hatte bald nach der Vereinigung der Vororte mit Wien, weil in den Landtagsverhandlungen und anderwärts viel von einer zukünftigen Reichsunmittelbarkeit Wiens gesprochen wurde, für den Fall, daß dies einmal eintrete, vorgedacht, Niederösterreich eine neue Landeshauptstadt zu schaffen. Dafür konnten nur die an der Donau Wien gegenübergelegenen Gemeinden Floridsdorf, Donaufeld und Jedlesee, bis dahin noch Dörfer und Industrieorte, in Betracht kommen. Es mußte sich mir zunächst darum handeln, diesen Gemeinden städtischen Charakter und Aufschwung zu geben, was nur durch eine Vereinigung in eine Großgemeinde geschehen konnte. Daß dies im Interesse der Bewohner des linken Donauufers gelegen sei, führte ich deren Vertretern in einer im Floridsdorfer Rathaus gehaltenen Rede vor Augen. Ich fand Beifall und Verständnis und beauftragte den dortigen Bezirkshauptmann, Graf Leo Kuenburg, Verhandlungen mit den genannten Gemeinden wegen ihrer Vereinigung offiziell einzuleiten. Diese hatten guten Erfolg, so daß über Jahr und Tag die Großgemeinde Floridsdorf gebildet war . . ."

So einfach, wie sich Kielmanseggs Erinnerung liest, vollzog sich die Vereinigung der Dörfer Floridsdorf, Jedlesee, Jedlersdorf und Donaufeld freilich nicht.

Die Rede im Floridsdorfer Rathaus, von der Kielmansegg schreibt, hielt er am 6. November 1892. Schon lange vorher hatten die einzelnen Gemeinden miteinander über die Zusammenlegung verhandelt. Da aber keine Gemeinde durch die Vereinigung Nachteile hinnehmen wollte – und solche hätten sich neben vielen Vorteilen zweifellos ergeben –, wurden die Verhandlungen immer wieder abgebrochen.

Aber der Vereinigungsgedanke, einmal aufgetaucht, konnte nicht mehr unterdrückt werden. Da die betroffenen Gemeinden zwei verschiedenen politischen Bezirken angehörten, nämlich Korneuburg und Groß-Enzersdorf, sah man in der Vereinigung vor allem eine Vereinfachung der Verwaltungsarbeit. Überdies war geplant, im Bereich von Floridsdorf einen Donauhafen anzulegen und den Donau-Oder-Kanal zu bauen. Graf Kielmansegg sah in der Vereinigung der vier Gemeinden noch dazu die Möglichkeit zur Verwirklichung seiner Lieblingsidee: Floridsdorf zur Hauptstadt von Niederösterreich zu machen.

Lange und schwierige Verhandlungen der Gemeindevertreter folgten. Ende April 1893 zeichneten sich die ersten Erfolge ab: Am 27. April stimmten die Vertreter von Jedlersdorf und Donaufeld einstimmig für die Vereinigung, am 28. April sprachen sich die Floridsdorfer Vertreter mit 26 gegen eine Stimme dafür aus, und am 3. Mai bekannten sich die Jedleseer mit 15 gegen zwei Stimmen zur Vereinigung. Gemeinsam arbeiteten die Gemeindevertreter einen 29-Punkte-Plan aus, dessen Erfüllung Bedingung zur tatsächlichen Vereinigung war. Die Gemeinden forderten:

1. *Errichtung einer politischen Behörde I. Instanz, eines Bezirksgerichts, Steuer- und Eichamtes im Zentrum von Floridsdorf, womöglich auch einer Finanz-Bezirksdirektion oder diesbezügliche Zuteilung nach Wien;*
2. *Kreierung einer Pfandleihanstalt;*
3. *Öffentlichkeitsrecht für das von der Gemeinde zu erbauende Spital;*
4. *Pflasterung der Reichsstraßen bis Stammersdorf beziehungsweise Langenzersdorf;*
5. *Einreihung der Großgemeinde in die Wählerklasse der Städte und Industrieorte mit direkten Wahlen in den Reichsrat und Landtag;*
6. *Unterstützung des Ansuchens um Erhebung zur Stadt;*
7. *Errichtung eines Körner-, Stechvieh- und Wochenmarktes;*
8. *Verbleib bei dem bisherigen Verzehrungssteuer-Abfindungsbetrag bis 1898;*
9. *beschleunigte Errichtung einer Mittelschule;*
10. *käufliche Überlassung der Schanzen;*
11. *Subventionierung des Sammelkanals und Wiedereröffnung der Alten Donau;*

12. Assanierung des alten Donaubettes und der Schwarzen Lacke;
13. Verlegung der Wiener Miststätte;
14. desgleichen der Militärschießstätte;
15. Erweiterung des Gemeindegebietes bis zur Straße von der Reichsbrücke nach Kagran;
16. Verlegung einer Garnison in die Großgemeinde;
17. Ausbau der Dampftramway vom Spitz nach Jedlesee;
18. Errichtung einer fliegenden Brücke (Fähre) zwischen Nußdorf und Jedlesee;
19. Beibehaltung des Namens „Floridsdorf";
20. Erbauung der neuen Kirche am Jodelspitz (heute Hoßplatz);
21. Auflassung des Floridsdorfer Ortsfriedhofes und Errichtung eines Zentralfriedhofes bei Stammersdorf;
22. Bau einer Wasserleitung;
23. Verbindung der Jedleseer Feldgasse (Buchergasse) mit der Prager Straße;
24. Unterstützung bei Erwerbung der verbauten Stiftsgründe durch die Gemeinde oder Private;
25. Kanalisierung von Jedlesee im Anschluß an Floridsdorf;
26. Kanalisierung von Donaufeld nach dem bei der Oberbehörde vorliegenden Projekt;
27. Anstrebung einer neuen Brücke nach Wien bei der Vonwillerschen Mühle;
28. Ausbau der Donaustraße als Bezirksstraße (heute An der oberen Alten Donau);
29. die Vereinigung mit Wien ist nicht wünschenswert.

Am 28. Juni 1893 wurde ein Aktionskomitee gebildet, das aus den vier Bürgermeistern und je vier Gemeindevertretern bestand. Den Vorsitz führte der Gummiwarenfabrikant und Bürgermeister von Jedlersdorf, Friedrich Stephan, der sich besonders für die Vereinigung eingesetzt hatte. Im Jänner 1894 wurde an den Statthalter Kielmansegg eine Bittschrift gerichtet, um die Vereinigung der Gemeinden zu beschleunigen.

Noch am 20. Februar 1894, in einer Abendsitzung, beschloß der Landtag von Niederösterreich in einem Landesgesetz die Zusammenlegung der vier Gemeinden. Kaiser Franz Joseph I. gab diesem Gesetz am 8. Mai 1894 seine Sanktion:

## Gesetz vom 8. Mai 1894

*betreffend die Vereinigung der Gemeinden Floridsdorf und Jedlesee, sowie eines Theiles der Gemeinde Groß-Jedlersdorf des Gerichts und politischen Bezirkes Korneuburg und der Gemeinde Donaufeld*

des Gerichts- und politischen Bezirkes Groß-Enzersdorf in eine Ortsgemeinde.

Mit Zustimmung des Landtages Meines Erzherzogthumes Österreich unter der Enns finde Ich anzuordnen wie folgt:

§ 1. Die bisherigen Ortsgemeinden Floridsdorf und Jedlesee, sowie
der im § 2 bezeichnete Teil der dermaligen Ortsgemeinde Groß-Jedlersdorf des Gerichts- und politischen Bezirkes Korneuburg und die
bisherige Ortsgemeinde Donaufeld des Gerichts- und politischen Bezirkes Groß-Enzersdorf werden vorbehaltlich die Änderungen in der
Territorialeintheilung der Gerichts- und politischen Bezirke in eine
Ortsgemeinde mit dem Namen Floridsdorf vereinigt.

§ 2. Im Sinne des § 1 wird von der dermaligen Gemeinde Groß-
Jedlersdorf jener Gebietstheil abgetrennt und mit der neuen Gemeinde
Floridsdorf vereinigt, welcher südlich, beziehungsweise westlich
von der in den Beilagen I (Grenzbeschreibung) und II (Plan) beschrie-
benen Grenzlinie liegt.

§ 3. Infolge dieser Vereinigung (§ 1) hören die bisherigen Ortsgemeinden Floridsdorf, Jedlesee und Donaufeld als eigene Ortsgemeinden zu bestehen auf.

§ 4. Die neue Ortsgemeinde Floridsdorf tritt in die Rechte und
Verpflichtungen der im § 3 genannten Ortsgemeinden.

§ 5. Wegen der vermögensrechtlichen Auseinandersetzung zwischen der Gemeinde Groß-Jedlersdorf einerseits und der neuen Gemeinde Floridsdorf anderseits haben die neuen Gemeindevertretungen von Floridsdorf und Groß-Jedlersdorf ein billiges Übereinkommen zu treffen, dessen Genehmigung dem niederösterreichischen
Landesausschusse vorbehalten bleibt. Kommt ein solches Übereinkommen nicht zustande, oder wird dasselbe vom niederösterreichischen Landesausschusse nicht genehmigt, so bleibt die Entscheidung
der Landesgesetzgebung vorbehalten.

Die in den § 1 genannten 4 Gemeinden vorhandenen Stiftungen,
sowie andere zu besonderen Zwecken gewidmete Fonds und Anstal-
ten (Zweckvermögen) bleiben dieser ihrer besonderen Widmung vorbehalten.

Die Ehrenbürger der im § 3 genannten drei Ortsgemeinden und
jene Ehrenbürger der Gemeinde Groß-Jedlersdorf, welche gegenwärtig in dem gemäß § 2 abzutrennenden Gebietstheile wohnen, werden
Ehrenbürger der neuen Gemeinde Floridsdorf, wogegen letztere ihre
Ehrenbürgerrechte in Groß-Jedlersdorf verlieren.

§ 6. Nach Kundmachung dieses Gesetzes gefasste Beschlüsse der
Ausschüsse der im § 1 genannten vier Ortsgemeinden, durch welche

diese Gemeinden unmittelbar oder mittelbar Verpflichtungen übernehmen würden, bedürfen zu ihrer Giltigkeit der Zustimmung des
niederösterreichischen Landesausschusses.

§ 7. Die Wahlen für die neuen Gemeindevertretungen von Floridsdorf und Groß-Jedlersdorf sind in entsprechender Zeit vor dem Ins-
lebentreten der im § 1 gedachten Änderung der Territorialeintheilung
der betreffenden Gerichts- und politischen Bezirke zu veranlassen.

Die Durchführung dieser Wahlen für die neue Gemeindevertretung von Floridsdorf obliegt dem Gemeindevorsteher von Floridsdorf, welchem die betreffende politische Bezirksbehörde je einen
Vertrauensmann aus den im § 1 genannten vier Gemeinden beigibt,
und welchem hiezu die bestehenden Gemeindeorgane jede veranlagte
Mitwirkung zu leisten haben.

Der Gemeindevorsteher von Floridsdorf mit den vorbezeichneten
Vertrauensmännern entscheidet über die bei den Wahlen für die
neue Gemeindevertretung von Floridsdorf etwa vorkommende Ein-
wendungen (§ 24 der G. W. O. vom 31. März 1864, L. G. B. Nr. 5, beziehungsweise vom 15. Jänner 1882, L. G. B. Nr. 17). Berufungen gegen diese Entscheidung gehen an die politische Bezirksbehörde in
Korneuburg, welcher alle Amtshandlungen nach der Gemeindewahl-
ordnung im Zuge dieses Wahlverfahrens obliegen.

Bei der Durchführung der Wahlen für die neue Gemeindevertretung von Groß-Jedlersdorf ist auf die im Sinne des § 2 eintretende
Gebietsänderung dieser Gemeinde entsprechend Bedacht zu nehmen.

§ 8. Der Tag, an welchem die neuen Gemeindevertretungen von
Floridsdorf und Groß-Jedlersdorf ihre Wirksamkeit zu beginnen haben, ist vom Statthalter im Einvernehmen mit dem niederösterreichischen Landesausschusse festzusetzen und zu verlautbaren. Bis zu
diesem Zeitpunkte haben die Vertretungen der im § 1 genannten vier
Gemeinden ihre Thätigkeit mit der im § 6 ausgesprochenen Be-
schränkung fortzusetzen; jedoch haben keine Neu- oder Ergänzungs-
wahlen für diese Vertretungen mehr stattzufinden.

§ 9. Das Gesetz tritt mit dem Tage der Kundmachung in Kraft.

§ 10. Mit dem Vollzuge dieses Gesetzes wird Mein Minister des
Inneren beauftragt.


Wien, den 8. Mai 1894


Franz Joseph m. p.                    Bacquehem m. p.

Aus Freude über die Vereinigung beflaggten die Bewohner der vereinigten Gemeinden am 7. Juni ihre Häuser, die Wohnungen wurden festlich beleuchtet, die Kinder hatten schulfrei. Die Festtagsstimmung der Donaufelder wurde allerdings getrübt: Am Abend des 7. Juni starb ihr Bürgermeister, Franz Plankenbüchler.

Damit der Gesetzesauftrag erfüllt werden konnte, mußte die Großgemeinde ein Amtsgebäude errichten, in dem die Gerichts-, Polizei- und Steuerbehörden ihren Sitz haben sollten. Die Großgemeinde stellte den Grund zur Verfügung, die Regierung übernahm die Baukosten des Amtshauses an der heutigen Gerichtsgasse, der ehemaligen Jedlersdorfer Viehtrift. Am 29. April 1895 wurde mit den Bauarbeiten begonnen, und im Juli des folgenden Jahres zogen die Behörden in das neue Haus ein. Noch heute sind dort Gericht und Polizei untergebracht.

Die neue Großgemeinde umfaßte eine Fläche von 11,65 Quadratkilometer, ungefähr ein Viertel der heutigen Ausdehnung Floridsdorfs. Die Gemeindegrenze verlief vom Brigittaspitz am rechten

**Statthalter Erich Graf Kielmansegg**

Er hätte es gern gesehen, wenn Floridsdorf die Hauptstadt Niederösterreichs geworden wäre. In der Vereinigung der vier Gemeinden Floridsdorf, Jedlesee, Groß-Jedlersdorf und Donaufeld sah er die Möglichkeit zur Verwirklichung seiner Idee.

Donauufer in südöstlicher Richtung, über den Strom und über das Inundationsgebiet bis zum Beginn der Floridsdorfer Brücke. Von da führte die Grenze ungefähr entlang dem rechten Ufer der Alten Donau bis etwa zur Ostgrenze des heutigen Strandbades „Alte Donau", querte dort die Alte Donau und verlief nördlich, den alten

Schanzen folgend, bis zum Gelände der Bundesbahnwerkstätten. Von hier aus folgte sie der Ruthnergasse bis zum jüdischen Friedhof, dann etwa der heutigen Shuttleworthstraße in nordwestlicher Richtung über die Bundesbahnstation Jedlersdorf bis zum alten Bett der Schwarzen Lacke, ging entlang dem Bett bis zum Strom und am rechten Ufer wieder zurück zum Brigittaspitz.

Die der Großgemeinde im Gesetz vorgeschriebenen Wahlen wurden im Juli 1896 abgehalten. Von den etwa 33.000 Floridsdorfern waren bloß 1787 wahlberechtigt. Die Wahlberechtigten waren nach der Steuerleistung in Wahlkörper zusammengefaßt:

1. Wahlkörper: 28 Wähler mit 76.761 Gulden Steuerleistung.
2. Wahlkörper: 213 Wähler mit 46.290 Gulden Steuerleistung.
3. Wahlkörper: 1546 Wähler mit 46.281 Gulden Steuerleistung.

Jeder Wahlkörper wählte zehn Gemeinderäte und vier Ersatzmänner. Der Wahl stellten sich Kandidaten der Christlichsozialen, die mit den Deutschnationalen verbündet waren, Kandidaten der Fortschrittspartei, einer liberalen, demokratischen, antiklerikal eingestellten Bürgergruppierung, auf deren Liste auch der einzige Sozialdemokrat im 3. Wahlkörper, Franz Poppenwimmer, kandidierte.

Die klerikale Christlichsoziale Partei siegte im 3. und im 2. Wahlkörper, die Liberalen siegten im 1. Wahlkörper. Am 26. August wurde Anton Schwaiger mit 17 Stimmen zum Bürgermeister gewählt, den Vizebürgermeisterposten erhielt Anton Anderer (beide christlichsozial), und die neuen Gemeinderäte, die den Gemeindevorstand bildeten, entstammten ebenfalls der Christlichsozialen Partei.

Die Sozialdemokraten wurden indes immer stärker. Seit 1896 gaben sie eine eigene Zeitung, den „Wähler" (später „Volksbote"), heraus. Sie deckten Skandale um Grundstückstransaktionen und um die Vergabe von Gemeindeaufträgen auf, sie kritisierten die verheerenden Zustände auf dem Wohnungssektor.

Aus eigenem Bedürfnis und getrieben von der Kontrolltätigkeit des politischen Gegners, schuf die erste Gemeindevertretung der Großgemeinde Floridsdorf die Ortskanalisation (ab 1898), eine gemeindeeigene Pfandleihanstalt (1898), ein Gymnasium (1900), den Zentralfriedhof in Stammersdorf (1903 eingeweiht), die Jubiläumsschule in der Deublergasse (1899) und ein Strombad (1901).

1901 wurde das einstöckige Gasthaus am Spitz, in dem seit 1884 die Bürgermeister amtierten und seit 1880 eine Sparkasse untergebracht war, abgerissen. An seiner Stelle entstand nach den Plänen der Brüder Drexler auf einer 1900 Quadratmeter großen Baufläche das neue Rathaus, heute Magistratisches Bezirksamt für den 21. Bezirk. Das Gebäude erhielt einen 52 Meter hohen Turm, der 1945 einem amerikanischen Luftangriff zum Opfer fiel. Das neue Rathaus war 1903 vollendet.

Bei den Wahlen zum Reichsrat, 5. Kurie, VIII. nö. Wahlkreis, die am 3. Jänner 1901 stattfanden, nominierten die Floridsdorfer Sozialdemokraten den „Volksbote"-Redakteur Anton Schlinger, den wohl bedeutendsten Mann in der Frühgeschichte der Floridsdorfer Sozialdemokraten. Es gelang ihm zwar nicht, gewählt zu werden, doch mußten die Christlichsozialen deutliche Stimmverluste hinnehmen.

Für die Städtekurie Floridsdorf, Korneuburg, Stockerau, Oberhollabrunn, Retz, Eggenburg, Maissau, Mistelbach, Poysdorf, Feldsberg, Laa und Zistersdorf hatten die Sozialdemokraten den Lehrer Karl Seitz aufgestellt. Er brachte die große Überraschung: Seitz siegte über den Christlichsozialen Dr. Richter und war damit der erste Sozialdemokrat, der in einer privilegierten Kurie gewählt worden war.

Weil sie befürchten mußten, daß Floridsdorf früher oder später einen sozialdemokratischen Bürgermeister bekommen werde, brachten die christlichsozialen Gemeinderäte Frömml, Schulteis und Danner sowie der Fortschrittliche Gussenbauer einen Antrag ein, Floridsdorf der Gemeinde Wien einzuverleiben. Durch die andere, noch ungerechtere Wahlordnung von Wien hätten etwa 3000 Floridsdorfer Arbeiter ihr hart erkämpftes Stimmrecht verloren. Natürlich waren die Sozialdemokraten gegen eine Vereinigung mit Wien.

Die Sozialdemokraten befürchteten außerdem, daß sich Wohnungen und Lebensmittel preislich dem Stadtniveau anpassen und somit verteuert würden. Im Gegensatz zur Ansicht der Floridsdorfer Sozialdemokraten befand sich die Parteileitung. Sie war nicht gegen die Vereinigung, sondern mahnte nur, man müsse sich die Art, wie diese Vereinigung durchgeführt werde, gründlich ansehen.

Trotz des Widerstandes beschloß die Gemeindevertretung, die Vereinigung von Wien mit der Großgemeinde Floridsdorf weiterhin zu betreiben. Am 13. Juni 1902 wurde folgendes Protokoll aufgenommen:

## Protokoll

*vom 13. Juni 1902, aufgenommen im Rathause der Stadt Wien (Präsidialbureau).*

*Gegenwärtig: Für die Gemeinde Wien: Bürgermeister Dr. Karl Lueger, Vizebürgermeister Dr. Josef Neumayer, Magistrats-Vizedirektor Dr. Richard Weiskirchner, Stadtbaudirektor Franz Berger, Ober-Stadtbuchhalter Friedrich Hönig, Magistratssekretär Dr. Max Weitz, Magi-*

stratssekretär Dr. Franz Spaeth. Für die Gemeinde Floridsdorf: Bürgermeister Anton Anderer, für die Gemeinde Groß-Jedlersdorf: Bürgermeister Johann Berger, Gemeinderat Josef Klager, Gemeinde-Ausschuß Jakob Eder, für die Gemeinde Kagran: Bürgermeister Karl Hofmann, Gemeinderat Alexander Zehetner, Gemeinderat Carl Klager, für die Gemeinde Hirschstetten: Bürgermeister Johann Schick, Gemeinderat Carl Schönbauer, für die Gemeinde Stadlau: Bürgermeister Ferdinand Schick, Gemeinderat Johann Genoch.

Gegenstand ist der Antrag der Gemeinden Floridsdorf, Groß-Jedlersdorf, Kagran, Hirschstetten und Stadlau auf Vereinigung dieser Gemeinden mit der Reichshaupt- und Residenzstadt Wien.

## Artikel I.

Die Vertreter der Gemeinden Floridsdorf, Groß-Jedlersdorf, Kagran, Hirschstetten und Stadlau stellen, und zwar die erstgenannte Gemeinde vorbehaltlich der Genehmigung des Gemeindeausschusses, die übrigen Gemeinden unter Hinweis auf die über den Gegenstand bereits gefaßten Gemeinde-Ausschußbeschlüsse, das Ansuchen, daß die genannten Gemeinden mit der Reichshaupt- und Residenzstadt Wien zu einer Gemeinde vereinigt werden mögen. Die Gemeinde Floridsdorf knüpft diesen Antrag an die Erfüllung folgender Bedingungen:

1. Daß die Bezirksvertretung des XXI. Bezirkes für die erste Wahlperiode aus wenigstens 24 Mitgliedern zu bestehen hat;

2. daß dem XXI. Bezirk sieben Gemeinderatsmandate zugeteilt werden und daß bei der Ergänzung des Stadtrates auf 25 gewählte Mitglieder das erste Mal eine Stelle mit einem Mitglied des Gemeinderates besetzt werde, welches im XXI. Bezirk gewählt worden ist;

3. daß der XXI. Bezirk bei der Wahl der Ausschüsse des Gemeinderates entsprechend berücksichtigt werde;

4. daß der XXI. Bezirk den Namen Floridsdorf erhalten und

5. daß das Bezirksamt für den XXI. Bezirk im Rathaus zu Floridsdorf untergebracht werde.

Die Gemeinde Floridsdorf gibt ferner nachstehenden Wünschen Ausdruck:

a) daß die Bezirkshauptmannschaft Floridsdorf-Umgebung in ihrem dermaligen Amtsgebäude verbleibt;

b) daß der XXI. Bezirk eine eigene Steueradministration und eine Finanz- und gerichtliche Depositenkasse mit ihrem Sitz in Floridsdorf erhalte sowie daß das Bezirksgericht in Floridsdorf verbleibe und demselben auch die Strafgerichtsbarkeit belassen werde;

*c) daß für die Schaffung von Verkehrsmitteln, für die Lieferung elektrischer Energie zu Licht- und Kraftzwecken, für die Versorgung mit Hochquellenwasser, für eine öffentliche Krankenanstalt und für die Errichtung eines Volksbades vorgesorgt werde und daß ferner dort, wo der Anschluß an das Floridsdorfer Kanalnetz möglich ist, auch für die anderen Gemeinden eine Kanalisation geschaffen werde sowie daß das bestehende Kanalnetz seinerseits möglichst ausgestaltet werde;*

*d) daß bei der Handhabung der Bau- und Sanitätspolizei mit möglichster Schonung der bestehenden Verhältnisse vorgegangen werde.*

*Schließlich gibt die Gemeinde Floridsdorf der Hoffnung Ausdruck, daß es gelingen werde, ehestens alle Schwierigkeiten zu beseitigen, welche der Erbauung einer neuen Kirche in Floridsdorf gegenüberstehen.*

*Die Gemeinde Groß-Jedlersdorf spricht den Wunsch aus, daß die Kanalisation des neuen, an der Brünner Reichsstraße gelegenen Teiles dieser Gemeinde unter Anschluß an das bestehende Kanalnetz von Floridsdorf möglichst bald stattfinde, daß ferner der Betrag von K 18.000,–, welche die genannte Gemeinde für die Errichtung einer Kinderbewahranstalt und eines Kindergartens angesammelt hat, diesem Zweck gewidmet bleibe und daß endlich der Umbau des Schulgebäudes, welches seiner Bestimmung nicht mehr genügt, für eine nahe Zukunft in Aussicht genommen werde.*

*Die Gemeinden Kagran, Hirschstetten und Stadlau bringen folgende Wünsche vor:*

*a) daß ihr Gebiet zu einem eigenen Wiener Gemeindebezirk vereinigt und in demselben ein Bezirksamt mit dem Sitz in Kagran errichtet werde;*

*b) daß ihre Gemeinden bei der Wahl der Bezirksvertretung entsprechend berücksichtigt werden;*

*c) daß in ihren Gemeinden eine Kanalisierung, insofern sie nicht schon besteht, hergestellt werde und daß jener Teil des Gemeindegebietes von Leopoldau, welcher zwischen den Gemeindegrenzen von Floridsdorf und Kagran gelegen ist, gleichfalls in das Wiener Gemeindegebiet einbezogen und kanalisiert werde, nachdem durch die Abwässer der Fabriken, welche sich in diesem Teile von Leopoldau befinden, die Grundwässer verunreinigt werden;*

*d) daß die Versorgung ihrer Gemeinden mit Hochquellenwasser durchgeführt werde;*

*e) daß die elektrische Bahn Praterstern – Kagran verstadtlicht und weiter ausgebaut werde und*

*f) daß die Errichtung neuer Straßen ins Auge gefaßt, insbesondere* aber eine Verbindungsstraße zwischen der Reichsbrücke und der Stadlauer Straße hergestellt werde.

Endlich gehen alle oben angeführten Gemeinden von der Erwartung aus, daß den Hauseigentümern in den genannten Gemeinden rücksichtlich der Gebäudesteuer die Begünstigungen gewährt werden, welche anläßlich der Einverleibung der Vororte den Bewohnern dieser letzteren durch Paragraph 1 des Gesetzes vom 9. Juli 1891, R. G. Bl. Nr. 97, und durch das Gesetz vom 5. Jänner 1896, R. G. Bl. Nr. 13, zugestanden worden sind, jedoch mit der Abweichung, daß die Veranlagung der Gebäudesteuer auf Grund der bestehenden Gebäudesteuer-Vorschriften vom 1. Jänner 1903 angefangen noch für die Dauer von zehn Jahren in derselben Art und nach demselben Ausmaße wie vor der Vereinigung mit Wien zu erfolgen hat.

## Artikel II.

Die Vertreter der Gemeinde Wien, vorbehaltlich der Genehmigung des Wiener Gemeinderates, erklären ihr Einverständnis, daß die Gemeinden Floridsdorf, Groß-Jedlersdorf, Kagran, Hirschstetten und Stadlau mit der Reichshaupt- und Residenzstadt Wien zu einer Gemeinde vereinigt werden.

Diese Zustimmung wird jedoch an die Bedingungen geknüpft, daß die Staatsverwaltung der Gemeinde Wien folgende Zusicherungen erteilt:

1. Die Gemeinde Wien erhält eine angemessene, zwischen der Staatsverwaltung und ihr zu vereinbarende Vergütung für jene Mehrauslagen, welche ihr die Ausübung des Wirkungskreises als politische Behörde erster Instanz in den neu einbezogenen Gemeinden verursacht.

2. Der Beitrag, welchen die Gemeinde Wien nach § 47 des Gesetzes vom 24. März 1900, L.G. und V.Bl. Nr. 17, zum Polizeiaufwand zu leisten hat, wird weder anläßlich der Einbeziehung der gegenwärtig zum Polizeirayon gehörigen Gemeinde Floridsdorf und Groß-Jedlersdorf noch auch bei einer etwaigen Ausdehnung des Polizeirayons auf die übrigen neu einbezogenen Gemeinden erhöht.

3. Die Staatsverwaltung hat das Staatsgymnasium in Floridsdorf, dessen Errichtung mit der a. h. Entschließung vom 3. Juli 1900 genehmigt worden ist, auf ihre Kosten in jenem Umfange und mit jener Ausstattung herzustellen und zu erhalten, welche in dem Vertrag vom 12. April 1901, abgeschlossen zwischen dem Aerar und der Stadtgemeinde Floridsdorf, vorgesehen sind. Der erwähnte Vertrag

*wird aufgelöst und entfällt demnach jede Leistung der Gemeinde Wien für diese Zwecke.*

*4. Die Staatsverwaltung übernimmt die von der Gemeinde Florids- dorf errichtete Pfandleihanstalt in ihr Eigentum und trifft wegen des Rückersatzes der Auslagen, welche die Stadtgemeinde Floridsdorf auf diese Anstalt aufgewendet hat, mit der Gemeinde Wien ein entspre- chendes Übereinkommen.*

*5. Die Staatsverwaltung übernimmt die Verpflichtung, eine allen Anforderungen entsprechende öffentliche Krankenanstalt für den XXI. Bezirk zu errichten und zu erhalten.*

*Endlich knüpft die Gemeinde Wien ihre Zustimmung an die Bedin- gung, daß sich der niederösterreichische Landesausschuß bzw. Lan- desschulrat für die niederösterreichische Landeslehrer-Pensionskasse bereit erklären, über die Zuweisung der im neu einbezogenen Gebie- te tätigen Lehrpersonen zur Wiener Lehrer-Pensionskasse mit der Ge- meinde Wien ein billiges Übereinkommen zu treffen.*

### Artikel III.

*Die Gemeinde Wien wird jenen Bedingungen, welche im Artikel I unter 1 bis 5 gestellt wurden, insoweit Rechnung tragen, als dies inner- halb ihres Wirkungskreises gelegen ist.*

*Ferner wird die Gemeinde Wien ihren ganzen Einfluß dafür auf- wenden, daß jene im Artikel I enthaltenen Bedingungen und Wün- sche, welche in den Bereich der Staatsverwaltung fallen, von dieser erfüllt und daß insbesondere die im Artikel I, letzter Absatz, verlang- ten Begünstigungen in bezug auf die Gebäudesteuer gewährt wer- den.*

### Artikel IV.

*Die Gemeinden Floridsdorf, Groß-Jedlersdorf, Kagran, Hirschstet- ten und Stadlau verpflichten sich, bis zur endgiltigen Entscheidung über ihre Einbeziehung in das Gebiet der Reichshaupt- und Resi- denzstadt Wien ohne Zustimmung der Gemeinde Wien nur solche Verfügungen über ihr Vermögen und ihr Einkommen zu treffen, wel- che zur laufenden Verwaltung gehören und keine wiederkehrenden Auslagen zur Folge haben. Bestandverträge dürfen ohne Zustimmung der Gemeinde Wien nur mit der gesetzlichen Kündigungsfrist abge- schlossen werden.*

### Artikel V.

*Die Gemeinde Wien sowie die Gemeinden Floridsdorf, Groß-Jedlers- dorf, Kagran, Hirschstetten und Stadlau werden gemeinsam bei der Staatsverwaltung und beim niederösterreichischen Landesausschusse* um die Durchführung der Vereinigung einschreiten und hiebei den in der Beilage enthaltenen Gesetzentwurf behufs Einbringung im Landtage vorlegen.

Vorgelesen, geschlossen und gefertigt.

Es dauerte aber noch zwei Jahre, bis die Großgemeinde mit Wien vereinigt wurde.

# Floridsdorf – ein Wiener Bezirk

Am 8. November 1904 beschloß der Gemeinderat der k. k. Reichs-
haupt- und Residenzstadt Wien die Vereinigung von Floridsdorf und
einiger anderer Gemeinden mit Wien.

Im sozialdemokratischen Bezirksblatt „Volksbote" konnte man am
17. November 1904 lesen:

„Der Kuhhandel ist also gelungen. Floridsdorf ist auf Gnade und
Ungnade dem Lueger ausgeliefert. Mit allen gegen eine Stimme unseres Abgeordneten Seitz hat der Nö. Landtag am 12. November 1904
der Einverleibung Floridsdorfs und der umliegenden Gemeinden zu-
gestimmt."

Die Parteileitung selbst war nicht derselben Ansicht, denn schon
zwei Jahre zuvor, am 29. Juni 1902, stand in der „Arbeiter-Zeitung" zu
lesen: „Die Vereinigung mit Wien ist eine notwendige Sache, aber
die Art, wie sie durchgeführt werden soll, wird man sich noch gründlich ansehen müssen." Tatsächlich haben die Floridsdorfer durch die
Eingemeindung keine entscheidenden Nachteile hinnehmen müssen.
Im Gegenteil: Sie bekamen Anteil an den bis dahin bekannten Vorteilen, die eine Großstadt zu bieten hatte.

Am 28. Dezember 1904 sanktionierte der Kaiser das Gesetz, und
bald haben auch die Floridsdorfer nicht mehr dagegen protestiert,
Wiener zu sein. Gewöhnt haben sie sich allerdings bis heute nicht
daran, denn noch immer kann man den einen oder anderen „Ur-
floridsdorfer" sagen hören: „Ich fahr' jetzt in die Stadt." Und er meint
damit nichts anderes als eine Fahrt ans rechte Ufer der Donau.

Im „Volksbote" Nr. 27 vom 3. Juli 1902 hatten sich die Redakteure die Arbeit gemacht und vorausberechnet, wie groß Wien nach

der Vereinigung mit Floridsdorf und den anderen dafür in Frage kommenden Gemeinden sein werde:

| | | | |
|---|---|---|---|
| Floridsdorf vor der Vereinigung | 11,63 km² | 1.205 Häuser | 36.598 Ew. |
| hinzu kommen Strebersdorf, Stammersdorf, Groß-Jedlersdorf, Kagran, Hirschstetten, Stadlau, Breitenlee, Aspern, Groß-Enzersdorf, Leopoldau, Eßling | 142,45 km² | 1.846 Häuser | 21.857 Ew. |
| Floridsdorf nach der Vereinigung | 154,08 km² | 3.051 Häuser | 58.455 Ew. |
| Wien vor der Vereinigung | 178,12 km² | 13.130 Häuser | 1,730.000 Ew. |
| Wien nach der Vereinigung | 332,20 km² | 16.181 Häuser | 1,788.455 Ew. |

Diese 1902 angestellte Rechnung ging nicht ganz auf. Zwar wurden bis 1910 noch weitere Gemeinden Wien angegliedert, aber Breitenlee, Groß-Enzersdorf, Eßling und Stammersdorf blieben selbständig.

1910 umfaßte der Bezirk die ehemaligen Ortschaften Floridsdorf, Jedlesee, Jedlersdorf, Strebersdorf, Leopoldau, Donaufeld, Kagran, Hirschstetten, Stadlau und Aspern. Damit war Floridsdorf etwa 100 Quadratkilometer groß und nahm mehr als ein Drittel der Fläche von Wien ein.

Nach der Volkszählung im Jahre 1910 lebten in Floridsdorf 48.301 Menschen, in Leopoldau 3350, in Kagran 6677, in Hirschstetten 4941, in Stadlau 4490, in Aspern 2541, in Strebersdorf 2348 und in Groß-Jedlersdorf 4685. Durch die Zusammenlegung der Gemeinden war die Bevölkerungszahl Floridsdorfs also auf 77.333 gestiegen.

Zu Floridsdorf gehörten bis 1938 vier Ortschaften, die heute Teil des 22. Wiener Gemeindebezirks sind: Kagran, Hirschstetten, Stadlau und Aspern. Die Geschichte dieser vier Dörfer soll nur kurz beleuchtet werden:

## Kagran

Das Marchfelddorf Kagran wurde 1123 und 1158 urkundlich als „Chagre" beziehungsweise „Chageran" erwähnt. Der Ortsname dürfte auf das keltische Wort „Gagoran" zurückzuführen sein, was soviel wie „am Stromufer gelegen", „auf einem Hügel (Wagram) erbaut" bedeutet.

Kagran war ein langgestrecktes Bauerndorf mit einem Teich. Nachdem die Kirche in Stadlau 1438 von einem Hochwasser weggeschwemmt worden war, wurden Kirche und Pfarre nach Kagran übertragen. Die Kirche ist dem hl. Georg gewidmet. Sie hat durch viele Umbauten ihren besonderen Stil verloren.

Kagran war ab 1886 durch eine Dampftramway mit Floridsdorf und Groß-Enzersdorf verbunden.

## Hirschstetten

Der Ort Hirschstetten wurde etwa um 1150 gegründet. 1240 erscheint das Dorf erstmals als landesfürstliches Lehen im Abgabenverzeichnis der Babenberger. 1713 kaufte Fürst Schwarzenberg das „Landguat Hierstetten" und ließ dort ein Jagdschloß bauen. 1809, während der Schlacht bei Aspern, brannte ein Großteil des Ortes ab. Das Schloß wurde sechs Wochen vor Beendigung des Zweiten Weltkriegs völlig vernichtet.

## Stadlau

Schon 1050 war Stadlau eine der vier Landespfarren von Passau, zu denen auch Wien, Pillichsdorf und Mannswörth gehörten. Die bestehende Überfuhr nach Erdberg machte Stadlau im Mittelalter zu einem der bedeutendsten Orte im Marchfeld. Das Dorf wurde von Türken und Franzosen mehrmals schwer geschädigt, so daß es sich nur langsam entwickeln konnte. Erst 1870, als die Ostbahn eröffnet wurde, wuchs die Siedlung rasch.

## Aspern

Aspern, der „Ort unter den Espen", wurde zum erstenmal zwischen 1250 und 1260 urkundlich erwähnt. Das Platzdorf wurde von der Donau mehrmals derart überschwemmt, daß die Bewohner erwogen, es für immer zu verlassen. Welthistorisch bedeutend war der Sieg Erzherzog Karls über Napoleon: Am 21. und 22. Mai 1809, in der Schlacht bei Aspern, geschah es zum erstenmal, daß ein von Napoleon persönlich geführtes Heer keinen Sieg erringen konnte. Bis 1945 befand sich in Aspern der Wiener Verkehrsflughafen.

# Zwischen den Kriegen

1914, bei Ausbruch des Ersten Weltkrieges, war man darauf bedacht, die Befestigungsanlagen rund um Wien auszubauen. Im Raum Bisamberg war diese Festungslinie teilweise mit jener des Jahres 1866 ident. Zeitweise waren 30.000 Arbeiter mit dem Bau von Artilleriestellungen, Schützengräben, Munitionsdepots, Beobachtungstürmen, Fesselballonstationen und Scheinwerferstellungen beschäftigt. Zwei Jahre später brauchte man alle Kanonen an der Front und montierte sie ab. Und noch im selben Jahr wurde der Festungsbau wegen der günstigen Frontlage im Osten eingestellt. Das Festungskommando Wien wurde überhaupt aufgelassen.

In der Nacht vom 27. auf den 28. Juli 1919 wurde von kommunistischen Parteigängern ein Sprengstoffanschlag auf die Nordbahnbrücke geplant. Ein am Morgen des 28. Juli in Richtung Tschechoslowakei fahrender Munitionszug hätte in die Luft gejagt werden sollen. Die Explosion wäre das Zeichen für die Kommunisten gewesen, mit einem von Ungarn aus geleiteten, unter der Führung von Bela Kun stehenden Aufstand zu beginnen. Zur Sprengung kam es allerdings nicht, weil der verwendete Sprengstoff feucht geworden war. Und so unterblieb auch der Aufstand.

1924 wurde mit der planmäßigen Verbauung des Bruckhaufens, jenes Gebietes zwischen Marchfeldschutzdamm und Alter Donau, begonnen. Bald darauf setzte der soziale Wohnbau ein: Der Schlingerhof an der Brünner Straße wurde auf den Gründen des ehemaligen Gaswerks nach Plänen der Architekten Hans Glaser und Karl Scheffel gebaut. Mit dem Bau der Gartenstadt in der Jedleseer Straße wurde 1926 begonnen. Nach den Plänen von Hubert Gessner entstand eine Wohn-

hausanlage, die lange Zeit als internationales Vorbild galt. Der Wohn-block wurde nach dem Wiener Bürgermeister Karl Seitz benannt. Der FAC-Hof in der Franklinstraße – benannt nach dem benachbarten Sportplatz des Floridsdorfer Athletik-Clubs – heißt heute Paul-Speiser-Hof und wurde nach den Plänen von Ernst Lichtblau, Karl Scheffel, Leopold Bauer und Hans Glaser errichtet.

Während der Weltwirtschaftskrise der dreißiger Jahre wurde auf dem Großfeld, das der heute dort befindlichen Siedlung den Namen gegeben hat, eine sogenannte Nebenerwerbssiedlung gegründet. Etwa 400 Familien hatten dort von der Gemeinde Wien Gründe erhalten, um sich durch gärtnerische Betätigung oder durch Kleintierzucht einen Nebenerwerb zu schaffen.

Nach Entwürfen von Robert Kramreiter entstand 1938 die St.-Josefs-Kirche. Nach ihrer Fertigstellung wurde die alte St.-Jakobs-Kirche abgetragen. Im Zweiten Weltkrieg wurde die neue Kirche schwer beschädigt, jedoch bald wieder instand gesetzt. 1955 wurde sie innen vollständig renoviert, und die Fenster wurden nach Entwürfen des akademischen Malers Seelos bemalt.

Zu den Bildern auf Seite 114: Der Karl-Seitz-Hof, von den Floridsdorfern „Gartenstadt" genannt, wurde 1926 errichtet. Er galt lange Zeit als internationales Vorbild für den Wohnhausbau.

Zwischen 1933 und 1934 wurde in Leopoldau, nördlich der Bahntrasse, die erste Wiener Stadtrandsiedlung gebaut.

1934 verschärfte sich die politische Situation. Der seit 1923 bestehende Republikanische Schutzbund der Sozialdemokratischen Partei stand der bürgerlichen Heimwehr und der Exekutive gegenüber. Im März 1933 war dieser Schutzbund verboten worden. Bürgermeister Seitz hatte daraufhin ein Verbot der Wiener Heimwehr ausgesprochen, das allerdings im Berufungsverfahren wieder rückgängig gemacht wurde. Am 12. Februar 1934 entluden sich die unerträglich gewordenen Spannungen.

Bei einer Durchsuchung des Linzer Parteiheimes der Sozialdemokraten kam es zu einer Schießerei. Als die Nachricht davon in Wien eintraf, setzten auch hier Kämpfe ein. In Floridsdorf, vor allem in den großen Wohnhausanlagen, den Stützpunkten des Republikanischen Schutzbundes, wurden regelrechte Schlachten geschlagen:

Das Arbeiterheim in der Angerer Straße, das nach 1900 als Zentrum der sozialdemokratischen Bezirksorganisation gebaut worden war, wurde nach einigen Kampfhandlungen vom Schutzbund aus taktischen Gründen geräumt. Die Heimwehr stürmte das Gebäude und setzte es in Brand. Nach den Februarunruhen kam das Arbeiterheim in den Besitz der Einheitsgewerkschaft der Vaterländischen Front, die am 20. Mai 1933 gegründet worden war.

**Das alte Arbeiterheim in der Angerer Straße, aufgenommen um das Jahr 1910.**

Während der Februarunruhen des Jahres 1934 wurde von den Schutzbündlern auch die Polizeiwachstube Baumergasse in Groß-Jedlersdorf gestürmt. Die diensttuenden Polizisten wurden gefangengenommen. Ein rasch alarmierter Wagen des Überfallkommandos fuhr dort in einen Hinterhalt, den Schutzbündler gelegt hatten. Der FAC-Hof wurde von den Arbeitern, die sich gegen den Austrofaschismus wehrten, vom Nordbahndamm und von den Schrebergärten her verteidigt. Polizei und Militär mußten sich zu dieser Wohnhausanlage erst durchkämpfen. Der Widerstand konnte nicht gleich gebrochen wer-

1934 im FAC-Bau: Der heutige Paul-Speiser-Hof war einer der Stützpunkte des republikanischen Schutzbundes. Entsprechend groß waren auch die Schäden, die durch Artilleriebeschuß entstanden.

den, und so wurden Minenwerfer eingesetzt. Erst in der folgenden Nacht zogen sich die Mitglieder des Schutzbundes aus dem FAC-Hof zurück.

Im Laufe des 13. Februar konnte das Militär einen Großteil des Floridsdorfer Gebietes unter Kontrolle bringen. Die Schutzbündler zogen sich nach Groß-Jedlersdorf zurück und verschanzten sich. Doch auch diese Stellungen konnten nicht gehalten werden, worauf eine Gruppe des Schutzbundes beschloß, in die Tschechoslowakei zu flüchten. In Jedlersdorf stand ein Zug bereit. Andere Kämpfer sammelten sich beim Gaswerk Leopoldau. Von dort schlug sich eine 65 Mann starke Gruppe in Richtung Tschechoslowakei durch. 47 von ihnen erreichten die Grenze. In der Folge gelang auch noch anderen Schutzbündlern vom Gaswerk aus die Flucht.

Die Gartenstadt in Jedlesee gehörte zu den Widerstandszentren des Schutzbundes. Sie fiel den Regierungstruppen erst am 14. Februar in die Hände. Vorangegangen war die Beschießung durch einen Panzerzug des Bundesheeres, der auf dem Nordwestbahngleis aufgefahren war. Auch der Bahnhof Floridsdorf wurde vom Schutzbund besetzt. Der Angriff eines Panzerautos der Polizei konnte abgewehrt werden, und auch ein Panzerzug mußte unverrichteter Dinge abziehen. Erst als Artillerie eingesetzt wurde und nachdem die übrigen Stützpunkte, wie der FAC-Hof und das Arbeiterheim, von der Polizei und den Streitkräften erobert worden waren, konnte das Militär den Bahnhof stürmen.

Vielen Polizisten gelang es, sich von den belagerten Wachstuben bis in das Polizeikommissariat in der Michael-Dietmann-Gasse durchzuschlagen. Doch auch das Kommissariat wurde von den Schutzbündlern angegriffen. Dieser Angriff, ausgeführt von Straßenbahnern aus der Remise Peitlgasse, scheiterte jedoch. Die Straßenbahnremise war ein Zentrum des Aufstandes. Polizisten, die die Remise zu stürmen versuchten, mußten sich unter Verlusten zurückziehen. Erst am 14. Februar wurde das Gebäude unter Einsatz schwerer Waffen erstürmt.

Die Hauptfeuerwache Floridsdorf wurde von der Polizei besetzt, nachdem der Kommandant der Feuerwache, Ing. Georg Weissel, versuchte, seine Leute zu bewaffnen. Durch einen Rüstwagen der Feuerwehr ließ er aus der nahen Straßenbahnremise Waffen holen. Der diensthabende Branddirektor verständigte jedoch die Polizei von Weissels „Dienstverweigerung und Auflehnung".

Nach dem Aufstand erfolgten Verhaftungen, Deportationen in Konzentrationslager und Hinrichtungen. Die Sozialdemokratische Partei wurde verboten und setzte ihre Tätigkeit illegal fort.

Am 7. März 1938 fand im Arbeiterheim in der Angerer Straße eine bedeutende Konferenz statt: Etwa 400 Arbeiterfunktionäre, illegale sozialdemokratische Gewerkschaftsvertrauensleute, beschlossen, eine gesamtösterreichische Front gegen den Nationalsozialismus zu bilden. Sie forderten, mit den gleichen Rechten wie die Nationalsozialisten ausgestattet zu werden, und sicherten zu, die Regierung im Kampf um die Unabhängigkeit Österreichs zu unterstützen, falls ihnen diese Rechte zugesprochen werden. Es kam jedoch anders.

1. Mai 1938: Das Amtshaus zeigt sich stolz im Fahnenschmuck der neuen Machthaber. Ein Transparent verkündet: „Wir feiern den 1. Tag der nationalen Arbeit." Die ursprünglich unterhalb des Turmes auf der Attika stehenden, mehr als drei Meter hohen Steinfiguren hat man vorsorglich entfernen lassen. Sie stellten nämlich Friede, Arbeit, Vaterlandsliebe und Gerechtigkeit dar. Was vom stolzen Fahnenschmuck übrigblieb, ist auf Seite 128 zu sehen.

Am 13. März 1938 wurde Österreich ein Bestandteil Hitler-Deutschlands. Das wichtigste verfassungs- und verwaltungsgeschichtliche Ereignis nach dem „Anschluß" war wohl die Schaffung von „Groß-Wien". Zahlreiche Randgemeinden wurden dem Wiener Gemeindegebiet einverleibt, ja es gab sogar Pläne, Wien im Westen bis St. Pölten, im Süden bis zur steirischen Grenze, im Osten bis an die Leitha und im Norden bis an die Nordgrenze des Marchfeldes auszudehnen.

Dieser doch reichlich phantastische Plan wurde schließlich verworfen. Am 1. Oktober 1938 unterzeichnete Hitler das „Gesetz über die Gebietsveränderungen im Lande Österreich".

Im vierten Punkt des Paragraphen 1 heißt es an der für Floridsdorf bedeutenden Textstelle:

*In die Stadt Wien werden folgende Gemeinden des ehemaligen österreichischen Landes Niederösterreich eingegliedert:*

*... vom Verwaltungsbezirk Floridsdorf-Umgebung die Gemeinden*

Andlersdorf, Breitenlee, Eßling, Franzensdorf, Gerasdorf, Glinzendorf, Groß-Enzersdorf, Großhofen, Mannsdorf, Mühlleiten; vom Verwaltungsbezirk Korneuburg die Gemeinden Bisamberg, Enzersfeld, Flandorf, Hagenbrunn, Klein-Engersdorf, Königsbrunn, Langenzersdorf und Stammersdorf; bei der Gemeinde Langenzersdorf bleiben diejenigen Teile ausgenommen, die der Reichsstatthalter in Österreich bestimmt . . .

Am selben Tag trat die Einteilung des Gebietes der Stadt Wien in 26 Bezirke in Kraft. In einer Verordnung des Bürgermeisters Dr. Ing. Hermann Neubacher heißt es:

*Das Gebiet von Groß-Wien am linken Donauufer, also der bisherige 21. Bezirk, vermehrt um die mit Wien vereinigten Ortsgemeinden der früheren Verwaltungsbezirke Floridsdorf-Umgebung und Korneuburg, wird in zwei Bezirke eingeteilt. Der nordwestliche Teil behält die Bezeichnung 21. Bezirk, Floridsdorf, bei, der südöstliche Teil wird zum 22. Bezirk Groß-Enzersdorf.*

# Der Zweite Weltkrieg

Der Einmarsch Hitlers in Österreich hatte bei vielen Menschen neue Hoffnungen auf ein besseres Dasein geweckt – auch in Floridsdorf. Sie erwiesen sich als trügerisch. Als der Zweite Weltkrieg ausbrach, wußten die meisten, daß sich viele Versprechungen des Führers nicht bewahrheiten werden. Wer noch immer an ihn glaubte, wurde wankelmütig, als die 9. US-Luftflotte die ersten Bomben auf die „Ostmark" ablud. Das war am 13. August 1943.

In Floridsdorf hatte man sich schon Jahre vorher mit „deutscher Gründlichkeit" auf jene Wochen und Monate vorbereitet, in denen das Stadtgebiet selbst zum Kampfplatz werden würde und die Zahl der Verwundeten naturgemäß steigen müsse. 1940 wurde an der Brünner Straße eine Kaserne errichtet, die heute unter dem Namen Van-Swieten-Kaserne als Heeresspital dient. Während des Krieges war dort die Artillerie untergebracht und später ein Reservelazarett.

Durch den Umbau der ehemaligen Bürgerschulen Franklinstraße 45 und Kahlgasse 8 entstand 1942 ein Hilfskrankenhaus. Unter der Leitung des Primars Dr. Josef Riese diente dieses von der Deutschen Wehrmacht beschlagnahmte Krankenhaus als Militärlazarett. 1944 wurde es durch Spreng- und Brandbomben schwer beschädigt. Da ein Drittel des Gebäudes unbrauchbar geworden war, gab die Wehrmacht das Gebäude frei.

Schon 1941 wurden auf dem Bisamberg zum Schutz von Wien Flakstellungen gebaut und riesige Scheinwerfer montiert, mit denen der nächtliche Himmel nach feindlichen Bombern abgesucht werden konnte. Auch auf dem Bruckhaufen bezog eine schwere Flakbatterie Stellung, deren Hauptaufgabe es war, die Brücken zu schützen.

Die deutschen Fliegerverbände waren in der Heimat ziemlich schwach. Die Fliegerabwehr stützte sich vor allem auf Flakstellungen und auf Flaktürme. 1944 wurde an der Gerichtsgasse mit dem Bau eines solchen Turmes begonnen. Er blieb unvollendet. Auch das dichte Netz der Fliegerabwehrkanonen war nicht in der Lage, die Angriffswellen der feindlichen Bomber abzuwehren oder nur einzudämmen. So kam es, daß ab 1944 auch Floridsdorf unter immer stärker werdendem Bombardement zu leiden hatte. Einer, der es miterlebte, hat Tagebuch geführt. Seine Aufzeichnungen sind gewiß nicht vollständig, doch geben sie einen Überblick über das Ausmaß der in Floridsdorf entstandenen Bombenschäden:

*Freitag, 16. Juni 1944*

Bombenangriff auf Floridsdorf: Brände bei Shell, Reichsbahnausbesserungswerke (RAW) und Lohner. Zerstört wurden Häuser in der Hermann-Bahr-Straße, Feuerwehr, der Kindergarten im Karl-Seitz-Hof, das Beamtenhaus der Wiener Lokomotiv-Fabriks-Aktiengesellschaft (Lofag), Brevillier & Urban, Besitz der Familie Mautner, die Häuser Brünner Straße 7, 21 und 14, Teile des Schlingerhofes.

*Montag, 26. Juni 1944*

Spreng- und Brandbomben fielen auf Floridsdorf, Leopoldau, Kagran und Korneuburg, die an das Museum in der Schloßhofer Straße anschließende Schule brannte, ebenso die Spinnerei in der Brünner Straße und der Bahnhof Floridsdorf.

*Samstag, 8. Juli 1944*

Bomben fielen auf die Firmen Pauker, Siemens, Hofherr, Shell, auf den Jedlersdorfer Bahnhof. Entlang der Nordwestbahnstrecke konnte man unzählige Bombentrichter sehen.

*Sonntag, 16. Juli 1944*

Angriff auf den 20. Bezirk. Dabei wurden auch im „Bretteldorf" (Bruckhaufen) Häuser zerstört. Es gab viele Tote.

*Dienstag, 22. August 1944*

Im Bereich Schloßhofer Straße-Schöpfleuthnergasse fielen Bomben.

*Sonntag, 10. September 1944*

Großangriff auf Wien. In Floridsdorf fielen Bomben auf die Gartenstadt und die Bahnhöfe Jedlesee und Jedlersdorf.

*Freitag, 13. Oktober 1944*

Häuser in Leopoldau, der Bahnhof Jedlersdorf, das Überschwemmungsgebiet und Stammersdorf wurden von Bomben getroffen.

*Freitag, 3. November 1944*

Schnelle Kampfflugzeuge über Wien, Bombenabwürfe bei der Nordbahnbrücke und im Überschwemmungsgebiet.

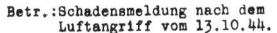

Betr.:Schadensmeldung nach dem      Wien-Stammersdorf,am 16.10.1944.
     Luftangriff vom 13.10.44.

An den

    S c h u l r a t   für den  X/16.Inspektionsbezirk.

          Die Schulleitungen der Volks-und Hauptschule Wien-
Stammersdorf melden als Schäden nach dem Luftangriff am 13.10:

50 Fensterscheiben und ein Fensterrahmen zertrümmert sowie
kleiner Dachschaden durch Flaksplitter.
Am Gebäude der Hauptschule wurden 42,am Gebäude der Volksschule
8 Scheiben zerschlagen.

Der Leiter der Volksschule :        Der Leiter der Hauptsch.:

**Eine Meldung, die in diesen Tagen zur Alltäglichkeit des Schulbetriebes gehörte.**

*Sonntag, 5. November 1944*

Großangriff auf Wien, besonders aber auf Floridsdorf: Schäden in Donaufeld und Jedlesee, in Jedlersdorf wurden Häuser in der Amtsstraße, das Kino in der Brünner Straße 106 und der Friedhof getroffen. Eine Bombe zerriß ein Gasrohr auf der Floridsdorfer Brücke. Brandbomben entzündeten die Schule in der Ostmarkgasse, den Autokader und den Verladebahnhof der Nordbahn. Schwer getroffen wurden die Firmen Fiat, Hofherr, Siemens und die Lokfabrik. Die Straßenbahn nach Stammersdorf mußte gesperrt werden.

*Dienstag, 7. November 1944*

Eine von einem einzelnen Flieger abgeworfene Bombe zerstörte die alte Schule in der Amtsstraße. Acht Leute wurden getötet.

*Freitag, 17. November 1944*

Feindliche Flieger belegten die Felder östlich von Stammersdorf mit einem Bombenteppich. Zwei Stammersdorfer Luftschutzkeller wurden voll getroffen, wobei viele Menschen umkamen. In der Bahnsteggasse durchschlug eine Bombe das Haus des Fleischers Hadrigan und tötete 14 Personen. Einige Häuser an der Prager Straße wurden beschädigt. Eine Sprengbombe fiel in den FAC-Bau (heute Paul-Speiser-Hof, Franklinstraße), eine Bombe, die jedoch nicht explodierte, schlug im Haus

Am Spitz 6 ein. Bomben fielen auch auf den Kindergarten und die Schule in der Leopold-Ferstl-Gasse, auf die Straßenbahnremise in der Peitlgasse, auf den Bahnhof Jedlesee, die Schule in der Kuenburggasse und den Jedleseer Friedhof. Schwere Schäden erlitten die Firmen Mautner und Lofag.

*Sonntag, 19. November 1944*

Großangriff auf Floridsdorf. Es wurden Spreng-, Brand- und Zeitzünderbomben abgeworfen. Schwer beschädigt wurden die Lokomotivfabrik, Gebäude der Firma Brevillier & Urban, Häuser in der Brünner Straße und viele Straßenbahngleise. Der Straßenbahnverkehr nach Stammersdorf war bis zum 16. Dezember unterbrochen, die Linie 132 nach Strebersdorf verkehrte tagelang nicht. Beim Nordwestbahnhof gingen viele Bomben nieder, und die Nordbahnbrücke wurde so schwer getroffen, daß sie abgetragen werden mußte. Pioniere bauten eine Behelfsbrücke. Die Züge verkehrten erst ab Station „Floridsdorf". Der volle Verkehr wurde erst wieder am 10. Dezember 1944 aufgenommen. Zeitzünderbomben unterbrachen mehrere Tage lang den Straßenbahnverkehr von der Floridsdorfer Brücke zum Spitz. Fußgänger oder Fuhrwerke, die vom Spitz zur Floridsdorfer Brücke wollten, benutzten wegen der umherliegenden Zeitzünderbomben mehrere Tage lang nicht die Hauptstraße, sondern eine Umfahrungsstrecke.

*Samstag, 2. Dezember 1944*

Im Keller des FAC-Baus explodierte eine Bombe und tötete 14 Menschen.

*Montag, 11. Dezember 1944*

Bomben fielen auf Stammersdorf, Langenzersdorf und Seyring. In der Michtnergasse und in Groß-Jedlersdorf stürzte je ein Feindflugzeug ab.

*Montag, 18. Dezember 1944*

Das Gelände der Firma Shell wurde abermals getroffen. Ein unter der Erde befindlicher Behälter brannte aus. Schwer beschädigt wurden weiters die Firmen Lofag und die Spinnerei, drei Trakte des Schlingerhofes, Häuser in der Bahnsteggasse, das Haus Werndlgasse 1, das Bretteldorf auf dem Bruckhaufen, der Ortsausgang Stammersdorfs und der Gehsteig der Reichsbrücke.

*Mittwoch, 27. Dezember 1944*

Bomben fielen auf Strebersdorf, Langenzersdorf und Bisamberg. Das Barackenlager des Infanterieregiments 134 in Strebersdorf wurde schwer beschädigt.

*Montag, 15. Jänner 1945*

In der Donaufelder Straße und der Schenkendorfgasse wurden

Häuser zerstört. Die Firmen Shell, Siemens und die Nordbahngleise wurden getroffen, auf das Überschwemmungsgebiet fielen mehrere Bomben.

*Mittwoch, 7. Februar 1945*

Das Haus Prager Straße 1 erhielt einen Volltreffer, Blindgänger gingen in den Häusern Brünner Straße 11 und 15 nieder. Volltreffer erhielten auch die Häuser Prager Straße 8, Angerer Straße 2, das neue Dorotheum in der Pitkagasse. Schwer beschädigt wurden Häuser in der Mengergasse und der Angerer Straße. Die Lagerhallen der Nordbahn, das Barackenlager Strebersdorf, das Brauhaus Dengler, die Firma Hammerbrot (Schwaigergasse 19) und das Haus Prager Straße 121 wurden von Bomben getroffen.

*Donnerstag, 8. Februar 1945*

Ein Teil Floridsdorfs wurde wegen der anfliegenden feindlichen Verbände künstlich eingenebelt. Die Bomber flogen über das Gebiet, ohne ihre Last abzuwerfen.

*Dienstag, 13. Februar 1945*

Kampfverbände, die, aus dem Süden kommend, über Wien flogen, zerstörten viele Häuser und öffentliche Gebäude in der Stadt. Einige

Floridsdorf war einer der von den Bombenangriffen am schwersten betroffenen Wiener Bezirke. Im Bild das zerstörte Hotel „Goldener Engel" am Spitz.

125

Bomben fielen auch im östlichen Teil Floridsdorfs und in Stammersdorf.

*Donnerstag, 15. Februar 1945*

Am 15. Februar erlebte Floridsdorf die schwersten Luftangriffe. Um 13.44 Uhr wurde das Floridsdorfer Museum (Schloßhofer Straße 8) durch einen Volltreffer vollständig vernichtet. Zahlreiche Häuser in der engeren und weiteren Umgebung gingen in Trümmer. Von Bomben getroffen wurden: Am Spitz 2–4, Brünner Straße 5, 15, 2, 4, 6, 8, Angerer Straße 4, 10, 54, 58, Schleifgasse 1, 4, Hermann-Bahr-Straße 9, 18, 20, Bahnhof Floridsdorf, Schloßhofer Straße 2, 4, 6, 8, 10, 12, 14, 5, 9, 11, 13, 15, 17, Floridsdorfer Hauptstraße 45, die Gründe der Shell AG und die Hammerbrotfabrik. Getroffen wurden außerdem viele Gärten und Straßen, vor allem in Strebersdorf und Stammersdorf. Eine Bombe fiel auch ins Gaswerk Leopoldau. Die Straßenbahnlinien 17, 117, 132, 331 wurden für längere Zeit eingestellt, da die Gleise und die Fahrdrähte schwer beschädigt worden waren. Bis zum Sonntag, dem 18. Februar 1945, verkehrte in Floridsdorf überhaupt keine Straßenbahn. Der Sammelkanal in der Schloßhofer Straße, das dort befindliche Viadukt und der Bahndamm sind ebenfalls getroffen worden, so daß der Verkehr unterbrochen war. Einige Bezirksteile waren ohne Licht, Gas und Wasser.

*Dienstag, 20. Februar 1945*

Bomben fielen in Jedlersdorf und in der Deublergasse.

*Mittwoch, 21. Februar 1945*

Stammersdorf und Gerasdorf wurden mehrmals getroffen.

*Donnerstag, 22. Februar 1945*

Zwei Bomben rissen Krater in die Gerasdorfer Straße.

*Montag, 12. März 1945*

Wieder wurde das Floridsdorfer Museum von Bomben getroffen, ebenso die Häuser Schloßhofer Straße 11, 13, 15 und 29. Im Bezirksamt am Spitz riß eine Bombe das Stiegenhaus weg. In der Floridsdorfer Hauptstraße wurden fast alle Häuser beschädigt. Schwer beschädigt wurden außerdem Häuser in der Schwaigergasse, in der Konrad-Krafft-Gasse (heute Grabmayrgasse) und in der Frömmlgasse. In Jedlesee wurden Häuser in der Boschgasse, in der Jeneweingasse, in der Anton-Störck-Gasse und in der Jedleseer Straße beschädigt. Bomben fielen auch auf die Gründe der Firma Shell, auf das Nordbahnviadukt in der Schloßhofer Straße und auf den Bahndamm, wodurch der Zugsverkehr für mehrere Tage unterbrochen wurde. Die Schule in der Theodor-Körner-Gasse verlor durch Bomben sechs Klassenräume. Bombentreffer gab es auf der Fahrbahn der Floridsdorfer Brücke, in Strebersdorf und vor Langenzersdorf. Zerstört wurden auch Häuser auf dem Leopoldauer Platz und auf dem Bernreiterplatz. Es gab kein Gas, kein Licht und kein Wasser. In Wien wurde der Straßenbahnverkehr fast zur Gänze eingestellt.

*Donnerstag, 15. März 1945*

Eine Bombe traf die Schule in der Deublergasse. Im Luftschutzraum wurden viele Menschen verschüttet, mehr als 20 Tote wurden geborgen. Schwere Schäden verzeichnete man auch in der Angerer Straße, in der Andreas-Hofer-Straße, in der Leopoldauer Straße, der Patrizigasse, der Wilhelm-Raab-Straße und der Schloßhofer Straße. In der Donaufelder Straße wurde ein Straßenbahnzug von einer Bombe getroffen, in der Prager Straße wurden Kanäle und Gasrohre zerstört.

*Freitag, 16. März 1945*

Wieder litt das Gebiet um die Angerer Straße am meisten unter dem Bombenhagel der feindlichen Flieger. Die Shell-Gründe wurden mehrmals getroffen. Aber auch andere Teile des Bezirks erhielten schwere Treffer: Die Schule in der Kuenburggasse, in der Juden untergebracht waren, brannte aus, die Wohnhausanlage Werndlgasse und die Gartenstadt erhielten schwere Treffer. Schwaigergasse, Schloßhofer Straße, Trauzlwerk und Leopoldauer Gaswerk, die Nordbahnbrücke und die Nordbahnstrecke sowie die Schule in der Siemensstraße blieben bei diesem Angriff nicht verschont. Die Bevölkerung erhielt als Zubuße 10 Zigaretten und 500 Gramm Brot pro Kopf.

*Dienstag, 20. März 1945*

Mehrere Verbände warfen Bomben über Wien und Korneuburg ab. Getroffen wurden der Bisamberg und der Leopoldauer Platz.

*Mittwoch, 21. März 1945*

Von den Bombenabwürfen war Jedlesee am ärgsten betroffen: Der Pfarrhof, die Schule in der Wenhartgasse, Häuser in der Überfuhrstraße, Jeneweingasse, Anton-Störck-Gasse wurden getroffen. Der Turnsaal in der Schule Deublergasse erhielt einen Treffer, und auf das Gelände der Shell AG fielen mehr als sechzig Bomben. Ein Munitionszug, der im Bahnhof Floridsdorf stand, wurde getroffen und explodierte.

*Donnerstag, 22. März 1945*

Großangriff auf die Shell-Gründe, dadurch auch starke Schäden in der Umgebung. Besonders arg in Mitleidenschaft gezogen waren die Unfallversicherungshäuser auf der Leopoldauer Straße, die Vereinigten chemischen Fabriken, Häuser in der Ostmarkgasse, der Holzmeistergasse, Schindlergasse (heute Freytaggasse) und Patrizigasse.

*Freitag, 30. März 1945*

Geringe Schäden durch Bombenabwürfe in Jedlesee.

*Donnerstag, 5. April 1945*

Infolge der Feindnähe wurde bei Fliegerangriffen kein Alarm mehr gegeben. Dadurch wurden panikhafte Zusammenrottungen vor den Luftschutzkellern vermieden. Zwischen Alarm und Angriff wäre nicht genug Zeit geblieben, um allen den Unterschlupf in die relativ sicheren Luftschutzräume zu ermöglichen. An diesem Donnerstag wurden einige Minuten vor Mitternacht Bomben im Zentrum Floridsdorfs und beim Strebersdorfer Pensionat abgeworfen.

*Freitag, 6. April 1945*

Gegen Mitternacht fielen Bomben auf die Gegend um das Amtshaus Am Spitz.

*Sonntag, 8. April 1945*

In der Brünner Straße und nahe der Schloßhofer Straße wurden mehrere Pferde von Bomben getötet. Es gab wieder kein Licht, kein Gas und kein Wasser.

*Montag, 9. April 1945*

Die Firma Shell brannte vollständig aus, ebenso einige Häuser in der Umgebung. Nachts Bombenabwürfe durch die Russen. Die deutsche Fliegerabwehr gibt nur noch vereinzelt Feuerstöße ab.

*Mittwoch, 11. April 1945*

Frühmorgens Kanonendonner und Flakfeuer. In das Magistratische Bezirksamt schlug eine Granate ein, worauf es völlig ausbrannte. Auch

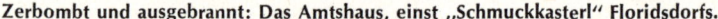

**Zerbombt und ausgebrannt: Das Amtshaus, einst „Schmuckkasterl" Floridsdorfs.**

in der Floridsdorfer Hauptstraße und in der Konrad-Krafft-Gasse wurden Häuser zerbombt.

*Donnerstag, 12. April 1945*

Russische Flugzeuge fliegen mehrmals über Floridsdorf. Volkssturm und Hilfspolizei verließen Wien, versprengte Soldaten zogen Zivilkleider an und flüchteten. In der Nacht brannte der klägliche Rest des einstigen Magistratischen Bezirksamts abermals.

*Freitag, 13. April 1945*

In Floridsdorf werden vor allem auf militärische Objekte Bomben geworfen. Russische Flieger beschossen Truppenansammlungen aus Bordkanonen und Maschinengewehren. Ab 9 Uhr blieb das Radio still, da deutsche Truppen beim Rückzug die Sendeanlage auf dem Bisamberg gesprengt hatten.

*Samstag, 14. April 1945*

Floridsdorf wurde von russischer Artillerie beschossen, am Himmel kreisten russische Flugzeuge. In der Frömmlgasse und deren Umgebung wurden Häuser beschädigt, ebenso der Turm der St.-Josefs-Kirche.

Floridsdorf war einer der von den Kriegsereignissen am schwersten betroffenen Wiener Bezirke. Von den insgesamt 9827 bestehenden Wohnhäusern wurden 240 total zerstört und 2963 schwer beschädigt. Allein am 12. März 1945 warf die 15. US-Luftflotte über Floridsdorf 1667 Tonnen Bomben ab.

In den letzten Kriegstagen wurden Verlustzahlen bekanntgegeben. In ganz Wien fanden bei 52 Luftangriffen 8769 Zivilisten den Tod, 2266 wurden während des zehntägigen Kampfes um die Stadt getötet. Etwa 2700 Widerstandskämpfer wurden vom Hitler-Regime zum Tode verurteilt und hingerichtet. In den Konzentrationslagern starben mehr als 16.000 und in Gestapo-Gefängnissen fast 10.000. Mehr als 51.000 Österreicher jüdischer Herkunft wurden in Gaskammern ermordet.

In Wien wurden Milliardenwerte vernichtet: 21.317 Häuser wurden ganz oder teilweise zerstört, 86.875 Wohnungen waren nicht mehr benützbar. Rund 3000 Bombentrichter wurden gezählt, und an Kanälen, Wasser- und Gasleitungen entstand immenser Schaden. Acht Millionen Quadratmeter Glas gingen in Brüche, und 2,8 Millionen Quadratmeter an Dachfläche wurden zerstört.

In Floridsdorf gab es bei Kriegsende kaum einen Betrieb, der ohne vorhergehende Aufbauarbeit produzieren konnte. Denn was die Bomben unversehrt gelassen hatten, fiel Plünderern zum Opfer oder wurde von der russischen Besatzungsmacht demontiert.

**Brünner Straße 6, eines der vielen zerstörten Floridsdorfer Häuser. Im Hintergrund ist der Schlingerhof zu sehen, der ebenfalls mehrmals getroffen wurde.**

Die Russen zogen am 15. April 1945 in Floridsdorf ein. Noch zwei Wochen zuvor, am 2. April 1945, wurde Wien vom Reichsverteidigungskommissar Baldur von Schirach zum Verteidigungsbereich erklärt. Frauen und Kindern wurde empfohlen, die Stadt zu verlassen.

Um zu verhindern, daß Wien und die Wiener im Laufe der zu erwartenden verstärkten Kampfhandlungen noch mehr Verluste erleiden, setzte sich Oberfeldwebel Ferdinand Käs, ein Mitglied der österreichischen Widerstandsbewegung, mit der sowjetischen Führung ins Einvernehmen. Es wurde ein Plan ausgehandelt, demzufolge den Russen der Einmarsch in Wien erleichtert werden sollte. Die österreichische Widerstandsbewegung unter der Führung von Major Carl Szokoll, der eine führende Position im Stab des deutschen Kampfkommandanten von Wien einnahm, wollte einen bewaffneten Aufstand wagen. Der Führungsapparat der deutschen Truppen hätte lahmgelegt werden sollen.

Zur Ausführung dieses Plans ist es nicht gekommen. In der Nacht zum 6. April 1945 wurde der Widerstandskämpfer Major Karl Biedermann, Kommandant der Heeresstreife Groß-Wien, verraten und verhaftet. Er und der Hauptmann Alfred Huth sowie der Oberleutnant Rudolf Raschke wurden am 8. April 1945 vor ein Standgericht gestellt, dessen Vorsitz der SS-Sturmbannführer Bartolomaei führte. Unter der

Nummer 4623 ist im Dokumentationsarchiv des Österreichischen Widerstandes das Urteil des Standgerichtes abgelegt. Darin heißt es:

*Das Standgericht ist zu der Erkenntnis gekommen, daß sowohl Raschke als auch Huth die Machenschaften des Majors gebilligt haben und mit Szokoll darin einig waren, Wien kampflos der Roten Armee zu übergeben, die Kampfhandlungen der Deutschen Wehrmacht zu unterbinden, und daß ihr Verhalten wesentlich zu der derzeitigen schwierigen Lage der kämpfenden Truppen mit beigetragen hat.*

Noch am selben Tag, um 15.30 Uhr, wurden die drei Offiziere von einem Kommandotrupp der SS am Floridsdorfer Spitz öffentlich gehenkt. In der kleinen Grünanlage vor dem Amtshaus wurden sie provisorisch begraben. Im Herbst 1945 wurden die Leichen exhumiert und in einem von der Gemeinde Wien gewidmeten Grab am Hietzinger Friedhof beigesetzt. Noch heute erinnert eine Tafel am Floridsdorfer Amtshaus an die drei Widerstandskämpfer.

Die russischen Truppen rückten indes immer näher. Die Kämpfe in der Stadt waren unüberblickbar geworden, und Reichsverteidigungskommissar Baldur von Schirach zog daraus die Konsequenzen: Er verlegte sein Hauptquartier am 9. April 1945 von der Hofburg nach Flandorf, in die Nähe des Bisamberges.

Doch auch nördlich der Donau schoben sich die kämpfenden russischen Truppen immer näher an das Stadtgebiet heran. Die starken Flakstellungen der Wehrmacht bei Groß-Enzersdorf, Raasdorf, Breitenlee, Kagran, beim Bruckhaufen, bei Süßenbrunn, bei Leopoldau, beim Stammersdorfer Rendezvous und auf dem Bisamberg machten ihnen jedoch zu schaffen. Der Einbruch erfolgte schließlich aus der Süßenbrunner Gegend.

In Floridsdorf selbst kam es zu Schreckensszenen. Deutsche Truppen beschossen vom Floridsdorfer Donauufer aus die Innere Stadt, russische Jägergeschwader brausten über die Häuser des Bezirks, auf der Suche nach den gutgetarnten feindlichen Batterien. In einem Torbogen des Karl-Seitz-Hofes ging eine deutsche Artilleriebatterie in Stellung. Die Soldaten wurden jedoch – so unglaublich es klingt – von den Frauen der Gartenstadt verjagt. Die Frauen befürchteten zu Recht, daß sich die Feindestätigkeit auf den Karl-Seitz-Hof konzentrieren könnte, falls von hier aus das Feuer eröffnet würde.

Am 10. April 1945 hißten Mitglieder der Widerstandsbewegung „O5" auf dem Stephansturm eine weiße Fahne. (Die Ziffer 5 steht für den fünften Buchstaben im Alphabet. „O5" ist deshalb als Oe zu lesen, was als Sinnbild für „Österreich" steht.) Daraufhin erhielt eine in der Siemensstraße in Stellung gegangene SS-Artillerieabteilung Befehl, den Turm zu beschießen. Dem die Artillerieabteilung kommandierenden Hauptmann Klinkicht ist es angeblich zu verdanken, daß der Turm stehenblieb. Klinkicht soll den Befehl gegeben haben, danebenzuschießen.

Als im Floridsdorfer und im Jedlersdorfer Bahnhof Lebensmittelzüge steckenblieben, zogen die Hungernden mit Rucksäcken und Handwagen zu den Bahnhöfen und versorgten sich mit Nahrung. Viele fanden dabei durch Feindestätigkeit, aber auch durch Landsleute, die zu gierigen Bestien geworden waren, den Tod.

Am 13. April 1945, knapp vor 24 Uhr, kam der Kampfkommandant von Wien, General Rudolf von Bünau, über die Floridsdorfer Brücke auf das linksseitige Ufer der Donau. Kurz nach null Uhr des 14. April sprengten die Deutschen ein Joch der Brücke, um die Sowjetsoldaten an der unmittelbaren Verfolgung zu hindern. Die Russen konnten jedoch die Reichsbrücke unversehrt in ihren Besitz bringen. Noch am selben Tag kam es auf dem Gelände der Firma Siemens zu schweren Kämpfen zwischen deutschen Truppen und den Sowjets, wobei etwa 200 deutsche Soldaten den Tod gefunden haben sollen.

**Am Jedleseer Kirtag, dem 10. September 1944, wurde das Hotel Nahrada in der Jedleseer Straße voll getroffen. Der Hotelbetrieb mußte eingestellt werden, die Gastwirtschaft wurde weitergeführt, so gut es die Umstände zuließen.**

Am Sonntag, dem 15. April 1945, um sechs Uhr früh, kam der erste russische Spähtrupp über die Brünner Straße nach Jedlersdorf. Etwa eine Stunde später erschienen russische Offiziere. Für die Floridsdorfer begann neuerlich eine schwere Zeit. Plünderungen und Vergewaltigungen waren an der Tagesordnung, jedes öffentliche Leben hatte aufgehört, es gab keine Verwaltung und wenig zu essen. Und in manchen Bezirksteilen wurde sogar noch nach dem 15. April gekämpft. Erst am 22. April 1945 wurden die letzten Teile Floridsdorfs von der Roten Armee besetzt.

# Aufbauarbeit

Der sowjetische Kommandant Blagodatow setzte am 17. April 1945 den Floridsdorfer Arzt Dr. Franz Koch, der selbst nur knapp dem Tod in politischer Gefangenschaft entgangen war, als Bezirksbürgermeister ein. Ihm zur Seite standen einige Männer, die unter Einsatz ihres Lebens am Wiederaufbau Floridsdorfs arbeiteten.

Leopold Stroh verhinderte im Auftrag Kochs und unter dem soldatischen Beistand der Kommandantur zahlreiche Plünderungen und Übergriffe der russischen Soldaten. Gemeinsam mit den Herren Schneider und Szpougar war Stroh mit der Beschaffung eines Fuhrparkes und der Unterbringung der Ausgebombten betraut. Bruno Sokoll war für die Beschaffung von Lebensmitteln zuständig. Matthäus Jiszda war beauftragt, Baumaterial zu beschaffen und aufzuteilen, sein Bruder Karl Jiszda leitete das Gewerbereferat. Das Arbeitsamt wurde von Hugo Stastny geführt, im Fürsorgeamt war J. Eberl tätig, Dr. Travnicek leitete das Gesundheitsamt, und Dr. Franz van Overschelde baute unter schwierigsten Umständen wieder ein Schulwesen in Floridsdorf auf. Franz Jonas leitete das Wohnungsreferat, für die Sicherheit im Bezirk sorgte der Floridsdorfer Polizeichef Rudolf Zelenka. Noch viele Namen mutiger und tüchtiger Floridsdorfer sind mit dem Wiederaufbau des Bezirks verbunden, von denen hier nur einige genannt sein mögen: Otto Benda, Karl Durspekt, Liane Fischer, Conrad Lötsch, Edith Schiel, Herta Schlögl . . .

Als zahlreiche Floridsdorfer kurz nach dem Kriegsende an Typhus erkrankten, richtete Dr. Koch in der Jeneweingasse ein provisorisches Spital ein. Weil es keinen Krankenwagen gab, übernahmen die Taxiunternehmer Stuphan und Rotter den Krankentransport. Das Floridsdor-

Dr. Franz Koch wurde am 21. November 1902 in Pöttsching geboren. In Wiener Neustadt besuchte er das Gymnasium, nach dem Ersten Weltkrieg studierte er in Wien. 1927 promovierte Koch zum Doktor der gesamten Heilkunde und war dann als Kreisarzt im Burgenland tätig. 1938 fand er in Floridsdorf eine neue Heimat, wo er bald als „Volksdoktor" bekannt war. Im ersten Jahr nach dem Zweiten Weltkrieg hat Koch als Bezirksbürgermeister sehr viel für Floridsdorf getan. Ab Juli 1946 widmete er sich wieder ganz seinem Beruf. 1965 wurde ihm der Titel Medizinalrat verliehen. Das Bild zeigt Dr. Franz Koch bei seinem liebsten Hobby: als Kapitän seines kleinen Schiffes. Dr. Koch starb am 18. Juli 1973.

fer Krankenhaus, das seit dem 5. April 1945 von der Stadt Wien geführt wurde, leitete aufopfernd der Chirurg Primar Dr. Wolfgang Riese. Es mangelte an Medikamenten und Desinfektionsmitteln. Es gab kein Wasser, kein Gas und keinen Strom. Aber es gab Floridsdorfer, die aus Idealismus am Aufbau des von Bomben schwer getroffenen Krankenhauses mitarbeiteten. Die 180 belegbaren Betten waren stets ausgelastet.

Wohl eine der schwierigsten Aufgaben war es, die Bevölkerung mit genügend Lebensmitteln zu versorgen. Am 3. Mai 1945 gab der Stadtrat für Ernährungswesen die Wochenration pro Kopf der Bevölkerung bekannt: 1000 g Brot, 150 g Fleisch, 50 g Speiseöl, 400 g Hülsenfrüchte und 125 g Zucker.

Es war nicht möglich, Nahrungsmitteltransporte ohne Sicherung durchzuführen. Wo die Bewachung fehlte, wurde geplündert. Oft kam es vor, daß ein Fuhrwerker Pferd und Wagen kurzzeitig abstellte und unbeaufsichtigt ließ. Bei seiner Rückkehr fand er meist nur noch den Wagen vor. Das Pferd hatten Hungernde geschlachtet.

Wochen nach Kriegsende hatte Floridsdorf noch immer keine Verbindung zu Wien jenseits der Donau. Alle Leitungen waren unterbrochen, die Brücken gesprengt. Handgeschriebene Plakate wiesen darauf hin, daß im alten Gebäude der Floridsdorfer Sparkasse, gegenüber dem abgebrannten Amtshaus, das Bürgermeisteramt eingerichtet worden war. Von hier aus wurden unter schwierigsten Umständen die Geschicke des Bezirks gelenkt. Es gab kaum Papier und keine Druckerei. Büromöbel und Schreibmaterial konnten aus den Kellern des zerbombten Amtshauses geborgen werden. Schreibmaschinen wurden von Privatleuten entliehen.

Die Möglichkeiten zur Fühlungnahme mit der Bevölkerung waren beschränkt. Man suchte nach neuen Wegen und fand sie auch. So verlas zum Beispiel der Donaufelder Pfarrer nach der Predigt von seiner Kanzel Verlautbarungen der Bezirksverwaltung.

Problem Nummer eins in dieser Zeit war die Beschaffung von Lebensmitteln. Um alle noch vorhandenen Vorräte registrieren zu können, wurden die einschlägigen Geschäfte durchsucht. Dabei wurden viele Verstecke gefunden, in denen für den Schleichhandel bestimmte Waren gelagert wurden. Beim Jedlersdorfer Bahnhof wurde ein von Schutt verdecktes Lebensmittellager aufgespürt, und aus den im Jedlersdorfer Bahnhof abgestellten Güterzügen hat man – trotz Bewachung der Waggons durch russische Soldaten – Lebensmittel in die Lager am Floridsdorfer Markt gebracht.

Die Versorgung der Bevölkerung mit Fleisch war auf Zufälligkeiten angewiesen. Fleisch gab es nur, wenn durchziehende Militärpferde

**In den ersten Nachkriegsjahren war jedes Stückchen Kohle wertvoll. Deshalb wurden die Kohlentransporte sehr oft von der notleidenden Bevölkerung gestürmt.**

Die schweizerische Stadt Biel leitete nach dem Krieg unter dem Namen „Biel hilft Floridsdorf" eine großzügige Hilfsaktion in die Wege. Zu Ehren der Stadt Biel wurde deshalb eine städtische Wohnhausanlage auf dem Kinzerplatz am 30. September 1947 „Bieler Hof" benannt.

krank und entkräftet zusammenbrachen. Dann entschied der Veterinär in jedem einzelnen Fall über die Freigabe des Kadavers.

Am 9. Mai 1945 langte in Floridsdorf die Nachricht von der einen Tag zuvor erfolgten Kapitulation der Deutschen Wehrmacht ein. Statt Glockengeläute gab es Sirenengeheul. Die Glocken waren nämlich in den vergangenen Jahren aus den Kirchen entfernt worden. Ihr Metall hatte in der Rüstungsindustrie Verwendung gefunden. An diesem 9. Mai wurde in den Betrieben die Arbeit eingestellt, die Menschen sammelten sich auf öffentlichen Plätzen und feierten den Frieden.

Noch im Mai erhielten die Floridsdorfer eine „Sowjethilfe": Die Russen stellten 15.000 Liter Öl, 33.365 Kilogramm Bohnen, 9375 Kilogramm Linsen, 35.625 Kilogramm Erbsen und 10.600 Kilogramm Zukker zur Verfügung. Die Lebensmittel wurden nach dem vom Zentralernährungsamt eingeführten Lebensmittelkartensystem ausgegeben. Im Juni 1945 bezogen 79.233 Floridsdorfer Lebensmittelkarten.

Einen wesentlichen Beitrag zur Verbesserung der Lage der Floridsdorfer leistete die Schweizer Stadt Biel. Unter dem Namen „Biel hilft Floridsdorf" lief eine Hilfsaktion an, die vielen Floridsdorfern die ärgste Not überwinden half.

Am 25. November 1945 wurden Wahlen zum Nationalrat und Wiener Landtag abgehalten. Wahlberechtigt waren 66.099 Floridsdorfer, 63.455 davon gaben gültige Stimmen ab. Davon entfielen auf die SPÖ 40.483 Stimmen, auf die ÖVP 14.763 Stimmen und auf die KPÖ 8209 Stimmen. Zu berücksichtigen ist, daß in Floridsdorf damals noch die im Jahre 1938 festgesetzten Bezirksgrenzen galten.

Im Herbst 1945, nachdem die elementarsten Lebensbedürfnisse gesichert waren, erwachte auch das kulturelle Leben, Künstler veranstalteten mit Hilfe der Besatzungsmächte Tourneen in die Außen-

Franz Jonas war der erste verfassungsmäßige Bezirksvorsteher Floridsdorfs nach dem Zweiten Weltkrieg. Der gelernte Schriftsetzer war bekannt für seine Tüchtigkeit und Korrektheit. Jonas stammte aus ärmlichen Verhältnissen und hat es trotzdem – eine Seltenheit in der Geschichte – bis zum Staatsoberhaupt gebracht. Die Verbundenheit zu seinem Heimatbezirk Floridsdorf blieb zeit seines Lebens bestehen. Mitglieder der Familie Jonas leben heute noch in diesem Bezirk.

bezirke. In der Jedlersdorfer Amtsstraße fand ein solcher vergnüglicher Abend statt: Der Operettenkomponist Edmund Eysler dirigierte eigene Werke. Das Honorar wurde in Form von Lebensmitteln ausbezahlt ...

In diese Zeit fällt auch die Gründung der Volkshochschule Wien-Nord. Ecke Prager Straße-Frömmlgasse wurde von Fritz Jordan ein schwerbeschädigtes Geschäftslokal notdürftig instand gesetzt und als Büro verwendet. Im Floridsdorfer Gymnasium wurden Sprachkurse veranstaltet, und im Vortragssaal der Städtischen Bücherei im Schlingerhof wurden musikalische Vorträge dargeboten.

In den ersten Vorstand des Vereines „Volksbildungshaus Floridsdorf" wurden gewählt:

Obmann: Franz Rathmayer; Obmannstellvertreter: Bruno Sokoll,

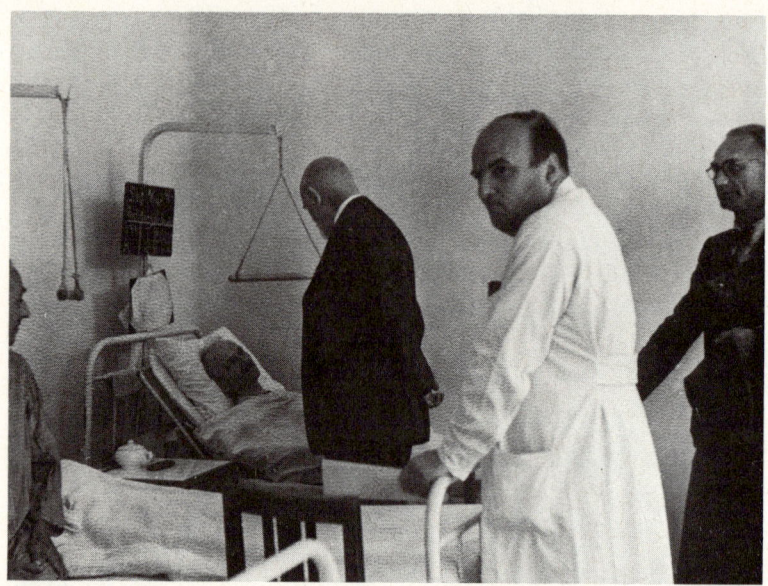

Bürgermeister Theodor Körner zu Besuch im Floridsdorfer Krankenhaus. Im Vordergrund Primarius Dr. Wolfgang Riese, am rechten Bildrand Bezirksvorsteher Jonas.

Schriftführer: Josef Sommerauer; Kassier: Rudolf Zikmund; Kontrolle: Leopold Schiel, Ludwig Prihoda; Beisitzer: Johann Renczes.

Am 22. Juni 1946, als Dr. Franz Koch, der Mann, der während der ersten schweren Zeit des Wiederaufbaues an der Spitze Floridsdorfs stand, sein Amt zurücklegte, übernahm ein Mann die Führung des Bezirks, der später an der Spitze des Staates stehen sollte: Franz Jonas. Er war der erste verfassungsmäßige Bezirksvorsteher Floridsdorfs nach dem Krieg. Als Franz Jonas am 16. Juni 1948 Ernährungsstadtrat wurde, folgte ihm im Amt des Bezirksvorstehers Ernst Theumer.

In Theumers Amtszeit fällt das Jahr 1950, als Kommunisten in der letzten Septemberwoche und der ersten Oktoberwoche die Unzufriedenheit der Bevölkerung über eine notwendig gewordene Preis-Lohn-Regelung zu wilden Streiks und einem Putschversuch nutzten. In Floridsdorf wurde versucht, den Verkehr über die Floridsdorfer Brücke lahmzulegen, Straßenbahnen wurden am Weiterfahren gehindert, und stellenweise wurden die Gleisanlagen unbenützbar gemacht. Störtrupps zogen von Betrieb zu Betrieb, um eine Einstellung der Arbeiten zu erreichen. Die Besetzung des Umspannwerkes Jedlesee wurde im letzten Moment durch Polizeieinheiten verhindert.

Am Widerstandswillen der österreichischen Bevölkerung und an der überlegten und festen Haltung der Regierung sowie am unerschrockenen Einsatz des Wiener Bürgermeisters Theodor Körner scheiterte der Generalstreikversuch. Als auch der sowjetische Hochkommissar erklärte, daß sich die Sowjetunion an das Viermächteabkommen vom Jahre 1946 halten würde, wurde die Aktion von den Kommunisten abgeblasen.

Am 11. Juni 1954 entschloß sich der Alliierte Rat, das Verfassungsgesetz über die Änderung der Grenzen Wiens zu genehmigen. Diesem Gesetz zufolge reduzierte sich die Gesamtfläche Wiens von 1215,4 Quadratkilometer auf 414,5 Quadratkilometer. Der Grenzumfang betrug nur noch 133 statt 226 Kilometer. Für Floridsdorf bedeutete das Gebietsänderungsgesetz den Verlust der Gemeinden Bisamberg, Enzersfeld, Flandorf, Gerasdorf, Hagenbrunn, Klein-Engersdorf, Königsbrunn, Langenzersdorf und Seyring.

1959, nach mehr als einem Jahrzehnt Tätigkeit als Bezirksvorsteher, trat Ernst Theumer in den Ruhestand. Sein Nachfolger war Rudolf Hitzinger. 1959 war es auch, als das umgestaltete Gebäude des Floridsdor-

**14. September 1968:** Franz Jonas, der mittlerweile österreichischer Bundespräsident geworden war, kam in seinen Heimatbezirk Floridsdorf, um mit seinen Freunden, dem Wiener Bürgermeister Bruno Marek (Bildmitte) und Bezirksvorsteher Otmar Emerling, das neue Haus der Begegnung in der Angerer Straße zu eröffnen.

fer Krankenhauses von Bürgermeister Franz Jonas eröffnet wurde. Damals wurden die Grundlagen dafür geschaffen, daß innerhalb jener 28 Jahre, in denen das Krankenhaus von Primar Dr. Wolfgang Riese geleitet wurde, nämlich zwischen 1945 und 1973, 54.808 Operationen durchgeführt werden konnten, daß 531.586 Ambulanzfälle versorgt und 36.393 Gipse angelegt werden konnten.

Seit dem 30. April 1964 ist der Stammersdorfer Otmar Emerling Bezirksvorsteher von Floridsdorf. Während seiner bisherigen Amtszeit wurden bedeutende Projekte verwirklicht:

### 1964/65
Eröffnung des Kindergartens Aistgasse; Eröffnung des Volksheimes Groß-Jedlersdorf; Eröffnung der Stadtautobahn von der Prager Straße über Donau und Donaukanal bis zum Gürtel.

### 1966
Eröffnung der Sportanlagen Schwarzlackenau und Fultonstraße; Eröffnung der Handelsakademie V und der Handelsschule VII; 10. November: Eröffnung des Marianne-und-Oscar-Pollak-Hofes; Eröffnung der Schule Dunantgasse; 15. November: Eröffnung des Smitalparks; Beginn der Aufschließung der Großfeldsiedlung.

Der Floridsdorfer Volkshochschuldirektor Karl Hochwarter ist seit 1947 in der Volksbildung tätig.

### 1967
12. Mai: Eröffnung der Schule Roda-Roda-Gasse; Juni: Der erste schaffnerlose Beiwagen fährt nach Strebersdorf; August: Ankauf des Denglerparks durch die Gemeinde, Baubeginn Großfeldsiedlung; 6. Oktober: Eröffnung des Hallenbades.

### 1968
19. Jänner: Kauf der Elisabethhöhe mit insgesamt 280.000 Quadratmeter Grund auf dem Bisamberg; 19. Februar: Kauf des Grundes für das Industriegebiet Scheydgasse; 14. September: Eröffnung Haus der Begegnung, Angerer Straße 14; 20. November:

Das neue Haus der Begegnung in der Angerer Straße 14, in dem auch die Volkshochschule Wien-Nord untergebracht ist. Es steht auf den Gründen des ehemaligen
Arbeiterheimes.

Der Spitz aus der Luft gesehen: Das Amtshaus an der Straßengabelung und der
Floridsdorfer Schnellbahnhof an der Schloßhofer Straße sind markante Punkte.

Eröffnung der Schule Autokader-straße; 13. Dezember: Eröffnung der nun durchgehend vierspurigen Prager Straße.

### 1969

6. Februar: Beginn der Umstellungsarbeiten von Stadtgas auf Erdgas; 25. Juni: Spatenstich Ekazent Großfeldsiedlung; 18. November: Eröffnung des Kindergartens Roggegasse-Irenäusgasse.

### 1970

10. April: Umstellung der Straßenbahnlinie 17 A auf Autobusbetrieb; 19. Juni: Weitere Grundkäufe auf dem Bisamberg (559.000 Quadratmeter), Baubeginn Hauptschule Jochbergengasse; 7. Juli: Ankauf des Admira-Sportplatzes; 23. Juli: Grundsteinlegung für das Pensionistenheim Leopoldau; 31. Juli: Spatenstich für das Industriezentrum Scheydgasse; 22. Oktober: Eröffnung der Schule Prießnitzgasse, Eröffnung der Schule Irenäusgasse; 22. Dezember: Eröffnung der Schule Pastorstraße.

### 1971

19. Jänner: Beginn der U-Bahn-Planung für Floridsdorf; Juni: Beginn des Kanalbaus in der Brünner Straße, von S-Bahn-Kreuzung bis zur Siemensstraße; 10. September: Eröffnung des Ekazent Großfeldsiedlung; 30. September: Eröffnung des Schulverkehrsgartens Tetmajergasse; 9. Oktober: Eröffnung des Ambulatoriums Wien-Nord; 16. November: Beginn der Bauarbeiten am linken Donausammelkanal.

### 1972

7. April: Eröffnung des Sonderkindergartens Ringelseeplatz, Eröffnung des Kindergartens Autokaderstraße; Mai: Eröffnung des Kindergartens Dominik-Wölfel-Gasse; Juni: Umbau des Leopoldauer Platzes; 4. Juli: Kauf weiterer 100.000 Quadratmeter Grund auf dem Bisamberg; September: Beginn der Bauarbeiten am Einlaufgerinne des Hochwasserschutzprojektes.

### 1973

5. April: Eröffnung des Pensionistenheimes Leopoldau; 10. Oktober: Eröffnung des Kindergartens Kürschnergasse; 19. November: Baubeginn der Wohnhausanlage Gerichtsgasse-Peitlgasse, Ausbau Jedlersdorfer Straße, Baubeginn Sozialzentrum Schloßhofer Straße, Beginn der Ausgestaltung des Erholungsgebietes Bisamberg.

# Aus jüngster Zeit

Ein wesentlicher Teil des Wiener Budgets fließt jährlich nach Floridsdorf. 1974 zum Beispiel wurden 25 Millionen Schilling für den Neubau des Ausbildungszentrums für Sozialberufe in der Schloßhofer Straße bereitgestellt, 41 Millionen für Schulbauten in der Großfeldsiedlung und in der Jochbergengasse, 301 Millionen für den absoluten Hochwasserschutz am linken Donauufer, 145 Millionen für den Bau des linken Donausammelkanals, 4 Millionen für den Donaufelder Sammelkanal, 1 Million für die Errichtung einer Jugendsportanlage am Ringelseeplatz, 4,1 Millionen für die Fertigstellung des Hauses der Begegnung in der Großfeldsiedlung . . .

Auch die – am Gesamtaufwand gemessenen – geringen Ausgaben für kleinere Arbeiten summierten sich zu Millionenbeträgen: Die öffentlichen Grünanlagen in der Großfeldsiedlung wurden ausgebaut, der Wasserpark und der Bereich der Alten Donau wurden ausgestaltet, die gern besuchten städtischen Büchereien in der Brünner Straße und in der Großfeldsiedlung erhielten ein neues Gesicht, im Floridsdorfer Krankenhaus wurde der Ambulanzwarteraum aufgestockt und die Sterilisationsanlage erweitert. Zur Erhaltung von Straßen, städtischen Wohnhausanlagen, der Kanalisation und Beleuchtung stellte die Gemeinde Wien entsprechende Mittel zur Verfügung.

Zu Beginn des Jahres 1974 waren die Unfallversicherungshäuser in der Leopoldauer Straße 79–81 in Gefahr, abgerissen zu werden. Grundspekulanten erklärten das Gebäude für abbruchreif, weil die notwendige Renovierung angeblich zu teuer sei, die Instandsetzung daher unwirtschaftlich wäre. Am 4. März wurde gegen die 180 Mieter des Wohnblocks die Kündigung eingebracht.

Bezirksvorsteher Otmar Emerling verlebte seine Jugendjahre nahe bei Heidenreichstein. Schon mit zehn Jahren mußte er von zu Hause fort und wurde in einem Schülerheim in Waidhofen an der Thaya erzogen, wo er auch maturierte. 1951 kehrte Emerling aus jugoslawischer Gefangenschaft zurück. Seit 1952 lebt er in Stammersdorf. Am 30. April 1964 wählte ihn die Bezirksvertretung zum Floridsdorfer Bezirksvorsteher.

Im Sommer 1974 ergab sich für die Gemeinde Wien die Möglichkeit, die Unfallversicherungshäuser um 7,140.000 Schilling zu kaufen. Der Wohnblock wurde daraufhin renoviert, die Wohnungen blieben den Mietern erhalten.

Am 8. März 1974 eröffnete Frau Vizebürgermeister Gertrude Fröhlich-Sandner eine neue, 36klassige Volks- und Hauptschule in der Herzmanovsky-Orlando-Gasse. Es sind damit in Floridsdorf seit Kriegsende mehr als 280 neue Klassenräume geschaffen worden.

Seit Juni 1974 wird in der Mitterhofergasse an einem Großprojekt gearbeitet: 1432 neue Gemeindewohnungen, 11 Geschäftslokale, 1 Bibliothek, 1 Facharzt-Gruppenpraxis, 1 Mutterberatungsstelle, 1 Jugendklub, 39 Waschküchen, 2 Ärztewohnungen und überdachte, dreigeschossige Garagen entstehen. Entlang der künftigen Schnellstraße und der Trillergasse werden Lärmschutzhügel aufgeschüttet, damit die Wohnqualität durch den Verkehr nicht beeinträchtigt wird. Am Haspingerplatz, der nach Süden zu erweitert wurde, entstand ein Pensionistenheim.

Mit der Eröffnung eines Wachzimmers in der Dopschstraße 29 kam man am 4. Juni 1974 der Forderung nach, die öffentliche Sicherheit zu heben. Und am 13. Juni wurde der erste Spatenstich für ein neues Pfarrzentrum am Pius-Parsch-Platz getan.

Am 5. Dezember 1974 eröffnete Frau Vizebürgermeister Fröhlich-Sandner in der Pastorstraße die 35. Schule Floridsdorfs, und zwar eine von ganz besonderer Art: Wenn der Bedarf an Klassenzimmern zurückgeht, kann das ganze Gebäude auf rationelle Weise in ein Wohnhaus umgebaut werden. Das erste Schule-Wohnhaus-Projekt wurde also in Floridsdorf verwirklicht. Auch das zweite derartige Projekt steht in Floridsdorf: die 32klassige Volksschule in der Wassermanngasse.

Im Budget 1975 dominierten wieder die zwei größten Bauvorhaben: 238 Millionen Schilling wurden für den absoluten Hochwasserschutz am linken Donauufer veranschlagt und 155 Millionen für den linken Donausammelkanal. Nach seiner Fertigstellung wird er alle Abwässer des Gebietes links der Donau aufnehmen und der Kläranlage in Kaiser-Ebersdorf zuführen. Dieser Kanal ist das größte Umweltschutzprojekt, das derzeit in Europa verwirklicht wird.

Zu Beginn des Jahres 1975 entschloß sich das Bundesdenkmalamt, die Unfallversicherungshäuser in der Leopoldauer Straße unter Denk-

Viele alte erhaltenswerte Häuser in Floridsdorf – wie dieses in der Brünner Straße 76 – wurden von den Eigentümern mit Zuschüssen aus dem Altstadterhaltungsfonds der Gemeinde renoviert. So ist manches Stück altes Floridsdorf vor dem Abbruch gerettet worden.

malschutz zu stellen. Dieser für Floridsdorf und die betroffenen Hausbewohner begrüßenswerte Schritt wurde damit begründet, daß die kurz nach 1900 fertiggestellten Unfallversicherungshäuser ein Vorläufer des sozialen Wohnbaus seien.

Mit dem Schule-Wohnhaus-Projekt hat Floridsdorf Österreich ein Beispiel gegeben. Mit dem linken Donausammelkanal hat der Bezirk Europaformat bewiesen – blieb nur noch, die Welt zu übertrumpfen.

**Der Welt größtes Gasturbinenkraftwerk wurde 1975 in Leopoldau eröffnet.**

Am 17. Februar 1975 ist auch das geschehen. An diesem Tag eröffnete Bürgermeister Leopold Gratz in Leopoldau das größte Gasturbinenkraftwerk der Erde.

1976 wurden für den Bau des linken Donausammelkanals mit Hochwasserpumpwerk und die dafür notwendige Stromversorgung 163 Millionen Schilling veranschlagt, für den Donaudüker (Rohrleitung unter dem Flußbett) zur Kläranlage Kaiser-Ebersdorf stehen 35 Millionen bereit.

Die Zukunft Floridsdorfs wird vor allem von besseren Verkehrsverbindungen abhängen. In Planung ist die sogenannte Donauuferautobahn nach Korneuburg und Stockerau, zum Teil in Planung, teils aber schon verwirklicht ist der Ausbau der Brünner Straße. Sie soll im ganzen Bereich vierspurig angelegt werden, die Straßenbahn erhält einen eigenen, etwas erhöhten Gleiskörper in der Straßenmitte. Die vorhandenen Bäume am jetzigen Straßenrand werden als Mittelachse der neuen Straße erhalten bleiben.

Neu angelegt wird in Floridsdorf auch die Bundesstraße 3. Im Bundesstraßengesetz vom 16. Juli 1971 wurde der Straßenzug, der in Donaustadt bei der Groß-Enzersdorfer Straße–Lannesstraße beginnt und sich über den Asperner Siegesplatz–Asperner Heldenplatz – Aspernstraße – Erzherzog-Karl-Straße – Donaustadtstraße – Donaufelder Straße–Hoßplatz–Patrizigasse–Angerer Straße–Hermann-Bahr-Straße–Prager Straße bis zur Landesgrenze Niederösterreich fortsetzt, zur Bundesstraße Nr. 3 erklärt.

Ursprünglich bestand der Plan, die Patrizigasse zu verbreitern. Man hat sich aber entschlossen, für diese wichtige Ost-West-Verbindung eine neue Trasse anzulegen. Auf dieser Trasse kann das dichtverbaute Donaufelder Gebiet umfahren werden: Von der Donaufelder Straße kommend, trifft sie etwa auf Höhe der ehemaligen Shell-Gründe auf die Leopoldauer Straße, führt übers Shell-Gelände weiter zur Brünner Straße und von dort über das ehemalige Gelände der Lokomotivfabrik zur Prager Straße. Es ist jedoch noch nicht abzusehen, wann dieses Vorhaben verwirklicht werden kann.

Auch die zweite Ost-West-Achse im Zuge Siemensstraße–Trillergasse–Anbindung an die Prager Straße und die S 2 (Nordbrücke) ist teilweise fertiggestellt. Der endgültige Ausbau wird jedoch noch einige Jahre dauern.

Die Floridsdorfer Brücke, das wußte man, hatte eine Sanierung notwendig. Bezirksvorsteher Emerling hatte deshalb einen Plan ausgearbeitet, der von der Stadtverwaltung bereits gutgeheißen worden war: Neben der bereits bestehenden Brücke hätte eine zweite angelegt werden sollen. Dort, so war geplant, sollte ausschließlich die Straßenbahn verkehren.

Es kam nicht zur Ausführung dieses Brückenbaus. Nachdem am 1. August 1976 die Reichsbrücke eingestürzt war, mußte am 23. Dezember 1976 um 16 Uhr auch die Floridsdorfer Brücke für den gesamten Verkehr gesperrt werden. Die Tragwerkkonstruktion wies Mängel auf, die eine Sperre ratsam erscheinen ließen.

Nun wird eine neue Floridsdorfer Brücke gebaut. Bürgermeister Leopold Gratz tat am 13. April 1977 auf dem Brigittenauer Ufer der Donau den ersten Spatenstich. Die neue Brücke wird vier Fahrspuren und einen eigenen Gleiskörper für die Straßenbahn haben. Falls nicht Hochwasser den Bau verzögert, wird die neue Brücke am 13. Oktober 1978 eröffnet werden können. Größtes Interesse an der Einhaltung dieses Termins haben die Baufirmen selbst: Jeder Tag, den die Brücke später fertig wird, kostet sie 250.000 Schilling Pönale!

1976 war ein bewegtes Jahr. Um nur einige Beispiele zu nennen:

Seit dem 7. Jänner hat der Schulbezirk Floridsdorf eine neue Bezirksschulinspektorin: Margarete Löppert löste die in den wohlverdienten Ruhestand getretene Inspektorin Dr. Maria Dosek ab.

Große Aktivitäten gab es auch im Floridsdorfer Beethoven-Haus in der Jeneweingasse 17. Das Haus war umgebaut worden, um den Zwecken des „Vereines der Freunde der Beethoven-Gedenkstätte in Floridsdorf" besser dienen zu können. Am 18. März 1976 konnte der Verein unter Vorsitz seines rührigen Obmannes, Prof. Dr. Leopold

Wech, im neu adaptierten Haus seine erste Arbeitssitzung abhalten. Am 8. Juni 1976 wurde das Beethoven-Haus im Beisein des Herrn Bundespräsidenten Dr. Rudolf Kirchschläger glanzvoll eröffnet.

Auch die Gemeinde Wien war nicht untätig. Sie kaufte Grundstücke im Bereich der Julius-Ficker-Straße (auf Höhe der Großfeldstraße), um dort einen Sportplatz errichten zu können. Überdies wurde bekannt, daß die Großfeldsiedlung nun doch ein eigenes Hallenbad in Fertigteilbauweise erhalten soll. Es wird gegenüber dem Ekazent Großfeldsiedlung gebaut werden.

Der Lorettoplatz in Jedlesee, die Häuserfront in der Wiener Gasse zur Anton-Bosch-Gasse hin wurden unter Denkmalschutz gestellt, und es wurde verfügt, daß an den Häusern entlang der Anton-Bosch-Gasse, zwischen Wenhartgasse und Jeneweingasse, an der Fassade nichts geändert werden darf. Damit ist sichergestellt, daß auch späteren Generationen ein Stückchen altes, urtümliches Jedlesee erhalten bleibt.

In der Schwarzlackenau, zwischen Audorfgasse und Überfuhrstraße, wurde eine Fläche als Wohngebiet gewidmet. Dort will die Gemeinde eine Wohnhausanlage errichten. Die Schule in der Schillgasse muß möglicherweise erweitert werden, daher wurde ein für diesen Zweck geeignetes Grundstück reserviert.

**Schule Wassermanngasse: Einer der zahlreichen Schulneubauten in Floridsdorf.**

In der Mitterhofergasse entstehen 1432 neue Wohnungen. Seit 1974 wird an dem Großprojekt gearbeitet, 1977 zogen die ersten Mieter ein. Es ist dafür gesorgt, daß die Bewohner durch die künftig an den Bauten vorbeiführende Schnellstraße nicht zu sehr in ihrer Ruhe gestört werden. Zum erstenmal in Floridsdorf wurden bei einer Wohnhausanlage Lärmschutzhügel aufgeschüttet.

Bedeutende Initiativen zeigte auch die Kulturvereinigung „Forum 21", der es unter ihrem Obmann, dem Floridsdorfer Gemeinderat Kurt Landsmann, schon gelungen war, die Wiener Philharmoniker nach Floridsdorf zu bringen und so bedeutende Künstler wie Ernst Stankovski zu verpflichten. Auch 1976 wurde Besonderes geboten. Es seien davon nur herausgegriffen: die ORF-Bigband, Fatty George und seine Solisten, der Pianist Jörg Demus ... Im Dezember 1976 feierten im Rahmen von fünf Meisterkonzerten die Wiener Symphoniker Premiere: Sie spielten zum erstenmal „drüber der Donau", in Floridsdorf.

Am 24. April 1976 wurde ein bedeutender Floridsdorfer geehrt, indem man den Platz vor dem Schnellbahnhof Floridsdorf nach ihm benannte: Bundespräsident Dr. h. c. Franz Jonas.

Das Stadtgartenamt hat 1976 viel geleistet: Allein für Floridsdorf wurden 10,667.272 Schilling aufgewendet. 11.500 Frühlingsblumen wurden gesetzt, 52.640 Sommerblumen, 160 Laubbäume, 2475 Sträucher und 740 Koniferen.

Floridsdorfs Bevölkerung wächst weiterhin. Große Wohnbauvorhaben (Mitterhofergasse, Carabelligasse) lassen erwarten, daß der Bezirk schon in wenigen Jahren mehr als 150.000 Einwohner haben wird.

Zur Zeit der Eingemeindung, 1905 also, zählte Floridsdorf samt den angeschlossenen Gemeinden (Kagran, Aspern, Hirschstetten, Stadlau usw.) 60.000 Einwohner. Heute leben hier mehr als 120.000 Menschen.

Viele von ihnen werden schon gefragt worden sein: „Sie wohnen in Floridsdorf? Drüber der Donau? Ist das nicht ein Arbeiterbezirk mit rauchenden Schloten und verrußter Luft? Wie lange fahren Sie denn da in die Stadt?"

Wer hier wohnt, weiß es besser. Die Floridsdorfer leben fast auf dem Land. Sie sind in kürzester Zeit an der Alten Donau, im Wasserpark, beim Strom oder auf dem Bisamberg. Und vom äußersten Ende Floridsdorfs bis zur Landstraße braucht man mit der Schnellbahn nur 18 Minuten.

An der Bevölkerung gemessen, ist Floridsdorf die sechstgrößte Stadt Österreichs. Und gerade in dieser „Stadt" gibt es die meisten Wohnungen mit Zentralheizung und Bad ...

Sicher, vieles muß noch verbessert werden, und manches ist nicht so, wie Bezirksvertretung und Bevölkerung es sich wünschen. Man kann einiges gegen den Einundzwanzigsten sagen, nur eines nicht: daß er ein zweitklassiger Bezirk ist.

# Die Donau

Der zweitgrößte Strom Europas, die Donau, entsteht aus dem Zusammenfluß der Brigach und der Breg bei Donaueschingen. Über ihre Länge streiten sich die Gelehrten: Die einen sagen, die Donau sei 2850 Kilometer lang, die anderen geben 2860 Kilometer an. Genaueres weiß man nicht. Eines aber steht unumstößlich fest: Immer schon hat die Donau das Leben in ihrem Durchzugsgebiet entscheidend beeinflußt. Auf Floridsdorfer Boden hat man sie in der Hauptsache als zerstörerisches Element kennengelernt. Eine Unzahl von Überschwemmungen schreckte die Menschen im Laufe der Jahrhunderte. Es gehörten Mut und nahezu fanatische Entschlossenheit dazu, dort zu siedeln, wo der Strom es so leicht hatte, über seine Ufer zu treten und das Umland zu zerstören.

Die Donau fließt durch eine Kette ehemaliger Meeresbecken. In grauer Vorzeit waren die Beckenlandschaften von Wien und Ungarn bis zum Schwarzen Meer hin mit Seewasser gefüllt. Dieser langgestreckte Meeresarm zerfiel später, der Wasserspiegel sank, und im Lauf der Jahrhunderte trockneten die Beckenlandschaften von Westen nach Osten zu aus.

Das fließende Gewässer, welches dann die Becken miteinander verband, war die Urdonau. Das Einfallstor des Stromes in das Wiener Becken, die Wiener Pforte, war damals noch nicht vorhanden. Bisamberg und Kreuzensteiner Höhenzug waren mit dem Wienerwald verbunden. Die Donau floß viel weiter nördlich. Doch der Strom drängte, bedingt durch die Erdrotation, ständig nach rechts und traf schließlich auf die genannten Hügelzüge. Anfangs überfloß er dieses gewaltige Hindernis, dann aber sägte er sich langsam tiefer und riß eine mehr als zwei Kilometer breite Bresche in den Gebirgszug. Die Wiener Pforte entstand.

Floridsdorf liegt unterhalb dieses Donaudurchbruchs und ist seit ältesten Zeiten Siedlungsgebiet. Der ungebändigte Strom, die Aulandschaften und die angrenzenden Niederterrassenebenen des Marchfeldes prägten den Lebensraum der Ansiedler.

Die Stromlandschaft veränderte sich ständig. Jedes Hochwasser, jede Trockenheit und jeder Eisgang veränderten den Lauf des ungezügelten und unberechenbaren Stromes. Immer wieder entstanden neue Rinnsale, versandeten stille Flußarme und Seichtstellen, Sandbänke wurden zu Inseln, und Teile vom Festland wurden durch neu entstandene Gerinne abgegraben. Heute noch durchziehen Vertiefungen, Mulden und Rinnen die Ebene am Strom, dem kundigen Auge als ehemalige Flußläufe und Hochwasserrinnsale deutlich erkennbar.

Die jungsteinzeitlichen Fischer und Jäger lebten direkt am Strom und in den wildreichen Auwäldern. In der Bronze- und Eisenzeit lagen die dörflichen Wohnstätten im Stromland. In der Babenbergerzeit wurden neue Siedlungen weiter landeinwärts angelegt. Diese planmäßig gegründeten Straßen- und Angerdörfer lagen auf der niedersten Terrasse des Marchfeldes, der Praterterrasse, wo es genug Raum zur Ausbreitung und die Möglichkeit zu landwirtschaftlicher Bodennutzung gab. Überdies glaubten die damaligen Siedler, wenn sie vom Strom abrückten, seien sie durch Hochwasser nicht gefährdet. Dies aber stellte sich als lebensbedrohender Irrtum heraus: Mit Ausnahme von Stammersdorf blieben alle Dörfer in der Gewalt des Stromes.

Wie über die Länge der Donau, so gibt es auch über die Entstehung ihres Namens unterschiedliche Auffassungen. Wahrscheinlich ist der Name „Donau" keltischen Ursprungs: „danu" bedeutet soviel wie Fluß. Eines dieser keltischen Wörter scheint latinisiert worden zu sein, jedenfalls ist es als „danuvius" durch die Schriften Julius Cäsars weithin bekannt geworden.

Der älteste deutsche Name „tunaw" zeigt seine Verwandtschaft mit dem keltischen Ahnherrn. Der Name wurde in einer Urkunde entdeckt, die aus dem Jahre 788 stammt. Im Nibelungenlied – es entstand um 1200 – wird der Strom „tuonuowe" genannt. Im Majestätsbrief Kaiser Albrechts II., ausgestellt am 4. Dezember 1492, ist „tunaw-prugke" zu lesen. Wolfgang Schmeltzl, ein Dichter, Pfarrer und Lehrer, der zwischen 1500 und 1560 in Wien lebte, schrieb „thonaw". Im 17. Jahrhundert wurde dann schon das Wort „thonau" gebräuchlich. Solange die lateinische Sprache als Ausdrucksform der Gebildeten galt, wurde die Donau auch als „Danuvius fluvius" bezeichnet, ein Name, der auf vielen älteren Landkarten zu finden ist.

Im Wiener Raum verhält sich die Donau höchst merkwürdig: Sie verstößt gegen das sogenannte Baersche Gesetz, das besagt, daß alle Flüsse auf der nördlichen Halbkugel der Erde auf ihrem Weg von Norden nach Süden stets nach rechts drängen und daher ihr Bett verlegen, falls sie durch Uferverbauungen daran nicht gehindert werden. Die Donau hält sich hier nicht an dieses Gesetz: Sie drängt im Wiener Raum nach links.

Ob diese Eigenart auf Senkungen des Marchfeldbodens, auf das Anprallen der Wogen am Nußberg oder auf die ablenkenden Ablagerungen der Wienerwaldbäche zurückzuführen ist, konnte bislang noch nicht eindeutig geklärt werden.

Wenn die Donau über ihre Ufer trat, waren zumeist lang anhaltende Regenfälle oder die Schneeschmelze die Ursache. Wegen des geringen Gefälles und der starken Verästelung des Stromlaufes im Wiener Becken konnten die Wassermassen nicht rasch genug abfließen, und weite Gebiete des Marchfeldes wurden überflutet.

Noch mehr gefürchtet als die Hochwässer im Frühjahr oder Sommer waren die Eishochwässer. Sie entstanden dann, wenn sich bei der Stromenge in Hainburg oder in Oberungarn treibende Eisschollen stauten. Der Eisstoß wuchs dadurch ständig stromaufwärts. Wenn Tauwetter einsetzte, schwoll der Fluß an, doch die Wassermassen konnten durch das verstopfte Flußbett nicht abfließen. Es kam zum Stauhochwasser.

Wurde der Druck des aufgestauten Wassers auf die Eisbarriere zu groß, kam es zu einem gewaltigen Durchbruch: Mehrere Meter hohe Flutwellen schoben riesige Eisblöcke vor sich her, die Häuser und Gehöfte, ja ganze Dörfer zertrümmerten.

Seit dem 10. Jahrhundert sind mehr als 150 Hochwasserkatastrophen bekannt, von denen das Floridsdorfer Gebiet und das Land im engeren Umkreis betroffen waren. Von den 41 im Wiener Becken bestehenden Ufersiedlungen wurden 17 zerstört.

Fünf dieser Orte lagen in der engeren Umgebung Floridsdorfs: Ringelsee, Strobersdorf, Krottendorf, Stallern und Hoven. Ringelsee lag nächst dem Mühlschüttel. 1515 wurde der Ort zum letztenmal im Klosterneuburger Salbuch erwähnt: „. . . ist gelegen underhalb der Alten brugken, aber die thonaw hats hinweggetragen."

Stallern lag vermutlich im Gebiet der Dirnelwiese („. . . gegen unvicinesdorf [Langenzersdorf] gelegen . . .") und schien im alten Grundbuch von 1404 mit Krottendorf vereinigt auf. Beide Ansiedlungen und das in der Nähe gelegene älteste Strebersdorf verschwanden um 1440.

Hoven hatte nach dem Passauer Urbar von 1258 bloß drei Wirtschaftshöfe und lag bei Kagran. Auch dieser Ort verschwand spurlos in den Fluten der Donau. Sicherlich wurden noch viele andere Ansiedlungen vernichtet, von denen heute nicht einmal mehr die Namen bekannt sind.

Jahrhundertelang war die Hochwassergefahr ein sehr ernstes Problem. Schon im Mittelalter gab es Versuche, den Donaustrom zu regulieren. Dies waren aber bloß Provisorien.

Erst die Dammbauarbeiten des Ödenburger Ingenieurs Johann Sigismund Hubert schienen Sicherheit zu bieten. Ab 1771 arbeitete Hubert bei der „Schwarzen Lacke" und den Donaubrücken. Bis 1784 hatte er einen fast sechs Meter hohen Damm fertiggestellt, der von der Korneuburger Poststraße bis Floridsdorf reichte. Um den Mühlschüttelarm der Donau einzudämmen, hatten die Neuansiedler in Floridsdorf 1778 einen Gemeindedamm aufgeschüttet. Auch Jedlesee war durch einen kleinen Damm geschützt.

Aber alle Schutzwälle erwiesen sich bei den „Allerheiligengüssen" des Jahres 1787 als zu schwach. Sie barsten an mehreren Stellen. Was von den Dämmen übriggeblieben war, wurde bei einer neuerlichen Erhöhung der Prager Straße im Jahre 1841 vereinigt. Damit entstand

**Die Überschwemmungen durch die ungebändigte Donau hatten verheerende Wirkung: Die Zeichnung zeigt das Dorf Leopoldau bei der Überschwemmung des Jahres 1830.**

Mit primitiven Mitteln, aber durch den Einsatz vieler Arbeitskräfte, wurde in den Jahren 1870 bis 1875 der Donaustrom durch Dammbauten halbwegs gezähmt.

ein zusammenhängender Schutzwall, der von der Prager Straße bis zur Fahrstraße nach Kagran (heute Schloßhofer Straße) reichte.

Einen halbwegs ausreichenden Schutz vor Überschwemmungen bot erst die in den Jahren 1870 bis 1875 durchgeführte große Donauregulierung. Schon 1850 wurde die erste Donauregulierungskommission gebildet, aber den Diskussionen folgten keine Taten. Erst am 13. Mai 1864 stellte der Wiener Gemeinderat auf kaiserlichen Beschluß eine aus zwölf Mitgliedern bestehende Kommission zusammen, deren Aufgabe es war, das Regulierungsprojekt mit Experten zu beraten. An der Spitze dieser Kommission stand der damalige Stellvertreter des Bürgermeisters und spätere Bürgermeister (1868 bis 1878) Dr. Cajetan Felder.

Bei der Regulierung des Stromes zwischen Nußdorf und Fischamend mußten folgende Probleme gelöst werden:

● Schutz der Stadt Wien und des linken Donauufers vor Hochwassergefahren,

● Zusammenfassung der Donau in einem für die Großschiffahrt geeigneten Strombett (auf Grund internationaler Verträge sind die Uferstaaten der Donau verpflichtet, die Schiffahrt in ihren Stromgebieten durch Regulierungsbauten zu sichern),

● Sicherung des Wasserstandes zur Aufrechterhaltung des Schiffsverkehrs im Donaukanal und dessen Schutz vor Überschwemmungen,

● Schaffung von Warenumschlagplätzen und Hafenanlagen,

● Erbauung von festen Straßen und Eisenbahnbrücken und das Näherrücken des Stromes an die Großstadt.

Die Donauregulierungskommission entschied sich für die Pläne der beiden Wasserbauexperten James Abernethy und Georg Sexauer. Das Projekt hatte starke Ähnlichkeit mit den Ideen des Hofbaudirektors Josef Schemerl, der schon 1810 für eine radikale Vereinigung der Donauarme in ein einziges Strombett eingetreten war.

Für die Bauarbeiten wurden rund 24 Millionen Gulden zur Verfügung gestellt. Die Ausführung wurde den Firmen Castor, Hersent und Couvreux übertragen, als Bauleiter wurde Oberbaurat Gustav Wex eingesetzt.

Am 14. Mai 1870 tat Kaiser Franz Joseph beim Kaiserwasser den ersten Spatenstich. Am 15. Mai schrieb die „Wiener Zeitung" darüber:

*„... Unter den Klängen der Volkshymne und begrüßt mit lebhaften Hochs erschienen präcise 12 Uhr Se. Majestät der Kaiser. Nachdem Allerhöchstdieselben von den durchlauchtigsten Herren Erzherzogen und den Herren Ministern ehrfurchtsvoll empfangen worden, verfügten Sie Sich in das Zelt, worauf Se. Excellenz Herr Minister des Inneren Graf Taaffe an Se. k. und k. Apostolische Majestät eine Ansprache hielt ...*

*Mit dreimaligen stürmischen Hochs begrüßten die Anwesenden diese huldvolle Erwiderung, indem gleichzeitig die Musikcapelle die Volkshymne anstimmte. Sodann begab sich Se. Majestät in den neben dem Zelt errichteten Pavillon, von welchem aus Allerhöchstdieselben die (von dort aus wahrnehmbare, einerseits bis Nußdorf, andererseits bis zur Stadlauer Brücke durch Flaggen markierte) Trace des Strombettes und die bisher begonnenen Donau-Regulierungsarbeiten überblickten und sich von Herrn Ministerialrath Wex die Details derselben erklären ließ.*

*Hierauf nahmen Se. Majestät der Kaiser an der bezeichneten Stelle auf die Bitte Se. Excellenz des Herrn Ministers des Inneren den ersten Spatenstich vor, nach welchem Acte Allerhöchstdieselben der Bauunternehmer Herr Castor und die übrigen Mitglieder der Bauleitung vorgestellt wurden. Am Schlusse der Feier und unter dem Jubel der längs der Trace des Bettes aufgestellten Arbeitsleute begaben sich Se. Majestät der Kaiser zu dem in einiger Entfernung stehenden Excavateur, um die sinnreiche Einrichtung zur raschen Aushebung und Verfügung des Erdreiches in Augenschein zu nehmen ..."*

Etwa tausend Arbeiter, vorwiegend Italiener, Polen, Tschechen und Slowaken, arbeiteten an der Donauregulierung. Riesige Grabungsmaschinen und Schiffsbagger, die bereits beim Bau des Suezkanals verwendet worden waren, kamen zum Einsatz.

Es wurden zwei große Durchstiche gegraben. Das erste Bett reichte vom Rollerdamm (heute das Steinufer der Rollerlacke oberhalb der Floridsdorfer Brücke) bis in die Gegend der Stadlauer Brücke, das andere Bassin durchstieß ein Inselgebiet oberhalb des Dorfes Albern. Der Rollerdamm war eine massive Uferbefestigung an der Nordwestspitze der Insel zwischen dem Hauptstrom (Alte Donau) und dem Kaiserwasser. Er hatte die Aufgabe, die Wassermassen auf die beiden Gerinne aufzuteilen und die Ortschaft Zwischenbrücken zu schützen.

Während man den Durchstich bei Albern nur teilweise ausbaggerte und die restliche Arbeit der Kraft des Wassers überließ, mußte der Durchstich bei Floridsdorf in seiner vollen Länge und Breite ausgebaggert werden. Mit der Grabung wurde im Gebiet der heutigen Stadlauer Ostbahnbrücke begonnen. Maschinen und Arbeiter gruben stromaufwärts in Richtung Rollerdamm. Sie konnten dadurch im Trockenen arbeiten, und überdies brauchte der Verkehr über den Strom nicht unterbrochen zu werden.

Das neu gegrabene Becken war 6638 Meter lang und 284,5 Meter breit. Alle Brücken, mit Ausnahme der oberhalb des Durchstichs liegenden Nordwestbahnbrücke, konnten auf trockenem Boden erbaut werden. Das ausgehobene Material wurde zur Hebung des stadtseitigen Ufers, zur Planierung alter Gerinne und zur Aufschüttung des Marchfeldschutzdammes verwendet. Insgesamt konnten durch die

**Arbeiter bauen das Ufer des neuen, mehr als sechs Kilometer langen Donaubeckens.**

Donauregulierung rund 260 Hektar wertvolles Bauland gewonnen werden.

Nach fünfjähriger Bauzeit wurden die Arbeiten im Durchstichbassin beendet. Einige Schwarzseher hatten eine große Katastrophe vorhergesagt, die eintreten werde, sobald der Rollerdamm durchstochen wird und die Donau ins neue Bett strömt. Die Katastrophe blieb jedoch aus.

Mehrere Quellen geben an, daß am 14. April 1875 der Befehl zum Öffnen des Rollerdammes gegeben wurde, ohne daß sich Überraschendes ereignete. Der Geologe und Politiker Eduard Sueß gibt in seinen Erinnerungen jedoch ein anderes Datum an. Er schreibt:

*„Am 15. April sollte die Öffnung des Roller und die Einströmung der Donau in das neue Bett gewagt werden. Am 12. veranlaßte ich ein vertrauliches Schreiben an alle technischen Beamten, das auf die Schwierigkeiten hinwies. Entferntere wurden zur allfälligen Hilfeleistung einberufen. Taußig wurden der Roller und Fänner der Landstreifen an der künftigen Reichsbrücke übergeben. Wex führte die Oberbauleitung. Ein Zufall wollte, daß mir die verantwortungsvolle Ehre zufiel, am Roller den entscheidenden Befehl zum Einlassen des Stromes zu geben. Dies geschah am 15. April um 3 Uhr 30 nachmittags.*

*Außer den Beteiligten waren nicht viele Personen anwesend. Der Roller, einst der trennende Kopf zwischen der großen Donau und dem Kaiserwasser, bildete einen stromaufwärts gekrümmten Haken. Man ließ ihn an der rechten Seite des Hakens öffnen, und nun stürzte der gewaltige Strom schäumend herein. Zur Linken riß er mit großer Geschwindigkeit immer größere Stücke des Roller mit sich, aber während er so die Breite der Pforte vergrößerte, füllte er das tieferliegende Becken nicht, sondern seine Gewalt war so groß, daß er anfangs auch das vorhandene Grundwasser mit sich talwärts fortriß. Staunend erblickten wir durch einige Minuten an der linken Seite eine bedeutende Strecke des Bettes trocken vor uns, ein merkwürdiges Beispiel für die so oft unterschätzte Kohäsion des Wassers."*

Schon am 18. April wurde das neue Bett der Donau benutzt: Das Dampfschiff „Neue Donau" und ein mit ihm gekoppeltes Schleppschiff passierten die Pforte beim Roller und fuhren stromaufwärts. Am 30. Mai wurde das neue Strombett feierlich eröffnet.

Nach den ursprünglichen Plänen sollte die Donaubrücke bei Floridsdorf nach der Stromregulierung aufgelassen und der Straßenzug nach Böhmen und Mähren über die Reichsbrücke und Kagran geführt werden. Weil aber der gewaltige Personen- und Warenverkehr (etwa eine Million Fuhrwerke jährlich) keine Unterbrechung duldete und zur Reichsbrücke noch keine geeigneten Zufahrtswege existierten, wurde die alte Taborbrücke bei Floridsdorf weiterhin benützt. Man schloß sie einfach an die neuerbaute Franz-Josephs-Brücke an. Später wurde sie durch eine Aufdämmung ersetzt. Wäre der Straßenverkehr tatsächlich über Kagran geführt worden, hätte Floridsdorf großen wirtschaftlichen Schaden erlitten.

Mit der Eröffnung des Strombettes waren die Regulierungsarbeiten noch nicht abgeschlossen. Der Donaukanal wurde mit einer Wehr- und Schleusenanlage ausgestattet, und die Donau selbst mußte 23 Jahre nach der Regulierung neuerlich ausgebaggert werden: Im Fahrwasser hatten sich dadurch, daß der Strom hin- und herzupendeln begann, Sandbänke gebildet, die der Schiffahrt hinderlich waren. Deshalb wurde das Strombett am rechten Ufer in einer Breite von 180 Meter vertieft. Am linken Ufer baute man Buhnen und Leitwerke ein, die die Fahrtrinne auch in wasserarmen Zeiten schiffbar hielten. Von 1882 bis 1901 wurde der Donaustrom in ganz Niederösterreich durch Uferbauten und Leiteinrichtungen für die Schiffahrt ausgebaut.

In Floridsdorf wurde 1883 an Stelle der Großen Taborbrücke, die ja nun nicht mehr über den Strom, sondern über Land führte, eine Dammstraße aufgeschüttet. So entstand der an die Kaiser-Franz-Josephs-Brücke (Floridsdorfer Brücke) anschließende Teil der Floridsdorfer Hauptstraße.

Für die Schiffahrt und für die am Strom wohnende Bevölkerung brachte die Regulierung Vorteile. Ein bislang blühendes Gewerbe, das Schiffmüllerhandwerk, ging jedoch daran zugrunde. Jahrhundertelang waren die Bauern des Marchfeldes und des Weinlandes an die Ufer der Donau gekommen, um hier ihr Getreide mahlen zu lassen, und jahrhundertelang trieben die Wellen des Stromes die schwerfälligen Schaufelräder der Mühlen. Nach der Donauregulierung nahm die Zahl der Schiffmühlen stetig ab.

Die Schiffmüller hatten ihre Haftplätze am Hauptstrom, im Kaiserwasser, am Ende der „Schwarzen Lacke" und am Bruckhaufen. Ihre Blütezeit erlebten die Schiffmühlen nach der großen Überschwemmung des Jahres 1830. Damals lagen etwa sechzig Mühlen im Mühlschüttelarm und am flußabwärts gelegenen Ufer der Leopoldauer Heide und des Ziegelhäufels (heute obere Alte Donau). Diese Lohnmüller, die wie alle anderen zwischen Korneuburg und Markthof der Müllerinnung von Aspern angehörten, brachten es zu Wohlstand und Reichtum. Wenn auch immer wieder Mühlen vom Hochwasser weggeschwemmt oder vom Treibeis zerstört wurden (die Zunftfahne der

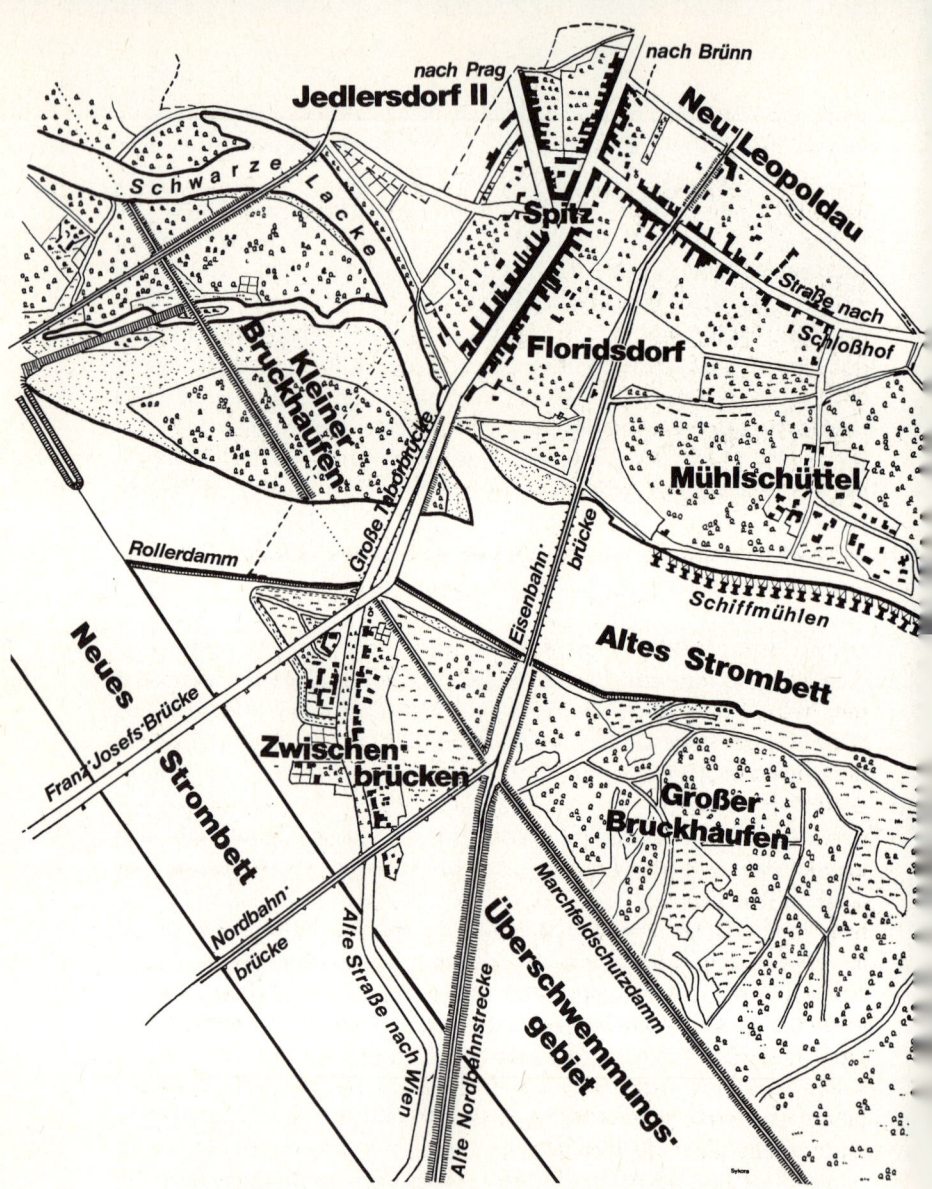

# Floridsdorf um 1874

Dieser Übersichtsplan zeigt Floridsdorf während der Regulierungsarbeiten. Die alte Nordbahnstrecke wurde aufgelassen, die Züge wurden über die Nordbahnbrücke geführt. Zwischenbrücken wurde abgetragen, und die Taborbrücke wurde durch eine aufgedämmte Straße ersetzt. Die Schiffmühlen am Mühlschüttel erhielten neue Haftplätze.

Einer jener gefürchteten Eisstöße (1929), die mehrmals Überschwemmungen verursachten. Besonders vor der Regulierung waren Eisstöße auf der Donau sehr gefährlich.

Müller zeigt Schiffbrüchige in den Ästen eines Baumes), saßen doch die Guldenstücke recht locker in den Taschen der Meister und Gehilfen. Besonders der Müllerkirtag, der im Gasthaus „Zum braunen Hirschen" (heute Morelligasse) stattfand, bot Gelegenheit, diese Wohlhabenheit zur Schau zu stellen.

1875 hatte die Stunde der Schiffmüller geschlagen. Der alte Hauptstrom wurde oberhalb der Floridsdorfer Brücke abgedämmt und war dadurch zu einem stehenden Gewässer geworden. Vor Schließung dieses alten Strombettes wurden alle Mühlen von Dampfschiffen zu neuen Haftplätzen geschleppt. Die Mehrzahl der Müller übersiedelte in die Freudenau, dreiundzwanzig Schiffmühlen belegten Haftplätze bei Jedlesee, oberhalb der Nordwestbahnbrücke. Eisgang und Brände vernichteten viele Mühlen, und auch die anderen gingen bald zugrunde, weil sie wegen ihrer ungünstigen Lage schwer zu erreichen waren und sich gegen den aufstrebenden Industriezweig der Handelsmühlen nicht behaupten konnten. 1894 verließ der letzte Floridsdorfer Müller das linke Donauufer.

Was bis zur Donauregulierung Hauptstrom und Fahrwasser für den Schiffsverkehr war, wurde ab 1875 „Alte Donau" genannt. Nach Abwanderung der Schiffmüller waren nur noch eine relativ bescheidene Fischerei und die Eisgewinnung von wirtschaftlicher Bedeutung. Im Winter, wenn die Alte Donau zugefroren war, wurden mit Hilfe von langen Sägen und pflugartigen Gebilden gewaltige Blöcke aus der Eisdecke herausgeschnitten und in tiefen Erdkellern gelagert. In

163

den Sommermonaten kamen dann von weither Wirte und Fleischhauer, um sich mit Natureis zu versorgen. Auch die großen Brauhäu-
ser der Umgebung zählten zu den Kunden der Eisverkäufer. Das letzte
Eishaus an der oberen Alten Donau, das der alteingesessenen Familie
Birner gehörte, wurde 1923 abgetragen. Die Kunsteiserzeugung
brachte dieses alte Gewerbe zum Aussterben.

Im Besitz der Familie Birner befand sich auch das erste Freibad auf
Floridsdorfer Boden. Auf einer idyllischen Donauinsel gelegen, mit
dem Festland nur durch eine Zillenüberfuhr verbunden, erfreute es
sich vom Jahre 1888 an steigender Beliebtheit. Nach der Höhe des
Eintrittsgeldes wurde es „Vier-Kreuzer-Bad" genannt. Einige Jahre
nach dem Ersten Weltkrieg wurde das „Vier-Kreuzer-Bad" von der
Gemeinde Wien übernommen, zum „Angelibad" ausgestaltet und
durch einen Steg mit dem Ufer verbunden. Neben dem „Vier-Kreuzer-Bad" existierte aber noch ein anderes, ein nobleres Schwimm-
bad: das „Zehn-Kreuzer-Bad". Es bestand bis 1972 noch als „Birner-
Bad" vor der gleichnamigen Gastwirtschaft. Außer diesem Freibad
wurden entlang der Alten Donau noch mehrere Bäder errichtet. Der
Plan, den alten Stromlauf zu einem Industriehafen auszubauen, wurde
– zum Glück für die heutigen Bewohner Floridsdorfs – nicht verwirklicht.

Verwirklicht wird hingegen zur Zeit der „Totale Hochwasserschutz". Die derzeit vorhandenen Hochwasserschutzbauten im Wiener Raum sind in der Lage, eine Wassermenge von rund 11.000 Ku-

**Die Donau 1963: Reichsbrücke, Nordbahnbrücke, Floridsdorfer Brücke, teilweise
abgetragene Nordwestbahnbrücke, an deren Stelle die Nordbrücke errichtet wurde.**

bikmeter pro Sekunde abzuführen. Das Katastrophenhochwasser im Jahre 1501 hatte eine Abflußmenge von 14.000 Kubikmeter pro Sekunde. Um die Wiener – und vor allem die Floridsdorfer – endgültig vor Hochwasser schützen zu können, mußte der Hochwasserschutz verbessert werden.

An die zwei Dutzend Pläne standen zur Debatte, schließlich kamen zwei davon in die engere Wahl:

1. Erhöhung und Verdichtung des Hubertusdammes und gleichzeitig Bau eines Dammes auf dem rechten Donauufer.

2. Bau eines Entlastungsgerinnes, das einen Teil des Hochwassers abführt.

Mit Gemeinderatsbeschluß vom 12. September 1969 entschied man sich für das zweite Projekt:

Um das Durchflußprofil der Donau zu vergrößern, wird zwischen Langenzersdorf und dem Ölhafen Lobau im derzeitigen Überschwemmungsgebiet auf einer Länge von 21 Kilometer ein Entlastungsgerinne gegraben. Es wird etwa 200 Meter breit sein und das gleiche Gefälle und die gleiche Tiefe wie das Hauptbett haben. Die Aufnahmefähigkeit wird 5200 Kubikmeter Wasser betragen, so daß gemeinsam mit dem Hauptstrom (Aufnahmefähigkeit 8200 Kubikmeter pro Sekunde) das größte zu erwartende Hochwasser bewältigt werden kann. Das rechte Stromufer, das bisher immer wieder an einigen Stellen überflutet wurde, soll durch einen Damm vollständig geschützt werden.

Das Entlastungsgerinne wird drei Wehre besitzen, mit denen der Wasserstand im Becken reguliert werden kann. Die erste Wehranlage am oberen Ende des Entlastungsgerinnes, das Einlaufwerk, sperrt bei Mittel- und Niederwasser das Entlastungsgerinne, damit der Schiffahrt die notwendige Wassermenge im Hauptstrom erhalten bleibt, und regelt im Hochwasserfall die Aufteilung der Hochwassermenge.

Durch zwei weitere Wehre, eines oberhalb der Praterbrücke und eines am unteren Ende des Entlastungsgerinnes, kann ein statischer Stau hergestellt werden. Die entstehende Wasserfläche ist mit zirka 320 Hektar etwa doppelt so groß wie die Wasserfläche der Alten Donau.

Darüber hinaus ermöglicht das Entlastungsgerinne eine Beeinflussung des Grundwasserstandes der Alten Donau und am linken Donauufer; der Alten Donau kann also auf diese Weise durch den Untergrund Wasser zugeführt werden.

Im Projekt des Hochwasserschutzes ist die Errichtung eines Abwasserkanals für das Stadtgebiet am linken Donauufer („linker Donausammelkanal") vorgesehen, der bei der Überfuhrstraße beginnen und im Bereich gegenüber dem Hafen Freudenau enden soll.

Das Aushubmaterial des Entlastungsgerinnes wird auf dem Überschwemmungsgebiet angeschüttet, wodurch eine hochwasserfreie, fast 200 Meter breite und 21 Kilometer lange Insel entsteht, die den Wienern als Erholungsfläche zur Verfügung stehen wird.

So wird im Bereich Floridsdorf die Donau nach Verwirklichung des totalen Hochwasserschutzes aussehen. Im Vordergrund das Strombett, an das die Donauinsel und das Entlastungsgerinne anschließen.

# Der Bisamberg

Der Bisamberg ist der Hausberg der Foridsdorfer. In Notzeiten bot er ihnen Schutz und Zuflucht. Sein südöstlicher Teil gehört zum Wiener Stadtgebiet. So befinden sich zum Beispiel die Großsendeanlage des ORF, das Gut Magdalenenhof und die Höhe des Falkenberges auf Floridsdorfer Boden.

Die älteste urkundliche Erwähnung des Berges ist im Klosterneuburger Salbuch zu finden, wo vermerkt ist, daß 1108 ein gewisser Berthold von Urliugestorf der Klosterneuburger Kirche einen Weingarten zu „Bousinberg" schenkte. Auf alten Urkunden und Plänen ist zu erkennen, wie sich der Name im Laufe der Jahrhunderte verändert hat: Busenberg, Püsenberg, Pusinberg, Pusenberc und Pisenberg. Die Formen wechselten, denn mit der Schreibweise nahm man es in der früheren Zeit nicht so genau. Der althochdeutsche Personenname Boso oder Puso dürfte das Stammwort sein, aus dem schließlich das heutige Wort Bisam(berg) entstanden ist.

Der Bisamberg ist ein Teil des Alpen-Karpaten-Bogens und wird zur Sandsteinzone des Wienerwaldes gezählt. Große Teile des Alpen-Karpaten-Bogens sind vor Jahrtausenden eingebrochen. Zuerst dürfte das Korneuburger Becken und später das gesamte Wiener Becken abgesunken sein. Zwischen den niederbrechenden Landmassen blieben die Sandsteinschichten des Bisamberges erhalten. Das ins Wiener Becken einströmende Meer floß über die Scholle des Bisamberges hinweg und bewirkte eine fast ebene Oberfläche. Nach der Austrocknung des Meeres staute sich die von Norden kommende Urdonau im Senkungsfeld von Korneuburg und durchbrach den Bergkamm zwischen Leopoldsberg und Bisamberg: Die Wiener Pforte entstand.

Der Bisamberg zeigt sich als eine an mehreren Seiten zerfurchte Hochfläche mit einem steilen, steinigen Teil im Westen und mit einem flachen, lehmigen im Osten. Westliche Winde haben im Windschatten des Berges, im Osten, die Ablagerung ungeheurer Lößmengen begünstigt und die flach abfallende Geländeform geschaffen.

Im Stammersdorfer Gebiet fand man tief unter dem Löß, im Schotter der Eiszeit, die Überreste eines Mammuts, und bei Strebersdorf wurden Knochen eines Steppenrindes gefunden. Der Überlieferung nach befand sich bei der Elisabethhöhe ein urgeschichtlicher Wall. Er war 265 Schritt lang und drei bis vier Meter hoch. Dieser Wall soll eine befestigte Siedlung von Menschen der Steinzeit gewesen sein. In der Humusschichte lagen Gefäßscherben, Reste von Wandbewurf und Steinwerkzeuge. Die Gefäßscherben wiesen einfachste Verzierungen auf. In größerer Tiefe wurden Knochen von Schweinen, Schafen und Rindern gefunden. Das Lager war groß, gefunden wurde jedoch nur relativ wenig. Die Vermutung liegt nahe, daß diese Ansiedlung nicht durch ein plötzliches Ereignis zugrunde gegangen ist. Ein friedlicher Abzug, bei dem die Bewohner ihre ganzen Habseligkeiten mitnehmen konnten, ist denkbar. Die Überreste jenes Walles wurden 1866 bei Schanzarbeiten zerstört.

Im Klausgraben wurde ein Steinhammer gefunden, und im nordöstlichen Teil des Berges konnten viele Hornsteinwerkzeuge, Messerchen, Schaber, Pfeilspitzen und kunstvolle Klingen sichergestellt werden. Auf Langenzersdorfer Boden wurde 1956 eine 18 Zentimeter große Frauenfigur ausgegraben. Die Tonfigur dürfte 2500 Jahre vor Christus, in der Jungsteinzeit, als Fruchtbarkeitsidol gedient haben. Sie hat als „Venus von Langenzersdorf" in die Fachliteratur Eingang gefunden.

Der Bisamberg war ursprünglich Besitz des deutschen Kaisers. Als nachfolgende Grundbesitzer scheinen das Stift Kosterneuburg und die Gemeinden Langenzersdorf, Bisamberg, Klein-Engersdorf, Hagenbrunn und Stammersdorf auf.

Aus dem Flächenberg, der eine Ausdehnung von 17 Quadratkilometer hat, ragen einige Höhen hervor:

Im Westen befindet sich die Elisabethhöhe. Sie ist nach der Kaiserin Elisabeth von Österreich, Gemahlin des Kaisers Franz Joseph I., benannt. Mit 360 Meter Seehöhe ist sie der höchste Punkt des Berges. Im Nordosten liegt der Veitsberg (312 Meter), im Süden der Lanerberg (305 Meter), nördlich des Magdalenenhofes der Falkenberg (320 Meter), und westlich von diesem verläuft der Riegelkamm, der 332 Meter erreicht.

Von Osten und Nordosten her führen mehrere Hohlwege den Berg hinauf. Der nördliche, westliche und südliche Bergrand wird von Kerbtälern zerfurcht. Das längste Kerbtal ist mit 1,5 Kilometer Länge die Hohle Gasse. Auf diesem Weg wanderten einst die Bäcker von Klein-Engersdorf und von Hagenbrunn zu den Langenzersdorfer Schiffmühlen. Ein Waldweg in der Verlängerung der Hohlen Gasse trägt heute noch den Namen „Bäckersteig". Der Klausgraben, der früher Klammgraben hieß, ist einen Kilometer lang und verläuft von Strebersdorf aus gewunden nach Norden.

Der Bisamberg ist vorwiegend mit Laubbäumen und Eichengebüsch bedeckt, im Nordwesten und Norden des Berges findet man auch Nadelhölzer. Die tausendjährige Linde ist ein ganz besonderes Naturdenkmal.

Viele Arten von Gräsern, vor allem Steppengräser, wachsen auf dem Berg. Obwohl zunehmende Luft- und Umweltverschmutzung das Wachstum der Pflanzen eindämmen, gedeihen noch einige seltene Arten, die unter strengstem Naturschutz stehen. An kahlen Hängen blühen im Frühling gelbe und violette Schwertlilien. Einige Orchideen, die Bocksriemenzunge, zwei der vier Ragwurzarten – Hummel- und Spinnenragwurz –, die pyramidenförmige Hundswurz und der Frauenschuh können bewundert werden. Die zu den Liliengewächsen zählende Bisam-Hyazinthe, die auch als Traubenhyazinthe bezeichnet wird, und den Türkenbund, aber auch Pflanzen, die kalkigen Boden lieben, wie der Wundklee, die Kuhschelle und die Steinnelke, findet man noch.

Einst soll auf dem Bisamberg ein Wachtturm der Römer gestanden sein. Der Berg war nämlich immer schon strategischer Stützpunkt. Freund und Feind sind im Laufe der Jahrhunderte über ihn gezogen.

Bis zum Jahre 1963 stand hundert Meter nordöstlich des Gasthauses Gamshöhe ein sieben Meter hoher Obelisk. Die Steinsäule diente als trigonometrisches Signal, sie markierte die Seehöhe von 341 Meter. Das „Steinmandl", wie der Obelisk genannt wurde, ist ursprünglich ein eineinhalb Meter hoher Gedenkstein gewesen. Er wurde an der Grabstätte einiger Franzosen aufgestellt, die 1809 dort gefallen sind. 1866 hat man das „Steinmandl" auf sieben Meter erhöht, während des Ersten Weltkrieges wurde es mit Emblemen versehen und 1963 von Unbekannten zerstört.

1866, als die Preußen näher rückten und Rittmeister Dabsch aus Bisamberg mit zehn unterstellten Husaren Aufklärungsritte und erfolgreiche Attacken unternahm, wurden Gräben und Stellungen auf dem Berg ausgehoben. Aber erst im Ersten Weltkrieg baute man den

Bisamberg zu einem wehrhaften Bollwerk aus. Den Stellungsbau leitete damals der Artilleriegeneral Fath. Seine Soldaten setzten ihm auf der „Fathhöhe" ein Denkmal. 1957 ließ der Museumsverein Langenzersdorf an diesem Denkmal zwei schwarze Tafeln aus schwedischem Granit anbringen, die an den Dichter Josef von Eichendorff erinnern.

Während des Zweiten Weltkrieges war der Bisamberg ein Truppenübungsplatz. Auf der Elisabethhöhe standen Fliegerabwehrkanonen, auf dem Veitsberg dienten ein sogenanntes Russendorf und einige Beutepanzer der Truppenausbildung. Quer zur Hohlen Gasse wurde eine Scharfschützenschießstätte angelegt. Belgische Kriegsgefangene mußten in den Riegelkamm einen Stollen graben, französische Kriegsgefangene trieben an der Ostseite, in der Gegend des Zigeunerbründls, Stollen in den Berg.

Gegen Ende des Zweiten Weltkrieges wurde der Sattel von Hagenbrunn erbittert umkämpft. Auf dem Bisamberg und nahe der Ortschaft Bisamberg tobten heftige Kämpfe. Nächst der Lourdesgrotte begrub man 45 deutsche Soldaten. Im Friedhof bei der Veitskirche fanden viele andere deutsche Gefallene ihre letzten Ruhestätten.

Deutsche Truppen sprengten auf ihrem Rückzug auch den seit 1932 auf dem Bisamberg bestehenden Sender. Von 1938 bis 1945 war hier einer der „Reichssender" des Großdeutschen Reiches untergebracht. Von zwei 130 Meter hohen Sendemasten wurden ein Mittelwellenprogramm und ein Kurzwellenprogramm ausgestrahlt. Am 13. April 1945, als die Lage völlig aussichtslos war, sprengten deutsche Truppen die Sendemasten und das Gebäude. Lediglich die Notstromaggregate überstanden die Explosion heil. Sie sind heute noch betriebsbereit.

1950 wurde über einen 65 Meter hohen Sendemast der Sendebetrieb wiederaufgenommen. Ein umfassender Wiederaufbau war nötig. Erst am 17. August 1959 war der Aufbau der Sendeanlage vollendet. Heute ist die Großsendeanlage auf dem Bisamberg nicht nur Standpunkt zweier Sendemasten, von denen Mittelwellenprogramme abgestrahlt werden, sondern auch so etwas wie eine „Senderzentrale": Von hier aus werden alle Rundfunk- und Fernsehsender in ganz Österreich ein- und ausgeschaltet. Tag und Nacht ist diese Zentrale mit Technikern des ORF besetzt.

Einer der beiden Sendemasten, der Nordmast, ist das höchste Bauwerk von Österreich. Der Nordmast ist 265 Meter hoch und 110 Tonnen schwer. Der Südmast ist 125 Meter hoch und 35 Tonnen schwer. Die beim Sendebetrieb nötige Energie könnte eine Kleinstadt Tag und Nacht mit Strom versorgen. Die dabei entstehende Wärme dient

Von der Bisamberger ORF-Anlage aus werden die Rundfunk- und Fernsehsender in ganz Österreich gesteuert. Die Anlage wird stets auf dem modernsten Stand der Technik gehalten. Einer der Sendemasten ist das höchste Bauwerk Österreichs.

Die aus dem Jahre 1932 stammenden Notstromaggregate haben die Sprengung der Sendeanlage durch deutsche Truppen überstanden. Sie sind heute noch einsatzbereit.

im Winter der Beheizung des ganzen Gebäudes. Im Sommer wird sie von einem komplizierten Kühlsystem nach außen geleitet.

Neben der ORF-Sendeanlage liegt in 311 Meter Höhe der Magdalenenhof. Schon 1521 führte das Schottenkloster hier einen Gutshof. Spätere Besitzer waren das Kloster Formbach, die Burgherren von Kreuzenstein, ein Ritter von Dachsenbeck und das Stift Klosterneuburg. Um 1740 war der Hof im Besitz des Forstmeisters Müller, nach dessen Gattin Magdalena das Gebäude benannt sein dürfte. Es ist aber auch möglich, daß der Hof seinen Namen vom Magdalenenkloster vor dem Schottentor hat.

Um die Mitte des 19. Jahrhunderts gehörte der Magdalenenhof dem Sozialpolitiker Karl Johann Freiherr von Vogelsang, der im Klausgraben eine Zementfabrik errichtete, die Schafzucht förderte, aber den bisher rege betriebenen Weinbau vernachlässigte. 1906 wurde der Magdalenenhof von Rudolf Dengler, dem Besitzer der Brauerei in Jedlesee, gekauft. Heute gehört das Gut der Gemeinde Wien. In der Nähe befinden sich das Hotel „Jagdschloß Magdalenenhof" und die Krottenschwemm, ein kleiner Teich.

**Florian Berndl, der Entdecker des Gänsehäufels, lebte lange Zeit als Waldmensch auf dem Bisamberg. Dort heilte er Kranke mit Liegekuren und Ziegenmilch.**

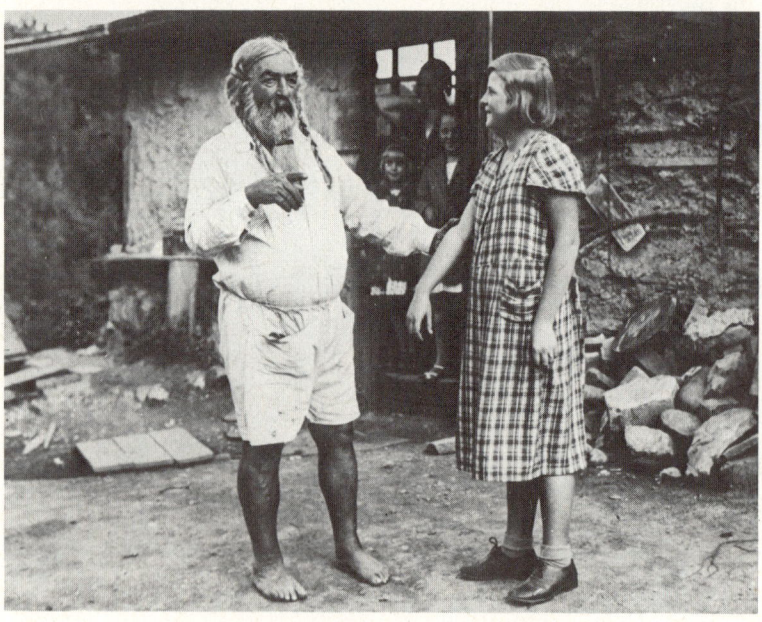

Ein Mann, der viele Jahre als Waldmensch auf dem Bisamberg gelebt hat, war der Gründer des Bades auf dem Gänsehäufel: Florian Berndl. Er wurde am 10. Mai 1856 in Groß-Haselbach bei Zwettl geboren. Die Entdeckung und der Aufbau des Gänsehäufels als Bade- und Erholungsparadies der Wiener haben Berndl außer Sorgen nichts eingebracht. Enttäuscht zog er sich auf den Bisamberg zurück und heilte mit Liegekuren und Ziegenmilch Lungenkranke und andere Leidende. Berndl starb verkannt und verbittert am 30. November 1934 in Wien. Er erhielt ein Ehrengrab. Bekannt ist seine Antwort geblieben, die er stets dann zu geben pflegte, wenn ihm ein Kranker sein Leid genau schilderte. Berndl sagte: „Ja, Krankheiten gibt es viele, die interessieren mich nicht. Gesundheit gibt es nur eine, die interessiert mich sehr!"

Der Bisamberg hat Reservatcharakter. Er ist Erholungsraum für die Wiener, vor allem aber für die Bewohner der Bezirke nördlich der Donau. Ursprünglich bestand der Plan, auf dem Plateau ein Hotel zu bauen. Um das zu verhindern und eine nachfolgende Verhüttelung abzuwenden, kaufte die Stadt Wien 56.000 Quadratmeter Grund auf dem Bisamberg vom Grafen Otto Abensberg-Traun und 29.000 Quadratmeter von Dr. Georg Mautner Markhof. Damit ist garantiert, daß der Bisamberg auch in Zukunft allen Wienern zur Erholung dienen kann.

# Entwicklung des Verkehrs

Bevor die Donaubrücken erbaut wurden, ging der gesamte Verkehr von Wien zum linken Donauufer – und umgekehrt – über Fähren. Im Wiener Raum befanden sich diese Fähren beim „Roten Turm" (heute Schwedenbrücke), bei Nußdorf, Klosterneuburg und Stadlau. Das Betreiben solcher Überfuhren war damals ein einträgliches Geschäft, und es ist daher nicht verwunderlich, daß eine Fähre nicht von jedermann betrieben werden durfte. Das Recht, Menschen, Tiere und Waren über den Strom zu setzen, war dem Landesherrn vorbehalten. Man nannte es das „Urfahrrecht". Der Landesherr verpachtete dieses Recht oder gab es als Lehen an Adelsgeschlechter weiter.

Natürlich konnten diese einfachen und oft auch gefährlichen Boote und Flöße den steigenden Verkehr über die Donau nicht lange bewältigen. Herzog Albrecht V. (als Kaiser Albrecht II.) ließ deshalb nach dem Ende der Hussitenkriege bessere und leistungsfähigere Verbindungen über die Donau herstellen. Im Brückenbrief des Herzogs, ausgestellt am 4. Juli 1439, heißt es:

„Seine königliche Majestät hat mit den Bürgern beraten und beschlossen, auf seine und auf ihre Kosten Brücken zu bauen, von Wien über die Donau bis an das enthalbige Gestade" . . .

Zur Deckung der Baukosten durften die Wiener eine Maut einheben. Nach Tilgung der Baukosten mußte die Hälfte der eingenommenen Mautgebühren an den Herzog abgeliefert werden. Söldner hoben diese Maut auf der schon in früheren Kapiteln erwähnten Schlagbrücke beim Roten Turm ein.

Zu Beginn des 16. Jahrhunderts kam es auf Floridsdorfer Gebiet zu einem Uferbruch, der eine völlig neuartige Stromsituation schuf. Alle

175

Donaubrücken mußten in die Gegend der heutigen Nordbrücke versetzt werden. Der dazugehörende Straßenzug führte durch die Brittenau und die Wolfsau in die Alte Stubenau, den unteren Teil der Schwarzlackenau. Dort querte eine Vorbrücke den nördlichsten Donauarm. Daß diesen Brücken besondere Bedeutung beigemessen wurde, läßt sich daran erkennen, daß sie auf Floridsdorfer Boden durch Bollwerke und Schanzen gesichert wurden, wie zum Beispiel durch die Wolfsschanze, die sich in der Nähe des heutigen Floridsdorfer Umspannwerkes in der Jedleseer Straße befand.

Bedingt durch Veränderungen des Strombettes, mußten zwischen 1688 und 1698 neue Brücken angelegt werden. Der Verlauf des neuen Straßenzuges wurde bereits im ersten Kapitel erläutert.

**Der Vorläufer der Floridsdorfer Brücke, die Franz-Josefs-Brücke, mit Blick gegen den 20. Bezirk. Auf der nur sechs Meter breiten Brücke verkehrte die Linie 31.**

1913 wurde mit dem Bau einer neuen Franz-Josefs-Brücke begonnen. Sie wurde knapp neben der alten Brücke errichtet, so daß der Verkehr nicht behindert wurde.

Während der Donauregulierung (1870–1875) wurde anstelle der alten, hölzernen Taborbrücke eine eiserne Gitterbrücke gebaut. Sie konnte, weil der Durchstich des neuen Strombettes erst am Ende der Regulierungsarbeiten erfolgte, im Trockenen gebaut werden. Diese Brücke war bloß 6,23 Meter breit und rund einen Kilometer lang. Der eiserne Überbau der Strombrücke saß auf drei Strom- und zwei Trennungspfeilern. Die Brücke war vier Millionen Kilogramm schwer und durfte von Wagen bis zu vierzehn Tonnen Gewicht befahren werden.

Aber das Verkehrsaufkommen stieg weiter und weiter. Neben den vielen Fuhrwerken – mehr als eine Million im Jahr – wurde über die Franz-Josefs-Brücke auch noch die Dampftramway geführt, die später von der „Elektrischen", der Linie 31, abgelöst wurde. Das Verkehrschaos ähnelte dem heutiger Tage. Die Brücke mußte durch eine breitere ersetzt werden.

Mit Gemeinderatsbeschluß vom 24. November 1911 wurden für den Brückenneubau zwölf Millionen Kronen bereitgestellt. Die neue Brücke war 24 Meter breit, hatte zwei Straßenbahngleise und durfte auch von schwereren Fahrzeugen benutzt werden als die alte. Während des

**1923: Die neue Floridsdorfer Brücke ist fast vollendet. Sie ist fast viermal so breit wie die noch immer neben ihr befindliche Franz-Josefs-Brücke.**

Neubaues wurde der Verkehr auf der bestehenden Brücke aufrechterhalten. Die ursprünglich mit vier Jahren vorveranschlagte Bauzeit wurde durch den Krieg wesentlich überschritten. Eröffnet wurde die neue Brücke am 8. November 1923. Erst im Sommer 1924 konnte Bürgermeister Karl Seitz die neue Brücke in die Obhut der Gemeinde Wien nehmen.

Am 14. April 1945, kurz nach Mitternacht, sprengten abziehende deutsche Truppen die Floridsdorfer Brücke. Auch die Nordwestbahnbrücke, die Nordbahnbrücke und die Stadlauer Brücke wurden zerstört. Die Floridsdorfer mußten, wenn sie ans rechte Donauufer wollten, über einen rasch errichteten Notsteg klettern. Nur die Reichsbrücke blieb während des Zweiten Weltkrieges unversehrt.

Auf Befehl des russischen Marschalls I. S. Konjev, dem Truppenbefehlshaber der 1. Ukrainischen Front, arbeiteten russische Pioniere gemeinsam mit österreichischen Arbeitern und Ingenieuren an der Wiederherstellung der Floridsdorfer Brücke. Zu Ehren des Truppenbefehlshabers der 2. Ukrainischen Front erhielt das Bauwerk den Namen Malinowskijbrücke. Seit dem 18. Juli 1956 ist wieder die Bezeichnung Floridsdorfer Brücke in Gebrauch.

Die anderen Donaubrücken im Bereich des 21. Bezirks wurden für den Eisenbahnverkehr gebaut. Die Trasse der 1837 eröffneten Nordbahn folgte ursprünglich dem Verlauf der Hauptstraße (siehe Plan auf Seite 162). Die Brücke über den Hauptstrom (heutige Alte Donau) lag in der Nähe der Straßenbrücke, also nahe der Großen Taborbrücke. Während der Donauregulierung entstand einige hundert Meter stromabwärts von der Franz-Josefs-Brücke (Floridsdorfer Brücke) eine neue Nordbahnbrücke. Sie war 773 Meter lang und wurde am 11. April 1874 dem Verkehr übergeben. Geplant wurde sie von Ober-Ing. Adolf Blau und Insp. Johann Hermann. Nach der Sprengung im Jahre 1945 lag die zweigleisige Brücke lange Zeit im Strom. Erst 1957 wurde sie für den geplanten Schnellbahnverkehr wiederhergestellt.

Die stromaufwärts der Franz-Josefs-Brücke gelegene Nordwestbahnbrücke wurde in den Jahren 1870 bis 1872 nach Plänen von Wilhelm Hellwag und Eduard Gerlich erbaut. Sie hatte eine Länge von 885 Meter. In den Jahren 1908 und 1909 wurde sie verbreitert, um auf

**Aus dem Jahre 1962 stammt dieses Foto, das die Nordwestbahnbrücke zeigt, die durch die Nordbrücke ersetzt wurde. Mit den Abbrucharbeiten wurde eben begonnen.**

ihr einen zweiten Schienenstrang führen zu können. Kurz vor Kriegsende wurde die Nordwestbahnbrücke beschädigt, doch konnte sie relativ rasch instand gesetzt werden: Schon am 23. August 1945 wurde sie wiedereröffnet.

Die von den Österreichischen Bundesbahnen ab 1960 nicht mehr benötigte Nordwestbahnbrücke wurde abgetragen und 1961 mit dem Bau einer Straßenverbindung über den Strom – der heutigen Nordbrücke – begonnen. Ende 1964 waren die Arbeiten abgeschlossen. Am 19. Dezember 1964 wurde die Brücke dem Verkehr übergeben.

Brücken und Bahnen hatten – wie die großen Ausfallstraßen – für den Aufschwung des Bezirks große Bedeutung. Am 23. November 1837 wurde das erste Teilstück der Kaiser-Ferdinand-Nordbahn offiziell eröffnet. In acht Wagen hatten 164 Personen Platz genommen.

**Am 19. November 1837 fand die erste Probefahrt der Kaiser-Ferdinand-Nordbahn statt. Die Fahrt war ein besonderes Ereignis für die ehrfürchtig staunende Bevölkerung.**

Die 13 Kilometer lange Strecke zwischen Floridsdorf und Deutsch-Wagram wurde in 24 Minuten zurückgelegt. Die ersten Probefahrten hatten allerdings schon am 19. November 1837 stattgefunden.

Zeitweise waren 12.000 Arbeiter beim Streckenbau der Kaiser-Ferdinand-Nordbahn beschäftigt. Und so konnte schon am 6. Jänner 1838 der reguläre Verkehr nach Deutsch-Wagram in vollem Umfang aufgenommen werden, im April 1838 konnte man gar schon mit dem Zug bis nach Gänserndorf reisen.

Eine solche Reise war nicht ganz einfach. Man mußte erstens eine Bahnsteigkarte und eine Fahrkarte lösen. Zweitens mußte man sich auf die Polizeistation bemühen, um dort einen Passierschein zu erbitten. Den mußte man, in Gänserndorf angekommen, „vidieren" lassen und am Tag nach der Rückkehr der Wiener Polizei persönlich zurückstellen.

Ab 7. Juli 1839 befuhr die Kaiser-Ferdinand-Nordbahn bereits die Strecke Wien–Brünn. Trotz aller bürokratischen Umständlichkeit, die eine Bahnfahrt mit sich brachte, ließen sich 1840 auf der Strecke Wien–Brünn 228.368 Personen befördern.

1883 wurde das seit 1838 bestehende hölzerne Bahnhofsgebäude an der Schloßhofer Straße durch ein größeres aus Stein ersetzt, und 1890 wurde in der Nähe ein eigener Verschubbahnhof, der Floridsdorfer Vorbahnhof, eröffnet. 1906 errichtete die Direktion der Bahn nahe bei der heutigen Weisselgasse ein neues Aufnahmsgebäude.

Während des Ersten Weltkrieges war der Floridsdorfer Bahnhof für den Frontnachschub ungemein wichtig. Deshalb wurde 1916 die Nordbahn mit der Nordwestbahn durch eine Gleisschleife, die sogenannte Hochbahn, verbunden. Im Zweiten Weltkrieg wurde sie durch Bomben zerstört und nicht wieder aufgebaut.

Das Schnellbahnprojekt wurde 1958 in Angriff genommen: Die Eisenbahnbrücken über die Schloßhofer Straße, über die Angerer Straße und über den Straßenzug An der oberen Alten Donau wurden erneuert. Im Frühjahr 1961 begann man mit dem Bau einer Überführung der Bahn an der Brünner Straße.

33 Jahre nach Eröffnung der Nordbahn, 1870, wurde in Floridsdorf eine zweite große Bahnlinie eröffnet. Sie entstand aus einer Flügelbahn der Kaiser-Ferdinand-Nordbahn. Die mit einem Aktienkapital von 36 Millionen Gulden ausgestattete „K. k. Österreichische Nordwestbahn" kaufte die Nordbahn-Zweiglinie Jedlesee–Stockerau. Die Gesellschaft verlängerte die Strecke über Znaim und Iglau nach Kolin und schloß die Linie an den Nordwestbahnhof im zweiten Wiener Gemeindebezirk an.

Am 1. Februar 1924 wurde der Personenverkehr auf der Nordwestbahnstrecke eingestellt. Er rentierte sich nicht. Es wurden nur noch Güter befördert. Erst während des Zweiten Weltkrieges wurde der Personentransport wiederaufgenommen. Die Nordwestbahnzüge waren bis 1960 unterwegs. Aber schon 1958 reifte der Plan, den gesamten Verkehr der Nordwestbahn mit jenem der Nordbahn als „Schnellbahn" über den Floridsdorfer Bahnhof zu leiten und die Strecke bis Stockerau zu elektrifizieren. An einem trüben und windigen Tag, dem 17. Jänner 1962, konnten die Floridsdorfer in ihrem neu erbauten Schnellbahnhof die erste Schnellbahngarnitur bestaunen.

Leistungsfähige Nahverbindungen gab es ab 1886. Am 7. Juni dieses Jahres wurden nämlich von der Dampftramway-Gesellschaft, vormals Krauss & Comp. drei Floridsdorfer Linien eröffnet. Es waren dies die Linie Wien–Floridsdorf–Stammersdorf, die Linie Floridsdorf–Kagran–Groß-Enzersdorf und die Abzweigung zur Rangierstation und zur Nordwestbahn.

Die Linie Wien–Floridsdorf–Stammersdorf begann bei der Salztorbrücke und führte über Jägerstraße–Stromstraße–Marchfeldstraße–Floridsdorfer Brücke–Floridsdorfer Hauptstraße–Floridsdorf am Spitz–Brünner Straße–Groß-Jedlersdorf bis nach Stammersdorf.

Die erste leistungsfähige Nahverbindung war die Dampftramway. Im Bild eine der Dampflokomotiven, die in Floridsdorf verkehrten und später durch die „Elektrische" abgelöst wurden. Die Dampflok wurde erstmals 1886 eingesetzt.

Die zweite Linie führte von Floridsdorf am Spitz über die Schloßhofer Straße–Donaufelder Straße–Kagraner Platz–Hirschstettner Straße–Aspernstraße–Aspern-Eßling bis nach Groß-Enzersdorf. Die dritte Linie führte von der Peitlgasse, dem Betriebsbahnhof der Dampftramway, bis zum Bahnhof Jedlesee der Nordwestbahn.

Am 18. Jänner 1910 befuhr zum erstenmal eine Garnitur der elektrischen Straßenbahn die Strecke Augartenbrücke bis zur Lokomotivfabrik an der Brünner Straße. Ab 17. Oktober 1911 fuhr die Elektrische über die Haltestelle Lokomotivfabrik hinaus zur Justgasse und ab 30. Dezember 1911 über Groß-Jedlersdorf bis zum Bahnhof Stammersdorf.

Der erste Autobus in Floridsdorf verkehrte ab 16. Oktober 1907 auf der Strecke Floridsdorf–Arbeiter-Unfallversicherungs-Häuser–Leopoldau–Kagran. Der Betrieb dieser Strecke war jedoch unrentabel, und so entschloß sich die Gemeinde Wien, auf dieser Strecke statt des Autobusses eine elektrische Straßenbahn verkehren zu lassen. Die erste Tramway (Linie 117) fuhr am 9. Mai 1917.

Ab 19. Jänner 1912 verkehrte die elektrische Straßenbahn zwischen Floridsdorf am Spitz und Jedlesee, ab 23. Jänner 1912 von Floridsdorf bis Kagran. Während des Ersten Weltkrieges, am 9. Mai 1917, wurde eine Linie in Betrieb genommen, die von der Fahrbachgasse über die Angerer Straße–Leopoldauer Straße zum Leopoldauer Platz führte. Am 29. September 1923 wurde die Verbindung Floridsdorf–Strebersdorf geschaffen, und am 4. Juni 1961 fuhr die Tramway zum erstenmal statt auf der Floridsdorfer Hauptstraße auf der Matthäus-Jiszda-Straße und Schöpfleuthnergasse.

Über die Streckenführung der einzelnen Linien gibt folgende Tabelle Auskunft:

**Linie 17**

| | |
|---|---|
| 23. 1. 1912–15. 2. 1945 | Floridsdorf–Kagran |
| 16. 2. 1945–12. 3. 1945 | Abweichungen infolge Bombenschäden |
| 25. 10. 1945–21. 11. 1945 | Hoßplatz–Stadlau, Ostbahn |
| 22. 11. 1945–10. 2. 1946 | Hoßplatz–Kagran |
| 11. 2. 1946– 3. 9. 1971 | Floridsdorf–Kagran |

**Linie 117**

| | |
|---|---|
| 9. 5. 1917–14. 2. 1945 | Floridsdorf–Leopoldau |
| 15. 6. 1946–26. 3. 1961 | Floridsdorf–Leopoldau |

**Linie 217**

| | |
|---|---|
| 23. 1. 1922–20. 5. 1933 | Kagran–Aspern |
| 21. 5. 1933–19. 11. 1938 | Kagran–alte Gemeindegrenze |
| 20. 11. 1938–12. 3. 1945 | Kagran–Eßling, Schule |
| 13. 6. 1963–11. 4. 1965 | Kagran–Aspern, Flugfeld |
| 16. 7. 1966–30. 8. 1970 | Floridsdorf–Englisch-Feld |

**Linie 317**

| | |
|---|---|
| 23. 1. 1922–17. 12. 1944 | Kagran–Groß-Enzersdorf |
| 18. 12. 1944– 6. 4. 1945 | Abweichungen infolge Bombenschäden |
| 15. 11. 1945–15. 7. 1966 | Kagran–Groß-Enzersdorf |
| 16. 7. 1966–30. 8. 1970 | Floridsdorf–Groß-Enzersdorf |

**Linie 17A**

| | |
|---|---|
| 27. 3. 1961–10. 4. 1970 | Floridsdorf–Leopoldau |

**Linien 25, 25K, 25R**

| | |
|---|---|
| 18. 9. 1976– | Praterstern–Schnellbahnstation Leopoldau |

**Linie 29**

| | |
|---|---|
| 21. 8. 1955–28. 5. 1961 | Radetzkystraße–Peitlgasse |

**Linie 31**

| | |
|---|---|
| 18. 1. 1910–16. 10. 1911 | Augartenbrücke–Floridsdorf |
| 17. 10. 1911– 4. 12. 1911 | Augartenbrücke–Groß-Jedlersdorf |
| 5. 12. 1911–29. 12. 1911 | Stadtbahn Schottenring–Groß-Jedlersdorf |

| 30. 12. 1911–15.  5. 1927 | Stadtbahn Schottenring–Stammersdorf |
| 16.  5. 1927– 9.  7. 1932 | Stadtbahn Schottenring–Floridsdorf |
| 10.  7. 1932–14. 11. 1938 | Stadtbahn Schottenring–Peitlgasse |
| 15. 11. 1938–15.  6. 1944 | Stadtbahn Schottenring–Floridsdorf |
| 16.  6. 1944–12.  3. 1945 | Abweichungen infolge Bombenschäden |
| 23.  7. 1945–12.  1. 1946 | Obere Donaustraße–Engelsplatz |
|  9.  8. 1945– 2.  9. 1945 | Hubertusdamm–Floridsdorf |
| 12.  1. 1946–18.  5. 1946 | Stadtbahn Schottenring–Engelsplatz |
| 14. 10. 1946– 1.  8. 1953 | Stadtbahn Schottenring–Floridsdorf |
|  2.  8. 1953–12. 10. 1965 | Stadtbahn Schottenring–Peitlgasse |
|  4.  6. 1961–12. 10. 1965 | über Schöpfleuthnergasse |

**Linie 131**

| 16.  3. 1921–15.  5. 1927 | Wallensteinplatz–Groß-Jedlersdorf |

**Linie 231**

| 16.  5. 1927– 9.  7. 1932 | Radetzkystraße–Groß-Jedlersdorf |
|  7.  7. 1941–15.  6. 1944 | Stadtbahn Schottenring–Groß-Jedlersdorf |
| 18.  6. 1944–19.  2. 1945 | Abweichungen infolge Bombenschäden |
|  3.  9. 1945–18.  5. 1946 | Hubertusdamm–Groß-Jedlersdorf |
| 19.  5. 1946– | Stadtbahn Schottenring–Groß-Jedlersdorf |
|  4. 6. 1961– | über Schöpfleuthnergasse |

**Linie 331**

| 16.  5. 1927–15.  6. 1944 | Stadtbahn Schottenring–Stammersdorf |
| 16.  6. 1944–21.  2. 1945 | Abweichungen infolge Bombenschäden |
| 19.  9. 1945–15. 10. 1945 | Groß-Jedlersdorf–Stammersdorf |
| 16. 10. 1945–18.  5. 1946 | Hubertusdamm–Stammersdorf |
| 19.  5. 1946– | Stadtbahn Schottenring–Stammersdorf |
|  4. 6. 1961– | über Schöpfleuthnergasse |

**Linie 31/5**

| 5.  6. 1928– 9.  7. 1932 | Mariahilfer Straße–Floridsdorf |
| 11.  7. 1932–27.  9. 1938 | Mariahilfer Straße–Groß-Jedlersdorf |
| 28.  9. 1938–27.  1. 1940 | Hernals, Teichgasse–Groß-Jedlersdorf |
| 29.  1. 1940–15.  6. 1944 | Alser Straße–Groß-Jedlersdorf |
| 16.  6. 1944–21.  2. 1945 | Abweichungen infolge Bombenschäden |
| 20.  5. 1946–13. 10. 1946 | Alser Straße–Floridsdorf, Peitlgasse |
| 14. 10. 1946–17.  8. 1952 | Alser Straße–Floridsdorf, Am Spitz |
| 18.  8. 1952–12. 12. 1952 | Nußdorfer Straße–Floridsdorf, Peitlgasse |
| 13. 12. 1952– 2. 11. 1959 | Alser Straße–Floridsdorf, Peitlgasse |
|  3. 11. 1959–14.  1. 1961 | Stadtbahn Josefstädter Straße–Peitlgasse |
| 16.  1. 1961– 3.  6. 1961 | Stadtbahn Josefstädter Straße–Am Spitz |
|  5.  6. 1961– | Stadtbahn Josefstädter Straße–Schöpfleuthnergasse |

**Linie 32**

| | | |
|---|---|---|
| 19. 1. 1912– 7. 8. 1938 | Floridsdorf, Am Spitz–Jedlesee |
| 13. 1. 1946– 3. 3. 1946 | Floridsdorf, Am Spitz–Jedlesee |

**Linie 132**

| | | |
|---|---|---|
| 29. 9. 1923–16. 11. 1944 | Floridsdorf, Am Spitz–Strebersdorf |
| 30. 11. 1944–12. 3. 1945 | Abweichungen infolge Bombenschäden |
| 4. 3. 1946–11. 4. 1954 | Floridsdorf, Am Spitz–Strebersdorf |
| 12. 4. 1954– 3. 6. 1961 | Stadtbahn Schottenring–Strebersdorf |
| 4. 6. 1961– | über Schöpfleuthnergasse |

**Autobuslinien**

**Linie 27 A**

| | |
|---|---|
| 4. 9. 1971– | Aspern–Schnellbahnhof Floridsdorf |

**Linie 28**

| | |
|---|---|
| 11. 4. 1970–30. 7. 1971 | S-Bahn Floridsdorf–S-Bahn Leopoldau |

**Linie 28 A**

| | |
|---|---|
| 31. 7. 1971–17. 9. 1976 | Schnellbahnhof Floridsdorf–Kagran |
| 18. 9. 1976– | S-Bahn Floridsdorf–S-Bahn Leopoldau |

**Linie 30 A**

| | |
|---|---|
| 31. 7. 1971– 3. 9. 1972 | Nordrandsiedlung–Ruthnergasse |
| 4. 9. 1972– | Nordrandsiedlung–Jochbergengasse |

**Linie 32 A**

| | |
|---|---|
| 6. 9. 1976– | Leopoldauer Platz–Strebersdorf |

**Linie 34 A**

| | |
|---|---|
| 17. 1. 1977– 1. 4. 1977 | Nußdorfer Straße–Am Spitz (Provisorium) |
| 2. 4. 1977– | ständige Einrichtung |

Von privaten Autobusunternehmen werden in Tarifgemeinschaft mit den Verkehrsbetrieben geführt:

**Linie 29 b** – Schnellbahnhof Floridsdorf–Bruckhaufen
**Linie 31 b** – Stammersdorf–Stammersdorfer Zentralfriedhof
**Linie 32 b** – Schnellbahnhof Floridsdorf–Schwarzlackenau

Allzuschnell hat man vergessen, was Arbeitern in früherer Zeit abverlangt wurde. Die Straßenbahner sind dafür ein gutes Beispiel. Als noch nicht die „Elektrische", sondern die Dampftramway durch einige Floridsdorfer Straßen fuhr, nannte man die Bediensteten der Wiener Dampftramway-Gesellschaft „weiße Sklaven". Daß dieser Ausdruck berechtigt war, kann man in einer Jänner-Ausgabe der „Floridsdorfer Zeitung" des Jahres 1895 nachlesen. Unter dem Titel „Unsere Dampftramway" schildert der Redakteur die erbärmlichen Zustände:

„Wenn die Direction der Dampftramway-Gesellschaft, vormals Krauss & Comp. gegenüber dem Publicum die souveränste Mißachtung an den Tag legt, so bekundet sie gegenüber ihren Bediensteten eine Härte und Grausamkeit, die allen Begriffen von Menschlichkeit Hohn spricht. Man hat einmal die Bediensteten der Wiener Tramway-Gesellschaft ,weiße Sclaven' genannt; aber jeder Einzelne der Bedauernswerthen, welche im Dienste der Dampftramway frohnden und schanzen müssen, könnte sich glücklich schätzen, wenn sein Schicksal nur jenem dieser ,weißen Sclaven' gliche.

Wir wollen heute nur von den Conducteuren, Maschinführern und Heizern sprechen und den sogenannten Beamten ein späteres Capitel widmen.

Die Conducteure beziehen einen Taglohn von fl. 1.20 bis fl. 1.30, die Heizer einen solchen von fl. 1.10, die Maschinführer sind besser entlohnt und beziehen auch noch Meilengelder und Prämien für die Kohlenersparniß. Aber welche Leistungen werden den armen, ausgebeuteten Menschen für diesen Hungerlohn zugemuthet! Dem industriellen Arbeiter ist noch die elfstündige Arbeitszeit zuviel, die Bediensteten der Dampftramway aber stehen 16 bis 18 Stunden ununterbrochen in einem ermüdenden und verantwortungsvollen Dienste – die Maschinführer und Heizer oft sogar 19 Stunden, da sie die Säuberung, Anheizung und das Kaltmachen der Maschine zu besorgen haben.

Aber die Direction ist menschlich! Sie gewährt zweimal im Monate ihren Bediensteten einen freien Tag. Das ist doch ein Act von erstaunlicher Großmuth! Allein nichts ist bezeichnender für die unmenschliche Ausbeutung, die bei dieser Gesellschaft besteht, als die Art, wie die Wohltat dieses Ruhetages verkürzt und beschnitten wird. Die Eintheilung des Dienstes ist eine so vortreffliche, daß der freie Tag nicht etwa regelmäßig auf je 14 Diensttage fällt, sondern oft erst nach 20 oder 21 Diensttagen gewährt wird. Man versetze sich in die Lage eines Menschen, der nach dreiwöchentlichem, alle körperlichen und geistigen Kräfte anspannenden Dienste von täglich 16 bis 18 Stunden sich endlich 24 Stunden ausschnaufen kann. Dem lieben Vieh sogar kommt das göttliche Gebot des wöchentlichen Ruhetages zu statten, die Bediensteten der Dampftramway aber sind dreimal schlechter dran als das liebe Vieh. Dreimal? O, es ist noch weit schlimmer, denn der Gaul, der da ackert und der Ochs, der da drischt, bekommt auch am Sonntag sein Futter, der Conducteur und der Maschinführer aber bekommt für seinen freien Tag nicht einen Heller bezahlt. Dafür, daß er drei Wochen geschunden wird, muß er sich seine Erholung noch selbst bezahlen. Das ist nicht mehr menschlich, das ist schon teuflisch!

Die in Floridsdorf angesiedelten Lohner-Werke produzierten unter anderem auch
Flugzeuge und Automobile, wie den Lohner-Pfeil (Bild oben) und den Lohner-Porsche. Die Aufnahme des ersten Floridsdorfer Autobusses (Bild unten) wurde 1903
gemacht. Am Steuer des Wagens sitzt Ing. Ferdinand Porsche.

Aber mit dieser Auspressung gibt sich die Gesellschaft noch nicht zufrieden. Thatsächlich steht der Lohn von fl. 1.20 bis fl. 1.30 nur auf dem Papiere, denn in Wirklichkeit sind die Bezüge der Bediensteten infolge der drakonischen Strafbestimmungen noch weit geringere. Für das kleinste Versäumniß, das unbedeutendste Versehen, so z. B. für eine Verspätung von nur 5 Minuten bei Antritt des Tagesdienstes, für die unterlassene Coupirung einer Karte etc., tritt ein strafweiser Lohnabzug von fl. 2 ein. Die 2 fl.-Strafen sind eine stehende Regel bei der Dampftramway. Man legt den Leuten also eine höhere Strafe auf, als ihr Taglohn beträgt – das ist geradezu himmelschreiend.

Und einem Personale, das auf solche Weise bis auf die Knochen ausgepreßt wird, einem Personale, dem man nicht nur den Schlaf, sondern auch die Möglichkeit einer nur halbwegs ausreichenden Ernährung entzieht, ist die Sicherheit Tausender und Abertausender anvertraut. Diese Leute sind wahrhaftig Helden von Geduld und Ausdauer, und es ist schier unbegreiflich, daß sie mit solcher musterhafter Pünktlichkeit und Hingebung ihren Dienst verrichten können. Es wäre fürwahr kein Wunder, wenn ein Maschinführer Abends auf seiner Maschine entkräftet zusammenbräche und ein Conducteur unfähig wäre, in einem kritischen Augenblicke die Bremse zu handhaben. Kann man denn von einem Menschen nach achtzehnstündigem, aufreibendem Dienste erwarten, daß er noch die nöthige Spannkraft und Geistesgegenwart hat, eine Gefahr zu erkennen und ihr rechtzeitig vorzubeugen?

All das sind Dinge, welche den Controlbehörden genauso bekannt sind wie uns. Jede andere Gesellschaft wäre längst gezwungen worden, ihr Personale zu vermehren und seine Bezüge zu erhöhen – die Dampftramway aber erfreut sich einer Ausnahmsstellung, die vielleicht darin ihren Grund hat, daß ihr Chef nach unten hin die berüchtigte norddeutsche ‚Schneidigkeit' hervorkehrt, nach oben hin den Rükken besser zu krümmen weiß als jeder Österreicher. Uns imponirt freilich weder das eine noch das andere, und wir werden auf die Dienstverhältnisse bei der Dampftramway noch in weiteren, auf verläßlichsten Informationen beruhenden Artikeln zurückkommen, in denen wir die volle Wahrheit aufdecken wollen."

Bei der Kaiser-Ferdinand-Nordbahn lebten die Arbeiter auch nicht besser. Für KFNB, die Abkürzung von Kaiser-Ferdinand-Nordbahn, setzten die Floridsdorfer, die dort schuften mußten, die Worte: Kein Fleisch, Nur Brot. Erst als die Nordbahn 1906 verstaatlicht und der Straßenbahnbetrieb 1902 von der Gemeinde übernommen wurde, besserten sich die Arbeitsbedingungen.

Das erste brauchbare Dampfschiff, „Franz I.", lief am 26. Juli 1830 in Donaufeld vom Stapel. Gebaut haben es die Engländer John Andrews und Joseph Prichard.

In Floridsdorf wurde nicht nur die erste Dampfeisenbahn Österreichs eröffnet, hier siedelte sich auch die Wiener Lokomotivfabrik – die größte Österreichs – an. Außerdem waren die Lohnerwerke hier zu Hause, eine Firma, die von der Kutsche über den Porsche-Wagen bis zum Flugzeug alles produzierte. In Floridsdorf befand sich auch die Petroleumfabrik des Dr. Pilz (später Shell), eine der ältesten Raffinerien Europas.

Auch das erste brauchbare Dampfschiff lief in Floridsdorf, genauer gesagt in Donaufeld, vom Stapel. Das Schiff hieß „Franz I." und wurde am 26. Juli 1830 ins Wasser gelassen. Es wurde im Auftrag der 1829 gegründeten Donau-Dampfschiffahrts-Gesellschaft von den Engländern Andrews und Prichard im Mühlschüttelarm der Donau gebaut. Die

Das Dampfboot „Charlotte", im Volksmund „Propeller" genannt, brachte einige Jahre lang Personen vom Floridsdorfer Donauufer nach Nußdorf. Der Fährbetrieb war jedoch unrentabel und wurde deshalb in den fünfziger Jahren eingestellt.

189

Strecke Wien–Budapest legte das Schiff zum erstenmal am 4. und 5. September 1830 zurück. Für die Talfahrt benötigte es von da an durchschnittlich etwas mehr als 14 Stunden, die Bergfahrt dauerte rund 48 Stunden.

Auch der Flughafen Aspern, bis 1945 Verkehrsflughafen von Wien, gehörte bis 1938 zum Floridsdorfer Gebiet. Er wurde am 3. August 1920 offiziell eröffnet, am 4. Mai 1945 fast vollständig zerstört. In der Nachkriegszeit war der Asperner Flughafen von den Russen besetzt, später wurde er den Sportfliegern zur Verfügung gestellt, im März 1977 aber für den Flugbetrieb gesperrt.

# Pflichtschulen in Floridsdorf

Im Mittelalter wurde bloß in Klöstern unterrichtet. Hauptziel war, Geistliche heranzubilden. Später wurden kirchliche Schulen an den Domen und in Großpfarren errichtet. Noch vor Beginn der Reformation, jener christlichen Glaubensbewegung des 16. Jahrhunderts, die zur Gründung der evangelischen Kirche führte, erstreckten sich diese Bildungseinrichtungen über alle Altpfarren der Städte Österreichs. Um 1580 waren bereits drei Viertel der Bevölkerung Österreichs und fast der ganze Adel protestantisch. Der Glaubensstreit führte zum Niedergang des Schulwesens. Doch schon bald, vor allem im Zuge der Gegenreformation, blühte das Schulwesen auf. Jesuiten und Piaristen waren mit großem Einsatz an ihren Schulen tätig, in den Städten wurden neue geistliche Schulen errichtet, und auf dem Land dehnten sich die Pfarrschulen auf die großen Pfarrfilialen aus. Aber erst in der Mitte des 18. Jahrhunderts begann der Staat, das Schulwesen zu fördern und zu verbessern. Maria Theresia und Josef II. bemühten sich um eine Reform. 1774 wurde die „Allgemeine Schulordnung" geschaffen.

Bis zu dieser Theresianischen Schulordnung gab es auch im Floridsdorfer Gebiet kein geregeltes Schulwesen. Die Kinder der Dorfbewohner besuchten bis dahin die Schule ihrer Pfarrgemeinde, sofern die Eltern daran interessiert waren und das Schulgeld bezahlen konnten. In den damaligen Schulen wurden die Kinder aber mehr schlecht als recht unterrichtet, denn die Lehrer waren nur mangelhaft gebildet und ausgebildet. Neben ihrer schulischen Tätigkeit mußten sie zumeist den Chorleiter- und Mesnerdienst versehen. Und oft unterrichteten Menschen ohne jede Qualifikation: ausgediente Soldaten, Kaufleute und Gastwirte besserten ihr Einkommen durch Schuldienste auf.

Die neue Schulordnung, die nach wie vor die Pfarrschulen zu ihrer Grundlage hatte, konnte das Schulwesen nicht wesentlich verbessern, da sie nicht dazu beitrug, die personellen und räumlichen Schwierigkeiten zu beheben. Doch immerhin gab es auf Floridsdorfer Gebiet schon damals Schulen, in denen zumindest Lesen, Schreiben und Rechnen gelehrt wurden. Der Bevölkerung wurde damit eine bescheidene Bildung ermöglicht.

Die Geburtsstunde des öffentlichen Schulwesens schlug 1869, als Österreich das „Reichsvolksschulgesetz" erhielt, das damals beste und modernste Schulsystem Europas. Im „Reichsvolksschulgesetz" wurde die allgemeine Schulpflicht vom sechsten bis zum vierzehnten Lebensjahr verankert, ein neuer Lehrplan wurde eingeführt, und man schuf in den Städten dreiklassige Bürgerschulen. Die Lehrer wurden ab 1869 in vierklassigen Lehrerbildungsanstalten auf ihren Beruf vorbereitet. Dieses Schulsystem war zwischen 1938 und 1945 außer Kraft gesetzt. Im wesentlichen bestand es jedoch, von geringfügigen Verbesserungen abgesehen, bis zum neuen Schulgesetz des Jahres 1962.

### Schulen in Jedlesee

Die 1782 urkundlich genannte und im Kapitel „Jedlesee" erwähnte Schule befand sich bis 1839 neben der Lorettokirche. Dann wurde sie in die herrschaftliche Meierei in die Kirchengasse (heute Wenhartgasse) verlegt. 1864 gab die Pfarre diese Schule an die Gemeinde ab. Zwei Jahre später wurde hier der Ganztagsunterricht eingeführt. Durch den Bau der Nordwestbahn zogen viele Menschen zu. Die Jedleseer Schule mußte mehrmals vergrößert und die Zahl der Klassen erhöht werden. 1893–1895 wurde der Gassentrakt neu gebaut.

Diese Jedleseer Schule existierte bis 1968. Die unzulänglichen Räumlichkeiten genügten den Anforderungen aber in keiner Weise, und so wurde die Schule in ein neu erbautes, modernes Gebäude in die Autokaderstraße verlegt. In das alte Haus zog eine Allgemeine Sonderschule ein. Heute befindet sich dort nur noch eine Expositur der Sonderschule Coulombgasse 9.

Die Volksschule Schillgasse 31 wurde in den Jahren 1912/13 erbaut und am 16. September 1913 eröffnet. Während des Zweiten Weltkrieges beherbergte sie ein Reservelazarett der Deutschen Wehrmacht. Erst im Mai 1947 wurde sie von der russischen Besatzungsmacht freigegeben.

Die Volksschule Coulombgasse 9 wurde 1952 fertiggestellt und 1963 erweitert, die Volksschule Dunantgasse 2 wurde 1966 eröffnet.

1898/99 entstand in der Jubiläumsstraße (heute Deublergasse 19

Die Volksschule in der Kuenburggasse wurde am 18. September 1876 eröffnet. Sie und der angrenzende Kindergarten wurden 1945 bei einem Bombenangriff zerstört.

und 21) eine Bürgerschule für Knaben. Ab 1900 befand sich im gleichen Haus für längere Zeit auch eine Volksschule für Knaben und Mädchen. Heute sind dort zwei Hauptschulen für Knaben und Mädchen untergebracht.

Die Volksschule Dunantgasse 2 und die Hauptschulen Deublergasse 19 und 21 befinden sich eigentlich in der Katastralgemeinde Groß-Jedlersdorf II, doch werden sie auf Grund ihres Einzugsgebietes zu den Jedleseer Schulen gezählt.

## Schulen in Jedlersdorf

In Jedlersdorf bestand schon seit 1766 eine Schule. Wegen der zahlreichen Wallfahrer, die „Klein-Maria-Taferl" besuchten, war sie gleichzeitig ein Wirtshaus. Sie wurde 1809 von den Franzosen zerstört, aber fünf Jahre später von der Gemeinde wieder aufgebaut. 1870 mußte wegen der vielen zugezogenen Familien das neben dem Schulhaus liegende Gebäude angekauft und zu einem Schulhaus umgestaltet werden.

Mit Beginn des Schuljahres 1907/08 übersiedelte die Jedlersdorfer Volksschule I aus der Amtsstraße 25 in das neu erbaute Schulhaus Brünner Straße 139. Wegen der hohen Schülerzahl mußte aber auch das alte Schulgebäude in der Amtsstraße vorübergehend wieder benützt werden.

Neben dieser Jedlersdorfer Volksschule I in der Amtsstraße wurde 1875 im Gebiet von „Neu-Jedlersdorf", in der Kuenburggasse 1, eine

193

Die Jubiläumsschule in der Deublergasse besteht heute noch. Das bei einem Bombenangriff zerstörte Dach wurde jedoch nicht mehr in derselben Art errichtet.

zweite Volksschule errichtet. Der Jedlersdorfer Volksschule II wurden 1882 der Kronprinz-Rudolf-Kindergarten – gestiftet vom Brauereibesitzer Georg Mautner Markhof – und 1886 eine gewerbliche Fortbildungsschule angeschlossen. Die Jedlersdorfer Volksschule II war eine der größten im ganzen Gebiet. 1884 gab es dort 13 Klassen mit insgesamt 900 Schülern. 1887 wurde die Schule in eine fünfklassige Knabenvolksschule und eine fünfklassige Mädchenvolksschule geteilt. In der Zwischenkriegszeit waren dort neben einer Volksschule eine Schule für Tschechisch sprechende Kinder und eine Hilfsschule (Sonderschule) untergebracht. Im Zweiten Weltkrieg wurde das Schulgebäude durch Bomben zerstört und nicht wieder aufgebaut. An seiner Stelle wurde der Marie-Schuller-Park angelegt.

Die Volksschule Berzeliusgasse 2 wurde 1963 eröffnet, die Volksschule Jochbergengasse 13 sieben Jahre später.

Die erste Jedlersdorfer Bürgerschule wurde von 1910 bis 1912 im alten Volksschulgebäude Amtsstraße 25 untergebracht. 1912 wurde in der Siemensstraße 15 (heute Reisgasse 1) eine Doppelbürgerschule fertiggestellt. Fortan wurde dort unterrichtet. 1972 wurde in Jedlersdorf die Hauptschule Jochbergengasse 13 eröffnet.

### Schulen in Strebersdorf

Bis 1845 besuchten die Strebersdorfer Kinder die Pfarrschule in Stammersdorf. Dann wurde innerhalb eines Vierteljahres auf einem vom Stift Klosterneuburg zur Verfügung gestellten Grund eine Schule errichtet. 1877 wurde das Gebäude beim Strebersdorfer Schloß durch einen Zubau erweitert.

1902 wurde die Volksschule Dr.-Albert-Geßmann-Gasse 32 eröffnet. 1959 und 1964 hat man sie durch Pavillons, die heute teilweise der Sonderschule Coulombgasse zur Verfügung stehen, erweitert.

Die Volksschule Irenäusgasse wurde 1970 eröffnet.

Von 1965 bis 1972 befand sich im Haus Roda-Roda-Gasse 5 eine Volksschule für Knaben und Mädchen. Sie wurde aufgelassen. Die im selben Gebäude untergebrachte Hauptschule besteht seit 1966.

In Strebersdorf gibt es auch noch zwei private Volks- und Hauptschulen: In der Anton-Böck-Gasse 20 ist seit 1889 die Kongregation der Brüder der Christlichen Schulen tätig, und in der Mayerweckstraße 1 befindet sich seit 1969 die Übungsschule der Pädagogischen Akademie der Erzdiözese Wien.

### Schulen in Stammersdorf

Die Stammersdorfer Kinder mußten lange Zeit nach Engelbrechtsdorf (Klein-Engersdorf) zur Schule gehen. Möglicherweise wurde aber schon gegen Ende des 15. Jahrhunderts in Stammersdorf mit dem Unterricht begonnen. Sicher ist, daß das Wiener Schottenkloster, dem die 1540 zur eigenen Pfarre erhobene St.-Nikolaus-Kapelle unterstand, eine Schule führte. Sie befand sich am Ende der Kirchengasse (heute Liebleitnergasse) unterhalb der auf einer Steilstufe stehenden Wehrkirche. Gegen Ende des 18. Jahrhunderts wurde der gegenüberliegende Pfarrhof in eine Schule umgewandelt und in der Folge erweitert.

Diese alte Schule in der Kirchengasse, an der seit 1921 auch der Bürgerschulunterricht stattfand, wurde bis 1958 benutzt.

Das neue Schulgebäude in der Dr.-Skala-Straße 43 bis 45 wurde 1957 bezogen. In ihm befinden sich eine Volksschule und eine Hauptschule.

### Schulen in Leopoldau

Nachdem etwa ab 1600 im Leopoldauer Gemeindearmenhaus und im Gemeindegasthaus Kinder von Handwerkern, Kaufleuten oder vom Wirt unterrichtet wurden, entschloß sich die Pfarre im Jahre 1730, eine Schule einzurichten. Den Lehrer ernannte und bezahlte das Stift Klosterneuburg. Diese stiftliche Schule bestand bis 1865, dann wurde sie der Gemeinde übertragen.

1871 errichtete die Gemeinde ein einstöckiges Schulhaus, dem vierundzwanzig Jahre später ein zweites Stockwerk zugebaut wurde. Im Jahre 1900 wurde am Leopoldauer Platz 77 ein neues Schulhaus errichtet. Diese Volksschule diente mehr als ein halbes Jahrhundert lang ihrem Zweck. Während des Zweiten Weltkrieges mußten die Schüler jedoch in die Hauptschule Aderklaaer Straße 2 umziehen, weil die akute Kohlenknappheit die Beheizung von zwei Schulgebäuden unmöglich machte.

Kurz nach dem Einmarsch der Russen kehrten die Schüler in das alte Schulhaus zurück. Im Hoftrakt wurden die Hauptschüler unterrichtet, im Vorderhaus die Volksschüler. Im nächsten Schuljahr bezogen vier Volksschulklassen wieder die Schule in der Aderklaaer Straße, während sieben Klassen im alten Gebäude verblieben. Diese Teilung währte bis zum Schuljahr 1950/51, dann wurden die Klassen der Hauptschule Aderklaaer Straße 2 aufgelöst, und es wurde nur noch die alte Schule neben der Kirche verwendet. 1962/63 wurde diese Schule jedoch wegen Baufälligkeit geräumt, und die Schüler gingen in die Volksschule Aderklaaer Straße 2.

Weitere Volksschulen und ihr Eröffnungsjahr: Lavantgasse 35 (1949), Pastorstraße 29 (1968), Großfeldstraße (1971), Herzmanovsky-Orlando-Gasse (1971), Dopschstraße 25/I (1972), Dopschstraße 25/II (1974), Wassermanngasse I (1974), Wassermanngasse II (1975).

Neben der bereits 1939 eröffneten Hauptschule Aderklaaer Straße 2 gibt es in Leopoldau die Hauptschule Pastorstraße 29, eine integrierte Gesamtschule. Es ist dies eine Schulform für alle Zehn- bis Vierzehnjährigen, mit Ausnahme der Sonderschüler; der Unterricht erfolgt in Leistungsgruppen mit bestmöglicher Förderung der einzelnen Schüler. Diese Schule wurde 1970 eröffnet. Außerdem gibt es in Leopoldau noch drei weitere Hauptschulen: Adolf-Loos-Gasse I, 1973 eröffnet, Adolf-Loos-Gasse II, 1975 eröffnet, und die Hauptschule Herzmanovsky-Orlando-Gasse 11, die 1972 eröffnet wurde.

## Schulen in Donaufeld

1873, als der heutige Bezirksteil Donaufeld noch Neu-Leopoldau hieß, wurde dort die erste Schule eröffnet. Sie befand sich am Bismarckplatz 4 (heute Hoßplatz) und im Saal des Gastwirtes Schreiner (heute Donaufelder Straße 8). Rund 600 Schüler wurden hier in einer Art Schichtbetrieb unterrichtet. 1877 wurde das heutige Haus Donaufelder Straße 10 zu einer fünfklassigen Doppelvolksschule für Knaben und Mädchen umgebaut. Die Schule war bald überfüllt, und es mußte Halbtags- und Wechselunterricht eingeführt werden. In der schulfreien Zeit schickten die armen Leute ihre Kinder auf die Wiener Miststätte am Bruckhaufen. Sie wurden zu Hadernsammlern und Koksstierern.

Das veranlaßte die Gemeinde, 1885 eine neue Schule zu bauen.

Am 15. September 1885 wurde am heutigen Kinzerplatz eine Doppelvolksschule eröffnet. Im Vordergrund ist noch der Teil eines alten Donauarmes zu sehen.

Diese Doppelvolksschule befand sich am Ufer des Mühlschüttelarmes der Donau, in der Schulgasse 19 (später Kirchenplatz 10, heute Kinzerplatz 9). 1890 besuchten bereits je rund 1000 Knaben beziehungsweise Mädchen die beiden Schulen. Deshalb mußte die alte Schule in der Donaufelder Straße wieder in Betrieb genommen werden.

1892 wurde ein weiteres Doppelschulgebäude errichtet: Zwischen Ostmarkgasse und Kaiserin-Elisabeth-Straße (heute Mengergasse) entstand die „Stephanieschule". Im Jahre 1900 wurde der Schule ein „Kindergarten mit Bewahranstalt" angeschlossen. Heute befinden sich im Gebäude der ehemaligen „Stephanieschule" die Volksschule Ostmarkgasse 30 und die Hauptschule Mengergasse 33.

Die Zahl der schulpflichtigen Kinder stieg weiter an. 1903/04 wurde die Schule am Kirchenplatz (heute Kinzerplatz) erweitert. Der Zubau entstand an der Ecke Kirchenplatz-Vereinsstraße (heute Theodor-Körner-Gasse). Aus dieser Schule ging später die Volksschule Theodor-Körner-Gasse 25 hervor (Schülerzahl: 700 bis 800 Mädchen jährlich). Am 12. März 1945 wurde ein Teil des Gebäudes durch amerikanische Bomben zerstört.

1970 wurde in Donaufeld, in der Prießnitzgasse 1, eine weitere Volksschule eröffnet. Diese Schule ersetzte die aufgelassene Floridsdorfer Schule in der Leopold-Ferstl-Gasse 9.

197

Alle Honoratioren der näheren und weiteren Umgebung versammelten sich im Jahre 1908 zur Eröffnung des neuen Schulgebäudes in der Kahlgasse 8.

Während die Knaben bis 1899 die Floridsdorfer Bürgerschule besuchten und von 1899 bis 1901 gar in die Jubiläumsschule (heute Deublergasse) gehen mußten, konnten die Donaufelder Mädchen ab 1892 die Bürgerschule in der Ostmarkgasse besuchen. Erst ab dem Schuljahr 1901/02 stand die „Stephanieschule" beiden Geschlechtern offen.

1908 beziehungsweise 1909 wurde die „Stephanieschule" geteilt. Die Knabenbürgerschule übersiedelte in das neue Schulgebäude Kahlgasse 8, die Mädchen bezogen das Schulhaus Rudolfstraße 45 (heute Franklinstraße). Diese beiden Schulen wurden während des Zweiten Weltkrieges von Prim. Dr. Josef Riese in ein Reservelazarett der Deutschen Wehrmacht umgewandelt und sind seit 1945 Teile des Floridsdorfer Krankenhauses, das fast drei Jahrzehnte lang von Primarius Dr. Wolfgang Riese geleitet wurde.

1941 wurde die Mädchen-Hauptschule Franklinstraße in die Mengergasse 33 verlegt, während die Knaben der Schule Kahlgasse in die Ostmarkgasse 30 umzogen. Im September 1958 wurde wieder gewechselt: Die Knaben-Hauptschule übersiedelte in das Gebäude Kinzerplatz 9, während die dort ansässige Volksschule in die Ostmarkgasse verlegt wurde.

## Schulen in Floridsdorf

1793 ersuchte der Floridsdorfer Gemeinderat das Klosterneuburger Stift, eine Schule bauen zu dürfen. Propst Floridus Leeb und auch die niederösterreichische Landesregierung gaben dazu ihre Zustimmung. Die erste Schule Floridsdorfs wurde im Haus des Ortsrichters Moosbrugger in der Hauptstraße errichtet.

1805 erbaute die Gemeinde in der Schloßhofer Straße 6 ein einklassiges, ebenerdiges Schulhaus, in dem an Vormittagen die Oberstufe und an Nachmittagen die Unterstufe unterrichtet wurde. 1842, als es bereits mehr als 200 Schüler gab, baute man ein zweites Stockwerk. 1868 und 1874 wurde das Haus neuerlich vergrößert.

Viele Arbeiterfamilien zogen zu, und so entschloß man sich 1891, die Doppelvolksschule Leopold-Ferstl-Gasse–Schöpfleuthnergasse zu bauen. 1903 wurde der Doppelschule der Kaiser-Franz-Josefs-Kindergarten angegliedert.

Die Doppelvolksschule war fast 80 Jahre in Verwendung. Als 1966 das neue Schulgebäude in der Dunantgasse 2 fertig geworden war, übersiedelte die Volksschule Leopold-Ferstl-Gasse II (ehemals Schöpf-

**Die Bürgerschule für Mädchen in der Franklinstraße war von 1916 bis 1918 und von 1942 bis 1944 ein Reservelazarett. Seit 1945 ist sie mit der Schule Kahlgasse 8 Teil des Floridsdorfer Krankenhauses.**

199

leuthnerschule) dorthin. 1970 zog die Schule Leopold-Ferstl-Gasse I in ihr neues Haus in der Prießnitzgasse. Nachdem vorübergehend die Hauptschule Kinzerplatz 9 in dem alten Doppelschulgebäude untergebracht war, befindet sich dort seit 1973 die Hauptschule Leopold-Ferstl-Gasse 9.

1890/91 wurde in Floridsdorf die Knaben-Bürgerschule gegründet. Zunächst war sie in zwei Räumen des Gasthauses „Zum Erzherzog Johann" in der Hauptstraße untergebracht, ein Jahr später übersiedelte sie in das alte Schulgebäude Schloßhofer Straße 6. 1899 zog die Bürgerschule in die Deublergasse, das alte Haus wurde der Gewerblichen Fortbildungsschule zur Verfügung gestellt.

Heute gibt es im Gebiet der Katastralgemeinde Floridsdorf nur die bereits erwähnte Hauptschule Leopold-Ferstl-Gasse 9.

## Volksschulen in Floridsdorf
### Stand vom 1. Juni 1977

| Schulanschrift Direktor | Eröffnet | Klassen | Schüler |
|---|---|---|---|
| Aderklaaer Straße 2 Dir. Dr. Charlotte Farnek | 1962 | 8 | 219 |
| Autokaderstraße Dir. Martha Loder | 1968 | 12 | 320 |
| Berzeliusgasse 2 Dir. SR Leopold Kerschbaumer | 1963 | 12 | 325 |
| Brünner Straße 139 Dir. Otto Mahel | 1907 | 9 | 251 |
| Coulombgasse 9 Dir. Maria Theumer | 1952 | 9 | 250 |
| Dopschstraße 25 (I) Dir. Hildegard Bous | 1972 | 11 | 347 |
| Dopschstraße 25 (II) Dir. Ernestine Zips | 1974 | 9 | 251 |
| Dr.-Albert-Geßmann-Gasse 32 Dir. Edith Graf | 1902 | 6 | 149 |
| Dr.-Skala-Straße 43–45 Dir. OSR Auguste Heyduk | 1957 | 6 | 159 |
| Dunantgasse 2 Dir. Herta Hoche | 1966 | 13 | 411 |
| Großfeldstraße Dir. Gertrude Pichler | 1971 | 11 | 295 |
| Herzmanovsky-Orlando-Gasse Dir. Gertrude Greiner | 1971 | 13 | 386 |
| Irenäusgasse Dir. OSR Johann Kutra | 1970 | 8 | 212 |
| Jochbergengasse 13 Dir. Haide Fessel | 1970 | 7 | 207 |
| Lavantgasse 35 Dir. Friedrich Klasna | 1949 | 11 | 345 |
| Ostmarkgasse 30 Dir. Maria Sedlacek | 1892 | 12 | 389 |
| Pastorstraße 29 Dir. Franz Hensler | 1968 | 16 | 459 |
| Prießnitzgasse 1 Dir. OSR Nelly Kahl | 1970 | 16 | 475 |
| Schillgasse 31 Dir. Wilhelm Holzinger | 1913 | 13 | 391 |
| Theodor-Körner-Gasse 25 Dir. Raimund Hinkel | 1904 | 11 | 352 |
| Wassermanngasse (I) Dir. Josef Kaufmann | 1974 | 15 | 466 |
| Wassermanngasse (II) Dir. Hildegard Keciglik | 1975 | 14 | 366 |
| Anton-Böck-Gasse 20 (Schulbrüder) Dir. Anton Schönberger | 1889 | 12 | 392 |

# Hauptschulen in Floridsdorf
## Stand vom 1. Juni 1977

| Schulanschrift<br>Direktor | Eröffnet | Klassen | Schüler |
|---|---|---|---|
| Aderklaaer Straße 2<br>Dir. Franz Reiter | 1939 | 11 | 322 |
| Adolf-Loos-Gasse (I)<br>Dir. SR Walter Fehringer | 1973 | 13 | 394 |
| Adolf-Loos-Gasse (II)<br>Dir. Selma Hartmann | 1975 | 11 | 330 |
| Deublergasse 19<br>Dir. Franz Pischinger | 1899 | 12 | 375 |
| Deublergasse 21<br>Dir. Margarethe Hirnschall | 1899 | 12 | 372 |
| Dr.-Skala-Straße 43–45<br>Dir. OSR Adalbert Hulesch | 1957 | 8 | 220 |
| Herzmanovsky-Orlando-<br>Gasse 11<br>Dir. Friedrich Hamp | 1972 | 12 | 375 |
| Jochbergengasse 13<br>Dir. Johann Trenner | 1972 | 10 | 300 |
| Kinzerplatz 9<br>Dir. Dr. Karl Harrer | 1885 (1958) | 9 | 280 |
| Leopold-Ferstl-<br>Gasse 9<br>Dir. Franziska Böck | 1891 (1973) | 12 | 372 |
| Mengergasse 33<br>Dir. Johanna Spitaler | 1892 | 8 | 260 |

| Schulanschrift<br>Direktor | Eröffnet | Klassen | Schüler |
|---|---|---|---|
| Pastorstraße 29<br>Dir. Gottfried Schamschula | 1970 | 16 | 535 |
| Reisgasse 1<br>Dir. Karl Lang | 1912 | 12 | 356 |
| Roda-Roda-Gasse 5<br>Dir. Martin Pirringer | 1966 | 16 | 505 |
| Anton-Böck-Gasse 20<br>(Schulbrüder)<br>Dir. Anton Schönberger | 1889 | 10 | 352 |

# Sonderschulen in Floridsdorf
## Stand vom 1. Juni 1977

| Schulanschrift<br>Direktor | Eröffnet | Klassen | Schüler |
|---|---|---|---|
| Franklinstraße 27–33<br>Dir. OSR Hermann Klima<br>(Expositur Prießnitzgasse 1) | 1961 | 14 | 217 |
| Adolf-Loos-Gasse 2<br>Dir. Wilhelm Willner<br>(Expositur Wassermanngasse) | 1973 | 21 | 326 |
| Coulombgasse 9<br>Dir. Gertraud Schneider<br>(Exposituren Wenhart-<br>gasse 34 und Dr.-Albert-<br>Geßmann-Gasse 32) | 1954 | 15<br>und<br>2 Poly-<br>technische<br>Lehr-<br>gänge | 229 |

# Das Bezirksmuseum

Im Oktober 1933 versuchte der damalige Bezirksschulinspektor, Dr. Josef Tomschik, Lehrer aus Floridsdorf für die Gründung eines Heimatmuseums zu gewinnen. Die Idee wurde begeistert aufgegriffen, und der Lehrer Franz Haider begann mit einigen Kollegen sofort, historisch wertvolle Stücke zu sammeln. Auch der Universitätsprofessor Dr. Menghin, Hans Smital, der Verfasser der „Geschichte der Großgemeinde Floridsdorf", und der Bezirksvorsteher Anton Feistl interessierten sich für dieses Projekt. Und als 1934 der Museumsverein gegründet wurde, war Anton Feistl dessen erster Obmann.

Die Februar-Unruhen im Jahre 1934 unterbrachen die Arbeit des Vereins. Erst am 23. Februar 1935 fand die konstituierende Sitzung des „Vereines zur Gründung und Erhaltung eines Heimatmuseums in Wien XXI" statt. Im Oktober desselben Jahres wurde im alten Schulhaus von Floridsdorf, Ecke Schloßhofer Straße und Schöpfleuthnergasse, das erste Floridsdorfer Heimatmuseum eröffnet. 25 Monate später konnte der fünftausendste Besucher begrüßt werden.

Nachdem Österreich 1938 seine Selbständigkeit verloren hatte, wurde das Museum stillgelegt: Private Vereine durften nicht bestehen. Nach einer Änderung der Statuten wurde 1940 der Museumsbetrieb wiederaufgenommen, aber wieder nur für kurze Zeit: 1943, als die Bombenabwürfe einsetzten, wurde ein Teil der Ausstellungsstücke an einen anderen Ort gebracht. Dort waren sie zwar vor Bomben, nicht aber vor Dieben sicher. Der im Museum verbliebene Teil wurde am 15. Februar 1945 von zwei Bomben fast vollständig vernichtet. Nur wenige Stücke konnten aus den Trümmern des einstigen Schulhauses geborgen werden.

1947 wurde der „Verein zur Gründung und Erhaltung des Floridsdorfer Heimatmuseums" wieder ins Leben gerufen. Sein erster Obmann war der damalige Bezirksvorsteher Franz Jonas.

Das zweite Floridsdorfer Heimatmuseum hatte seinen Standort im dritten Stock des Magistratischen Bezirksamtes, Am Spitz 1. Es wurde am 10. Juni 1951 eröffnet. Aber schon zwei Jahre später mußte das Museum ins Mautner-Stöckl, Prager Straße 33, übersiedeln, und zwar in jenen Teil, in dem sich derzeit die Städtische Bestattung befindet.

Das Mautner-Stöckl hatte lange Zeit als Pferdestall gedient und war dementsprechend vernachlässigt worden. Die Wände waren feucht und

Anton Feistl war der erste Obmann des „Vereines zur Gründung und Erhaltung eines Heimatmuseums in Wien XXI." Feistl war von 1932 bis 1934 Bezirksvorsteher von Floridsdorf. Nach dem Zweiten Weltkrieg war er für das Ernährungsamt Floridsdorf tätig.

ließen sich trotz mehrerer Versuche nicht trockenlegen. Die Museumsstücke litten unter dieser Feuchtigkeit, und deshalb wurde das Museum im Dezember 1957 geschlossen. Von da an bis zum Juni 1960 ruhte der Betrieb.

Am 18. Juni 1960 wurde das Floridsdorfer Heimatmuseum zum viertenmal feierlich eröffnet, diesmal im Mautner-Schlößl, ebenfalls Prager Straße 33, wo es sich noch heute befindet.

Wer das Mautner-Schlößl betritt, muß 18 Stufen emporsteigen, dann ist der Halbstock erreicht. Ein Barockgrabstein in der Mitte des Aufganges gibt einen ersten Eindruck von den gesammelten Schätzen. Wer sich jetzt nach links wendet, kommt an der Statue des heiligen Nepomuk vorbei, wer sich entschließt, den rechten Stiegenaufgang zu benutzen, geht an Mahlsteinen und einem Kriegerdenkmal vorbei.

Das alte Floridsdorfer Schulhaus in der Schloßhofer Straße 6 (später Schloßhofer Straße 8) war Standort des ersten Floridsdorfer Heimatmuseums.

Oben angekommen, fällt zuerst eine große Plastik des Bildhauers Oskar Icha auf, oberhalb prangen Bilder von Otto Rüdenauer.

Schulrat Rudolf Hösch, Franz Polly und Ernst Poetzl wechseln einander bei den Führungen ab:

Im Donauzimmer hängen viele Bilder und Modelle, die anschaulich den Einfluß des Stromes auf das Werden Floridsdorfs zeigen.

Im nächsten Zimmer findet man ein Modell der Pfarrkirche St. Jakob vor. Ein Arbeitsloser hat es in den dreißiger Jahren gebaut. An der Wand hängen Bilder von Floridsdorfer Bürgermeistern, die Franzosenschlachten bei Aspern und Eßling werden dargestellt, in den Vitrinen findet man Paradehüte, ein „Artzney-Buch" aus dem Jahre 1577, eine Geige, die ein Floridsdorfer namens Schediwy während des Ersten Weltkriegs in russischer Gefangenschaft gebaut hat, und viele andere Kostbarkeiten.

In einem anderen Zimmer zeigen die Museumsmitarbeiter voll Stolz eine Rauchküche, die von Architekt Otto Cermak und Karl Bös eingerichtet worden ist. Dort stehen allerlei uralte Küchengeräte, eine Röstmaschine, Schüsseln, Töpfe, und sogar eine Schusterkugel ist vorhanden, die einst das Licht der Petroleumlampen verstärkte.

205

Rudolf Hösch, der langjährige Leiter des Floridsdorfer Bezirksmuseums, in einem
der Ausstellungsräume, an deren Ausgestaltung er maßgeblichen Anteil hat.

„Mit einer solchen Waschmaschine habe ich als Bub gewaschen,
um der Mutter behilflich zu sein", erzählt Franz Polly und deutet auf
ein Holzmodell aus dem Jahre 1900.

Im nächsten Ausstellungsraum befinden sich eine Nähmaschine aus
dem Jahre 1860, Gebetbücher aus Wachs, Lebzeltermodeln, das Tor-
schloß des Schlosses Hirschstetten, ein bemalter Bauernkasten aus
dem Jahre 1830, das Fragment des Barockaltars der Asperner Kirche,
die Geldbörse des Dorfrichters Zaunscherb, alte Gewichte, Waagen,
Schlösser und Schlüssel.

„Eine Besonderheit ist das hier", sagt Rudolf Hösch und deutet auf
einen Zuckerhut. „Es ist der einzige Zuckerhut aus alter Zeit, der in
Wien existiert. Früher hat es Zucker nur in dieser Kegelform gegeben."

Ein Hochrad und ein Erlaubnisschein für Radfahrer, ausgestellt von
der Wiener Polizei (unserem heutigen Führerschein nicht unähnlich),
sind auch vorhanden, außerdem ein Ochsendoppeljoch, Metzenmaße,
mit denen noch 1920 gemessen wurde, ein Jagdschlitten, Ratschen,
eine Glocke aus dem Jahre 1598, Mörser und Hellebarden, eine alte
Drehorgel und viele andere Sehenswürdigkeiten.

„Mit einem solchen Zahnbrecher", erklärt Schulrat Hösch und deutet auf ein gefährlich aussehendes Instrument, „riß früher der Bader
die Zähne. Nicht nur das Instrument nannte man Zahnbrecher, son-

dern auch den Bader. Und das Interessante ist, daß nicht nur dessen Patienten vor Schmerz geschrien haben, sondern daß auch der Bader laut schrie, um das Geheul seines Patienten zu übertönen. Daher kommt auch der Ausspruch – meine Großmutter hat ihn mir gegenüber oft getan: ‚Schrei net wia aa Zahnbrecher!'''

Im Floridsdorfer Bezirksmuseum gibt es so manch wertvolles Stück, unter anderem jene Fibel aus der Eisenzeit, die bereits in vorhergehenden Kapiteln erwähnt wurde. Es gibt Glasperlen und Münzen, präparierte Tiere und gepreßte Blumen vom Bisamberg sind ausgestellt . . .

Einmal wenigstens sollte man sich ansehen, was einige wenige in zäher Arbeit zusammengetragen haben. Wem dadurch echtes Heimatgefühl vermittelt werden kann, der kommt ohnehin wieder. Denn bei einem einzigen Besuch lassen sich die vielfältigen Eindrücke – die Dokumente, Bilder, Modelle, Bücher und Funde – gar nicht verarbeiten.

Und wer sich noch ausführlicher unterrichten will, dem sei geraten, die jährlich viermal erscheinende Museumszeitschrift „Unser schönes Floridsdorf" zu abonnieren. Diese Hefte vertiefen das Wissen um die Vergangenheit Floridsdorfs. Dem echten Heimatfreund seien sie angeraten wie der Besuch im Bezirksmuseum.

---

**Besuchszeiten**

*Das Floridsdorfer Bezirksmuseum, Prager Straße 33, kann jeden Samstag von 16 bis 18 Uhr und jeden Sonntag von 9.30 bis 12 Uhr besucht werden. Dienstags von 16 bis 18 Uhr ist die Bücherstube zugänglich, eine Fundgrube für jeden, der an Heimatgeschichte Interesse hat.*

*Während der Schulferien kann das Museum nur dienstags zwischen 9 und 12 Uhr besucht werden.*

---

## Museumsleitung und Museumsmitarbeiter

Präsident: Bezirksvorsteher Otmar Emerling. Stellvertretender Präsident: Bezirksvorsteher-Stellvertreter Ing. Karl Marksteiner. Museumsleiter: Dr. Walter Schnierer. Kustos: Rudolf Hösch und Franz Polly. Schriftführer: Direktor Günter Strobl. Stellvertretender Schriftführer: Ernst Poetzl. Kassier: Friedrich Schneider. Stellvertretender Kassier: Prof. Dr. Leopold Wech. Museumsmitarbeiter: Karl Urban, Eleonore Kandl.

# Zeitungsland Floridsdorf

Floridsdorf war immer schon ein guter Boden für Lokalzeitungen. Die erste echte Lokalzeitung – sie erschien erstmals am 4. Oktober 1884 – war die „Unter-Mannharter Post", eine „Zeitung für das Viertel unter dem Mannhartsberg". Die Redaktion befand sich in der Schwaigergasse 5. Nach einem Erscheinungszeitraum von drei Jahren wurde dieses Blatt eingestellt.

Am 1. Juli 1894 erschien ein Lokalblatt, das sich schlicht „Floridsdorfer Zeitung" nannte und den Untertitel „Organ für die Interessen der vereinigten Gemeinden Donaufeld, Floridsdorf, Groß-Jedlersdorf

und Jedlesee" führte. Die Redaktion befand sich in der Floridsdorfer Hauptstraße, wo auch der Redakteur seine Sprechstunden hatte: täglich von drei bis fünf Uhr.

Der Herausgeber dieses Blattes, zugleich verantwortlicher Redakteur, war ein gewisser Siegfried Fleischer. Er beschäftigte sich nicht nur mit lokalen Ereignissen, sondern kommentierte auch die Weltpolitik,

# Floridsdorfer Zeitung.

**Redaction und Administration:**
Floridsdorf
Hauptstraße Nr. 13.
Offene Zeitungsreclamationen sind portofrei.

**Inserate**
billigst nach aufliegendem Tarife.
Sprechstunden des Redacteurs:
Täglich von 3–5 Uhr.

**Organ für die Interessen der vereinigten Gemeinden**
## Donaufeld, Floridsdorf, Groß-Jedlersdorf und Jedlesee.

**Erscheint jeden Samstag Früh.**

**Abonnement**
mit Zustellung in's Haus:
Vierteljährig fl. 1.15, halbjährig
fl. 2.30, ganzjähr. fl. 4.60.
Ohne Zustellung:
Vierteljährig fl. 1.—, halbjährig
fl. 2.—, ganzjähr. fl. 4.—
**Einzelne Nummern 10 kr.**

schrieb über Mode, brachte Kurzgeschichten und Rätsel, ja sogar einen Fortsetzungsroman.

Die Art der lokalen Berichterstattung, der für heutige Begriffe schwülstige Stil und die Wahl der Themen in dieser ersten „Floridsdorfer Zeitung" wirken auf den Leser unserer Zeit eher belustigend. Da findet man zum Beispiel den Artikel

### Wiedergefunden

*Es war auf einem der vielen Hausbälle, welche in Floridsdorf noch ein Erbtheil der guten alten Zeit bilden. In einer Ecke des festlich decorirten Gastzimmers gab's fröhliche Gesellschaft, ein halb Dutzend hübscher, lebensfroher Mädchen in Gesellschaft von fünf jungen Herren. Fünf Paare – die sechste der jungen Damen ging leer aus. Aber just sie war die übermüthigste und ausgelassenste von allen. Sie tanzte mit schier dämonischer Leidenschaft, ihr Antlitz glühte, ihr Auge sprühte Flammen. Und wenn sie nicht tanzte, lachte und sang sie und frozzelte die ganze Gesellschaft. Sie hatte Geist, die Kleine, und sie sparte nicht mit demselben; Jedermann bekam ihre tolle Laune zu fühlen. Aber in dem Wesen des Mädchens lag ein Etwas, das auf einen inneren Mißklang schließen ließ. Ihre Heiterkeit kam nicht vom Herzen, ihre Scherze klangen gezwungen. Auch das erhitzte Antlitz zeigte Spuren eines verborgenen Grames, der um Augen und Lippen feine, aber tiefe Linien gegraben hatte. – Drei Schläge auf das Notenpult – die Capelle intonirt einen lieblichen Walzer. In diesem Augenblicke wird die Thüre weit aufgerissen, ein hochgewachsener junger Mann betritt eilend den Festraum. Sein dunkles Auge schweift suchend in die Runde und haftet auf der Gestalt des Mädchens, das bei seinem Anblicke todtenbleich wird, einen unterdrückten Schrei ausstößt und die Hand auf den schwer athmenden Busen drückt. Im nächsten Augenblicke ist er an ihrer Seite. „Bertha!" Sie erhebt sich wankend und hält die Arme wie abwehrend von sich gestreckt. „Bertha, ich komme, um mit Dir zu tanzen. Sei wieder gut, ich habe Dich ja doch lieb!" Sie*

210

blickt ihm lange und tief in's Auge, dann läßt sie sich willenlos von ihm zum Tanze führen. Ihr Köpfchen ruht an seiner Brust, ein seliges Lächeln verklärt ihre Züge. *Und als er sie auf den Platz zurückgeführt hat, sitzt sie still, ganz still, ihre Hand in der seinen, und träumt. – Was ist zwischen den Beiden vorgegangen? Wir wissen's nicht – wir erzählen die Scene nur, wie wir sie belauschten. Sie ist eine arme Spinnerin, er ist ein Maschinenschlosser, und wenn wir richtig gehört haben, wird nach dem Fasching lustige Hochzeit gehalten.*

Undenkbar, einen solchen Zeitungsartikel, der einem schlechten Liebesroman entnommen sein könnte, den Lesern unserer Zeit vorzusetzen. Selbst die Berichterstattung über Kriminalfälle entbehrt nicht einer gewissen Komik:

### Ein muthwilliger Bursche
*Am 13. v. M.* trat den Volksschullehrerinnen Johanna Zach und Franziska Nesbasa, als diese vor ihrem Wohnhaus in Jedlesee, Wienergasse Nr. 107 gingen, ein unbekannter Mann, ohne etwas zu sprechen, entgegen und blieb vor denselben stehen. Als die Lehrerin Zach denselben wegwies, versetzte er ihr mit dem Ellenbogen einen Schlag in das Gesicht. Fräulein Zach warf vor Schrecken ihren Muff gegen den unbekannten Mann und lief in ihr Wohnhaus. Der Mann ergriff den Muff und flüchtete in die Jedleseer Brauhausgasse, wobei er seinen Hut verlor. Der Thäter war circa 20 Jahre alt, mittelgroß und war dunkel bekleidet. Nach demselben wird gefahndet.*

Sehr realistisch, ja reportagenhaft im Sinn des heutigen Journalismus ist hingegen der Bericht einer Hinrichtung, der am 27. Juli 1895 in der „Floridsdorfer Zeitung" erschienen ist:

### Die Hinrichtung Wondraschek's
*Der Doppelraubmörder von Kalladorf, Franz Wondraschek, der am ersten Christfeiertage eine Magd und ein kleines Mädchen hingeschlachtet, hat sein Verbrechen mit dem Tode durch Henkershand gebüßt; Mittwoch Morgens hat im Hofe des Kreisgerichtes Korneuburg die Hinrichtung des Franz Wondraschek stattgefunden. Bußfertig und ziemlich gefaßt ging Wondraschek dem schrecklichen Augenblicke entgegen, er trat wohl furchtbar bleich, aber in strammer, aufrechter Haltung und mit offenen Augen unter den Galgen. Trotz des dringenden Wunsches des Delinquenten nahmen weder seine Mutter noch seine Schwester von ihm Abschied.*
*Die Hinrichtung wurde in Anwesenheit von etwa 150 Personen,*

darunter zahlreiche Officiere der Garnison, vollzogen. Vor dem Gebäude des Kreisgerichtes hatten sich schon um 4 Uhr Morgens zahlreiche Leute angesammelt, die Einlaß zu finden dachten. Hierin täuschten sie sich jedoch. Es herrschte die strengste Controle, und ohne Karte erlangte Niemand Einlaß. Zur Aufrechterhaltung der Ordnung waren eine Abteilung der Gendarmerie und städtische Sicherheitswache aufgeboten.

Der Delinquent hatte die letzte Nacht schlaflos zugebracht. Ruhelos schritt er in der durch ein mattes Lämpchen erhellten Armensünderzelle auf und ab. Der Kerkermeister redete ihm in freundlichen Worten zu, sich schlafen zu legen. Wondraschek folgte, streckte sich auf das Lager, aber er konnte keine Ruhe finden. Er sprang rasch wieder auf und verlangte nach dem Seelsorger Pater Markus, der bald erschien, um ihm Trost und Muth zuzusprechen. Reuevoll legte Wondraschek neuerlich eine Beichte ab, und wiederholt stellte er dann die Frage: „Kommt die Mutter nicht?"

Als ihn der Verteidiger Dr. Pupovac um 4 Uhr Morgens besuchte fand er den Verurtheilten ruhig und gefaßt. In Begleitung des Hausverwalters Landesgerichtsrathes Dr. Blaschek, des Kerkermeisters Müller und der bewachenden Organe wurde dann mit dem Delinquenten der Gang in die Kapelle des Gefangenhauses angetreten, wo die Messe gelesen wurde. Nach deren Beendigung schritt Wondraschek zum Hochaltar, kniete nieder und betete, worauf er die Communion empfing. Weinend rief Wondraschek aus: „Gott verzeihe mir mein Verbrechen!" Der Delinquent wurde dann in die Zelle zurückgeführt; bald darauf erschien der Geistliche, um mit demselben zu beten.

Um $^1/_45$ Uhr Früh waren aus Kalladorf der Bruder des zum Tode Verurtheilten, Johann Wondraschek, welchem Franz die aus dem Pamperl'schen Haus geraubte Uhrkette, die zu seiner Entdeckung führte, verkauft hatte, ferner eine Nichte, die älteste Tochter des Bruders Carl, und der alte Mathes, der Vater des Zeugen Mathes, den Wondraschek ursprünglich des Mordes verdächtigte, angekommen. Sie trafen mit dem Schwager Wondraschek's, dem Kleinfuhrmann Thomas Lehmann aus Ottakring, zusammen, der schon Abends aus Wien gekommen war und noch um $^1/_212$ Uhr Nachts den Verurtheilten sprechen wollte, was ihm jedoch nicht gestattet wurde. Diese Vier begaben sich an die Pforte des Gefangenhauses, um Zutritt zu Wondraschek zu finden. Nach 5 Uhr wurde ihnen derselbe gestattet. Johann Wondraschek betrat die Zelle und grüßte seinen Bruder, der am Tische saß und wie geistesabwesend vor sich hinstarrte. „Grüß Gott, grüß Gott", erwiderte Wondraschek, ohne aufzublicken, und da er keine Miene machte, mehr zu sprechen, wandte sich Johann an den Kerkermeister mit dem Ersuchen, ihm die Effecten und Kleider seines Bruders auszufolgen. *Franz Wondraschek* hörte dies und sagte: „Meine Sachen schenk' i meinem früheren Zellengenossen. Mein Bruder soll nix haben!" Die Nichte *Wondraschek's* wollte der Justificirung ihres Onkels beiwohnen. Präsident Landesgerichtsrath *Gschöpf* ließ dies aber nicht zu und wies sie aus dem Hofraume fort. Abschied von dem Onkel durfte das Mädchen jedoch nehmen. *Wondraschek* richtete an sie die Frage: „Warum kommt die Mutter nit?" – „Weil's krank is", sagte das Mädchen. Die alte Frau hatte gebeten, sie mit Krankheit zu entschuldigen, da sie ihren zum Tode verurtheilten Sohn nicht mehr ansehen könne.

Um $^1/_26$ Uhr Morgens wurde das Thor des Kreisgerichtsgebäudes geöffnet und die mit Eintrittskarten versehenen Personen wurden in den Hof eingelassen. In dem ein Viereck bildenden, von zwei Stock hohen Mauern umgebenen Hofraum herrschte empfindlich kühle Temperatur. In der Mitte der einen Längswand war der Richtpflock errichtet. Vier Gendarmen, Gewehr bei Fuß, sperrten den für die Justificirung bestimmten Raum ab. Dem Galgen gegenüber hatten sich die Zuschauer versammelt. Aus einigen Fenstern des ersten Stockwerkes blickten Gerichtsfunctionäre herab. An einem Fenster des zweiten Stockwerkes lehnten die Verwandten *Wondraschek's*, sein Bruder und zwei Schwäger, Cigarren und Pfeife rauchend, und folgten ohne jedes Anzeichen der Erregung den Vorbereitungen zur Justificirung.

Der Scharfrichter *Carl Seelinger* erscheint mit seinen Gehilfen. *Seelinger* ist ein beleibter, großer Mann mit tief gebräuntem Gesicht, er trägt schwarzen Salonrock, Cylinder und schwarze Handschuhe.

Pater *Markus* hatte den Scharfrichter ersucht, ihn mit dem Delinquenten allein zu lassen und erst im Augenblicke, wo *Wondraschek* den letzten Gang anzutreten habe, an die Zellenthür zu pochen.

Wenige Minuten vor 6 Uhr klopfte es an die Thür der Zelle. *Franz Wondraschek* wußte, daß das Klopfen das verabredete Zeichen des Scharfrichters sei. Er trat selbst aus der Zelle und ließ sich die Hände binden. Dann wurde er vom zweiten Stocke in den Hofraum zum Richtpflock geleitet.

Die Gerichtscommission, bestehend aus den Herren Landesgerichtsrath *Gschöpf*, Rathssecretär *Allram*, Adjunct v. *Würth*, Staatsanwalt Dr. *Trinks*, Vertheidiger Dr. *Pupovac*, Schriftführer Dr. von *Rapp* und Gerichtsarzt Dr. *Tinus*, war im Hofe versammelt.

Es war präcise 6 Uhr, als *Wondraschek* beim Richtpflock anlangte.

Präsident Gschöpf sagte, sichtlich bewegt, zu dem Scharfrichter: „Walten Sie Ihres Amtes!"

Wondraschek stellte sich selbst mit dem Rücken an den Richtpflock; der Geistliche begann: „Vater, in Deine Hände empfehle ich seinen Geist" – und schon waltete der Nachrichter mit seinen zwei Gehilfen seines Amtes. Acht Minuten währte der Todeskampf, dann konnte der Gerichtsarzt Dr. Tinus erklären, daß der Tod eingetreten sei.

Das Zügenglöckchen ertönte. Alles entblößte das Haupt, und Pater Markus richtete folgende Ansprache an die Anwesenden:

„Das verletzte Gesetz verlangt Sühne und Genugthuung. Schon im alten Testamente heißt es, wer Blut vergießt, dessen Blut soll fließen! Darum gab Gott der weltlichen Obrigkeit das Schwert in die Hand, damit sie die Übertreter des Gesetzes strafe. Was könnten wir von einer Obrigkeit sagen, die immer verzeihen und nie strafen würde! Das Gesetz würde in diesem Falle an Kraft und Ansehen verlieren. Der Mensch sündigt mit Leib und Seele, der Leib gehört der weltlichen Obrigkeit, die Seele dem ewigen Richter. Das weltliche Gericht hat dem verletzten Gesetze Genugthuung verschafft, der Leichnam des Justificirten hängt entseelt am Richtpflock; doch die Seele steht vor dem allwissenden, höchstgerechten und barmherzigen Richter. Da unsere Religion eine Religion der Liebe ist, so wollen wir nach dem Gebote der heiligen Schrift für den Justificirten beten und für dessen Seelenheil drei andächtige Vaterunser sprechen!"

Die Leiche Wondraschek's wurde nach zwei Stunden vom Pflock herabgenommen. Nachts fand in aller Stille die Beerdigung des Delinquenten statt.

Auch eine derartig minuziöse Schilderung ist ein Kennzeichen des Journalismus jener Zeit. Und noch etwas, das dem Leser heutiger Zeitungen vielleicht nicht ganz unbekannt ist, wurde gepflogen: Da alle Zeitungen politische Kampfblätter waren, enthielten sie persönliche Angriffe auf Mandatare und politisch Tätige. Enthüllungen, Verdächtigungen und Beschimpfungen füllten damals die Spalten der Lokalblätter.

Aus der „Floridsdorfer Zeitung" vom 18. Juli 1896, die knapp nach der Wahl der ersten Gemeindevertretung Groß-Floridsdorfs erschienen war, stammt dies:

Aus dem Verlaufe der Wahl soll hier eine bezeichnende Episode angeführt werden. Herr Georg Puffer producirte eine Wahlvollmacht der Frau Schöppl, deren Unterschrift mit einer der Wahlcommission vorliegenden Originalunterschrift nicht übereinstimmte. Auf Befragen des Wahlleiters konnte Herr Puffer die Echtheit der Unterschrift nicht behaupten. Die Vollmacht wurde daher zurückgewiesen . . .

Aus derselben Ausgabe:

**Warum man seine Gesinnung ändert.** Aus Überzeugung, aus Geschäftsgeist etc. etc. Den Record in dieser Beziehung hat jedoch ein Herr geschlagen, der schon längst abgewirthschaftet hätte, wenn in Donaufeld lauter glatzköpfige oder bartlose Burschen wohnen würden. Der Herr hat nämlich seine Gesinnung wegen einem Wurf „Hunde" gewechselt. Er hat eine schöne „Hündin" im Besitze, dagegen hat Herr P . . . ein seltenes Exemplar von einem Jagdhund. – Die Freundschaft dieser beiden Thiere bedingte aber auch die Freundschaft der zwei Herren. Also opfert man das Minderwerthige, und das ist heute die politische Meinung!

Namen wurden nicht immer genannt. Damals, als fast noch jeder jeden kannte, genügte es, sich in Andeutungen zu ergehen. Die Leser zogen dann schon die richtigen Schlüsse.

Im Inseratenteil der „Floridsdorfer Zeitung" um die Jahrhundertwende finden sich nicht nur kommerzielle Anzeigen, sondern auch private Veröffentlichungen, die uns heutzutage seltsam anmuten, wie diese:

**Bestätigung**
Bestätige hiermit, daß das neugeborene Kind des Herrn Hubert Fitz, Gastwirth zu Floridsdorf, Schloßhoferstraße, mit einem Spitzfuß geboren wurde und die Hebamme Franziska Rchurek kein Verschulden trifft, daß dieses Kind mit einer Fuß-Anomalie zur Welt kam.
Donaufeld, 29. I. 1895

Theodor Wolf, m. p.
prakt. Arzt

 Der Wähler

Socialdemokratisches Organ für das Viertel unter dem Manhartsberg.
Erscheint jeden zweiten Donnerstag.

215

**Preis 4 kr.**

Abonnement mit Zusendung:
vierteljährig . . . . fl. —.36
halbjährig . . . . fl. —.72
ganzjährig . . . . fl. 1.44

**Administration:**
Floridsdorf, Angererstraße
Nr. 20.

Inserate nach Tarif.

Erscheint jeden 1., 2. und
4. Donnerstag im Monat.

# Volksbote
(Wähler).

Socialdemokratisches Organ für die Interessen des arbeitenden
Volkes im Viertel u. d. Manhartsberge.

**Preis 4 kr.**

Abonnement mit Zusendung:
vierteljährig . . . . fl. —.36
halbjährig . . . . fl. —.72
ganzjährig . . . . fl. 1.44

**Redaction:**
Floridsdorf, Angererstraße
Nr. 20.

Zeitungsreclamationen sind portofrei.

Erscheint jeden 1., 2. und
4. Donnerstag im Monat.

Am 5. November 1896 erschien die erste Ausgabe des „Social-
demokratischen Organs für das Viertel unter dem Manhartsberg".
Die Zeitung wurde „Der Wähler" benannt.

„Der Wähler", später in „Volksbote" umbenannt, lebte in ständigem
Streit mit seinen Konkurrenten. Die damals noch junge sozialdemokratische Partei kämpfte gegen eine Übermacht an. Die eigene Zeitung
war ein Mittel, diesen Kampf mit einiger Aussicht auf Erfolg führen zu
können. Daß sich gerade in Floridsdorf neben dem Parteiorgan „Arbeiter-Zeitung" (damals „Gleichheit") ein anderes Parteiblatt entwickelte,
hat seinen Grund: Floridsdorf galt als die Hochburg der Sozialdemokraten.

Nach 1900 entstanden zwei weitere Zeitungen sozialdemokratischer
Prägung: „Groß-Floridsdorf" (1902) und „Die Wahrheit" (1903).

„Die Wahrheit" nannte sich „freies sozialistisches Organ". Sie wurde
von einer Splittergruppe der Partei herausgegeben. Im „Floridsdorfer
Wochenblatt", einer antisemitisch eingestellten Zeitung, wird „Die
Wahrheit" folgendermaßen charakterisiert:

*Sie ist das Organ der „Jungen" in der sozialdemokratischen Partei
in Floridsdorf . . . Die drei wichtigsten Wörter, um die sich die ganze
Nummer dreht, sind: Egoismus, Korruption und Denunziation.*

Warum die Wochenzeitung „Groß-Floridsdorf" erschien – allerdings
nur bis zum Februar 1903 –, versucht „Die Wahrheit" zu klären:
*. . . Der sozialdemokratische Redakteur des „Volksbote", Herr Josef*

Schriftleitung, Verwaltung
und Verlag
== Floridsdorf III, ==
Hamerlinggasse 31
wohin alle
Einsendungen zu richten sind.

Sprechstunden:
An Wochentagen von 10—12
Uhr vorm. und 6—8 Uhr
abends.
Sonntags von 11—1 Uhr
mittags.

Wahrheitsgetreue Berichte
aus Volkskreisen werden
unentgeltlich aufgenommen.

# Die Wahrheit.

Freies sozialistisches Organ.

Eigentümer und Herausgeber: Ludwig Lohr.

Abonnements-Preis:
vierteljährig . Kronen —.70
halbjährig . . „ 1.40
ganzjährig . „ 2.80
Einzelne Nummer 10 Heller.

Inserate
werden billigst berechnet.
Bei Wiederholung Rabatt.

Unentgeltliche Auskunft
in Rechtsangelegenheiten:
Arbeiterschutz, gewerbliche
Fragen rc. und Zu-
weisung an rechtskundige,
tüchtige Vertreter besorgt die
Verwaltung dieses Blattes.

# Floridsdorfer

# Wochenblatt.

**Antisemitisches Organ für das Viertel unter dem Manhartsberg.**

**Herausgeber: Rudolf Scha.**

Telephon
F 78

Scheck-Verkehr:
Nr. 838.695.

Kogler, war es, der das Blatt in Gemeinschaft mit dem Buchdrucker Schweng gründete und unterstützte, und zwar über höheren Auftrag deshalb gründete, um damit das freisinnige Bürgertum zu gewinnen, besser gesagt, um die Stimmen des II. Wahlkörpers damit zu ergattern. Nur für diese Leute war das Blättchen berechnet, was man auch daraus ersehen kann, daß es größtenteils aus diesen Kreisen mit geistigem Stoff versehen wurde.

Und über die „Floridsdorfer Zeitung" weiß „Die Wahrheit" zu berichten:

Dieses Schmutzblättchen, das einzig und allein von der Gnade der Herren Fabrikanten lebt, dieses Schmutzblättchen, das nur infolge der grenzenlosen Ausbeutung seiner Mitarbeiter existieren kann und keine 500 Abonnenten aufzuweisen hat ...

Der Zeitungskrieg war in vollem Gang.

Das 1896 gegründete „Floridsdorfer Wochenblatt" wurde 1904 in „Der Volksfreund" umbenannt und trug den Untertitel „Antisemitisches Organ für die Interessen des christlichen Volkes im Viertel unter dem Manhartsberge".

„Der Volksfreund" brachte in seiner Ausgabe vom 28. Februar 1904 eine Lobrede auf Hans Smitals Buch „Geschichte der Großgemeinde

Preis 10 Heller.

Abonnement:
vierteljährig . . . . K 1.50
halbjährig . . . . K 3.—
ganzjährig . . . . K 6.—

Redaktion:
Wien, VIII., Zuhrmanns-
gasse Nr. 13.

Erscheint jeden Sonntag.

# Der Volksfreund

(vorm. Floridsdorfer Wochenblatt).

Preis 10 Heller.

Inseratentarif:
Nach aufliegenden Tarif;
bei Wiederholungen ent-
sprechender Rabatt.

Verwaltung:
Wien, VIII., Zuhrmanns-
gasse Nr. 13.

Verwaltungs-Filiale:
Floridsdorf bei Herrn 3. Aust,
Hauptstraße 33.

Antisemitisches Organ für die Interessen des christlichen Volkes im Viertel unter dem Manhartsberge.

Postsparkassen-Anweisungs-
Nr. 841.278.

Eigentümer und Herausgeber: Hans Arnold Schwer.

Postsparkassen-Anweisungs-
Nr. 841.278.

217

Floridsdorf", das damals auf den Markt gekommen war. Zugleich wurde bedauert, daß Smitals Werk von der Zeitung „Volksbote" als „Parteichronik" bezeichnet wurde. Dem „Volksboten" wiederum schien, als hätten im Geschichtswerk Smitals Parteifreunde – er war Gemeinderat der christlichsozialen Partei – zuviel Beachtung gefunden. Selbst Smitals Buch, auf dem alle nachfolgenden Geschichtsbuchschreiber aufgebaut haben, ist in dieser kämpferischen Zeit nicht aus der Tagespolitik herausgehalten worden . . .

**Preis 3 Kronen** ## Floridsdorfer **Preis 3 Kronen**
# Bezirksnachrichten

**Organ zur Vertretung der politischen und wirtschaftlichen Interessen der christlich-deutschen Bevölkerung des 21. Wiener Gemeindebezirkes.**

Nach dem Ersten Weltkrieg blühte das Zeitungsgeschäft weiter: Da erschienen zum Beispiel die „Floridsdorfer Bezirksnachrichten", ein „Organ zur Vertretung der politischen und wirtschaftlichen Interessen der christlich-deutschen Bevölkerung des 21. Wiener Gemeindebezirkes", es erschien ein „Neuer Floridsdorfer Bezirksbote", der sich im Untertitel „Wochenblatt für das christlich-deutsche Volk" nannte. Auch die „Floridsdorfer Zeitung" erschien weiter als „Unabhängiges, volkswirtschaftliches Organ f. d. XXI. Wiener Gemeindebezirk u. das gesamte Marchfeld". Und zum erstenmal entdeckte man, daß die Sportberichterstattung einer Zeitung einen größeren Leserkreis zuführt: Der „Floridsdorfer Zeitung" war nämlich ein „Sportblatt" angeschlossen.

## Neuer
# Floridsdorfer Bezirksbote

**Schriftleitung und Verwaltung:** Gänserndorf, Bahnstraße 103 Fernruf Nr. 2. Postsparkasse-Konto Nr. 23.515.

**Wochenblatt für das christlich-deutsche Volk.**

Fördernde Zeitschrift für Feuerwehr-, Gesang-, Turn- und Sportvereine, landwirtsch. und gewerbliche Vereinigungen.

**Zur Beachtung:** Manuskripte werden nicht zurückgesendet. Anonyme Mitteilungen haben keine Aufnahme. Vorgaßeund Insertionsgebühren sind im vorhinein zu entrichten.

**Erscheint jeden Donnerstag.**

# Floridsdorfer
# N. S. Nachrichten

1932, als die nationalsozialistische Bewegung erstarkte, erschienen die „Floridsdorfer N. S. Nachrichten". In der ersten Nummer heißt es:

*Der erste Schritt ist getan! Ein Bezirksblatt unserer Floridsdorfer Bewegung ist geschaffen. Die „N. S. Nachrichten" werden von nun an von der Bezirksgruppe geführt.*

*Unser Ziel ist gesteckt! Ein werbendes Flugblatt für unseren Kampf um Floridsdorf, eine scharf zupackende geißelnde Kritik des schwarz-roten Systems im Bezirk, kurz! Werbung und Angriff.*

Das Vier-Seiten-Blatt beginnt denn auch gleich mit dem Angriff und fordert:

**Arbeiter – Augen auf!**

*Unsere drei nationalsozialistischen Bezirksräte haben in der Sitzung vom 2. Juni 1932 den Antrag eingebracht, daß der Bezirksvorsteher und sein Stellvertreter auf das monatliche Gehalt von rund 600 bzw. 250 Schilling zu Gunsten der ausgesteuerten Arbeitslosen des Bezirks zu verzichten haben und von nun an nur mehr für den tatsächlich nach-gewiesenen Verdienstentgang entschädigt werden sollten!*

*Was tut der „sozial"-demokratische Bezirksvorsteher? Er läßt über diesen Antrag gar nicht abstimmen!*

*Inzwischen findet 3 Monate keine einzige Stitzung statt, aber der rote Bezirksvorsteher und sein schwarzer Stellvertreter beziehen ihr Gehalt ruhig weiter!*

Den „Floridsdorfer N. S. Nachrichten" war kein langes Leben beschert. Nach der zweiten Nummer wurden sie eingestellt.

Die „Floridsdorfer Zeitung" überlebte alle Wirren. 1934 erschien sie in einem anderen Gewand und unter anderer Herausgeberschaft: Ein gewisser Oskar R. Leopold aus dem fünften Bezirk hatte sie über-nommen. Freilich – „Floridsdorfer Zeitung" im Sinn einer echten Lokal-zeitung war sie keine mehr. In ihr konnte man über die Gewerbe-novelle lesen, über die Kunstgewerbeausstellung, über die Reform der

# Floridsdorfer Zeitung

Verwaltung und Schriftleitung: Wien, V., Ramperstorffer- gasse 48

Zeitschrift für die wirtschaftlichen und politischen Interessen des Bezirkes

Erscheint am ·5. jeden Monats

Abonnement per Jahr 4 Einzelnummer 20

Sozialversicherung und die neue Einheitsgewerkschaft. In der April/ Mai-Ausgabe des Jahres 1938 begrüßte diese „Floridsdorfer Zeitung" den „Führer" mit ganzseitigem Bild auf der Titelseite. Und noch immer: Kein einziger Artikel, der direkt auf Floridsdorf Bezug nimmt.

Nach dem Zweiten Weltkrieg, im Jahre 1948, erschien „Der Volksbote", eine Zeitung „für Floridsdorf und Umgebung", wie sie sich nannte. Eigentümer, Herausgeber und Verleger war die Bezirksparteileitung Floridsdorf der Österreichischen Volkspartei. Es war dies wieder ein echtes Lokalblatt, eine Zeitung also, die sich vor allem mit Ereignissen im Bezirk beschäftigte.

Redaktion und Verwaltung: Wien XXI., Brünnerstr. 20, Telephon A 61-5-60 / Einzelbezugspreis: S –.60, Monatsbezugspreis: S 2.60

Im Mai 1951 wurde eine neue Lokalzeitung herausgegeben, „Der Floridsdorfer Bote". In einem Artikel auf Seite 1 der ersten Ausgabe wird die selbstgestellte Aufgabe dieser Zeitung erklärt. Dort heißt es:

*Unsere Aufgabe ist nicht die hohe Politik, sondern die Fühlungnahme mit der Bevölkerung. Unser Bereich ist der kleinste Kreis, der eine Zeitung gerade noch verträgt: der Bezirk.*

*Es ist kein Zufall, daß unser Verlag mit einer Serie von Bezirksblättern hier in Floridsdorf beginnt, führt doch gerade dieser Bezirk trotz seiner Bedeutung für Gesamt-Wien ein ausgeprägtes Eigenleben. Es ist dies ein Eigendasein, das von einer langjährigen, selbständigen Geschichte bedingt ist und von der Lage des Ortes gefördert wird.*

220

# Der Floridsdorfer Bote

Was der Erato-Zeitschriften-Verlagsgesellschaft, die den „Floridsdorfer Boten" herausgegeben hat, nicht gelungen ist, nämlich eine Serie von Bezirksblättern zu machen, das brachte fast zwei Jahrzehnte später der Zeitungsverlag Max Pirgfellner zustande.

Nach einigen Vorläufern, die jedoch keinen Erfolg brachten, entstand 1969 wieder einmal eine „Floridsdorfer Zeitung". Sie und auch die später in anderen Wiener Bezirken entstandenen Schwesterzeitungen machten sich zur Aufgabe, was auch schon der „Floridsdorfer Bote" angestrebt hatte: objektiv und parteiunabhängig über den Bezirk zu berichten.

Die neue „Floridsdorfer Zeitung" wurde nicht in Trafiken oder an Kiosken verkauft. Sie war eine monatlich erscheinende Gratiszeitung, die allen Floridsdorfer Haushalten zugestellt wurde.

Der Aufschwung, den das Blatt nahm, war beachtlich. Der Umfang, der sich nach dem Inseratenaufkommen richtete, wuchs an: 64 Seiten starke Nummern waren keine Seltenheit. Eine „Floridsdorfer Zeitung" war sogar 80 Seiten stark.

221

# Bezirksjournal
## Floridsdorf

So gut das Unternehmen auch lief, es war nicht von Bestand. Im Mai 1976 erschien die letzte „Floridsdorfer Zeitung". Die meisten Angestellten des Verlages Max Pirgfellner, Redakteure und Anzeigenakquisiteure, vereinigten sich zu einer eigenen Firma: Sie gründeten die Erwin Pinka & Co. Ges. m. b. H. Seit Juni 1976 gibt diese Firma das „Bezirksjournal Floridsdorf" heraus.

Nicht alle ehemaligen Mitarbeiter des Verlages Pirgfellner traten der neu gegründeten Gesellschaft bei. Und so kam es, daß ab Juni 1976 in Floridsdorf eine zweite Hauswurfzeitung erschien, deren Eigentümer, Herausgeber und Verleger die Herren Karl Wallinger und Walter Schwarz waren. Karl Wallinger und Walter Schwarz haben sich getrennt, die Zeitung blieb jedoch bestehen. Sie nennt sich schlicht „die floridsdorfer BEZIRKSZEITUNG".

Beide Blätter, „die floridsdorfer BEZIRKSZEITUNG" und das „Bezirksjournal Floridsdorf", haben die gleichen Ziele und Zielgruppen wie ihre Vorgängerin, die „Floridsdorfer Zeitung". Verständlich, daß der Konkurrenzkampf groß ist. Der Zeitungskrieg, wie er um die Jahrhundertwende an der Tagesordnung war, hat sich in unseren Tagen fortgesetzt.

Wenn keiner der beiden Verlage in finanzielle Schwierigkeiten gerät, wird es weiterhin zwei Lokalzeitungen im Bezirk geben. In Floridsdorf, wo es zeitweise deren drei, ja sogar vier gegeben hat, ist dies gewiß nichts Besonderes.

Floridsdorf ist eben ein Zeitungsland.

# Floridsdorfer Statistik

Statistik ist eine trockene Angelegenheit. Zahlen zeigen jedoch sehr genau Zustand und Veränderung an. Sie sind prägnanter als Worte, wenn es darum geht, Sein und Werden dieses Bezirks anschaulich zu machen.

Bei der Volkszählung am 12. Mai 1971 wurden 105.151 Floridsdorfer registriert. Anfang 1977 lebten in diesem Bezirk bereits mehr als 120.000 Menschen.

Floridsdorf ist 4420 ha groß. Der höchste Punkt ist mit 332,1 m das Fath-Denkmal auf dem Bisamberg, der tiefste Punkt, 161 m, befindet sich bei der Aderklaaer Straße/Wagramer Straße.

Weitere Höhenlagen:

Leopoldauer Platz: 161,8 m; Hoßplatz–Donaufelder Straße: 162,1 m; Schwelle der Floridsdorfer Kirche am Pius-Parsch-Platz: 163,68 m; Brünner Straße–Siemensstraße: 163,9 m; Am Spitz: 164,2 m; Magdalenenhofstraße vor dem Magdalenenhof: 303 m.

## Floridsdorfer Boden nach Benützungsarten

| Benützungsarten | Bezirk ha | in % | Anteil des Bezirks an Wien in % |
|---|---|---|---|
| Baufläche | 1.431,55 | 32,4 | 11,0 |
| Verkehrsfläche | 263,11 | 6,0 | 6,9 |
| Grünfläche | 469,64 | 10,6 | 11,8 |
| Landwirtschaftl. genutzte Fläche | 1.811,93 | 41,0 | 17,1 |
| Forstwirtschaftl. genutzte Fläche | 202,50 | 4,6 | 2,7 |
| Wasserfläche | 32,39 | 0,7 | 2,2 |
| Versorgung, Entsorgung | 71,64 | 1,6 | 32,6 |
| Sonstige Fläche | 137,29 | 3,1 | 23,2 |
| Zusammen | 4.420,05 | 100,0 | 10,7 |

225

## Politische Situation

Bei den Bezirksvertretungswahlen am 21. Oktober 1973 wurden 66.901 Stimmen abgegeben, 894 davon waren ungültig. Es entfielen auf die SPÖ 46.317 Stimmen, auf die ÖVP 13.533, auf die FPÖ 3588, auf die KPÖ 2353 und auf die DFP 216 Stimmen. Von den 30 zu wählenden Bezirksräten entfielen damit auf die SPÖ 22, auf die ÖVP sechs, auf die FPÖ einer und auf die KPÖ einer.

## Altersschichten der Bevölkerung

| Alter in Jahren | Einwohner | Einwohner in Prozent |
|---|---|---|
| **Männlich:** | | |
| unter 15 | 11.908 | 24,3 |
| 15 bis 19 | 2.452 | 5,0 |
| 20 bis 29 | 7.620 | 15,6 |
| 30 bis 39 | 7.468 | 15,3 |
| 40 bis 49 | 6.725 | 13,7 |
| 50 bis 59 | 4.410 | 9,0 |
| 60 bis 69 | 5.267 | 10,8 |
| 70 und mehr | 3.094 | 6,3 |
| **Insgesamt** | 48.944 | 100,0 |
| **Weiblich:** | | |
| unter 15 | 11.480 | 20,4 |
| 15 bis 19 | 2.385 | 4,2 |
| 20 bis 29 | 8.119 | 14,5 |
| 30 bis 39 | 7.307 | 13,0 |
| 40 bis 49 | 7.420 | 13,2 |
| 50 bis 59 | 5.707 | 10,2 |
| 60 bis 69 | 7.651 | 13,6 |
| 70 und mehr | 6.138 | 10,9 |
| **Insgesamt** | 56.207 | 100,0 |
| **Zusammen:** | | |
| unter 15 | 23.388 | 22,2 |
| 15 bis 19 | 4.837 | 4,6 |
| 20 bis 29 | 15.739 | 15,0 |
| 30 bis 39 | 14.775 | 14,0 |
| 40 bis 49 | 14.145 | 13,5 |
| 50 bis 59 | 10.117 | 9,6 |
| 60 bis 69 | 12.918 | 12,3 |
| 70 und mehr | 9.232 | 8,8 |
| **Insgesamt** | 105.151 | 100,0 |

Grundlage ist die Volkszählung vom 12. Mai 1971.

## Einpendler – Auspendler

Täglich fahren viele Menschen aus Floridsdorf in einen anderen Bezirk, um dort zu arbeiten (Auspendler), viele kommen aber aus einem anderen Bezirk zu einer Arbeitsstätte nach Floridsdorf (Einpendler). Die Zahlen der Einpendler und Auspendler gibt folgende Tabelle wieder:

| Bezirk | Einpendler | Auspendler |
|---|---|---|
| 1. | 85 | 6.213 |
| 2. | 1.062 | 2.341 |
| 3. | 510 | 2.673 |
| 4. | 173 | 992 |
| 5. | 226 | 682 |
| 6. | 129 | 875 |
| 7. | 131 | 1.128 |
| 8. | 120 | 652 |
| 9. | 321 | 2.220 |
| 10. | 661 | 1.033 |
| 11. | 221 | 459 |
| 12. | 319 | 717 |
| 13. | 130 | 240 |
| 14. | 252 | 497 |
| 15. | 282 | 738 |
| 16. | 391 | 580 |
| 17. | 217 | 485 |
| 18. | 248 | 430 |
| 19. | 392 | 1.076 |
| 20. | 1.357 | 2.149 |
| 22. | 1.710 | 1.160 |
| 23. | 173 | 312 |
| **Insgesamt** | 9.110 | 27.652 |

# Religionsgruppen in Floridsdorf

Von den 1971 gezählten 105.151 Floridsdorfern bekennen sich 84.545 zur römisch-katholischen Religion. 6996 sind evangelisch AB, 420 evangelisch HB, es gibt hier 816 Altkatholiken und 100 Einwohner mit mosaischem Bekenntnis, 1314 Floridsdorfer gehören anderen Religionsgruppen an, 10.416 sind ohne Bekenntnis, und von 544 Floridsdorfern ist das Religionsbekenntnis unbekannt.

## Volks- und Hauptschüler in Floridsdorf

| Schuljahr | Volksschüler absolut | 1964/65 = 100 | Hauptschüler absolut | 1964/65 = 100 |
|---|---|---|---|---|
| 1964/65 | 3.551 | 100,0 | 2.209 | 100,0 |
| 1965/66 | 3.954 | 111,4 | 2.217 | 100,4 |
| 1967/68 | 4.695 | 132,2 | 2.446 | 110,7 |
| 1969/70 | 5.595 | 157,6 | 2.926 | 132,5 |
| 1971/72 | 6.841 | 192,8 | 3.674 | 166,3 |
| 1973/74 | 7.442 | 209,6 | 4.572 | 207,0 |
| 1975/76 | 7.447 | 209,7 | 4.943 | 223,7 |
| 1976/77 | 7.295 | 205,4 | 5.303 | 240,1 |

## Straßen in Floridsdorf

| Verkehrsflächen | Bezirk absolut | in % | Anteil des Bezirks an Wien in % |
|---|---|---|---|
| Zahl | 583 | | 10,4 |
| Länge in m | 247.610 | | 10,3 |
| Fahrbahnen in m² | 1,562.273 | 69,4 | 8,5 |
| Abstellflächen in m² | 143.804 | 6,4 | 11,7 |
| Gehsteige in m² | 544.367 | 24,2 | 6,5 |
| Fläche insgesamt in m² | 2,250.444 | 100,0 | 8,0 |
| Länge der Radwege in m | 951 | | 6,6 |
| Bundesstraße, Fläche in m² | 245.192 | | 12,0 |

## Katastralgemeinden des 21. Bezirks

| | | | |
|---|---|---|---|
| Donaufeld | 443 ha | 70 a | 45 m² |
| Floridsdorf | 232 ha | 35 a | 5 m² |
| Groß-Jedlersdorf I | 372 ha | 88 a | 67 m² |
| Groß-Jedlersdorf II | 225 ha | 5 a | 24 m² |
| Jedlesee | 142 ha | 26 a | 24 m² |
| Leopoldau | 1053 ha | 41 a | 93 m² |
| Schwarzlackenau | 393 ha | 4 a | 96 m² |
| Stammersdorf | 1303 ha | 7 a | 63 m² |
| Strebersdorf | 463 ha | 94 a | 72 m² |
| Gesamt | 4629 ha | 74 a | 89 m² |

Weil einzelne Katastralgemeinden in Nachbarbezirke hinüberreichen, stimmt ihre Gesamtfläche nicht mit der Bezirksfläche überein.

# Die Wirtschaft Floridsdorfs

Die in diesem Abschnitt
erwähnten
Floridsdorfer Firmen
sind nicht nur
ein integrierender Bestandteil
der Wirtschaft dieses
Bezirks.

Sie haben auch
maßgeblich dazu beigetragen,
daß dieses Buch
erscheinen konnte.

# Triumph der Selbsthilfe
## Konsumgroßmarkt Nord
### Brünner Straße 77

Am 9. Oktober des Jahres 1864 unternahmen siebzehn Weber aus Fünfhaus einen Spaziergang nach Altmannsdorf und erörterten dabei ihre mißliche Lage: Arbeitslosigkeit, Geldentwertung, Baumwollknappheit, entsetzliche Armut. Diesen siebzehn Webern kam der Gedanke, durch gemeinsamen Kauf von Lebensmitteln Geld zu sparen. Im Gasthaus „Zum grünen Baum", in der Fünfhauser Vorstadt, wurde anderntags beschlossen, daß jeder an dieser Aktion Teilnehmende zehn Kreuzer in der Woche beisteuern müsse.

Bis Ende Oktober fanden sich lediglich acht Weber dazu bereit. Das genügte aber für den Ankauf zweier Säcke Mehl, die dann unter den Mitgliedern verteilt wurden. Damit war auch in Wien der Genossenschaftsgedanke lebendig geworden, der erste Wiener Konsumverein war entstanden.

Ein Jahr später wurde ein zweiter Konsumverein gegründet: der „Arbeiter-Spar- und Consumverein Fünfhaus". Wieder waren Weber die Initiatoren. Nun entstanden in Wien mehrere solche Konsumvereine. In Floridsdorf, das ja damals noch nicht zu Wien gehörte, wurde der „I. Allgemeine Arbeiter-Spar- und Consumverein Floridsdorf und Umgebung" gegründet.

Als am 9. April 1873 das Gesetz über die Erwerbs- und Wirtschaftsgenossenschaften beschlossen wurde, konnten die Konsumvereine, die bis dahin rechtlich Gesangs- oder Geselligkeitsvereinen gleichgestellt waren, zu registrierten Genossenschaften mit unbeschränkter Haftung umgewandelt werden.

1902 schlossen sich neun kleinere Konsumvereine zum Konsumverein „Vorwärts" zusammen. Nebst den Konsumvereinen Favoriten, Ottakring, Landstraße, Simmering, Nußdorf, Stockerau, Korneuburg und Fischamend war auch der „I. Allgemeine Arbeiter-Spar- und Consumverein Floridsdorf und Umgebung" eines der Gründungsmitglieder.

Ein Jahr später wurde für den zweiten und zwanzigsten Bezirk der „Arbeiter-Konsumverein Donaustadt" gegründet.

Diese vier Konsumvereine – der „Erste niederösterreichische Arbeiter-Konsumverein", der „Arbeiter-Spar- und Consumverein Fünfhaus", der Konsumverein „Vorwärts" (der sich ab 1918 „Wiener Haushaltverband" nannte) und der „Arbeiter-Konsumverein Donaustadt" schlossen sich 1920 zur Konsumgenossenschaft Wien und Umgebung zusammen. Die solcherart entstandene Konsumgenossenschaft Wien verfügte damit über 142 Filialen und mehrere Produktionsbetriebe, wie Bäckerei, Kaffeebrennerei, Feigenkaffee-Erzeugung, Molkerei, Selcherei, Abfüllerei, Weinkellerei . . .

Bis zum Jahr 1927 wuchs die Zahl der KGW-Filialen auf 302 an. Dann wurde der Genossenschaft die Arbeit schwergemacht. Die KGW wurde unter die Gewerbeordnung gestellt und in die Handelskammer eingegliedert. Es durften nur dort neue Filialen errichtet werden, wo die Handelskammer es genehmigte.

Als auch dieser Schlag überwunden war, kam Hitler. 1942 wurden die Konsumgenossenschaften aufgelöst und ihr Vermögen in das „Gemeinschaftswerk der Deutschen Arbeitsfront" eingewiesen. Damals, als ein Federstrich die Genossenschaft auslöschte, waren 117.000 Mitglieder in ihr vereinigt, die in 346 Filialen einkaufen konnten.

Nach dem Krieg waren 176 Filialen vollkommen zerstört, viele schwer beschädigt. Die Aufbauarbeit begann. Am 28. Oktober 1945 fand im Kleinen Konzerthaussaal die Gründungsversammlung der Konsumgenossenschaft Wien statt.

Die KGW hat an ihrem steilen Aufstieg nach dem Krieg hart gearbeitet. Bis zum Jahr 1962 wurden 346 Filialen geschaffen, deren durchschnittliche Verkaufsfläche 63 Quadratmeter betrug. 1964 – im Jahre ihres hundertjährigen Bestehens – begann die Konsumgenossenschaft mit ·einer Strukturreform. Mittlerweile hat die Zahl der Filialen abgenommen: Mitte 1977 gab es im Bereich der Konsumgenossenschaft Wien 206 Filialen (davon 16 in Floridsdorf), die gesamte Ver-

kaufsfläche wurde aber auf mehr als 100.000 Quadratmeter erhöht. 250.000 Familien genossen die Vorteile einer Mitgliedschaft bei der KGW!

Ende Mai 1970 wurde der erste Konsumgroßmarkt in Vösendorf eröffnet. Drei Jahre später standen den Konsumenten der Floridsdorfer Großmarkt und das Einrichtungshaus Vösendorf zur Verfügung.

Am 16. Oktober 1973 eröffnete Bürgermeister Leopold Gratz den KGM-Nord in der Brünner Straße 77, der eine Gesamtfläche von 60.000 Quadratmeter hat. Dort wird auf einer 11.000 Quadratmeter großen Verkaufsfläche ein Sortiment von 50.000 Artikeln angeboten. Allein die Fleisch-, Wurst- und Feinkostabteilung verfügt über 600 Quadratmeter, eine Fläche, die bereits einem durchschnittlichen Konsummarkt entspricht.

Bei den „Nichtlebensmitteln" – sie werden auf einer Verkaufsfläche von 8500 Quadratmeter angeboten – nehmen 5000 Artikel für Sport, Spiel und Freizeitgestaltung einen breiten Raum ein. Große Bedeutung kommt auch den Elektrogeräten, den Haushaltswaren, dem „Do-it-yourself-Sektor" und dem Autozubehör zu. Neben dem umfangreichen Sektor Heimtextilien werden Damen-, Herren- und Kinderkonfektion im breiten Rahmen geboten.

Das Riesensortiment enthält auch eine Foto- und Filmabteilung, eine Schmuck- und Uhrenabteilung, eine Lederwarenabteilung sowie eine Kosmetikboutique.

Im Einzugsbereich des Großmarktes wohnen etwa 760.000 Menschen. Noch heute sind sich die Besucher des KGM-Nord einig: Der Großmarkt hat mehr gehalten, als versprochen wurde. Er ist ein konsumentenfreundliches, einkaufsrichtiges Superkaufhaus in einer Ebene.

## Spezialwerkzeuge aus Strebersdorf
### Vereinigte Edelstahlwerke Aktiengesellschaft (VEW)
### Werk Wien, Scheydgasse 38–40

Das Werk Wien der „Vereinigte Edelstahlwerke AG" liegt auf ältestem Industriegrund im Raum Strebersdorf und hat eine sehr wechselvolle Geschichte. Während des Ersten Weltkrieges als Autokader der k. k. Monarchie angelegt, erwarb die damalige Firma „Trauzl" im Jahre 1921 die Anlagen und das Areal und erzeugte dort hauptsächlich tiefbohrtechnische Einrichtungen für Ölbohrungen. Die Mannesmann-Röhrenwerke, die 1928 den größten Teil der Aktien erwarben, stellten die Fertigung auf Tiefbohr-Rotary-Anlagen um. Ab 1938 lief dann Kriegsproduktion (Panzergetriebe).

Trotz Verstaatlichung im Jahre 1946 erfolgte die Beschlagnahme durch die Besatzungsmacht und Verwaltung durch die USIA! Nach dem Staatsvertrag 1955 versuchte die österreichische Verwaltung mit wechselndem Erfolg, den Ausfall der Geschäftskontakte mit den Oststaaten auszugleichen. Der Verfall konnte jedoch nicht verhindert werden. 1969 erfolgte die Fusion mit dem in ähnlicher Situation befindlichen Landmaschinenbetrieb Hofherr Schrantz AG, dessen Aktien 1938 von der deutschen Landmaschinenfabrik Lanz AG übernommen worden waren und der dadurch ebenfalls als deutsches Eigentum 1946 der USIA-Verwaltung zufiel. Die erwartete wirtschaftliche Gesundung blieb jedoch aus.

Zur gleichen Zeit plante die Gebrüder Böhler & Co. AG eine Pro-

duktionsausweitung auf dem Sektor Gesteinsbohrgeräte und Kompressoren. Eine Ausweitung des Stammbetriebes in Deuchendorf bei Kapfenberg war nicht mehr möglich, und es wurde in Gesprächen mit der ÖIG 1970 die Aufnahme dieses Wiener Betriebes mit einem Gelände von 145.000 m² in den Böhler-Konzern beschlossen. Seit dem Zusammenschluß der Firmen Gebrüder Böhler & Co. AG, Schoeller-Bleckmann Stahlwerke AG und der Steierischen Gußstahlwerke AG im Jahre 1975 ist das Werk Wien ein Produktionsbetrieb der „Vereinigte Edelstahlwerke AG".

Seither wurden zirka 122 Millionen Schilling für die Sanierung der Anlagen und für Neuinvestitionen aufgewendet. Heute werden hier Gesteinsbohrgeräte von 500 kg bis zu 16 t mit Druckluft- und Hydraulikantrieb, schallgedämpfte fahrbare Schraubenkompressoren sowie Gesteinsbohrwerkzeuge hergestellt. Die Bohrwerkzeuge mit der Markenbezeichnung „ROCBO" werden in dem dafür neu eingerichteten modernsten Betrieb dieser Art in Mitteleuropa erzeugt. Die Finalerzeugnisse des Wiener Betriebes aus eigenen Edelstählen und Hartmetallen werden zu 80% exportiert und sind unter dem Divisionsnamen „Böhler Bohr- und Drucklufttechnik" in aller Welt zu finden.

## Tradition zweier Jahrhunderte
**Cash and Carry, Conrad Sild GmbH.**
**Ödenburger Straße 7**

Der Name Sild ist seit Jahrhunderten in Floridsdorf vertreten und –
soweit man es zurückverfolgen kann – häufig mit dem Handel verbunden. Viele Floridsdorfer kennen das Sild-Haus Am Spitz 13, aus dem
die jetzige Firma Conrad Sild hervorgegangen ist. Dieses Haus, 1905
von Conrad Sild im Jugendstil erbaut, gehört zu den schönsten in Floridsdorf. Die im Gebäude untergebrachten Geschäftslokalitäten dienten
hauptsächlich dem Lebensmittelgroßhandel. Noch in den vierziger
Jahren wurden von dort aus mittels Pferdefuhrwerken und Lastkraftwagen mit Kettenantrieb im Umkreis von 30 Kilometer Waren an den
Kleinhandel zugestellt.

In den Zwischenkriegsjahren war ein Hauptgeschäftszweig das Rö-
sten von Bohnenkaffee. Der Rohkaffee wurde waggonweise – für die
damalige Zeit eine Riesenmenge – direkt von Triest bezogen. Das Fer-
tigprodukt wurde von Floridsdorf bis in die Slowakei und Westungarn
versandt. Neben dem Großhandel wurde auch ein Detailgeschäft geführt.

In den Nachkriegswirren blieb auch die Firma Sild nicht vor der
vollständigen „Räumung" verschont. Doch bald schon begannen
einige beherzte, langjährige Mitarbeiter den Verteilerapparat neu auf-
zubauen. Gegen Ende des Jahres 1945 konnten die Räumlichkeiten im
Sild-Haus wieder bezogen werden.

Durch Vergrößerung des Geschäftsumfanges und durch die zunehmende Motorisierung war ein Weiterverbleiben im Stammhaus nicht

mehr möglich, da die Fuhrwerke zum Großteil auf der Straße be- und entladen werden mußten. Sild konzentrierte sich auf den Großhandel und verwandelte das Detailgeschäft in ein Espresso. Die dort verwendeten gediegenen Hutschenreuther Kaffeeschalen werden den älteren Floridsdorfern vielleicht noch in Erinnerung sein.

Der Großhandel für den näheren Bereich wurde vom Jedleseer Bahnmagazin abgewickelt, die Überlandfuhren gingen von einer ehemaligen Garage in der Fultonstraße weg. Von dort aus wurde auch eine damals für Österreich neue Vertriebsform gestartet: 1960 wurde der erste C & C-Betrieb (Abholmarkt für den Kleinhandel) des Landes eröffnet.

Die Räumlichkeiten in der Fultonstraße genügten bald nicht mehr. 1971 übersiedelte Conrad Sild in die Ödenburger Straße 7, wo ein 20.000 Quadratmeter großes Areal zur Verfügung steht. Mehr als 5000 Einzelhändler und Gewerbetreibende werden dort mit einem Warensortiment von mehr als 10.000 Artikeln versorgt.

237

## Ein rein österreichisches Unternehmen
**Rembrandtin Lack Gesellschaft m. b. H. & Co. KG**
**Donaufelder Straße 99–101**

Am 10. Februar 1911 wurde die Lackfabrik Rembrandtin, damals noch ein Zweigbetrieb des holländischen Lackerzeugers Varossieau & Co., erstmals handelsgerichtlich eingetragen. Sie erzeugte hochwertige Lacke nach holländischen Rezepturen. 1937 wurde das Unternehmen von Benno Seidler erworben und nach dessen Tod als Kriegsteilnehmer von seinem Bruder Julius Seidler übernommen. Gleichzeitig mit der Umwandlung der Firmenform in eine Gesellschaft m. b. H. & Co. KG am 15. März 1974 trat nach siebenjähriger Mitarbeit der Juniorchef Helmuth Seidler als Gesellschafter ein und ist seither in geschäftsführender Position tätig.

Heute ist die Rembrandtin Lack Ges. m. b. H. & Co. KG ein mit modernsten Entwicklungslabors und anwendungstechnischen Abteilungen eingerichteter Betrieb. Für die Rationalisierung in der Produktion werden jährlich bedeutende Summen investiert. Die Erzeugnisse des Unternehmens werden in mehr als 30 Länder der Welt exportiert, von Industrie, Gewerbe und von Bastlern gern verwendet.

# ALFRED TASTL

Wir bieten in unserem Programm keramische Fliesen und Klinker für alle Verwendungsbereiche: Wohnräume, Küche, Bad, WC, sowie frostsicheres Material für Balkon, Terrasse, Schwimmbecken, Garagen, Außenfassaden als auch Fliesen mit extraharter Glasur für extrem beanspruchte Böden in Verkaufs- und Arbeitsräumen.

**Import von keramischen Boden- und Wandfliesen. Verlegung durch den Meisterbetrieb.**

Fliesen Schau

Schauraum und Verkauf: 1210 Wien, Arbeiterstrandbadstraße 106 Tel. 0 22 2/38 35 53 ● Mo. bis Fr. 15 bis 18 Uhr, Sa. 9 bis 13 Uhr Jederzeit Parkmöglichkeit

## Strebersdorf – Stätte der Bildung
**Heimschulen der Schulbrüder**
**Anton-Böck-Gasse 20**

Seit dem vorigen Jahrhundert haben die Schulbrüder in Strebersdorf gigantische Aufbauarbeit geleistet. Heute kann man in den Heimschulen der Schulbrüder besuchen: die Volksschule (seit dem Schuljahr 1977/78 werden auch Mädchen aufgenommen), die Hauptschule, ein Neusprachliches Gymnasium, ein Oberstufenrealgymnasium und das Studentenheim für Besucher der Pädagogischen Akademie.

Für das erste bis vierte Schuljahr der Voksschule werden Externe und Tagesheimschüler, in allen anderen Schultypen nur Heim- beziehungsweise Tagesheimschüler aufgenommen.

Den Heim- und Tagesheimschülern steht nach Beendigung ihrer Studienaufgaben, die sie unter fachlicher Beratung durchführen, eine Vielzahl an Möglichkeiten offen, die Freizeit zu verbringen: ein Hallenbad, eine Sporthalle, verschiedene Sportanlagen im Ausmaß von zehn Hektar stehen zur Verfügung. Wer sich für Chorgesang, Literatur oder Musik interessiert, kann diesen Neigungen in den Heimschulen der Schulbrüder nachgehen.

Telefon: 39 25 16/270 Volks- und Hauptschule; 39 25 16/310 Gymnasium.

## Der musikalische Optiker
### Peter Türk
### Großfeldstraße 18

Optikermeister Peter Türk, Jahrgang 1937, hat eine harte und gründliche Ausbildung genossen: Er war bei den zwei größten Optikern Wiens tätig – sowohl in der Werkstätte als auch im Verkauf –, und später holte er sich als Repräsentant einer großen Brillenfabrik Erfahrungen in ganz Österreich. 1966 machte sich Peter Türk selbständig. Er eröffnete in Neu-Kagran sein erstes Geschäft. Schon mehrmals wurde Türk zum „freundlichsten Geschäftsmann" gewählt, und eben durch diese Freundlichkeit und durch sein aufrichtiges Bemühen um jeden Kunden war es ihm gelungen, noch weitere sechs Geschäfte in Wien und Niederösterreich zu eröffnen. Daneben fand er Zeit für

Musik, nahm zwei Platten auf („Ich bin der schönste Mann von Wien", „Das Brillenlied") und sang auf Veranstaltungen. Peter Türk ist außerdem Sachberater für Optik in der TV-Sendung „Wir" und war auch im „Seniorenclub" zu sehen.

## Vom Fuhrwerk zum Fuhrpark
**Fuhrwerksunternehmen Anton Spindler**
**Amtsstraße 49**

Wer in den Taufbüchern der Pfarre Groß-Jedlersdorf nachblättert, wird die Spindler-Dynastie bis in das 16. Jahrhundert zurückverfolgen können. Bis zum heutigen Transportunternehmen mit 30 Lkw-Zügen war es ein weiter, oft beschwerlicher Weg.

Jahrhunderte hindurch betrieben die Spindler Landwirtschaft. Ab dem Jahre 1912 wurden zusätzlich Pferde angeschafft, die man im Fuhrwerksgewerbe einsetzte. 1928 kam der erste Lkw ins Haus, ein Steyr 15. Kommerzialrat Anton Spindler übernahm 1933 den Betrieb und brachte es bis 1940 auf acht Lkw-Züge. Dann wurden die Fahrzeuge eingezogen und gingen in den Wirren des Zweiten Weltkrieges teilweise verloren.

Kommerzialrat Spindler fing 1946 wieder von vorne an. Aus dem Nichts schuf er den heutigen Betrieb mit 50 Mitarbeitern. In seiner Arbeit wird er seit 15 Jahren von Sohn Günther unterstützt. Dieser ist Prokurist und Geschäftsführer.

Mit der Scholle sind alle Spindler eng verbunden. Auch Anton Spindler jun. blieb im Bezirk. Er schenkt seit 1960 in der „Alten Backstube" seine Eigenbauweine aus.

244

# Floridsdorf beliefert die Welt
## ELIN-Union AG
### Shuttleworthstraße 8

Auf dem ehemaligen Gelände der Firma Hofherr & Schrantz, die bereits um die Jahrhundertwende zusammen mit der englischen Firma Clayton & Shuttleworth Landmaschinen für die österreichisch-ungarische Monarchie erzeugte, befindet sich heute die modernst eingerichtete Wiener Fabrik der ELIN-Union AG, in der alle vorher im Raum Wien bestehenden Produktionsstätten durch zahlreiche Fusionen zusammengefaßt wurden.

Nach dem Zweiten Weltkrieg wurde das von etwa 300 Bomben zerstörte Werk der Firma Hofherr & Schrantz verstaatlicht. Damals waren auf dem rund 180.000 Quadratmeter großen Areal bloß 400 Mitarbeiter beschäftigt. Nach Abschluß des Staatsvertrages sah ein Sanierungskonzept die Zusammenfassung aller verstaatlichten Gießereien im Raum Wien vor. In diesem Zusammenhang erwarb die Firma ELIN Ende der fünfziger Jahre die Gießerei in der Shuttleworthstraße.

Ursprünglich war geplant, die ELIN-Gießerei Möllersdorf mit jener in Floridsdorf zusammenzulegen. Dieser Plan wurde jedoch 1959, nach der Fusion von ELIN mit der AEG-Union zur ELIN-Union, fallengelassen, da es vordringliche Aufgabe der ELIN-Union war, den Apparatebau der nunmehr fusionierten Gesellschaften auf einem Raum zu konzentrieren.

Um diesen Plan zu verwirklichen, erwarb die ELIN-Union um 1960 etwa ein Drittel des ehemaligen Hofherr-Schrantz-Geländes und adaptierte es für den Apparatebau. Die bestehende Gießerei wurde nach Möllersdorf verlegt, wo sich heute noch die Gießerei der ELIN-Union befindet.

Als es 1967 zur Reorganisation der österreichischen Starkstromindustrie kam, wurde seitens des ELIN-Vorstandes beschlossen, die gesamte Fertigung im Wiener Raum unterzubringen. 1968 wurden daher die restlichen 120.000 Quadratmeter der Firma Hofherr & Schrantz gekauft, die nach Strebersdorf übersiedelte.

Wo früher Landmaschinen erzeugt wurden, fertigen heute rund 1700 Mitarbeiter hochwertige elektrische Serienprodukte. Das Fabrikationsprogramm umfaßt Kleinmotoren, Mittel- und Sondermaschinen, Hochspannungsanlagen und -apparate, Heißwasserspeicher und industrielle Elektronik.

Neben dem Beitrag zur Wertschöpfung für die österreichische Wirtschaft ist die ELIN-Union in Floridsdorf ein wichtiger Lehrherr. Jährlich werden etwa 75 Lehrlinge ausgebildet. Den Mitarbeitern werden umfangreiche Sozialleistungen, wie kollektive Unfallversicherung, Pen-

sionszuschüsse und dergleichen, geboten. 1977 wurde auf dem ELIN-Gelände auch ein Sportplatz eingerichtet. ELIN-Anlagen und einzelne Produkte werden von Floridsdorf aus in die ganze Welt geliefert.

## Wegbereiter der Elektrotechnik
### Siemens Aktiengesellschaft Österreich
### Siemensstraße 88–90

Die Geschichte des Hauses Siemens in Österreich reicht bis weit in das vorige Jahrhundert zurück.

Schon 1859 eröffnete Werner Siemens eine Filiale in Wien, die aber einige Jahre später wieder geschlossen wurde. Deshalb gilt als offizielles Gründungsjahr 1879, in dem unter dem Namen „Wiener Technisches Büro von Siemens & Halske, Berlin" in der Magdalenenstraße 12 eine neue Niederlassung entstand, in der man sich vor allem mit der Erzeugung von Geräten für das Eisenbahnsicherungswesen, mit Lichtmaschinen und der Kraftübertragung beschäftigte. Auf Grund der guten Geschäftsentwicklung übersiedelte das Unternehmen in größere Räume in der Apostelgasse 14, wo bald eine fabriksmäßige Fertigung in größerem Umfang aufgenommen werden konnte.

Eine Reihe technischer Pioniertaten entstammt dieser Zeit: 1883 erbaute Siemens & Halske Wien die Teilstrecke Mödling–Klausen der ersten elektrischen Bahn in Österreich, 1890 wurde am Mönchsberg in Salzburg ein elektrischer Personenaufzug dem öffentlichen Verkehr übergeben; die erste Unterpflasterbahn der Welt – sie wurde 1896 in Budapest eröffnet – stammt ebenfalls von Siemens & Halske in Wien. 1898 wurde die damals schon acht Jahre bestehende Kabelfertigung

nach Floridsdorf verlegt, und 1900 wurde an der heutigen Siemensstraße, die damals Eipeldauer Straße hieß, eine Maschinenfabrik in
Betrieb genommen.

1904 wurde das Unternehmen in eine Starkstrom- und eine Schwach-
stromabteilung geteilt; die Starkstromabteilung von Siemens & Halske
wurde mit den Österreichischen Schuckert-Werken fusioniert und fir-
mierte danach als „Österreichische Siemens-Schuckert-Werke AG".
1908 wurden auch die Kabelwerke in Leopoldau in die ÖSSW eingegliedert. Sie wurden 1939 in die heute noch bestehenden „Wiener
Kabel- und Metallwerke" umgewandelt.

Der Zweite Weltkrieg brachte Siemens große Verluste durch Bom-
bentreffer und Demontagen, doch bald nach Kriegsende hatte der
Aufbauwille der damaligen, hauptsächlich aus Floridsdorf stammenden
Belegschaft die ärgsten Schwierigkeiten überwunden.

Im Jahre 1967 wurde im Zuge einer neuen Konzeption der Zusam-
menarbeit mit der verstaatlichten Industrie aus dem Vertriebsteil der
nach dem Zweiten Weltkrieg verstaatlichten Wiener Starkstromwerke
Ges. m. b. H., die aus den Österreichischen Siemens-Schuckert-Werken
hervorgegangen war, die „Siemens Ges. m. b. H." gegründet. Zwei
Jahre später gründeten die WKM zusammen mit der verstaatlichten
Wiener Schwachstromwerke Ges. m. b. H. (die aus der Siemens &
Halske Ges. m. b. H. hervorgegangen war) die Nachrichtentechnische
Werke AG.

1971 wurden die Wiener Kabel- und Metallwerke AG, die Siemens
Ges. m. b. H., die Nachrichtentechnische Werke AG und die Siemens-

Reiniger Werke Ges. m. b. H. (die schon seit Jahren den medizinischen Bereich des Hauses Siemens in Österreich vertraten) zu einer einheitlichen Gesellschaft – der Siemens AG Österreich – zusammengefaßt. Sie ist heute mit über 6 Mrd. S Jahresumsatz und rund 10.000 Mitarbeitern eines der bedeutendsten österreichischen Industrieunternehmen. An ihrem Grundkapital ist die Siemens Beteiligungen AG mit 56,4% und die Republik Österreich über die Österreichische Industrieverwaltungs AG (ÖIAG) mit 43,6% beteiligt.

Die Siemens Aktiengesellschaft Österreich hat in Wien mehrere Standorte, als deren wichtigster und am meisten entwicklungsfähiger – dank dem Vorausblick der Gründer – der in der Siemensstraße anzusehen ist. Darüber hinaus ist das Unternehmen in allen Bundesländern durch Technische Büros sowie durch Fabriken in Niederösterreich, im Burgenland und in der Steiermark vertreten.

250

# Süßstoff aus Floridsdorf
## Kreidl & Rutter
### Siegfriedgasse 23

Ein Mitarbeiter Prof. Auer von Welsbachs, Dr. Ignaz Kreidl, gründete in Floridsdorf gemeinsam mit seinem Schwager, dem Industriellen Gustav Heller, eine Fabrik zur Erzeugung von Thor- und Cersalzen. Dem Werk benachbart war die Firma „Dr. Landau & Co. (Carl Rosen)", die sich mit der Herstellung von Flußsäure und künstlichem Kryolith befaßte. Am 1. Oktober 1910 wurden die beiden Firmen zusammengelegt: Die „Vereinigten Chemischen Fabriken Kreidl, Heller & Co." wurden gegründet. Nach Patenten von Dr. Kreidl wurde ein Weißfärbemittel für die Emailindustrie erzeugt.

Der Erste Weltkrieg war für das auf den internationalen Markt ausgerichtete Unternehmen ein schwerer Rückschlag. Die schlechte wirtschaftliche Entwicklung konnte jedoch durch die Errichtung der ersten Fabrik in der Monarchie, die synthetisches Phenol erzeugte, gestoppt werden. Das Ende des Krieges brachte es mit sich, daß weltweit zuviel Phenol vorhanden war. Die „Vereinigten Chemischen Fabriken" verlegten sich also wieder auf die Erzeugung von Weißfärbemittel für die Emailindustrie, und an Stelle der Phenolerzeugung wurde ein neuer Produktionszweig erschlossen: 1919 wurde die Erzeugung von künstlichen Süßstoffen (Saccharin) aufgenommen. Die neugegründete Saccharinfabrik wurde vom Schwiegersohn Gustav Hellers, dem jungen Chemiker Dipl.-Ing. Karl Rutter, aufgebaut.

Zwischen 1928 und 1930 wurde das Unternehmen in eine reine Familiengesellschaft umgewandelt. Die Familien Kreidl und Rutter übernahmen alle Anteile, der Sohn Dr. Ignaz Kreidls, der Chemiker Werner H. Kreidl, trat in die Firma ein.

1938 gingen Dr. Ignaz Kreidl und Dr. Werner H. Kreidl nach Amerika. Dipl.-Ing. Rutter und seiner Gattin wurde von den neuen Machthabern das Betreten des Firmengeländes untersagt. Gegen Ende des Zweiten Weltkrieges wurde die Fabrikanlage durch Bomben restlos zerstört.

1945 begannen Dipl.-Ing. Rutter und seine Gattin mit der Aufbauarbeit. Vier Jahre später kehrte Dr. Werner Kreidl, der in New York ein Forschungslaboratorium gegründet hatte, nach Wien zurück. Sein Vater war 1947 in Amerika gestorben. Die Firma wurde neu konstituiert und hieß wieder nach alter Tradition „Vereinigte Chemische Fabriken Kreidl, Rutter & Co."

1973 kaufte die Firma „Perstorp" die Anlagen zur Erzeugung chemischer Produkte, die Herren Kreidl und Rutter gründeten eine neue Firma, die sich ausschließlich mit der Erzeugung von Süßstoffen – wie Kandisin und Kandiset – beschäftigt.

## Kürschner mit Herz
**Pelzmoden Zeilinger**
**Jedleseer Straße 77**

Johann Zeilinger, ein gebürtiger Döblinger, wuchs in Kaisermühlen auf. Das Kürschnerhandwerk erlernte er in Brigittenau, doch am wohlsten fühlt er sich, wo er seit 1960 lebt: in Floridsdorf. Hier gründete Johann Zeilinger 1969, ein Jahr nach seiner Heirat, ein eigenes Geschäft, wo er derzeit neun Mitarbeiter beschäftigt.

Viele prominente, alteingesessene Floridsdorfer Familien kaufen bei Kürschnermeister Zeilinger. Diesen Erfolg hat er sich hart erarbeitet. Mancher Kampf ist vorangegangen, aber Ehrlichkeit und solides Handwerkskönnen haben gesiegt.

Am 21. Juni 1977 wurde Johann Zeilinger im Rahmen der Tierschutzaktion „Der blaue Kreis" die Silberne Ehrennadel verliehen: Johann Zeilinger ist nämlich der einzige Kürschner Österreichs, der keine Felle junger Robben verarbeitet und der dadurch einen wertvollen Beitrag zum Naturschutz leistet.

## Schwedenqualität aus Floridsdorf
**Perstorp Austria Gesellschaft m. b. H.**
**Sebastian-Kohl-Gasse 3–9**

Eine Reise mit dem Flugzeug kann Grund sein, sich an Floridsdorf zu erinnern: Einige Fluggesellschaften servieren die Speisen in einem Geschirr, dessen Grundstoff in Floridsdorf erzeugt wird. Wer ein Telefon zur Hand nimmt, hat möglicherweise eines, dessen Gehäuse aus einer Masse gepreßt wurde, die ein Floridsdorfer Betrieb hergestellt hat: die „Perstorp Austria Gesellschaft m. b. H.".

„Perstorp Austria" ist die Tochtergesellschaft eines Unternehmens, das seinen Sitz in der südschwedischen Stadt Perstorp hat. Die „Perstorp AB", wie das Unternehmen in seiner Heimat heißt, wurde schon vor der Jahrhundertwende gegründet. Mitten im Wald errichtete eine Familie ein Sägewerk und begann auch Holzessig zu erzeugen. Ein logischer Entwicklungsprozeß führte zum heutigen Produktionsbereich: Es werden unter anderem Formaldehyd, Kunstharze, Polyalkohole, Amino- und Phenoplastpreßmassen, technische und dekorative Laminate erzeugt; ebenso sind verschiedene Artikel für Haushalt und Freizeit im Laufe der Jahre nicht nur in Schweden ein Begriff geworden.

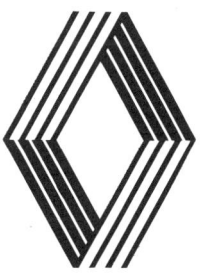
Neben anderen Tochterfirmen in Schweden, England, in den USA und in Brasilien ist „Perstorp Austria" erst vor relativ kurzer Zeit entstanden. Im Herbst 1973 kaufte der schwedische Chemiekonzern von den Familien Kreidl & Rutter den überwiegenden Teil – alles mit Ausnahme der Süßstofferzeugung – der „Vereinigten Chemischen Fabriken, Kreidl, Rutter & Co." in der Sebastian-Kohl-Gasse, wobei der Großteil des Personals mit allen bestehenden Rechten übernommen wurde.

„Perstorp Austria" erzeugt, wie das Mutterwerk, Formaldehyd, Harze für die Schleifmittelindustrie und Gießereiindustrie, kunstharzgetränkte Papiere zur Oberflächenveredelung von Spanplatten und Faserplatten sowie Preßmassen für die Herstellung verschiedenster Artikel des täglichen Gebrauchs.

Das Unternehmen hat seine geschäftliche Basis noch vergrößert: „Perstorp Austria" ist an der „Kunstharzchemie Kreidl, Rutter & Co." beteiligt, die Formaldehyd und Spanplattenleim produziert. Dieses Werk befindet sich in Göss bei Leoben.

Das Floridsdorfer Werk von „Perstorp Austria" bietet 170 Menschen Arbeit.

## Drei Brüder auf Erfolgskurs
**Franz Haas Waffelmaschinen Industriegesellschaft m. b. H.
Guschelbauergasse 2**

1905 gründete der Schlossermeister Josef Haas eine Bau- und Maschinenschlosserei und befaßte sich mit der Erzeugung von Kleinmaschinen und Eisenkonstruktionen. 1937 wurde der Betrieb von seinen drei Söhnen Josef, Franz und Karl übernommen und in eine OHG umgewandelt. Wie die meisten Industriebetriebe mußte auch die Firma Haas während des Zweiten Weltkriegs für die Wehrmacht tätig sein. Ein Teil der Fabrik wurde in die Tschechoslowakei verlegt.

Nach dem Krieg entwickelten sich innerhalb der Firma drei Abteilungen: Stahlbau, Werkzeugbau und Waffelmaschinenbau. Die drei Brüder teilten sich die Arbeit: Franz Haas leitete die Abteilung Waffelmaschinen, Josef und Karl Haas übernahmen die beiden anderen Abteilungen. 1966 wurde die Waffelmaschinenfabrik aus dem Firmenverband herausgelöst und als Einzelfirma weitergeführt. Ihre Produkte sind mittlerweile auf der ganzen Welt begehrt: Teigzubereitungsanlagen, Waffelbackautomaten, Creme-Mischer . . .

Die gute Auftragslage machte es nötig, die Fabrikationshallen zu vergrößern. In Floridsdorf bestand dazu keine Möglichkeit, also wich das Unternehmen nach Leobendorf bei Korneuburg aus. Dort wird seit 1974 an einer 14.000 Quadratmeter großen Halle gebaut, die auf einem 82.000 Quadratmeter großen Werksgelände steht.

Mittlerweile war wieder eine neue Generation Maschinenbauer herangewachsen: die Brüder Franz, Josef und Johann Haas. 1975 wurde die Einzelfirma, unter Beteiligung der Söhne, Josef Haas als Geschäftsführer, Ing. Franz Haas und Ing. Johann Haas als technisch verantwortliche Gesellschafter, in eine Ges. m. b. H. umgewandelt. Die einzige Tochter, Margarete Jiraschek, geborene Haas, wurde ebenfalls an der Firma beteiligt.

Ein bestens ausgebildeter und langjähriger Mitarbeiterstab garantiert beste Werkmannsarbeit. Auf dem 6000 Quadratmeter großen Floridsdorfer Fabriksgelände arbeiten mehr als 200 Menschen. Wie beliebt die Waffelmaschinen aus Floridsdorf sind, zeigt ein Blick in die Kundenkartei: Langjährige, zufriedene Kunden aus 80 Staaten der Erde finden sich darin. Ein Beweis für die Qualität der geleisteten Arbeit.

Und in einigen Jahrzehnten werden, wenn es nach dem Wunsch der derzeitigen Gesellschafter geht, wieder drei Brüder die Firma übernehmen . . .

## Zauberer mit Messer und Schere
### Frisiersalon Josef Ofner
### Ekazent Kürschnergasse – Ekazent Großfeldstraße

Daß es in Floridsdorf zwei der modernst ausgestatteten Frisiersalons Österreichs gibt, ist Josef Ofner zu danken – und einem Zufall. Denn eigentlich wollte Josef Ofner Koch werden.

1939 war es, als Josef Ofner – wie viele andere der heranwachsenden jungen Burschen – um seine Hoffnungen und Träume betrogen wurde. Ihm wurde amtlicherseits lakonisch mitgeteilt, daß der Beruf eines Kochs nur Frauen zugänglich sei. Ofner, der geborene Leopoldauer, lernte also Friseur und zeigte bald schon großes Talent in diesem Beruf. Nach der Lehrzeit und einem Gesellenjahr mußte Ofner Kamm und Schere mit Gewehr und Munition vertauschen.

Aber Josef Ofner hatte Glück und kehrte mit heilen Knochen in seinen Heimatbezirk zurück. Die Russen setzten ihn als kommissarischen Leiter des Friseurgeschäftes auf dem Leopoldauer Platz ein. 1946 hatte Ofner davon genug und ging nach Kärnten. Dort war er aktiver Fußballer und Handballer, trainierte Mannschaften und machte so ganz nebenbei im Jahre 1948 die Meisterprüfung als Friseur.

1949, nach seiner Heirat, begann Josef Ofner, eine Existenz aufzu-

257

bauen: Beim Kapruner Kraftwerksbau verrichtete er als Gerüster schwerste körperliche Arbeit. Von 1950 an sammelte er in Zürich Erfahrungen in seinem erlernten Beruf. 1954 gewann er die Schweizer Meisterschaften im Messerhaarschnitt.

In Jedlersdorf eröffnete Ofner 1959 sein erstes Geschäft. Drei Jahre später ging er als Maskenbildner mit dem Schauspieler Klaus Kinski auf Tournee. Die Eskapaden des berühmt-berüchtigten Mimen störten Ofner, so daß er schon nach vier Monaten zu seinem prächtig florierenden Betrieb zurückkehrte. Seitdem ging es Schlag auf Schlag: 1969 erwarb Ofner, der Zauberer mit Messer und Schere, sein erstes Geschäft in der Großfeldsiedlung — mittlerweile sind es fünf in ganz Wien.

Eines ist dem tüchtigen Friseur durch alle Jahre harter Arbeit erhalten geblieben: die Liebe zu Floridsdorf.

## Der Mann, der schuld ist . . .
### Photo Weidl jun.
### Ekazent Großfeldsiedlung, Lokal 35

„Aus den Bildern, die ich zum Entwickeln bekomme, könnte ich eine erstklassige Ausstellung zusammenstellen", sagt Timm Weidl, der jugendliche Chef des Hauses Photo Weidl jun. „Es ist aber mein eisernes Prinzip, die volle Diskretion zu wahren."

Timm Weidl kann stolz sein. Er ist schuld, daß die Floridsdorfer nicht bloß Ausrüstung und Material bei ihm kaufen, sondern hierher kommen, um sich beraten zu lassen. Bei Timm Weidl holen sich Neulinge ebenso Rat wie „alte Hasen".

„Gäbe es eine Bezirksolympiade im Fotografieren, dann müßten wir Floridsdorfer eigentlich gewinnen. Wir haben nämlich viele Fotofreunde und darunter auch sehr viele, die Spitze sind", sagt Timm Weidl. Es ist nicht verwunderlich, daß das Geschäft im EKAZENT Großfeldsiedlung zum Fotozentrum dieses quicklebendigen Wiener Bezirks wurde.

# Photo Weidl jun.

## Kurzgeschichte eines Erfolges
### Stroh & Co. KG
### Prager Straße 270–272

Einer gestandenen Floridsdorfer Fußball-dynastie entstammend, hat Herr Kommer-zialrat Leopold Stroh im Jahre 1947 den Grundstein für ein Unternehmen gelegt, das beispielhaft ist für den Aufschwung der Wirtschaft Floridsdorfs, die nach den Wirren des Zweiten Weltkriegs vollkom-men darniederlag. Durch persönliche In-itiative konnte sich Leopold Stroh einen bedeutenden Marktanteil und damit eine führende Position in der österreichischen Mineralölwirtschaft sichern.

Nach dem Krieg eröffnete Herr Kommerzialrat Stroh seine erste Tankstelle in Floridsdorf, der bald weitere folgten. Heute versorgt die Firma Stroh & Co. KG ihre Kunden über ein Netz von nahezu 100 eige-nen und Vertragstankstellen in Wien, Niederösterreich, im Burgenland und in der Steiermark.

261

Eine weitere Aktivität dieses bodenständigen Unternehmens, das ohne Fremd- oder gar Auslandskapital arbeitet, ist die Versorgung von Industrie, Gewerbe, Landwirtschaft und Haushalt mit Treibstoffen und Heizöl aller Art aus der Raffinerie Schwechat.

Um diese Versorgung auch in Krisenzeiten sicherzustellen, verfügt das Unternehmen über eigene Großtanklager in Korneuburg, Hollabrunn, Floridsdorf und Filsendorf. Mit der betriebseigenen Tankwagenflotte und eigenen Eisenbahnkesselwagen werden Benzin und Öl transportiert.

Neben seiner erfolgreichen unternehmerischen Tätigkeit ist Kommerzialrat Leopold Stroh auch Vorstandsmitglied der Mineralöl-Union GmbH und Ausschußmitglied des Bundesgremiums des Mineralölhandels und der einschlägigen Landesgremien.

In Ansehung seiner Verdienste um die Wirtschaft wurde dem Floridsdorfer Unternehmer Stroh im Jahre 1972 das Goldene Ehrenzeichen für Verdienste um die Republik Österreich verliehen. Und 1976 war die Verleihung des Rechtes zur Führung des Staatswappens im geschäftlichen Verkehr die sichtbare Würdigung der Leistungen, die die erfolgreiche Floridsdorfer Firma Stroh & Co. KG für die Wirtschaft unseres Landes erbringt.

## Floridsdorfer Gastlichkeit

**Hotel-Restaurant Franz Nahrada Jedleseer Straße 75**

**1903 wurde Nahradas Café-Restaurant eröffnet.**

Gegenüber der Gartenstadt, in der Jedleseer Straße 75, befindet sich das Hotel „Karolinenhof". Erst vor zwei Jahren, 1975, hat der akademische Bildhauer Pfaffenbichler auf Initiative des Hoteliers Franz Nahrada und mit Unterstützung der Gemeinde Wien die Jugendstilfassade des Hotels restauriert. Das alte Haus erstrahlt in neuem Glanz.

**So präsentiert sich der „Karolinenhof" heute.**

1903 hat der Großvater des jetzigen Besitzers, er war Schmied bei der Eisenbahn und hieß auch Franz Nahrada, ein Café-Restaurant gegründet. Das Lokal befand sich in der Schulgasse 9. Franz Nahrada war einer der ersten sozialdemokratischen Gemeinderäte der Großgemeinde Floridsdorf, und sein Café-Restaurant war die „Erste Radfahrer- und Autostation".

1911/13 wurde das Hotel „Karolinenhof" – benannt nach der Großmutter des heutigen Besitzers – in der Jedleseer Straße gebaut. Es war damals das einzige Hotel weit und breit. Den Gästen standen sieben Zimmer zur Verfügung. Der Betrieb in der Schulgasse wurde aufgelassen. 1923 wurde das Hotel an den Sohn übergeben. Auch er hieß Franz Nahrada.

Vater und Sohn starben 1935. Das Gasthaus wurde bis 1948 verpachtet, das Hotel wurde von der Witwe, Adelheid Nahrada, weitergeführt. 1948 übernahm der Enkel des Gründers, ebenfalls ein „Franzl", das Geschäft. Er war damals 24 Jahre alt und hatte gerade das Welthandelstudium hinter sich. Er und seine Gattin bauten den Betrieb, der während des Zweiten Weltkrieges Schaden genommen hatte, wieder auf.

Derzeit stehen den Gästen 120 Betten zur Verfügung. Der „Karolinenhof" ist einer der modernsten Hotelbetriebe Floridsdorfs.

# Durch Fleiß und Tüchtigkeit zum Erfolg
**Installationsunternehmen Hans Hunger**
**Brünner Straße 117–119**

Das Installationsunternehmen Hans Hunger feierte im Jänner 1976 sein zehnjähriges Bestehen. Es ist ein renommiertes Unternehmen, das seine Kunden durch erstklassige Ausführung der Arbeiten gewinnen konnte. Es spricht sich schnell herum in Floridsdorf, wenn ein Handwerksbetrieb gewillt ist, sein Bestes zu geben, und auch in der Lage ist, diesen Willen in die Tat umzusetzen.

Hans Hunger, der Betriebsinhaber, ist ein echter Floridsdorfer. Am 20. Oktober 1943 wurde er hier geboren. Hier wohnt er auch, und hier heiratete er im Jahre 1966. Seine Gattin Ilse hat ihm zwei Kinder geboren: Gabriele kam 1968 zur Welt und Sohn Wolfgang 1970.

Nahe bei Floridsdorf, in Bisamberg, ist Hans Hunger zur Volksschule gegangen. Die Hauptschule besuchte er bereits in Wien, wo er auch bei einem Installateur drei Jahre lang sein Handwerk erlernte. Nach neunmonatigem Wehrdienst arbeitete Hans Hunger zwei Jahre lang als Geselle, und anschließend war er zwei Jahre lang als Werkmeister tätig. Nebenbei besuchte er einen Kurs am Wirtschaftsförderungsinstitut in Wien.

Hans Hunger war eigentlich zu jung, um einen Gewerbebetrieb eröffnen zu dürfen, aber er schaffte das scheinbar Unmögliche: Am 10. Jänner 1966 machte er sich selbständig. Zu diesem Zeitpunkt war Hans Hunger der jüngste Unternehmer Wiens in seiner Branche.

Hans Hunger führt alle Installationsarbeiten prinzipiell pünktlich und zu günstigen Preisen durch. Sein modernes Unternehmen löst jedes Installationsproblem.

Der junge Installateurmeister hat seinen ganzen Ehrgeiz und sein ganzes Können darangesetzt, seine Kunden zufriedenzustellen und so den Kundenkreis zu erweitern.

Das Geschäft in der Brünner Straße hatte nur 30 Quadratmeter und mußte bald vergrößert werden. Durch Fleiß und Tüchtigkeit blieb Hans Hunger auch weiterhin erfolgreich. Heute arbeiten in seinem Installationsbetrieb zwanzig Mitarbeiter. Chef und Chefin sorgen dafür, daß die Kunden stets zufrieden sind.

Jeden Morgen ist die Shuttleworthstraße Umschlagplatz für Tausende Flaschen STEFFL Export, SKOL Pils, SCHWECHATER KRONE und für die vielfächerige Palette der SOMA-Qualitätslimonaden.

## Floridsdorf – Wiege der Braukunst
**Brauerei Schwechat AG**
**Shuttleworthstraße 17**

Floridsdorf mit seiner einst vorwiegend agrarwirtschaftlichen Bedeutung schuf schon in relativ 'früher Zeit die Grundlagen für den Aufbau industrieller Unternehmen, die aus der Landwirtschaft hervorgingen. Zu diesen zählen vor allem die Mühlen, Mälzereien und Brauereien.

Die Brauerei St. Georg wurde 1893 von Georg Heinrich Mautner Markhof gegründet. Unter den Söhnen Theodor und Georg Mautner

Dipl.-Brau-Ing. Dr. h. c. Manfred Mautner Markhof (Bild links) und Prof. Dr. h. c. Manfred Mautner Markhof wurden in Floridsdorf geboren.

Markhof wurde die Brauerei in der Prager Straße bald zu einem florierenden Unternehmen, das weit über die Stadtgrenze hinaus bekannt wurde.

1936 wurde die Stammbrauerei St. Georg der Familie Mautner Markhof nach dem Erwerb der heutigen Brauerei Schwechat AG mit dieser zusammengeführt.

Dipl.-Brau-Ing. Dr. h. c. Manfred Mautner Markhof, Vorsitzender des Aufsichtsrates, und Prof. Dr. h. c. Manfred Mautner Markhof, Vorsitzender des Vorstandes der Brauerei Schwechat AG, sind gebürtige Floridsdorfer. Beide besuchten in diesem Bezirk das Realgymnasium.

Heute noch dokumentiert die Brauerei Schwechat AG ihre große Verbundenheit mit Floridsdorf. Das derzeit größte Depot des Unternehmens befindet sich auf Floridsdorfer Boden: Von einem mehr als 10.000 Quadratmeter großen Areal in der Shuttleworthstraße werden weite Gebiete Wiens und zahlreiche Gemeinden im angrenzenden Niederösterreich beliefert.

# Personenregister

In dieses Register wurden alle im Buch erwähnten Personen (ausgenommen sind jene im Straßenlexikon und Wirtschaftskapitel) aufgenommen. Die Zahlen geben die Seiten an, auf denen die betreffenden Personen erwähnt werden. Das Sternchen hinter einigen Zahlen bedeutet, daß es sich um eine Abbildung des Betreffenden handelt.

272

# Orts- und Sachregister

Bezugswörter, die im Straßenlexikon oder im Wirtschaftskapitel vorkommen, wurden in dieses Register nicht aufgenommen. Die Zahlen geben die Seiten an, auf denen ein bestimmtes Bezugswort zu finden ist. **Halbfett** gedruckte Zahlen verweisen auf ein Hauptkapitel, die Sternchen hinter einigen Zahlen bedeuten, daß es sich um eine Abbildung handelt.

275

**Bildnachweis:** Freundlicherweise hat das Bezirksmuseum Floridsdorf folgende Fotos zur Verfügung gestellt (Namen der Fotografen wurden, sofern bekannt, in Klammer gesetzt): Seiten 11, 12, 15 (Oskar Kramer) 18 (Nationalbibliothek), 19 (Landesbildstelle), 20, 21, 22, 23 (Franz Polly), 25 (Franz Polly), 27, 38, 39 (Pressestelle der Stadt Wien), 44 (Rudolf Hösch), 47, 49, 57 (Josef Jacob), 60 (Karl Seidl), 61 (Karl Seidl), 62 (Landesbildstelle), 68, 70, 71 (Elfriede Goebl), 76, 77, 78 oben (Carl Zapletal), 78, 79 (E. Preim), 81, 83 (Hermine Markl), 85, 87, 88, 89, 90 (Zahlner), 91, 93, 100, 119, 125, 128, 157, 159, 163 (Hammerschmied), 164 (Landesbildstelle), 172, 176 (Landesbildstelle), 177, 178, 179 (Rudolf Hösch), 180, 182, 187, 189, 193, 194, 197, 198, 199, 204, 205. Weitere Fotos wurden aufgenommen oder zur Verfügung gestellt von: Alfred Eipeldauer 32, 33, 40, 45, 66, 114 unten, 142, 148, 150, 151, 171, 206; 35 (Schulbrüder), 37 (Hiltrude Nekowitsch), 114 oben (Sykora), 115 (Steffi Balaty-Zaunscherb), 116 (Hinkel), 117 (Sykora), 133 (Franz Nahrada), 136 (Dr. Dorli Valentin-Koch), 137 (Pressestelle der Stadt Wien), 138 (Pressestelle der Stadt Wien), 139 (Simonis), 140 (Pressestelle der Stadt Wien), 141 (Henisch), 143 oben (Balzek), 143 unten (Hinkel), 146 (Vodicka), 147 (Magistratsabteilung 7), 156 (Hinkel), 166 (Planungsgruppe Donaubereich Wien, Christoph-Lintl).

**Verwendete Literatur:** Ivo Sebald: Leopoldau, 1902; Hans Smital: Geschichte der Großgemeinde Floridsdorf, 1903; Fidelis Breier: Strebersdorfer Heimatbuch, 1922; Lehrergemeinschaft: Der 21. Wiener Gemeindebezirk, 1926; Bezirksvorstehung, Liselotte Buchta: Floridsdorf, 1964; Friedrich Javorsky: Lexikon der Wiener Straßennamen, 1964; Franz Kreuzer: Ein Leben für Österreich – Franz Jonas, 1969; Manfried Rauchensteiner: Krieg in Österreich, 1970; Karl Seidl: Leopoldau, 1970; Hinkel-Sykora: Floridsdorfer Heimatkunde, 1972; Krobot-Slezak-Sternhart: Straßenbahn in Wien, 1972; Leopold Wiesinger: 75 Jahre Sozialdemokratische Bezirksorganisation Floridsdorf, 1973; Felix Czeike: Wien und seine Bürgermeister, 1974; Felix Czeike: Das große Groner Wien-Lexikon, 1974; 30 Jahre VHS Wien Nord, 1975; Peter Schubert: Schauplatz Österreich, 1976; weiters Protokolle der Wiener Stadtbibliothek und diverse Schriften der Nationalbibliothek, verschiedene Ausgaben der „Wiener Geschichtsblätter", sämtliche Folgen der Floridsdorfer Museumszeitschrift „Unser schönes Floridsdorf", mehrere Jahrgänge der „Floridsdorfer Zeitung" und diverse andere Lokalblätter.

# Erstes Floridsdorfer Straßenverzeichnis

Zusammengestellt von

Raimund Hinkel

Bruno Sykora

Richard Vogel

Verlag Alfred Eipeldauer • Wien

In keinem der bisher herausgegebenen Straßenlexika wurden die mehr als 550 Straßen, Gassen und Plätze Floridsdorfs so eingehend beschrieben wie in diesem. Die Autoren haben sich nicht damit begnügt, zu erklären, woher der Name stammt, mit dem die verschiedenen Verkehrsflächen belegt worden sind, vielmehr sind sie ins Detail gegangen: kurze Lebensläufe jener Personen, deren Namen man auf Straßentafeln wiederfindet, und Beschreibungen von Tieren und Dingen, die Floridsdorfer Straßen ihren Namen gegeben haben, wurden in dieses Werk aufgenommen. Auf diese Weise ist das erste echte Floridsdorfer Straßenlexikon entstanden.

Der aufmerksame Spaziergänger wird in Floridsdorf einige wenige Straßennamen finden, die in diesem Lexikon nicht enthalten sind. Es handelt sich dabei um nichtamtlich bezeichnete Verkehrsflächen, also um Benennungen, die Privatpersonen vorgenommen haben und deren Ursprung nicht mehr geklärt werden konnte.

Die Kenner Floridsdorfs werden in diesem Lexikon Straßennamen finden, die es offiziell in Floridsdorf noch gar nicht gibt. Es sind dies bereits projektierte Straßen, die derzeit bloße Feldwege sind, deren künftige Benennung aber bereits feststeht.

Es war nicht leicht, genügend Daten über jeden Namenspatron zusammenzutragen. Und in einigen Fällen haben alle Bemühungen nicht zum erhofften Ziel geführt. Die Autoren mußten sich mit summarischen Angaben begnügen.

Möglicherweise kann der eine oder andere Leser die in diesem Lexikon gemachten Angaben ergänzen. Autoren und Verlag sind für jeden Hinweis dankbar. Eventuelle Ergänzungen werden bei der zweiten Auflage dieses Straßenlexikons berücksichtigt.

# A

## Achardgasse

**Groß-Jedlersdorf I, führt von der Hol-
teigasse zur Knaackgasse; benannt nach
dem deutschen Physiker und Chemiker
Franz Carl Achard.**

Franz Carl Achard wurde am 28. April
1753 in Berlin geboren. Er studierte
Physik und Chemie. 1782 übernahm er
den Direktorsposten der physikalischen
Klasse in der Akademie der Wissenschaften. Sein Vorgänger hatte 1747
erstmals den Zuckergehalt der Runkel-
rübe nachgewiesen. Achard nahm die
Untersuchungen auf und beschäftigte
sich auf seinem Gut mit dem Anbau
der Zuckerrüben und der Zuckergewin-
nung. Nach erfolgreichen Versuchen in
Berlin gewährte König Friedrich Wilhelm III. von Preußen dem Forscher
ein Darlehen. Achard verwendete es
zum Ankauf des Gutes Kunern in Schlesien, wo er 1801 die erste Zuckerrüben-
fabrik baute. Franz Carl Achard starb
am 20. April 1821 in Kunern.

## Achengasse

**Leopoldau, führt von der Lavantgasse
zur Gerasdorfer Straße; benannt nach
dem Fluß Ache.**

Das Achental erstreckt sich vom
Achenpaß zum Achensee (Tirol). Ache
ist die Bezeichnung vieler Flüsse. Das
Wort Ache wird aus dem lateinischen
„aqua" oder dem mittelhochdeutschen
„aha" (Wasser) abgeleitet.

## Aderklaaer Straße

**Leopoldau, führt von der Eipeldauer
Straße zur Sebaldgasse und vom Leopoldauer Platz zur Wagramer Straße;
benannt nach dem Ort Aderklaa.**

Aderklaa ist eine alte Bauernsiedlung
im Marchfeld, nahe dem nordöstlichen
Stadtrand von Wien. Der Ort liegt in
157 Meter Seehöhe und hat etwa 200
Einwohner. Erdgasbetriebe und ein
Kalkwerk sind dort ansässig.

## Adolf-Amadeo-Gasse

**Strebersdorf, Sackgasse, in der Mat-
thias-Ernst-Pista-Gasse beginnend; be-**
nannt nach dem Gründer des Floridsdorfer Turnvereines, Adolf Amadeo.

Adolf Amadeo wurde am 23. Juli 1881
geboren. Er war Beamter der Eisen-
bahn-Unfallversicherung und später im
Staatsministerium für soziale Fürsorge
tätig. Unter dem Stadtrat Julius Tandler
leitete Adolf Amadeo die organisatori-
sche Entwicklung der Wiener Spitäler.
1926 erhielt er den Titel Direktionsrat
für seine Tätigkeit in der Zentralspar-
kasse der Gemeinde Wien. Er förderte
das Floridsdorfer Studentenheim und
gründete eine Arbeiterbibliothek. Maßgeblichen Anteil hatte Amadeo an der
Einführung der maschinellen Buchhal-
tung. Er gründete auch den Floridsdorfer Turnverein. Adolf Amadeo starb am
30. Mai 1930.

## Adolf-Loos-Gasse

**Leopoldau, Großfeldsiedlung, führt von
der Schererstraße zur Wassermanngasse; benannt nach dem österreichischen Architekten Adolf Loos.**

Adolf Loos wurde am 10. Dezember
1870 in Brünn geboren. Er war Sohn
eines Bildhauers, studierte in Brünn
und war von 1890 bis 1893 an der Technischen Hochschule in Dresden tätig.
Nach einem dreijährigen Aufenthalt in
den Vereinigten Staaten kam Loos nach
Wien. Er verfaßte viele Aufsätze, in denen er scharf gegen die damalige Bauweise protestierte. 1893, nach großen
Auseinandersetzungen mit führenden
Architekten der Secession, baute er das
Café Museum in der Friedrichstraße.
Eine neue, auf Sachlichkeit ausgerichtete
Bauweise ohne jedes Ornament war
damit geschaffen. Von 1920 bis 1922
war Loos Chefarchitekt des Siedlungs-
amtes der Gemeinde Wien. Als solcher
baute er Teile der Siedlung Hirschstetten (Murraygasse). Loos war enttäuscht
von diesem Posten und hielt sich bis
1927 in Frankreich auf. 1928 kehrte er
nach Wien zurück. Adolf Loos starb
am 24. August 1933 in Kalksburg.

## Adolf-Uthmann-Gasse

**Schwarzlackenau, beginnt in der Wol-
steingasse; benannt nach dem Chor-
komponisten Adolf Uthmann.**

Adolf Uthmann wurde am 29. Juni 1867

5

in Barmen geboren. Er wollte Lehrer werden, wurde aber gezwungen, das Försterhandwerk zu erlernen. Bei diesem Beruf blieb er nicht lange. 1898 übernahm er die Geschäftsführung der Krankenkasse in Barmen. Uthmann dirigierte den Arbeitergesangverein und schrieb mehr als 400 Chorgesänge mit speziell sozialdemokratischem Inhalt. Er starb am 22. Juni 1920 in Barmen.

## Aistgasse

**Leopoldau, führt von der Thayagasse zur Illgasse; benannt nach dem Fluß Aist.**

Die Aist ist ein Fluß im Mühlviertel (Oberösterreich). Sie wird von Wald-Aist und Feld-Aist gebildet. Die Wald-Aist hat ihre Quelle im Weinsberger Wald und die Feld-Aist beim Viehberg, nordöstlich von Freistadt. Die Aist mündet bei Mauthausen in die Donau.

## Albertisgasse

**Groß-Jedlersdorf II, früher Kantnergasse, Sackgasse, in der Shuttleworthstraße beginnend; benannt nach dem Kleingartenverein „Albertis".**

Der Kleingartenverein „Albertis" existierte bis Mitte der sechziger Jahre zwischen der Shuttleworthstraße und dem Kleingartenverein „Groß-Jedlersdorf". Heute stehen dort die Niederlassungen der Firmen Mautner Markhof (Schwechater) und Tarbuk.

## Albert-Sever-Straße

**Stammersdorf, von der Brünner Straße westwärts entlang der Stadtgrenze; benannt nach dem Politiker Albert Sever.**

Albert Sever wurde am 24. November 1867 in Zagreb geboren. Er erlernte die Fleischhauerei, wechselte später jedoch den Beruf und wurde Beamter. Man berief ihn in den Reichsrat und den Nationalrat. Vom 20. Mai 1915 bis zum 11. Mai 1921 war Albert Sever Landeshauptmann von Niederösterreich. Er starb am 12. Februar 1942 in Wien.

## Alfred-Nobel-Straße

**Leopoldau und Donaufeld, führt von der Donaufelder Straße zur Mihatschgasse; benannt nach dem schwedi-schen Chemiker und Industriellen Alfred Nobel.**

Alfred Nobel wurde am 21. Oktober 1830 in Stockholm geboren. Er arbeitete in der Maschinenfabrik seines Vaters in Petersburg, ging dann nach Stockholm und beschäftigte sich mit der Sprengstoffherstellung. Nach einigen Fehlschlägen – 1864 explodierte die Nitroglyzerinfabrik – erfand Nobel das Dynamit (1867). In vielen Ländern entstanden Sprengstoffabriken, in denen Dynamit und die ebenfalls von Nobel entwickelte Sprengstoffgelatine erzeugt wurden. Alfred Nobel starb am 10. Dezember 1896 in San Remo. Er vermachte testamentarisch einen großen Teil seines Vermögens der Nobelstiftung, die alljährlich fünf Preise für hervorragende Leistungen vergibt: Physik, Chemie, Medizin und Physiologie, Literatur und Friedenspreis.

## Allißengasse

**Leopoldau, östlich der Ruthnergasse, südlich der Gerasdorfer Straße; benannt nach den Allißen.**

„Allißen" ist ein alter Flurname, der als Gassenname weiterbesteht.

## Almgasse

**Leopoldau, führt von der Thayagasse zur Illgasse; benannt nach dem Fluß Alm.**

Die Alm ist ein rechter Nebenfluß der Traun. Sie entspringt im Toten Gebirge (Almsee) und mündet etwa fünf Kilometer unterhalb der Stadt Traun (Oberösterreich).

## Alois-Negrelli-Gasse

**Donaufeld und Leopoldau, führt von der Nordmanngasse zur Mihatschgasse; benannt nach dem Ingenieur Alois Ritter Negrelli von Moldelbe.**

Alois Negrelli wurde am 23. Jänner 1799 in Primiero (Südtirol) geboren. Er studierte in Italien und Tirol, trat anschließend in den Staatsdienst. 1820 wurde er mit dem Bau einer Straße und der Aufnahme einer hydrographischen Karte des Inns beauftragt. 1832 betätigte er sich als Wasserbau- und Straßeninspektor in der Schweiz und war später Generalinspektor bei der Kaiser-Ferdinand-Nordbahn. 1845 trat er der in Paris gegründeten „Gesellschaft der Studien für den Canal von Suez" bei und leitete technische Expeditionen in Ägypten. 1848 war Negrelli im Ministerium für öffentliche Bauten tätig, arbeitete später beim Bahnbau in Italien und wurde Ministerialrat im Handelsministerium. Als Lesseps mit dem Bau des Suezkanals beauftragt wurde, half ihm Negrelli, das Projekt durchzuführen. Er erhielt viele Auszeichnungen. Alois Negrelli starb am 1. Oktober 1858.

## Alpiltoweweg

**Leopoldau, führt von der Bubergasse zur Gitlbauergasse; benannt nach dem Ort Leopoldau.**

„Alpiltowe" war der erste Name des Ortes Leopoldau. Die Endsilbe „towe" beweist, daß die Ansiedlung keltischen Ursprungs ist.

## Am Abhang

**Schwarzlackenau, führt von der Voltelinistraße zur Uthmanngasse.**

Eine Geländestufe in der Schwarzlackenau hat dieser Gasse ihren Namen gegeben.

## Am Bisamberg

**Strebersdorf und Stammersdorf, früher Kellergasse, führt vom Klausgraben (Stadtgrenze von Wien) bis zum Steinbügelweg; benannt nach dem Bisamberg.**

Der Bisamberg ist ein Flächenberg mit einer Ausdehnung von 17 km². Aus der Hochfläche ragen einige Höhen hervor: Elisabethhöhe (360 m, höchster Punkt des Berges), Veitsberg (312 m), Lanerberg (305 m), Falkenberg (320 m), Riegelkamm (332 m). Der Berg wird schon 1108 als „Bousiniberg" genannt. Die Stadtgrenze von Wien verläuft durch den Klausgraben nordwärts, über die Eichendorffhöhe (früher Fatthöhe) bis in die Gegend des Zigeunerbründls, wo sie sich gegen Osten wendet. Der südöstliche Teil des Bisamberges gehört also zu Wien.

## Am Hubertusdamm

**Schwarzlackenau, Jedlesee, Floridsdorf, Donaufeld, führt von der Stadtgrenze (Schwarzlackenau) entlang dem Überschwemmungsgebiet zur Bezirksgrenze bei der Donauturmstraße; benannt nach dem Hubertusdamm.**

Auf Stadtplänen findet sich die Bezeichnung „Hubertusdamm" für den Marchfeldschutzdamm, der von Langenzersdorf zur Marchmündung führt. Der Cameral-Ingenieur Hubert hat 1787 den ersten nach ihm benannten Marchfeldschutzdamm erbaut. Seine Aufgabe als Hochwasserschutzdamm erfüllte das Bauwerk nicht. Noch im selben Jahr wurde der Damm an mehreren Stellen vom Hochwasser durchbrochen. Reste dieses Hochwasserschutzdammes sind im Gebiet der „Schwarzen Lacke" noch heute zu sehen.

## Am Nordwestbahnhof

**Groß-Jedlersdorf II, Sackgasse bei der Prager Straße, gegenüber der Morsegasse; benannt nach der Nordwestbahnstation Jedlesee.**

Die Nordwestbahn war während der Monarchie eine bedeutende Bahnstrecke von Hamburg und Berlin über Prag nach Wien. 1868 wurde der „Süd-Norddeutschen Verbindungsbahn" durch Kaiser Franz Joseph die Konzession zum Bau und Betrieb einer „Locomotiv-Eisenbahn" mit dem Namen „Österreichische Nordwestbahn" erteilt. Gebaut hat sie der Schöpfer der Brennerbahn, Wilhelm Hellwag. 1870 wurde der Stockerauer Flügel der Nordbahn aufgekauft, um zu vermeiden, daß zwei Strecken parallel geführt werden. Die Gesamtstrecke wurde 1872 vollendet. Das Stationsgebäude Jedlesee wurde 1871/72 errichtet.

## Am oberen Kirchberg

**Stammersdorf, führt von der Clessgasse zum Stammersdorfer Friedhof; benannt nach der Anhöhe, auf der sich die Stammersdorfer Kirche befindet.**

Von der Liebleitnergasse führen Stufen zur Stammersdorfer Kirche empor, die auf einer Anhöhe steht. Diese Anhöhe, Kirchberg genannt, steigt bis zum Stammersdorfer Friedhof hin an.

## Ampèregasse

**Jedlesee, führt von der Christian-Bucher-Gasse bis zur Kleingartenanlage „Im Äugel"; benannt nach dem französischen Physiker und Mathematiker André Marie Ampère.**

Ampère wurde am 22. Jänner 1775 in Polémieux bei Lyon geboren. Er war Mathematiklehrer in Lyon, dann lehrte er Physik und Chemie in Bourg-en-Bresse. Seine erste große wissenschaftliche Arbeit handelte von der Theorie des Spiels. Ampère wurde Professor an der École Politechnique in Paris und am Collège de France, später Generalinspektor der französischen Universitäten. Er beschäftigte sich mit der Wahrscheinlichkeitstheorie, mit Differentialgleichungen, mit den Zusammenhängen zwischen den elektrischen und den magnetischen Erscheinungen, mit der Ablenkung einer Magnetnadel durch den Strom. Nach ihm ist die Einheit der elektrischen Stromstärke (Ampere) benannt. André Marie Ampère starb am 10. Juni 1836 in Marseille.

## Amselgasse

**Schwarzlackenau, zwischen Adolf-Uthmann-Gasse und Schlossergasse; benannt nach einer Singvogelart.**

Die Amsel (Schwarzdrossel) war ursprünglich ein Waldbewohner, ist aber heute vorwiegend in Parks, Gärten, ja selbst im Inneren großer Städte anzutreffen. Sie wird bis zu 25 cm groß und lebt von Würmern, Schnecken und Früchten. Das Männchen ist schwarz, hat einen leuchtendgelben Schnabel und feine gelbliche Augenringe. Das Weibchen und die Jungvögel sind unscheinbar braun. Das Männchen singt in der Brutzeit (März bis Juli) besonders abwechslungsreich.

## Am Spitz

**Floridsdorf, zwischen Brünner Straße, Prager Straße und Floridsdorfer Hauptstraße; benannt nach der Gabelung zweier Wiener Ausfallstraßen.**

Nach der letzten Donaubrücke, dem „Kuhbrückl" in der Haidschütt, gabelte sich die Wiener Ausfallstraße in zwei Arme: in die Reichsstraße nach Böh-

men (Prager Straße) und in die Reichsstraße nach Mähren (Brünner Straße). Diese Straßengabelung wurde und wird als „Spitz" bezeichnet. Der Ort Spitz war seit 1804 eine eigene Gemeinde, wurde ab 1850 mit Floridsdorf verwaltet und 1874 vereinigt.

## Amtsstraße

**Groß-Jedlersdorf I, führt von der Frauenstiftgasse zum Bernreiterplatz; benannt nach den Amtshandlungen, die einst dort stattfanden.**

Die Amtsstraße ist der Mittelpunkt des Jedlersdorfer Ortskernes. In alter Zeit wurden hier alle Amtshandlungen abgehalten. Wo sich die Wallfahrtskirche Klein-Maria-Taferl befindet, stand von 1714 bis 1745 eine Holzkapelle zu Ehren des heiligen Karl Borromäus. Noch früher müssen in der Mitte der Amtsstraße einige Bäume gestanden sein, um die nach alter Sitte an Gerichtstagen ein Kreis gezogen wurde. Nur Zeugen oder der Angeklagte durften sich innerhalb dieses Kreises aufhalten. Während der Amtshandlung hing an einem Baum ein Schild. Es gehörte dem bei der Verhandlung anwesenden Herrscher oder Würdenträger.

## An der oberen Alten Donau

**Floridsdorf und Donaufeld, früher Donaustraße, führt auf Floridsdorfer Boden von der Floridsdorfer Hauptstraße bis zur Einmündung des Drygalskiweges, setzt sich in Donaustadt bis zur Wagramer Straße fort; benannt nach dem alten Bett der Donau.**

Bis zur Regulierung des Donaustroms in den Jahren 1870 bis 1875 war die heutige Alte Donau der Hauptarm des Stroms.

## An der Schanze

**Donaufeld und Leopoldau, führt von der Stephensongasse zur Dückegasse; benannt nach einer Befestigungsanlage.**

Bei Kriegen wurden früher immer Schanzen, Erdwälle mit meist quadratischen oder dreieckigen Grundrissen, als feste Stützpunkte angelegt. Von diesen künstlichen Erhebungen aus konnte man in der Ebene Infanterie- und Rei-

terangriffe besser abwehren. Einige
Schanzen auf Floridsdorfer Gebiet sind
heute noch als Geländeerhebungen zu
erkennen.

## Andreas-Hofer-Straße

**Donaufeld, früher Stefanie- und Hofer-
straße, führt vom Hoßplatz zur Sebastian-Kohl-Gasse; benannt nach dem
Tiroler Freiheitskämpfer Andreas Hofer.**

Andreas Hofer wurde am 22. November
1767 bei St. Leonhard im Passeier Tal
geboren. Hofer übernahm das Gasthaus
seiner Eltern. 1790 war er Abgeordneter
in Innsbruck. Im Krieg des Jahres 1796
wurde er als Führer einer Schützen-
kompanie populär. 1809 leitete er mit
Pater Haspinger, P. Mayr und J. Speck-
bacher den Tiroler Freiheitskampf. Er
siegte am Bergisel über die Bayern und
setzte den Kampf auch nach dem Waffenstillstand von Znaim (12. Juli 1809)
fort. Am 13. August schlug Hofers
Volksaufgebot die Franzosen am Bergisel. Er wurde Oberkommandant von
Tirol. Im Frieden von Schönbrunn (14.
Oktober 1809) mußte Österreich auf
Tirol verzichten. Aus Unkenntnis der
politischen Lage setzte Hofer den Kampf
fort. Er mußte sich jedoch den Franzosen geschlagen geben und hielt sich
von Ende November 1809 bis Ende Jänner 1810 in einer Alpenhütte verbor-
gen. Ein Landsmann namens Raffl ver-
riet den Franzosen das Versteck. Hofer
wurde gefangengenommen und am 20.
Februar 1810 auf direkten Befehl Napoleons erschossen.

## Angerer Straße

**Floridsdorf, Groß-Jedlersdorf II und
Donaufeld, führt von der Brünner Straße zur Leopoldauer Straße; benannt
nach dem Ort Angern an der March.**

Angern ist 37 km von Wien entfernt
und liegt am Grenzfluß March. Der Ort
befindet sich in 154 Meter Seehöhe. Im
Türkenkrieg des Jahres 1683 hatte Herzog Karl V. von Lothringen mit seinen
Truppen bei Angern Stellung bezogen,
um so die Grenzen von Mähren und
Niederösterreich decken zu können
und, falls es die Umstände erfordern
sollten, den Truppen des Feldmarschall-
Leutnants Schulz, die an der Donau

kämpften, zu Hilfe kommen zu können.

## Anichweg

**Jedlesee, führt von der Rudolf-Virchow-
Gasse zur Johann-Treixler-Gasse; be-
nannt nach dem Kartographen Peter
Anich.**

Peter Anich wurde am 22. Februar 1723
in Oberperfuß (Tirol) geboren. Er war
bis zum 28. Lebensjahr in der Landwirtschaft tätig, ging 1751 zu den Jesuiten,
wo er Mathematik, Astronomie und
Mechanik studierte. Er fertigte einen
Himmels- und einen Erdglobus von je
100 cm Durchmesser an und erhielt von
der Regierung den Auftrag zur Herstellung einer Karte von Tirol. Sein Schüler
Blasius Hueber vollendete das Werk
nach Anichs plötzlichem Tod, der am
1. September 1766 erfolgte.

## Anton-Anderer-Platz

**Jedlesee und Groß-Jedlersdorf II, in ihn
münden die Wiener Gasse, die Anton-
Dengler-Gasse und die Deublergasse;
benannt nach dem letzten Bürgermeister der Großgemeinde Floridsdorf.**

Anton Anderer wurde am 30. April 1857
in Wien geboren. Er kaufte eine Glas-
warenhandlung in Floridsdorf und wurde 1888 in die Gemeindevertretung gewählt. 1891 wurde Anderer Gemeinderat und 1898 Bürgermeister der Großgemeinde Floridsdorf. Am 3. Jänner 1902
wurde ihm das Ehrenbürgerrecht verliehen. Anton Anderer starb 1936.

## Anton-Böck-Gasse

**Strebersdorf, führt von der Langenzers-
dorfer Straße bis zur Krottenhofgasse;
benannt nach dem Strebersdorfer Bürgermeister Anton Böck.**

Anton Böck wurde 1842 als Sohn eines
Oberförsters in Sievering geboren und
im Schloß Strebersdorf erzogen. In
einem Strebersdorfer Haus, das sein
Vater gekauft hatte, eröffnete Anton
Böck einen Kaufmannsladen. Böck wurde zum Strebersdorfer Bürgermeister
gewählt. Er war von 1880 bis 1903 im
Amt. Während dieser Zeit erlebte Strebersdorf einen Aufschwung: Es wurden
eine Poststelle und ein Telegraphenamt

errichtet, Gas und Telefon wurden eingeleitet, und ein neues Schulgebäude
wurde gebaut. Anton Böck wurde zum
Strebersdorfer Ehrenbürger ernannt. Er
starb am 31. Jänner 1903.

## Anton-Bosch-Gasse

**Jedlesee, früher Herrengasse und
Theresiengasse, führt von der Überfuhrstraße zur Prager Straße; benannt nach
dem Braumeister Anton Bosch.**

Anton Bosch wurde am 7. Jänner 1784
in Wallerstein (Bayern) geboren. Sein
Vater leitete die Brauerei und die
Meierei des Fürsten Öttingen-Waller-
stein. Auf seiner Wanderschaft kam Anton Bosch als Kellerknecht nach Jedlesee. Er kehrte später nach Wallerstein
zurück und wurde Braumeister, aber
1815 kam er wieder nach Floridsdorf
und heiratete die Tochter des Wirtes
Jakob Wohl, dem das „Spitzer Wirtshaus" und das Brauhaus in Jedlesee gehörten. Bosch vergrößerte das Brauhaus. Bei der Überschwemmung 1830
hat Bosch viele Menschen vor dem sicheren Tod gerettet. Von 1851 bis 1853
war Bosch erster Ortsvorsteher von
Jedlesee. Er starb am 9. November
1868.

## Anton-Dengler-Gasse

**Groß-Jedlersdorf II und Jedlesee, früher
Bräuhausgasse, führt von der Prager
Straße zur Anton-Störck-Gasse; benannt
nach dem Brauhausbesitzer Anton
Dengler.**

Anton Dengler war der älteste von sieben Enkeln des Floridsdorfer Bierbrau-
ers Anton Bosch. Dengler arbeitete im
Jedleseer Betrieb des Großvaters. 1866
heiratete er die Tochtes der Münchner
Brauers Pschorr und übernahm den Betrieb des Großvaters. Er erweiterte die
Brauerei und die Keller. Vor seinem
Tod im Jahre 1900 wurde die Brauhaus-
restauration „Zum Gambrinus" eröffnet.

## Anton-Haberzeth-Gasse

**Strebersdorf, führt von Am Bisamberg
zur Anton-Böck-Gasse; benannt nach
dem Strebersdorfer Bürgermeister Anton Haberzeth.**

Anton Haberzeth wurde am 23. Jänner

1856 in Strebersdorf geboren. Er wohnte in der Langenzersdorfer Straße 37
und war von Beruf Bindermeister. Haberzeth wurde 1904 zum Bürgermeister
gewählt. Dieses Amt übte er bis zum
1. Jänner 1911 aus. Zu diesem Zeitpunkt
wurde Strebersdorf der Großstadt Wien
eingemeindet. Anton Haberzeth starb
am 16. Februar 1928.

## Anton-Kolig-Gasse

**Groß-Jedlersdorf I, führt von der Holet-
schekgasse zur Großbauergasse; benannt nach dem Maler Anton Kolig.**

Anton Kolig wurde am 1. Juli 1886 in
Neutitschein (Mähren) geboren. Er besuchte die Kunstgewerbeschule in Wien
und die Akademie der bildenden Künste. Kolig war ein Schüler der Maler
Bacher, Delug und Griepenkerl. Er
gründete die Gailtaler Mädchenarbeits-
schule, wo Entwürfe für Stickereien und
Teppiche gemacht wurden. Die Malerei
im Wiener Krematorium und die Fres-
ken im Klagenfurter Landhaus sind
zwei seiner Werke. 1936 erhielt er den
Österreichischen Staatspreis. 1944 war
Anton Kolig verschüttet und seither
gelähmt. Er starb am 17. Mai 1950 in
Wien.

## Anton-Störck-Gasse

**Jedlesee und Groß-Jedlersdorf II, führt
von der Prager Straße zur Jedleseer
Straße; benannt nach dem Leibarzt der
Kaiserin Maria Theresia, Anton Freiherr
von Störck.**

Anton Störck wurde am 21. Februar
1731 in Sulgau geboren. Seine Eltern
starben früh, er kam nach Wien und
wurde im Armenhaus erzogen. Gönner
ermöglichten ihm das Medizinstudium.
Seine erfolgreichen Behandlungsmetho-
den machten ihn rasch bekannt. 1758
wurde er erster Physikus im Bäcken-
häusel, einer Unterkunftsstätte für
arme, alte Wiener. Schon mit 29 Jahren
wurde Störck k. k. Leibmedikus, im Februar 1771 auch Assessor der k. k. Stu-
dien- und Bücherrevisions-Hofkommis-
sion, Monate später Präses und Direktor der Medizinischen Fakultät. 1772
wurde Störck zum Ersten Leibarzt mit
Hofratstitel unter Beibehaltung seiner
anderen Tätigkeiten ernannt. Störck

hatte in seiner Eigenschaft als Arzt die Mitglieder des Herrscherhauses auf vielen Reisen begleitet. Er reformierte das österreichische Medizinal- und Unterrichtswesen. 1777 wurde Störck in den Freiherrenstand erhoben. 1778 bis 1789 war Anton Störck Besitzer der Herrschaft Jedlesee. 1787 erbaute er das Jedleseer Bräuhaus an der Prager Straße. Anton Störck starb am 11. Februar 1803.

## Arbeiterstrandbadstraße

**Donaufeld, Bruckhaufen, führt von Am Hubertusdamm zur Bezirksgrenze und von dort zur Wagramer Straße; benannt nach dem Arbeiterstrandbad.**

Die Alte Donau mit ihren Aulandschaften bot sich zur Errichtung von Freiluftbädern an. Bereits vor dem Ersten Weltkrieg entstanden hier Sommerbäder. Das erste „Familienbad" Wiens war Florian Berndls „Gänsehäufel", das er 1909 eröffnete. Das Arbeiterstrandbad wurde 1910/11 von dem 1909 gegründeten Arbeiterschwimmverein errichtet.

## Arnimgasse

**Strebersdorf, führt von der Bonitzgasse zur Stowassergasse; benannt nach dem Philologen Hans Arnim.**

Hans Arnim wurde am 14. September 1859 in Groß-Friedenswalde (Brandenburg) geboren. Als Professor an der Universität Wien beschäftigte er sich besonders mit der Erforschung der Lehrschriften des Aristoteles, besonders mit der Ethik (Sittenlehre) und der Metaphysik (philosophische Lehre von den letzten Gründen und Zusammenhängen des Seins). Er führte auch Untersuchungen der Schriften Platons durch. Hans Arnim starb am 25. Mai 1931 in Wien.

## Arnoldgasse

**Groß-Jedlersdorf II, Sackgasse, in der Frömmlgasse beginnend; benannt nach dem Floridsdorfer Gemeinderat Georg Arnold.**

Georg Arnold war viele Jahre lang Gemeinderat von Floridsdorf. Während seiner Amtsperiode wurden die Orte Jedlersdorf am Spitz (Neu-Jedlersdorf) und Floridsdorf vereinigt. Sitz des Flo-

ridsdorfer Gemeinderates war bis 1876 das Haus Schloßhofer Straße 5, bis 1884 das Gemeindehaus Floridsdorfer Hauptstraße 32 und ab 1884 das Wirtshaus am Spitz (heute Magistratisches Bezirksamt). Die Familie Arnold besaß von 1844 an das Haus Floridsdorfer Hauptstraße 52 und von 1855 bis 1881 das Haus Schloßhofer Straße 50. Georg Arnold starb am 20. September 1900.

## Auckenthalergasse

**Stammersdorf, führt von der Erbpostgasse zur Zwerchbreitelngasse und setzt sich westlich der Luckenholzgasse (unterbrochen) fort; benannt nach Auckenthalen.**

Auckenthalen ist ein alter Flurname, der als Gassenname weiterbesteht.

## Audorfgasse

**Schwarzlackenau, führt von der Georgistraße zur Liesneckgasse; benannt nach dem Dichter Jakob Audorf.**

Jakob Audorf wurde am 1. August 1835 in Hamburg geboren. Er besuchte die Armenschule und ging später auf Wanderschaft in die Schweiz, nach Frankreich und England. Er schloß sich der Bewegung der Arbeiterbildungsvereine an und war 1858/59 Präsident eines solchen Vereins. 1863 war Audorf Vorstand des Allgemeinen Deutschen Arbeitervereins. 1868 ging er nach Rußland, von wo er 1875 zurückkehrte und als Redakteur arbeitete. Als er von einer weiteren Rußlandreise nach Hamburg zurückkehrte, wurde er ausgewiesen. Audorf blieb bis 1887 in Rußland. Sein 1864 zu Lassalles Tod gedichtetes „Lied der deutschen Arbeiter" wurde als „Arbeitermarseillaise" bekannt. Audorf starb am 20. Juni 1898 in Hamburg.

## Auerhahngasse

**Schwarzlackenau, zwischen Wolsteingasse und Adolf-Uthmann-Gasse; benannt einem Rauhfußhuhn.**

Das Auerhuhn, das bis zu 110 cm lang und 6 kg schwer wird, ist in Mitteleuropa fast ausgerottet. Das Männchen hat auf der Oberseite eine schwarze und braune Färbung mit metallisch schil-

11

lernden Blau- und Grüntönen. Die Balz des Auerhahns beginnt in den Monaten März bis Mai gewöhnlich in der Frühdämmerung. Sein Balzlied wiederholt er jeden Morgen zweihundert- bis dreihundertmal, in der sogenannten Hochbalz sogar bis zu sechshundertmal. Die Henne ist braungescheckt und legt sechs bis zehn Eier. Das Auerhuhn ernährt sich von Knospen, Samen und Beeren, die Küken auch von Käfern, Raupen, Larven, Fliegen, Würmern und Schnecken.

## Äugelgasse

**Jedlesee, führt von der Josef-Ruston-Gasse zur Bellgasse; benannt nach einem Auwald.**

Mit „Äugel" wurde ein Auwäldchen an der „Schwarzen Lacke", zwischen Floridsdorf und Jedlesee, bezeichnet.

## Aussererweg

**Strebersdorf, führt von der Prager Straße zur Stowassergasse; benannt nach dem Geschichtsforscher Dr. Carl Ausserer.**

Carl Ausserer wurde am 28. Mai 1883 auf Schloß Lichtenwald geboren. Er studierte Geschichte und war von 1909 bis 1910 Mitglied des Österreichischen Historischen Instituts in Rom. Ab 1910 war Ausserer in der Wiener Hofbibliothek tätig, 1921 wurde er Kustos, später Vorstand der Kartensammlung. 1946 wurde er zum Leiter des Finanz- und Hofkammerarchivs bestellt. Er befaßte sich vor allem mit Südtiroler Heimatgeschichte, mit Genealogie (Stammbaumforschung) und Heraldik (Wappenkunde). Ausserer starb am 16. Mai 1950 in Wien.

## Autokaderstraße

**Jedlesee und Strebersdorf, führt von der Prager Straße zur Scheydgasse; benannt nach dem k. k. Autokader.**

Bei der heutigen Autokaderstraße befand sich während des Ersten Weltkrieges (1914–1918) der zentrale Kraftfahrzeugpark (Autokader) der österreichisch-ungarischen Armee.

# B

## Babitschgasse

**Groß-Jedlersdorf I, führt von der Strebersdorfer Straße zur Hasswellgasse; benannt nach dem Bezirksrat Jakob Babitsch.**

Jakob Babitsch wurde am 29. September 1870 bei Nikolsburg (Mähren) geboren. Der Bauernsohn wurde zunächst Werkstättenschreiber, dann Inspektor der Konsumgenossenschaft, schließlich Vorstand der Konsumvereine und der Jedlersdorfer Spar- und Vorschußkasse. Von 1918 bis 1934 war er Bezirksrat der Sozialdemokratischen Partei. Nach dem Februarputsch 1934 war Babitsch kurzfristig in Haft. Er starb am 7. März 1945 an den Folgen eines Bombenangriffes.

## Bäckersteig

**Groß-Jedlersdorf I, führt von der Baumergasse zur Frauenstiftgasse; benannt nach einer Bäckerei, die dort jahrzehntelang bestand.**

## Bahndammweg

**Donaufeld, führt von der Arbeiterstrandbadstraße zum Nordbahndamm; benannt nach dem Nordbahndamm.**

Die Nordbahn ist die älteste Bahnlinie Österreichs. Die Teilstrecke Floridsdorf–Deutsch-Wagram wurde 1837 eröffnet. Der Eröffnungszug führte acht Wagen. Am 6. Jänner 1838 wurde erstmals die verlängerte Strecke zum Praterstern befahren. Um den Straßenverkehr nicht durch Kreuzungen zu behindern, wurden Eisenbahngleise im verbauten Gebiet auf Dämmen geführt.

## Bahnhofplatz

**Stammersdorf, zwischen Brünner Straße, Herrenholzgasse, Johann-Weber-Straße und Josef-Flandorfer-Straße; benannt nach dem Stammersdorfer Lokalbahnhof.**

Der Bahnhofplatz hat erst nach 1945 seine derzeitige Form erhalten. Bis dahin war er nur wenig verbaut. In der Zwischenkriegszeit standen hier an den Kirtagen Ringelspiele, Schießbuden und

Schaukeln. Auch der Zirkus Rebernigg hatte hier in den dreißiger Jahren sein Zelt aufgeschlagen. Vom Stammersdorfer Bahnhof fahren Züge in Richtung Auersthal-Dobermannsdorf.

## Bahnsteggasse

**Groß-Jedlersdorf II, führt von der Brünner Straße zur Gebauergasse; benannt nach dem Steg über die ehemalige Nordwestbahn.**

Die Nordwestbahnstrecke Wien–Jedlesee wurde ebenso wie das Stationsgebäude Jedlesee 1872 eröffnet. Die Bahnlinie führte vom Nordwestbahnhof in der Leopoldstadt über die Nordwestbahnbrücke (heute Nordbrücke) nach Jedlesee, Jedlersdorf und Strebersdorf, Korneuburg und Stockerau und von dort nordwärts nach Znaim.

## Baldassgasse

**Leopoldau, führt von der Kürschnergasse zur Holzmanngasse; benannt nach dem Kunsthistoriker Ludwig Baldass.**

Ludwig Baldass wurde am 8. Februar 1887 in Wien geboren. Er war Angestellter in der Gemäldegalerie des Kunsthistorischen Museums, deren Direktor er 1949 wurde. Er veröffentlichte wissenschaftliche Werke über die Wiener Gobelinsammlung, über Tafelmalerei der Gotik, den Künstlerkreis Maximilians I. (deutscher Kaiser 1493 bis 1519) und Künstlermonographien über Albrecht Altdorfer, Hieronymus Bosch und Giorgione. Ludwig Baldass starb am 20. November 1963.

## Baumberggasse

**Leopoldau, führt von der Leopoldauer Straße zur Heingasse; benannt nach der Schriftstellerin Antonie Baumberg.**

Antonie Baumberg war das Pseudonym der Schriftstellerin Antonie Poizat, verehelichte Kreiml. Sie wurde am 24. April 1857 in Linz geboren und gründete am 4. November 1888 den „Frauen-Wohltätigkeitsverein in Donaufeld", den sie acht Jahre lang leitete. Der Verein kleidete alljährlich zur Weihnachtszeit viele Kinder ein. Am 15. Mai 1897 wurde am Raimundtheater Antonie Baumbergs Posse „Trab Trab"

mit großem Erfolg uraufgeführt. Weitere Werke: „Familie Bollmann", „Eine Liebesheirat", „Nur aus Trutz", „Max Wieprecht". Antonie Baumberg schied am 15. April 1902 freiwillig aus dem Leben.

## Baumergasse

**Groß-Jedlersdorf I, führt von der Klagergasse zur Jedlersdorfer Straße; benannt nach dem Groß-Jedlersdorfer Pfarrer Heinrich Baumer.**

Heinrich Baumer wurde 1840 geboren und war Pfarrer in Mittergraben sowie Dechant des Pillichsdorfer Dekanats. Vom 28. Februar 1882 bis zu seinem Tod am 23. November 1888 war Heinrich Baumer Pfarrherr in Groß-Jedlersdorf.

## Beer-Hofmann-Gasse

**Strebersdorf, führt vom Mühlweg zur Gmündstraße; benannt nach dem Schriftsteller Richard Beer-Hofmann.**

Richard Beer-Hofmann wurde am 11. Juli 1866 in Wien geboren. Er studierte Rechtswissenschaften und war ein Freund Hofmannsthals. 1933 floh er – ein Anhänger der zionistischen Bewegung – in die Schweiz und später nach Amerika. Er bearbeitete vor allem Bibelthemen. Bekannt wurde er mit „Schlaflied für Mirjam" (1919). Weitere Werke: „Die Historie von König David" (unvollendete Trilogie), „Der Tod Georgs" (1900), „Jaákobs Traum" (1918). Beer-Hofmann starb am 26. September 1945 in New York.

## Bellgasse

**Jedlesee und Groß-Jedlersdorf II, führt vom Hubertusdamm zur Jedleseer Straße; benannt nach dem amerikanischen Physiologen und Erfinder Alexander Graham Bell.**

Alexander Graham Bell wurde am 3. März 1847 in Edinburgh geboren. Er war Taubstummenlehrer in England und seit 1873 Professor für Stimmphysiologie an der Universität Boston. Bell befaßte sich mit der Umwandlung von Schwingungen, die durch elektrische Leitungen übertragen und dann wieder in Schallschwingungen rückverwandelt

werden. Der Apparat, den Bell entwik-
kelte, war das erste brauchbare Telefon. Bell starb am 1. August 1922 in
Baddeck (Kanada).

## Bentheimstraße

**Floridsdorf, zwischen Franklinstraße
und Schloßhofer Straße; benannt nach
Feldmarschalleutnant Friedrich Wilhelm
Belgicus Fürst zu Bentheim-Steinfurth.**

Friedrich Wilhelm Bentheim wurde am
17. April 1782 in Burgsteinfurt geboren.
Er trat 1799 ins österreichische Heer ein,
wurde 1804 Major und 1809 Oberstleutnant. Auf dem Schlachtfeld von Aspern,
wo er freiwillig die Vorhut der Sturm-
kolonnen führte, wurde er zum Oberst
befördert. Als solcher kommandierte er
das Regiment Vogelsang bei Wagram.
1813 focht er bei Dresden und Kulm,
1814 führte er die von ihm geschaffene
österreichisch-deutsche Legion im südlichen Frankreich. Nach dem Pariser
Frieden übernahm er diplomatische
Sendungen nach London, Paris, Frankfurt und Berlin. 1818 wurde Bentheim
in den Fürstenstand erhoben, 1827 wurde er Feldmarschalleutnant in Padua. Er
starb am 12. Oktober 1839 in Verona.

## Berglergasse

**Strebersdorf, Sackgasse, in der Autoka-
derstraße beginnend; benannt nach
dem Volks- und Bühnenschriftsteller
Hans Bergler.**

Hans Bergler wurde am 15. Juni 1859 in
Wien geboren. Er war als Redakteur bei
der „Wiener Allgemeinen Zeitung" tätig. Von 1890 an war er Redakteur der
„Deutschen Zeitung", für die er Feuilletons und Kritiken schrieb. Bergler
verfaßte unter dem Pseudonym Ottokar
Tann-Bergler Humoresken und Schwän-
ke: „Wiener Guckkastenbilder", „Aus
dem lachenden Wien", „Pomeisl u.
Comp.", „Im Dreivierteltakt", „O du
lieber Augustin", „Wiener Spassetten"
und den Roman „Der Wundermann am
Hofe Maria Theresias". Er starb am
29. Juli 1912 in Wien.

## Berlagasse

**Strebersdorf, führt vom Mühlweg zur
Roda-Roda-Gasse; benannt nach dem**

**Schauspieler, Sänger und Schriftsteller
Alois Berla.**

Alois Berla wurde am 7. März 1826 in
Wien geboren. Er studierte Musik und
war in jungen Jahren als Schauspieler
und Sänger tätig. Berla, der eigentlich
Alois Scheichel hieß, verfaßte 1848 das
Theaterstück „Der letzte Zopf", worauf
er als Theaterdichter an das Theater an
der Wien verpflichtet wurde. Berla
schrieb weit mehr als 100 Bühnenstük-
ke. Zwei davon – „Drei Paar Schuhe"
und „Das verwunschene Schloß" –
wurden von Millöcker vertont. Weitere
Theaterstücke: „Das tägliche Brot",
„Der Zigeuner", „Unsere Lehrbuben",
„Schottenfeld und Ringstraße",
„Plausch net, Pepi" . . . Berla starb am
17. Februar 1896.

## Bernhard-Bolzano-Gasse

**Stammersdorf, führt von In der golde-
nen Erden zur Tilakstraße; benannt
nach dem Philosophen, Mathematiker
und Religionswissenschaftler Bernhard
Bolzano.**

Bernhard Bolzano wurde am 5. Oktober
1781 in Prag geboren. 1805 wurde er
zum Priester geweiht und übernahm an
der Prager Universität einen Lehrstuhl
für Religionslehre. Bolzano entdeckte
einige mathematische Sätze (Bolzano-
scher Satz, Bolzano-Weierstraßscher
Satz). Seine logischen und wissen-
schaftstheoretischen Untersuchungen
gelten als Vorläufer wichtiger Lehrstük-
ke der modernen Logik. Da er es ver-
weigerte, vier Punkte seiner Predigten
und Vorträge, die von Jesuiten als ketze-
risch bezeichnet wurden, zu widerrufen,
wurde Bolzano 1820 seines Lehramtes
enthoben. Er schrieb viele mathematische, philosophische und religions-
wissenschaftliche Werke. Bolzano starb
am 18. Dezember 1848 in Prag.

## Bernreiterplatz

**Groß-Jedlersdorf I, in ihn münden die
Amtsstraße, die Funkgasse, die Gerasdorfer Straße, die Jedlersdorfer Straße
und die Strebersdorfer Straße; benannt
nach dem Groß-Jedlersdorfer Bürgermeister Franz Bernreiter.**

Franz Bernreiter wurde 1842 geboren
und entstammte einer angesehenen

Jedlersdorfer Familie, aus der mehrere Ortsvorsteher und Ortsrichter hervorgingen. Franz Bernreiter war Bürgermeister von Groß-Jedlersdorf. Er starb 1914.

## Bertlgasse

**Donaufeld, führt von der Patrizigasse bis zur Siegfriedgasse; benannt nach dem ersten Bürgermeister von Donaufeld.**

Alois Bertl wurde 1840 in Leopoldau geboren. Er war Gastwirt und übernahm 1871 von seinen Schwiegereltern ein Gasthaus in der Donaufelder Straße. 1881 wurde Alois Bertl zum Bürgermeister der damals noch jungen Gemeinde „Neu-Leopoldau mit Mühlschüttel" gewählt, die 1886 in Donaufeld umbenannt wurde. Bertl bekleidete das Bürgermeisteramt bis 1887. Er starb am 22. Dezember 1888.

## Berzeliusgasse

**Groß-Jedlersdorf I, die Berzeliusgasse führt von der Siemensstraße zum Berzeliusplatz; benannt nach dem schwedischen Chemiker Jöns Jacob Freiherr von Berzelius.**

Jöns Jacob Berzelius wurde am 29. August 1779 in Väfversunda Sörgård bei Linköping geboren. Er studierte Medizin, wurde Professor für Pharmazie und Medizin, 1808 Mitglied der Schwedischen Akademie der Wissenschaften und 1818 deren Sekretär. Berzelius bildete eine Theorie, nach der alle Verbindungen aus positiv und negativ geladenen Atomen zusammengesetzt sind. Er bewies durch viele Arbeiten, daß das Molekulargewicht gleich der Summe der Atomgewichte ist und bestimmte die Atomgewichte genau. Berzelius entdeckte die drei Elemente Cer, Selen und Thorium. Er führte die noch heute gebräuchlichen chemischen Symbole ein. Sein berühmtestes Werk ist „Das Lehrbuch der Chemie". Berzelius starb am 7. August 1848 in Stockholm.

## Berzeliusplatz

**Groß-Jedlersdorf I, in ihn münden Edergasse, Berzeliusgasse und Justgasse; benannt nach dem schwedischen** Chemiker Jöns Jacob Freiherr von Berzelius (siehe Berzeliusgasse).

## Bessemerstraße

**Donaufeld, führt von der Donaufelder Straße zur Siegfriedgasse; benannt nach dem englischen Erfinder Sir Henry Bessemer.**

Henry Bessemer wurde am 19. Jänner 1813 in Charlton bei Hitchin geboren. Er zog früh mit seinen Eltern nach London und konstruierte dort eine Maschine zur Herstellung von Bronzestaub, womit er großen Gewinn erzielte. Dieses Geld machte es ihm möglich, sich Versuchen auf dem Gebiet der mechanischen Wissenschaften zu widmen. Von seinen mehr als 100 Patenten ist das Bessemer-Stahlverfahren das bekannteste. Bessemer wurde 1879 geadelt. Er starb am 15. März 1898 in London.

## Bierbaumgasse

**Donaufeld, zwischen Broßmannplatz und Wedekindgasse; benannt nach dem Schriftsteller und Kritiker Otto Julius Bierbaum.**

Otto Julius Bierbaum wurde am 28. Juni 1865 in Grünberg (Schlesien) geboren. Er war Herausgeber und Redakteur der Zeitschriften „Die freie Bühne", „Pan" und „Die Insel". Bierbaum war ein sehr vielseitiger Schriftsteller. Er wechselte von einer literarischen Richtung zur anderen. Er schrieb Chansons, heitere Erzählungen, satirische Zeitromane, Künstlerbiographien und Reiseberichte. Einige Werke: „Studentenbeichten", „Irrgarten der Liebe", „Stilpe", „Die Yankeedoodlefahrt". Bierbaum starb am 1. Februar 1910 in Dresden.

## Birneckergasse

**Donaufeld, Bruckhaufen, führt von der Josef-Melichar-Gasse zur Strandgasse; benannt nach dem Betriebsrat der Semperitwerke Franz Birnecker.**

Franz Birnecker, 1878 geboren, war schon mit 19 Jahren Mitglied der Sozialdemokratischen Partei. Er leitete eine Sektion in Hietzing war eine Zeitlang im Vorstand der Allgemeinen Arbeiterkrankenkasse und im Vorstand des Verbandes der chemischen und Gummiindustrie und schließlich Betriebsrat in den Floridsdorfer Semperitwerken. Birnecker wurde am 17. Februar 1923 erschossen. Die monarchistische Bewegung hatte im Baumgartner Kasino eine Versammlung abgehalten. Zum Schutz war eine bezahlte Schlägergruppe angeheuert worden. Als diese mit der Straßenbahn heimfahren wollte, kam es zu einem Streit mit Arbeitern, in dessen Verlauf Birnecker niedergeschossen wurde. Sein Begräbnis gestaltete sich zur mächtigsten Demonstration seit 1918. Bürgermeister Reumann sprach an Birneckers Grab. Dieser Mord war der direkte Anlaß zur Gründung des Republikanischen Schutzbundes.

## Birnersteig

**Donaufeld, führt von der Arbeiterstrandbadstraße bis An der oberen Alten Donau; benannt nach der Familie Birner.**

Die Familie Birner betrieb in unmittelbarer Nähe des Steiges zwei Sommerbäder, eine Gastwirtschaft und – bis zur Erbauung des Steges über die Alte Donau – eine Überfuhr.

## Blechschmidtgasse

**Schwarzlackenau, führt von der Voltelinistraße im Bogen wieder zur Voltelinistraße zurück; benannt nach dem Vorkämpfer der Altersversorgung, Anton Blechschmidt.**

Anton Blechschmidt wurde am 5. Juli 1841 in Tschernembl geboren. Er war Privatangestellter in der Eisenindustrie und Obmann des „Ersten allgemeinen Beamtenvereines" der österr.-ungar. Monarchie". Es war dies eine Bewegung zur Erreichung der Altersversorgung. Im Jahre 1906 wurde ein Pensionsgesetz beschlossen, das die Vorschläge Blechschmidts erfüllte. 1909 trat dieses Gesetz in Kraft. Blechschmidt regte noch weitere Verbesserungen und Novellierungen an. Er starb am 3. Mai 1916 in Wien.

## Bodenstedtgasse

**Floridsdorf und Donaufeld, zwischen Broßmannplatz und Franklinstraße;** benannt nach dem Schriftsteller Friedrich Martin von Bodenstedt.

Friedrich Martin Bodenstedt wurde am 22. April 1819 in Peine geboren. Er studierte Literaturgeschichte und Linguistik, war Lehrer in Moskau und Tiflis, wo er sich mit slawischen und orientalischen Sprachen auseinandersetzte. Nach Deutschland zurückgekehrt, hatte er in den verschiedensten Städten die verschiedensten Stellungen inne. 1858 erhielt er eine Professur an der Universität München, 1866 übernahm er für drei Jahre die Leitung der Hofbühne in Meiningen. Seit 1878 lebte Bodenstedt in Wiesbaden. Einige seiner Werke: „Die Lieder des Mirza Schaffy", „Tausend und ein Tag im Orient", „Aus meinem Leben", „Der Sänger von Schiras"; Übersetzungen von Werken Puschkins, Lermontows, Turgenjews, Shakespeares und anderer. Bodenstedt starb am 18. April 1892 in Wiesbaden.

## Böhmgasse

**Donaufeld, zwischen Leopoldauer Straße und Pilzgasse; benannt nach dem Wohltäter Anton Böhm.**

Anton Böhm, am 14. Dezember 1812 geboren, besaß ein Haus in der Floridsdorfer Hauptstraße. Er war lange Jahre krank und vermachte in seinem Testament vom 8. Oktober 1863 4000 Gulden armen Menschen, die an einer langwierigen Krankheit leiden. Nach seinem Tod am 23. März 1865 wurde das Geld alljährlich im Sinne seines Stifters vom Bürgermeister verteilt.

## Bonitzgasse

**Strebersdorf, beginnt, wo Arnimgasse und Praschnikerweg einander treffen; benannt nach dem Philologen und Pädagogen Hermann Bonitz.**

Hermann Bonitz wurde am 29. Juli 1814 in Langensalza (heute Bad Langensalza) geboren. Er studierte in Leipzig und Berlin, wurde Lehrer in Dresden, Berlin und Stettin. Seit 1849 war Bonitz Professor für klassische Philologie in Wien und Mitglied des Unterrichtsrates. Gemeinsam mit Franz Exner reformierte er das österreichische Gymnasialwesen. 1867 kehrte er nach Berlin zurück, wo er an der Neuordnung des preußischen Schulwesens mitwirkte. Bonitz verfaßte viele Studien über Aristoteles und Platon. Hermann Bonitz starb am 25. Juli 1888 in Berlin.

## Börnsteingasse

**Strebersdorf, Sackgasse, in der Autokaderstraße beginnend; benannt nach dem Theaterdirektor Heinrich Börnstein.**

Heinrich Börnstein wurde am 4. November 1805 in Hainburg geboren. Die Familie wanderte 1813 nach Lemberg aus. Mit 20 Jahren kam Börnstein nach Wien. Hier verdingte er sich als Abschreiber und Taglöhner. Mit 22 Jahren wurde Börnstein Direktor des St. Pöltner Theaters, 1833 bis 1839 leitete er das Linzer Theater. In Agram bemühte er sich um die Schaffung eines kroatischen Nationaltheaters. Börnstein wurde der Freund bedeutender Männer, wie Heine, Engels, Marx und Börne. 1848 wanderte er nach Amerika aus, wo er sich als Verfechter der Sklavenbefreiung hervortat. Enttäuschungen erlebte Börnstein als amerikanischer Konsul in Bremen. Daraufhin wurde er Direktor des Theaters in der Josefstadt. Börnstein schrieb auch: „Der Regimentstambour" (von Millöcker vertont), „Betrogene Betrügerin", „Die Tochter des Figaros", „Weiberlist und Weibermacht". 1871 wandte er sich neuen Berufen zu und wurde Fotograf. Heinrich Börnstein starb am 10. September 1892 in Wien.

## Brachsengasse

**Schwarzlackenau, zwischen Wolsteingasse und Adolf-Uthmann-Gasse; benannt nach einer karpfenähnlichen Süßwasserfischart.**

Der Brachsen (Blei, Brasse, Lasch oder Breiting) kann bis zu 70 Zentimeter lang und bis zu sechs Kilogramm schwer werden. Sein Rücken ist bleiben bis schwärzlich, die Seiten sind silbern, bei jüngeren Tieren meist goldgelb bis rostfarben, die Flossen sind dunkelgrau. Der Brachsen lebt in Seen und langsam fließenden Flüssen und ernährt sich von wirbellosen Bodentieren, in

der Jugend auch von Plankton. Der Fisch laicht von April bis Juni im seichten Wasser. Ein Weibchen legt 100.000 bis 340.000 Eier.

## Breitenweg

**Stammersdorf, führt von der Hagenbrunner Straße nach Osten; benannt nach den Breiten.**

„Breiten" ist ein alter Flurname, der als Gassenname weiterbesteht.

## Broßmannplatz

**Donaufeld, zwischen Schnellbahn, An der oberen Alten Donau und Mühlschüttelgasse; benannt nach dem Bezirksrat Ferdinand Broßmann.**

Ferdinand Broßmann wurde am 20. Jänner 1892 geboren. Er erlernte das Wagnerhandwerk, weil ihm bei dieser Lehrstelle Kost und Quartier geboten wurden. Sein sehnlichster Wunsch war es jedoch, Elektriker zu werden. 1909 ging er zu den Österreichischen Bundesbahnen, wo er es vom Facharbeiter zum Oberrevidenten brachte. Broßmann, der in der Freytaggasse wohnte, war Mitbegründer eines Studentenheimes und Mitglied des Ortsschulrates. Von 1928 bis 1938 war er Fürsorgerat, von 1939 bis 1955 Obmann des Kleingartenvereins „Blumenfreunde" und von 1945 bis 1955 Bezirksrat. Ferdinand Broßmann starb am 29. Juni 1955 in Wien.

## Bruckhaufner Hauptstraße

**Donaufeld, Bruckhaufen, führt von Josef-Melichar-Gasse/Am Hubertusdamm bis zur Donauturmstraße; benannt nach einer ehemaligen Schuttablagerungsstätte.**

Der Bruckhaufen liegt zwischen Reichsbrücke und Floridsdorfer Brücke, begrenzt von der Alten Donau, dem Hubertusdamm und dem Donaupark. Inseln im früheren unregulierten Donaugebiet wurden als „Haufen" bezeichnet. Der Bruckhaufen ist eine Insel zwischen zwei Brücken. Eine Zeitlang wurden dort Müll und Schutt abgelagert, dann entstanden Schrebergärten und Siedlungen.

## Bründelgasse

**Stammersdorf, führt von der Krottenhofgasse zur Oberen Jungenberggasse; benannt nach einer Quelle.**

Die Bezeichnung „Bründel" weist auf eine in den Weingärten entsprungene Quelle hin.

## Brünner Straße

**Floridsdorf, Groß-Jedlersdorf II, Groß-Jedlersdorf I und Stammersdorf; beginnt Am Spitz und führt zur nördlichen Stadtgrenze in Stammersdorf; benannt nach der Stadt Brünn.**

Die Reichsstraße nach Mähren, die heutige Brünner Straße, wurde nach 1730 aus wirtschaftlichen und strategischen Gründen neu angelegt und ausgebaut. Der Straßenzug folgt im wesentlichen dem alten Verkehrsweg nach Brünn, der Hauptstadt Mährens. Brünn ist mit etwa 340.000 Einwohnern die zweitgrößte Stadt der ČSSR. Der Kern der Stadt ist um 800 entstanden. Die damalige Burg wurde erstmals 1090 erwähnt, ab 1317 nannte man sie Spilberch. In späterer Zeit war die Festung Spielberg auch Gefängnis und Folterstätte. Kaiser Josef II., der die Festung besuchte, ließ daraufhin die Folter verbieten. 1945 mußte die deutsche Bevölkerung Brünn verlassen. Ihr Marsch, die Brünner Straße entlang bis zur österreichischen Grenze, ist als „Todesmarsch der Brünner" bekannt.

## Bubergasse

**Leopoldau, Großfeldsiedlung, führt von der Lhotskygasse zur Herzmanovsky-Orlando-Gasse; benannt nach dem Philosophen und Dichter Martin Buber.**

Martin Buber wurde am 8. Februar 1878 in Wien geboren. Er wuchs in Lemberg auf, studierte in Wien, Leipzig, Berlin und Zürich Philosophie und Kunstgeschichte. Er wollte der westlichen Welt den ostjüdischen Chassidismus (pantheistische Lehre) erschließen. Buber gab mehrere Zeitschriften heraus: „Die Welt" (1901), „Der Jude" (1916–1924), „Die Kreatur" (1926–1930). Von 1924 bis 1933 war er Professor für jüdische Religionswissenschaft und Ethik in Frankfurt. Buber ging 1938 nach Palästina und unterrichtete Sozialphilosophie und Soziologie in Jerusalem. Er widmete sich der Erwachsenenbildung und war um Versöhnung zwischen Juden und Arabern und zwischen Juden und Deutschen bemüht. Er erhielt mehrere Preise. Einige Werke: „Mein Weg zum Chassidismus", „Die Chassidische Botschaft", „Geschichten des Rabbi Nachman", „Gog und Magog", „Ich und Du". Martin Buber starb am 13. Juni 1965 in Jerusalem.

## Buchbergergasse

**Jedlesee, eine linke Seitengasse der Prager Straße; benannt nach dem Ortsrichter Ferdinand Buchberger.**

Ferdinand Buchberger wirkte von 1831 bis 1837 als Geschworener in Jedlesee, anschließend wurde er zum Ortsrichter gewählt. Er blieb dies bis 1840.

## Büchnergasse

**Donaufeld und Floridsdorf, führt von der Freytaggasse zur Prießnitzgasse; benannt nach dem Dichter Georg Büchner.**

Georg Büchner wurde am 17. Oktober 1813 in Goddelau bei Darmstadt geboren. Er studierte in Straßburg und Gießen Medizin, Naturwissenschaften, Geschichte und Philosophie. 1834 gründete er die geheime „Gesellschaft für Menschenrechte", mit der er gegen die Reaktionäre im Großherzogtum Hessen kämpfen wollte. Wegen der politischen Flugschrift „Der hessische Landbote" mußte Büchner fliehen. Seit Oktober 1836 war er Privatdozent in Zürich. Er ist einer der Bahnbrecher des neueren Dramas. Einige Werke: „Dantons Tod", „Woyzeck", „Leonce und Lena". Büchner starb am 19. Februar 1837 in Zürich.

## Bunsengasse

**Groß-Jedlersdorf II, führt von der Galvanigasse zur Anton-Störck-Gasse; benannt nach dem Chemiker Robert Wilhelm Bunsen.**

Robert Wilhelm Bunsen wurde am 30. März 1811 geboren. Er studierte in Paris, Berlin und Wien Geologie, Chemie und Physik. 1836 nahm er eine

Professur an der höheren Gewerbeschule in Kassel an, war später Professor in Marburg, Breslau und Heidelberg. Er beendete seine Lehrtätigkeit erst mit 78 Jahren. Bunsen entdeckte 1834 ein Mittel gegen Arsenvergiftung; später wandte er sich physikalischchemischen und analytischen Problemen zu. 1841 ersetzte er in der von Grove entwickelten elektrischen Batterie das Platin durch Kohle. Bunsens Untersuchungen über die chemischen Prozesse in Hochöfen führten zu wirtschaftlich bedeutsamen Verbesserungen. Seine wohl bekannteste Entwicklung ist der Bunsenbrenner, die ihm 1855 in Heidelberg gelang. Zusammen mit Kirchhoff entwickelte er die Spektralanalyse, mit deren Hilfe die beiden Forscher die Elemente Cäsium und Rubidium entdeckten. Viele Erfindungen Bunsens sind heute noch in jedem modernen Laboratorium zu finden. Bunsen starb am 28. November 1860 in Bonn.

## Bussardgasse

**Schwarzlackenau, zwischen Schlossergasse und Tschechowgasse; benannt nach dem Bussard.**

Man unterscheidet zwischen den Bussardartigen und den eigentlichen Bussarden. Die Bussarde sind die artenreichste Familie der Greifvögel. Allein die eigentlichen Bussarde sind mit mehr als 30 Arten über die Welt verbreitet. Zu ihnen gehören unter anderem der Rotschwanzbussard, der Andenbussard, der Adlerbussard, der Rauhfußbussard und der Mäusebussard. Der bei uns beheimatete Mäusebussard wird bis zu 60 Zentimeter lang und eineinhalb Kilogramm schwer. Die langen und breiten Flügel (Spannweite bis zu 140 Zentimeter) sind zum Segeln ausgezeichnet geeignet. Der Mäusebussard hat einen runden Kopf und einen kurzen, kräftigen Schnabel. Der Schwanz ist abgerundet. An den Zehen sitzen kurze, scharfe Krallen. Er frißt vorwiegend Mäuse, aber auch Junghasen, Frösche, Schlangen, Schnecken und Käfer. Seinen Horst errichtet er auf Bäumen. Nach 34 Tagen Brutzeit schlüpfen im April aus den rot und graubraun gefleckten Eiern zwei bis vier Junge.

# C

## Carabelligasse

**Groß-Jedlersdorf I, führt vom Mercatorplatz zur Ruthnergasse; benannt nach dem Arzt Dr. Georg Carabelli.**

Georg Carabelli wurde am 11. Dezember 1787 in Pest geboren. Er studierte Medizin und wurde Feldarzt. Später wandte er sich der Zahnheilkunde zu. Carabelli war Hofzahnarzt und der erste Wiener Zahnarzt überhaupt. Er starb am 24. Oktober 1842 in Wien.

## Carrogasse

**Groß-Jedlersdorf I, führt von der Justgasse zur Schaffernakgasse; benannt nach dem Arzt Dr. Johann de Carro.**

Johann de Carro wurde 1770 geboren. Er studierte Medizin und befaßte sich mit der Impfung, im besonderen mit der Übertragung des Kuhpockengiftes auf den Menschen, um ihn dadurch gegen den Ansteckungsstoff der Menschenpocken unempfänglich zu machen. 1799 impfte Johann de Carro in Wien. Er starb am 12. März 1837.

## Castlegasse

**Leopoldau, Großfeldsiedlung, führt von der Oswald-Redlich-Straße zur Schererstraße; benannt nach dem Germanisten und Theaterwissenschaftler Eduard Castle.**

Eduard Castle wurde am 7. November 1875 geboren. Er war Herausgeber einer Reihe österreichischer Klassiker und ein erfolgreicher Goethe-Forscher. Castle war Mitarbeiter am dreibändigen Werk der deutsch-österreichischen Literaturgeschichte, und er bearbeitete zahlreiche Auswahlbände österreichischer Dichter. Er war Mitglied der Akademie der Wissenschaften und wurde für seine Verdienste mehrfach ausgezeichnet. Castle starb am 8. Juni 1959 in Wien.

## Christian-Bucher-Gasse

**Jedlesee und Schwarzlackenau, früher Feldgasse (1876–1901) und Buchergasse (1901–1909), führt von der Anton-Störck-Gasse zur Überfuhrstraße; be-**

nannt nach dem Jedleseer Ortsrichter Christian Bucher.

Christian Bucher wurde 1769 geboren. Jedleseer Ortsrichter war er von 1815 bis zu seinem Tod am 17. September 1837.

## Cieslargasse

**Groß-Jedlersdorf I, führt von der Justgasse zur Tasmangasse; benannt nach dem Forstwissenschaftler Adolf Cieslar.**

Adolf Cieslar wurde am 25. September 1858 in Blogotitz bei Teschen geboren. Er studierte an der Wiener Universität und an der Hochschule für Bodenkultur. Nach verschiedenen Tätigkeiten in forstlichen Kammern und nach mehreren Studienreisen wurde Cieslar als Professor für forstliche Produktionsweise an die Hochschule für Bodenkultur berufen, deren Rektor er 1910 wurde. Cieslar schrieb mehrere forstwissenschaftliche Werke. Er starb am 14. Juli 1934 in Wien.

## Clessgasse

**Stammersdorf, früher Berggasse, führt von der Krottenhofgasse zur Erbpostgasse; benannt nach dem letzten Erbpostmeister, Ernst Cless.**

In früheren Zeiten wurde die Post von Privatleuten ausgetragen. Die Post war ein Geschäft, das man sich kaufen konnte wie ein Wirtshaus oder eine Greißlerei. Ernst Cless war der letzte Erbpostmeister von Stammersdorf. Er hatte das „Erbliche k. k. Postamt mit Pferdewechsel" von 1879 bis 1908 inne.

## Cookgasse

**Groß-Jedlersdorf I, zwischen Schleidengasse und Brünner Straße; benannt nach dem britischen Entdecker James Cook.**

James Cook wurde am 27. Oktober 1728 in Marton-in-Cleveland (York) geboren. Er trat 1755 in die Royal Navy ein, nahm den Sankt-Lorenz-Strom kartographisch auf und reiste vier Jahre lang jeden Sommer nach Neufundland, um Karten anzufertigen. 1768 wurde er zum Leutnant und Kommandanten einer Expedition ernannt. Cook erreichte Tahiti, nahm die umliegenden Inseln

kartographisch auf und nannte sie zu Ehren der Königlichen Geographischen Gesellschaft „Gesellschaftsinseln". Am 19. April 1770 landete er an der australischen Ostküste. Bei einer Reise, die im Jahre 1772 begonnen wurde, erreichte Kapitän Cook die Osterinseln, die Neuen Hebriden, die Südsandwich-Inseln und Kap Bouvet. Bei einer neuerlichen Reise, zu der er 1776 aufbrach, entdeckte er im Jänner 1778 die Hawaii-Inseln. Am 14. Februar 1779 wurde er bei dem Versuch, einen Streit zu schlichten, auf Hawaii von Eingeborenen erschlagen.

## Cooperweg

**Donaufeld, führt von der Hawlicekgasse zur Ichagasse; benannt nach dem amerikanischen Schriftsteller James Fenimore Cooper.**

James Fenimore Cooper wurde am 15. September 1789 in Burlington (New Jersey) geboren. Nach anfänglichen Studien trat Cooper in die Marine ein, wo er drei Jahre lang blieb. Dann widmete er sich ganz der Schriftstellerei. Er bereiste England und Frankreich und war von 1826 bis 1829 Konsul der Vereinigten Staaten in Lyon, besuchte dann die Schweiz und Italien, 1831 kehrte er nach Hause zurück. Coopers Romane wurden in viele Sprachen übersetzt. Einige Werke: Die „Lederstrumpf"-Romane (1. Der Hirschtöter, 2. Der Letzte der Mohikaner, 3. Der Pfadfinder, 4. Die Ansiedler, 5. Die Prärie), „Lionel Lincoln", „Die Wassernixe" und historische Schriften, wie die Geschichte der nordamerikanischen Seemacht. James Fenimore Cooper starb am 14. September 1851 in Cooperstown.

## Corygasse

**Donaufeld, sollte richtig Corigasse heißen, führt von der Kirchhoffgasse zur Ringelseegasse; benannt nach der Medizinerin Gerty Theresa Cori.**

Gerty Cori (geb. Radnitz) wurde am 15. August 1896 in Prag geboren. Als Externistin absolvierte sie das Realgymnasium in Tetschen und begann 1914 mit dem Medizinstudium an der Prager Universität. Ihr Studienweg brachte sie mit Carl Ferdinand Cori zusammen. Beide promovierten 1920 und heirateten. Gerty Cori arbeitete dann in einem Kinderspital, ihr Gatte ging nach Amerika. 1922 folgte Gerty Cori ihrem Mann an die Medical School der Washington University, wo sie sich mit dem Zuckerstoffwechsel befaßten. Für die Entdeckung des Verlaufs des katalytischen Glykogenstoffwechsels (Zuckerhaushalt des Körpers) erhielt das Ehepaar Cori 1947 den Nobelpreis. Gerty Cori starb 1957.

## Coulombgasse

**Jedlesee, führt von der Jedleseer Straße zur Maxwellgasse; benannt nach dem französischen Physiker Charles Augustin de Coulomb.**

Charles Augustin de Coulomb wurde am 14. Juni 1736 in Angoulême geboren. Bis 1776 versah er Dienst beim Geniekorps (Spezialeinheit, die militärische Anlagen baut) in Martinique, von wo er nach Rochefort zurückkehrte und sich wissenschaftlichen Studien widmete. Coulomb war 1774 bereits korrespondierendes Mitglied, ab 1781 Vollmitglied der Akademie der Wissenschaften, ab 1795 des „Institut de France". Unter Napoleon wurde Coulomb Kommissar für die Organisation des Unterrichtswesens. 1779 veröffentlichte er seine „Théorie des machines simples" (Theorie der einfachen Maschinen), er fand das nach ihm benannte Reibungsgesetz, konstruierte eine Drehwaage, fand das elektrostatische Grundgesetz und Gesetze des Magnetismus. Die Einheit der Elektrizitätsmenge wird „Coulomb" (Kurzzeichen C) genannt. Charles Augustin de Coulomb starb am 23. August 1806 in Paris.

# D

## Dachsensteig

**Schwarzlackenau, beim Hubertusdamm, nahe der Stadtgrenze; benannt nach dem Dachs.**

Der Dachs gehört zur Gattung der Marder. Die einzige Art, die in Europa,

Asien und Japan vorkommt, erreicht eine Körperlänge von 90 Zentimeter, wobei der Schwanz 15 bis 20 Zentimeter mißt. Der plumpe, kurzbeinige Körper des Dachses ist mit langen, harten Grannenhaaren bedeckt. Der Dachs ist das größte marderartige Raubtier in Europa. Er geht vorwiegend in der Dämmerung und bei Nacht auf Nahrungssuche. Regenwürmer, Engerlinge, Bodeninsekten, Mäuse, Jungvögel, Frösche, aber auch Pilze, Samen und Früchte sind seine Nahrung. Im lichten Gehölz gräbt der Dachs seinen Erdbau, der aus einem Hauptkessel und aus zahlreichen Nebenhöhlen besteht. Die Gänge sind bis zu 30 Meter lang. Das Dachsmännchen (Rüde) und das Dachsweibchen (Fähe) führen eine „Ehe auf Lebenszeit". Der Dachs gehört zu den geselligsten Waldbewohnern unserer Breiten.

## Dafertgasse

**Schwarzlackenau, zwischen Wildnergasse und Röllgasse; benannt nach dem Chemiker Franz Dafert von Sensel-Timmer.**

Franz Dafert wurde am 20. Mai 1863 in Wien geboren. Er studierte Chemie und führte Kaffeeanbauversuche in Brasilien durch. Später studierte er Volkswirtschaft und Finanzwissenschaft. 1898 wurde Dafert zum Direktor der landwirtschaftlich-chemischen Versuchsanstalt in Wien berufen. 1919 wurde er Sektionschef. Er starb am 17. Oktober 1933 in Wien.

## Dahliengasse

**Leopoldau, Nordrandsiedlung, führt von der Lavantgasse zur Gerasdorfer Straße; benannt nach der Dahlie.**

Die Dahlie zählt zur Gattung der Korbblütler. Sie ist nach dem schwedischen Botaniker Dahl benannt und stammt aus Mexiko und Guatemala. Von den staudenartigen Gewächsen mit den knollig verdickten, büschelartigen Wurzeln gibt es 15 verschiedene Arten. Die größten davon sind die Baumdahlien, die mehr als sechs Meter hoch werden. Als Stammformen der bei uns beliebten, aber nicht winterfesten Gartendahlien gelten die einfachen mexikanischen Kultursorten mit scharlachroten, gelben und rosa Blüten. Um 1784 wurde die Dahlie in Spanien eingeführt und gelangte von dort in die anderen Länder Europas. Im Berliner Botanischen Garten gelang es, Dahlien aus Samen zu züchten, die Alexander von Humboldt 1804 aus Mexiko mitgebracht hatte. Die erste gefüllte Dahlie züchtete der Garteninspektor Hartwig 1808 in Karlsruhe.

## Dammäckergasse

**Stammersdorf, führt von der Brünner Straße zur Hochfeldstraße; benannt nach den Dammäckern.**

„Dammäcker" ist ein alter Flurname, der als Gassenname weiterbesteht.

## Danningerweg

**Leopoldau, führt von der Siemensstraße zur Schönthalergasse; benannt nach der Wiener Bronzearbeiterfamilie Danninger.**

Aus der Familie Danninger gingen im 18. und 19. Jahrhundert bedeutende Meister der Bronzearbeit hervor, so zum Beispiel Johann Georg Danninger der Ältere, der 1796 als Gürtler und Bronzearbeiter erwähnt wird, und Johann Georg Danninger der Jüngere, der 1798 als k. k. Hofbronzemeister wirkte. Ab 1815 betrieb er eine in Wien marktbeherrschende Manufaktur, in der Bronzefiguren gegossen wurden. Zu erwähnen sind noch Franz Danninger (Meisterbrief 1811) sowie Ignaz Danninger (Meisterbrief 1829).

## Deingasse

**Jedlesee, führt von der Michtnergasse zur Prager Straße; benannt nach dem Ortsrichter David Dein.**

David Dein war um 1773 Ortsrichter von Jedlesee. Der Ort gehörte damals Johann Franz Xaver Anton Graf von Khevenhüller-Metsch. Es war jene Zeit, da Jedlesee immer mehr zur Prager Straße hin wuchs. In der Herrengasse (heute Anton-Bosch-Gasse) und in der Augasse (heute Jeneweingasse) wurden neue Häuser gebaut. Jedlesee erlebte einen wirtschaftlichen Aufschwung. Dein starb am 20. November 1776.

## Demmergasse

**Groß-Jedlersdorf II, früher Haidegasse, führt von der Immengasse zur Pregartengasse; benannt nach dem Direktor der „Wiener Locomotiv-Fabriks-Actiengesellschaft", Bernhard Demmer.**

Die „Wiener Locomotiv-Fabriks-Actiengesellschaft" wurde am 6. September 1869 gegründet. Die technische und kommerzielle Leitung des Unternehmens hatte Bernhard Demmer. Am 8. März 1896 feierte die Gesellschaft die Vollendung der tausendsten Lokomotive. Bernhard Demmer starb am 29. Juli 1902.

## Deublergasse

**Groß-Jedlersdorf II, früher Jubiläumsstraße, führt von der Galvanigasse zur Anton-Dengler-Gasse; benannt nach dem Bauernphilosophen Konrad Deubler.**

Konrad Deubler wurde am 25. November 1814 in Bad Goisern geboren. Deubler las viel und verschaffte sich so ein umfangreiches Wissen. Als Wirt der Wartburg in Bad Goisern wurde er gern von Gelehrten und Schriftstellern besucht, die seine Gespräche anregend und befruchtend fanden. Er stand in brieflicher Verbindung mit vielen Wissenschaftlern. Deubler starb am 31. März 1884 in der Nähe von Bad Goisern.

## Diamantgasse

**Leopoldau, führt von der Töllergasse (unterbrochen) zur Opalgasse; benannt nach dem härtesten Edelstein, dem Diamanten.**

Als der härteste Edelstein wird der Diamant bereits im 4. Jahrhundert in Griechenland erwähnt (adamas = Unbezwingbarer). Die wertvollsten Diamanten sind völlig durchsichtig, farblos und stark lichtbrechend. Die bekanntesten gefärbten Diamanten heißen Karbonados. Der größte bisher gefundene Diamant (Cullinan-Diamant) wog 3106 Karat, das sind 621,2 Gramm. Durch den Brillantschliff, der die Lichtreflexion erhöht, wird der Diamant zum Schmuckstein. 95 Prozent der Diamanten können nur in der Industrie als Schneide-

und Bohrmaterial verwendet werden. G. A. Leschot entdeckte 1857 die Diamantdrehbohrung, die beim Tunnelvortrieb, im Bergbau und bei Erdölbohrungen angewandt wird. Industriediamanten, auch Bortdiamanten genannt, können seit 1955 auch synthetisch hergestellt werden. Sie sind den natürlichen Diamanten durch ihre größere Sprödigkeit und rauhere Oberfläche überlegen. Die größten Diamantvorkommen entdeckte man 1919 an der Goldküste (Ghana) und in Katanga. Diese Minen liefern 50 Prozent des Bedarfs an Industriediamanten. Diamanten haben ein spezifisches Gewicht von 3,50 bis 3,52 g/cm³ und die Härte 10 nach der Mohsschen Härteskala.

## Diderotgasse

**Jedlesee, führt von der Rudolf-Virchow-Straße zur Johann-Treixler-Gasse; benannt nach dem französischen Schriftsteller Denis Diderot.**

Denis Diderot wurde am 5. Oktober 1713 in Langres geboren. Der Sohn eines Messerschmiedes eignete sich als Autodidakt ein umfangreiches Wissen an. Weil er seine Berufsstudien vernachlässigte, verlor er die Unterstützung seines Vaters und wurde Schriftsteller. Er war ein Virtuose des Wortes in Rede und Schrift. Als Herausgeber und Autor der französischen „Encyclopédie" spielte er neben d'Alembert eine große Rolle. Als er in Geldverlegenheit war, kaufte ihm Katharina II. von Rußland seine Bibliothek unter der Bedingung ab, daß er sie gegen ein jährliches Gehalt verwalte. Selbst an der „Encyclopédie", die von 1751 bis 1772 erschien, verdiente er nicht viel. Diderot war auch ein Meister der Erzählkunst: „Die indiskreten Kleinode" und „Moralische Erzählungen" sind erotische Romane, er schrieb aber auch zahlreiche philosophische Abhandlungen. Seine wissenschaftlichen Studien übten besonders in Deutschland großen Einfluß aus. Diderot starb am 31. Juli 1784 in Paris.

## Dirndlgasse

**Stammersdorf, führt von der Tilakstraße** zur Frauenschuhgasse; benannt nach einer Tracht.

Der mundartliche Begriff „Dirndl" läßt sich bis zum Germanischen zurückverfolgen. „Thewerno" bedeutete „Jungfrau", später „Dienerin" und dann „Frauenzimmer". In einigen bayerischen Mundarten ist die Form „Dirndl" nach wie vor als Bezeichnung für Mädchen gebräuchlich. Das als „Dirndl" bezeichnete Trachtenkleid der österreichischen Alpenländer geht auf dieselbe Stammform zurück. Die Dirndlgasse könnte jedoch auch nach der Kornelkirsche benannt sein (siehe Dirnelstraße). Nähere Aufzeichnungen fehlen.

## Dirnelstraße

**Strebersdorf, führt von der Prager Straße zur Stadtgrenze; benannt nach dem Dirnelstrauch.**

In der Wiener Mundart heißt die Kornelkirsche „Dirnel". Im deutschen Sprachraum kommt diese Form in verschiedenster Lautgestalt vor: Tirnel, Tirnoch, Tirnach, Tirn, Dierndl, Diandl, Deandl, Diernel. Im Wiener Raum nennt man die eßbare Frucht der Kornelkirsche „Dirndl". Die Kornelkirsche wächst auf Hügeln und in Bergwäldern Mitteleuropas. Der zwei bis fünf Meter hohe Strauch wird auch als Gartenpflanze gehalten. Er hat kleine gelbe, gedrängt stehende Blüten, die im Frühjahr noch vor den Blättern erscheinen. Die Früchte sind länglich und scharlachrot. Sie sind sauer und wurden früher zu Marmelade verarbeitet.

## Divischgasse

**Groß-Jedlersdorf I, führt von der Shuttleworthstraße zur Neudorfergasse; benannt nach dem tschechischen Physiker Prokop Divisch.**

Prokop Divisch wurde am 26. März 1698 in Žamberk (Böhmen) geboren. Er trat in einen Orden ein und wurde Priester. In seiner Pfarre in Přimětice bei Znaim (Mähren) widmete er sich physikalischen Studien. Unabhängig von Benjamin Franklin baute er einen Blitzableiter mit einer eigentümlichen Saugvorrichtung. Die Gelehrten in Wien lehnten es ab, solche Blitzableiter aufzustellen, und Bauern zerstörten einen von Divisch auf einem Feld aufgestellten, weil sie in ihm die Ursache einer außergewöhnlichen Dürre sahen. Prokop Divisch, dem zeit seines Lebens die Anerkennung versagt blieb, starb am 21. Dezember 1765 in Přimětice.

## Doderergasse

**Leopoldau, Großfeldsiedlung, führt in einem Bogen von der Adolf-Loos-Gasse zu dieser wieder zurück; benannt nach dem österreichischen Schriftsteller Heimito von Doderer.**

Heimito Doderer wurde am 5. September 1896 in Weidlingau bei Wien geboren. Als Dragoneroffizier nahm er am Ersten Weltkrieg teil, geriet 1916 in russische Gefangenschaft, wo er bis 1920 blieb. Zurückgekehrt, studierte er Geschichte und Psychologie, lebte nach der Promotion als freier Schriftsteller in Wien. Im Zweiten Weltkrieg war Doderer Offizier der Luftwaffe. Doderers dichterischer Durchbruch gelang mit dem Roman „Die Strudlhofstiege" (1951). Weitere Werke: „Die Dämonen", „Die Merowinger oder Die totale Familie"; das auf vier Teile konzipierte Werk „Roman No 7" ist als Fragment in zwei Teilen vorhanden. 1. Teil: „Die Wasserfälle von Slunj", 2. Teil: „Der Grenzwald". Heimito von Doderer starb am 23. Dezember 1966 in Wien.

## Dr.-Albert-Geßmann-Gasse

**Strebersdorf, führt von der Roggegasse zur Gmündstraße; benannt nach dem Politiker Albert Geßmann.**

Albert Geßmann wurde am 18. Jänner 1852 in Wien geboren. Er studierte am Akademischen Gymnasium und an der Universität Wien. 1870 trat er als Archivar ins Kriegsarchiv ein, war später Bibliothekar und zuletzt Kustos an der Universitätsbibliothek. Er lebte im siebenten Bezirk, wo er Obmann des Demokratischen Wählervereins wurde. Von 1882 bis 1888 und von 1893 bis 1911 war Geßmann Gemeinderatsmitglied. Er schloß sich Dr. Karl Lueger an und wurde Mitbegründer der Christlichsozialen Partei. 1896 wurde Geßmann Landtagsabgeordneter und zog – gemeinsam mit Lueger – in den Reichsrat ein. Geßmann brachte eine Einigung der Christlichsozialen mit der Katholischen Volkspartei zustande. 1908 wurde er Arbeitsminister, später Obmann des christlichsozialen Verbandes im Abgeordnetenhaus. Nach der Wahlniederlage der Christlichsozialen (1911) legte er alle Funktionen zurück. 1917 wurde er Herrenhausmitglied auf Lebenszeit. Albert Geßmann starb am 7. Juli 1920 in Prein.

## Dr.-Nekowitsch-Straße

**Strebersdorf und Stammersdorf, führt von der Krottenhofgasse zur Hagenbrunner Straße; benannt nach dem Arzt Dr. Leopold Nekowitsch.**

Leopold Nekowitsch wurde am 12. Jänner 1871 in Gratwein bei Graz geboren. 1896 zog er nach Stammersdorf, wo er als Gemeindearzt für die Gemeinden Stammersdorf und Strebersdorf angestellt wurde. Nekowitsch, der die Physikatsprüfung abgelegt hatte, mußte während des Ersten Weltkrieges den eingerückten Bezirksarzt im Bezirksamt Floridsdorf vertreten. Der beliebte Arzt hatte in allen Bezirksteilen Patienten. Dr. Leopold Nekowitsch starb am 11. Oktober 1925 in Wien.

## Dr.-Skala-Straße

**Stammersdorf, führt von der Pfarrer-Matz-Gasse zur Stammersdorfer Straße (unterbrochen); benannt nach dem Arzt Dr. Albert Skala.**

Albert Skala wurde am 12. November 1827 in Neurausnitz (Mähren) geboren. Er heiratete die Tochter des Stammersdorfer Gemeindearztes Steidl und wurde selbst Gemeindearzt in Stammersdorf. 1862 erbaute er dort das Haus Nummer 177 (jetzt Freiheitsplatz 5). Dr. Skala war der Gründer des Stammersdorfer Männergesangvereins. Er starb am 12. März 1896 in Stammersdorf.

## Dolezalgasse

**Donaufeld, führt von der Steinheilgasse zur Leopoldauer Straße; benannt nach dem Geometer Eduard Dolezal.**

Eduard Dolezal wurde am 2. März 1862 in Budwik (Mähren) geboren. Er studierte an der Technischen Hochschule in Wien. Von 1889 bis 1896 war er Professor in Sarajevo, später unterrichtete er angehende Konstrukteure an der Technischen Hochschule in Wien. An der Montanistischen Hochschule in Leoben war Dolezal ebenfalls tätig. Er war der Begründer des Bundesamtes für Eich- und Vermessungswesen. Dolezal veröffentlichte viele Werke über Geodäsie (Erdvermessung) und fotografische Meßkunst. Er gründete das Archiv für Photogrammetrie (Herstellung von Karten aus Lichtbildern). Eduard Dolezal starb am 7. Juli 1955 in Wien.

## Dominik-Wölfel-Gasse

**Leopoldau, führt von der Max-Jellinek-Gasse zur Moritz-Dreger-Gasse; benannt nach dem Völkerkundler Dominik Wölfel.**

Dominik Wölfel wurde am 25. Mai 1888 in Wien geboren. 1925 promovierte er zum Dr. phil. und wurde Dozent für Völkerkunde. Wölfel beschäftigte sich mit allgemeinen Sprachwissenschaften und mit afrikanischen Sprachen. 1926 wurde er zum Kustos des Museums für Völkerkunde bestellt. Dominik Wölfel starb am 27. April 1963.

## Donaufelder Straße

**Donaufeld, Leopoldau, Kagran, führt vom Hoßplatz bis nach Donaustadt (Wagramer Straße); benannt nach der Ortschaft Donaufeld.**

Im heutigen Bezirksteil Donaufeld war nach 1830 eine Siedlung entstanden, der man den Namen Neu-Leopoldau gab. Sie war wirtschaftlich und politisch eng mit dem Ort Leopoldau verbunden. Am 9. Juli 1880 bestimmte der Landtag, daß die Gemeinde „Neu-Leopoldau mit Mühlschüttel" von der Gemeinde Leopoldau getrennt werden müsse. Ab 1886 wurde der Ort Donaufeld genannt.

## Donauturmstraße

**Donaufeld, Bruckhaufen und Donaustadt, führt vom Hubertusdamm zur Arbeiterstrandbadstraße; benannt nach dem Donauturm im Donaupark.**

Der Donauturm ist als Attraktion für die Wiener Internationale Gartenaus-stellung (WIG 64) gebaut worden. Er ist 252 Meter hoch. In 169,4 Meter Höhe befinden sich eine Aussichtsterrasse und ein sich drehendes Restaurant. Die Grundsteinlegung zu diesem Bauwerk erfolgte am 12. Oktober 1962.

## Dopschstraße

**Leopoldau, Großfeldsiedlung, führt von der Egon-Friedell-Gasse zur Kürschnergasse; benannt nach dem österreichischen Historiker Alfons Dopsch.**

Alfons Dopsch wurde am 14. Juni 1868 in Lovosice (ČSSR) geboren. Von 1900 bis 1937 war er Professor in Wien. Er formte ein neues Bild der Wirtschafts-, Verfassungs- und Sozialgeschichte des Mittelalters. Seine Hauptwerke: „Wirtschaftliche und soziale Grundlagen der europäischen Kulturentwicklung aus der Zeit von Caesar bis auf Karl den Großen", „Die Wirtschaftsentwicklung der Karolingerzeit", „Herrschaft und Bauer in der deutschen Kaiserzeit". Alfons Dopsch starb am 1. September 1953 in Wien.

## Draustraße

**Leopoldau, Nordrandsiedlung (projektiert), führt von der Thayagasse zur Gerasdorfer Straße; benannt nach dem Fluß Drau.**

Die Drau ist ein rechter Nebenfluß der Donau, entspringt auf der Talwasserscheide des Toblacher Feldes in Südtirol und mündet unterhalb von Osijek in die Donau. Sie ist 749 Kilometer lang, 261 davon befinden sich in Österreich. Die Draukraftwerke produzieren etwa ein Drittel der österreichischen Elektrizität.

## Drnekgasse

**Leopoldau, führt von der Leopoldauer Straße zur Steinheilgasse; benannt nach Johanna Drnek.**

Johanna Drnek wurde am 16. Jänner 1872 in Schönwald (Mähren) geboren. Sie erwarb Mitte der zwanziger Jahre in der Gartenanlage bei der heutigen Drnekgasse den größten Grundanteil. Bei den Nachbarn war sie wegen ihrer Kenntnisse um die Heilkraft von Kräutern äußerst beliebt. Sie starb am 28. Juli 1947 in Wien.

## Drygalskiweg

**Donaufeld und Leopoldau, früher Haideweg, führt von An der oberen Alten Donau zur Dückegasse; benannt nach dem deutschen Geographen und Geophysiker Erich von Drygalski.**

Erich Drygalski wurde am 9. Februar 1865 in Königsberg geboren. Von 1899 bis 1906 lehrte er Geographie und Geophysik in Berlin, danach war er bis 1935 in München tätig. Drygalski leitete 1891 und 1892/93 Expeditionen nach Grönland. 1901 bis 1903 führte Drygalski mit dem Polarschiff „Gauß" die erste deutsche Expedition in die Antarktis durch. Die Ergebnisse dieser Reise veröffentlichte er in einem 22 Bände starken Werk. Erich Drygalski starb am 10. Jänner 1949 in München.

## Dückegasse

**Leopoldau, früher Alter Mühlweg und Mühlgasse, führt vom Drygalskiweg zum Satzingerweg; benannt nach dem Gemeinderat und Gärtnereibesitzer Friedrich Dücke.**

Friedrich Dücke wurde 1847 geboren. Von 1905 bis zu seinem Tod im Jahre 1908 war er Gemeinderat von Leopoldau. Er besaß eine Gärtnerei. Die fruchtbare Ebene unmittelbar am Nordufer des alten Donaulaufes (heute Alte Donau) versorgte schon vor der Jahrhundertwende die nahe Großstadt mit frischem Gemüse. Friedrich Dücke starb am 28. Juli 1908.

## Dunantgasse

**Groß-Jedlersdorf II, früher Moltkegasse, führt von der Jedleseer Straße zur Galvanigasse; benannt nach dem Menschenfreund und Schriftsteller Henri Dunant.**

Henri Dunant wurde am 8. Mai 1828 in Genf geboren. Dunant regte 1863 die Gründung des Internationalen Roten Kreuzes an. Die vielen Verwundeten auf dem Schlachtfeld von Solferino (1859) hatten ihn dazu bewogen. Er veranlaßte die Einberufung einer Konferenz, die 1864 die Genfer Konventionen, zahlreiche völkerrechtliche Verträge, beschloß. Henri Dunant erhielt 1901 gemeinsam mit F. Passy den Friedensnobelpreis. Er starb am 30. Oktober 1910 in Heiden (Kanton Appenzell-Außerrhoden).

# E

## Ebereschengasse

**Stammersdorf, verbindet die Brünner Straße mit der Frauenschuhgasse; benannt nach der Eberesche.**

Die Eberesche, auch Vogelbeerbaum genannt, gehört zur Familie der Rosengewächse. Sie ist mit etwa 15 Arten in Europa und Asien vertreten und wächst bis zur Baumgrenze. Der Stamm hat eine glatte, graue Rinde, die dunkelgrünen Blättchen der 30 cm langen Fiederblätter sind stark gesägt. Die in Doldenrispen stehenden weißen Blüten riechen unangenehm. Nach der Befruchtung entwickeln sie sich zu glänzenden roten, beerenähnlichen Früchten (Vogelbeeren). Die Vogelbeeren sind – außer bei der Mährischen Eberesche, die süße, angenehm schmeckende Früchte hat – ungenießbar. Sie werden zur Alkoholbereitung als Vogelfutter verwendet. Das harte, elastische Holz der Eberesche wird für Wagner-, Drechsler- und Schnitzarbeiten verwendet. Die Eberesche wird in verschiedenen Gartensorten kultiviert.

## Edelsteingasse

**Leopoldau, führt von der Leopoldauer Straße zur Türkisgasse; benannt nach der Mineralgruppe Edelsteine.**

Edelsteine sind Minerale, die wegen ihrer besonderen Lichtwirkung, wegen ihrer Härte oder der Seltenheit ihres Vorkommens begehrt sind. Durch Schleifen und Facettieren wird ihr Wert beträchtlich erhöht.

## Edergasse

**Groß-Jedlersdorf I, führt von der Brünner Straße zum Berzeliusplatz; benannt nach dem Lehrer und Gemeinderat Jakob Eder.**

Jakob Eder wurde 1842 geboren. Er war

Gemeinderat und Oberlehrer an der Jedlersdorfer Schule. Diese Schule wurde 1870 in das Herrschaftsgebäude Nr. 36 (heute Pfarrhof) verlegt und zur Jedlersdorfer Volksschule I ausgebaut. Die Volksschule Jedlersdorf II befand sich in der Kuenburggasse, heute Marie-Schuller-Park. Jakob Eder starb 1908.

## Edisonstraße

**Groß-Jedlersdorf II, führt von der Bunsengasse in den Karl-Seitz-Hof; benannt nach dem amerikanischen Erfinder Thomas Alva Edison.**

Thomas Alva Edison wurde am 11. Februar 1847 in Milan (Ohio) geboren. Er begann als Zeitungsjunge, erlernte das Telegraphieren, bildete sich selbst weiter und richtete sich ein Laboratorium ein. Dort entwickelte er in den Jahren 1877/78 das Kohlenkörnermikrophon. Nun konnten mit Bells Erfindung, dem Telefon, auch große Strecken überbrückt werden. Edison erfand auch den Phonographen, einen Vorläufer des Grammophons, 1879 entwickelte er die erste brauchbare Glühlampe, baute in New York das erste Elektrizitätswerk und befaßte sich mit dem Bau elektrischer Lokomotiven. Edison hat mehr als 1000 Patente angemeldet. Er starb am 18. Oktober 1931 in West Orange (New Jersey).

## Edmund-Hawranek-Platz

**Strebersdorf, zwischen Rußbergstraße und Jara-Benes-Gasse; benannt nach dem Kaplan Edmund Hawranek.**

Edmund Hawranek wurde am 9. Mai 1874 in Wien geboren. 1898 wurde er zum Priester geweiht und nahm die Kooperatorenstelle in Pillichsdorf an. Später war er in Preßbaum, Stockerau, Liechtental und Ottakring tätig. Ab 1908 unterrichtete er im Religionsfach an der Bürgerschule in Jedlesee, gleichzeitig übernahm er die Benefiziatenstelle in Strebersdorf. Edmund Hawranek starb am 23. Jänner 1944 in Wien.

## Egon-Friedell-Gasse

**Leopoldau, am Westrand der Großfeldsiedlung; benannt nach dem österrei-**chischen Journalisten, Schauspieler und **Schriftsteller Egon Friedell.**

Egon Friedell wurde am 21. Jänner 1878 in Wien geboren. Er studierte in Frankfurt Germanistik und Philosophie und lebte anschließend als freier Schriftsteller, Kritiker und Schauspieler in Wien. Friedell hat das kulturelle, vor allem das literarische Leben der Stadt sehr beeinflußt. 1908 bis 1910 leitete er das Kabarett „Fledermaus" und wurde später von Max Reinhardt an dessen Bühnen nach Wien und Berlin geholt. Friedell war mit dem Schriftstellern Polgar und Altenberg eng befreundet. Einige seiner Werke: „Kulturgeschichte der Neuzeit" (3 Bände, 1927–1931), „Kulturgeschichte des Altertums", „Ecce poeta", „Das Altertum war nicht antik", „Steinbruch", „Die Judastragödie". Egon Friedell, der eigentlich Egon Friedmann hieß, nahm sich am 16. März 1938 durch einen Sprung aus dem Fenster seiner Wohnung das Leben, als er von SA-Männern verhaftet werden sollte.

## Eichfeldergasse

**Strebersdorf, führt von der Jara-Benes-Gasse zum Mühlweg; benannt nach dem Direktor des Pensionats St. Josef, Karl Eichfelder.**

Karl Eichfelder (Bruder Servantius) wurde am 22. September 1847 in Wien geboren. Er war Zögling des k. k. Waisenhauses und ab 1862 Noviziat bei den Schulbrüdern. Er unterrichtete in Fünfhaus und war von 1899 bis 1910 Direktor des Pensionats St. Josef in Strebersdorf. Er war der Gründer der Bürgerschule und hatte am Entstehen des Lehrerseminars der Schulbrüder großen Anteil. Er starb am 28. Juli 1921 in Stetten bei Korneuburg.

## Einzingergasse

**Strebersdorf, sollte richtig Eizingergasse heißen, führt von der Autokaderstraße zur Vohburggasse; benannt nach Ulrich und Stephan Eizinger von Eizing.**

Die beiden Ritter Ulrich und Stephan Eizinger von Eizing entstammen einem Innviertler Rittergeschlecht. Die Brüder waren nacheinander Lehensherren im ältesten Strebersdorf. 1469 tauschte Stephan Eizinger von Eizing seine freien Güter zu Ströblesdorf gegen andere Güter des Schottenstiftes in Wien.

## Eipeldauer Straße

**Leopoldau und Kagran, führt von der Leopoldauer Straße zur Wagramer Straße; benannt nach dem alten Namen von Leopoldau. Siehe Leopoldauer Straße.**

## Empergergasse

**Groß-Jedlersdorf I, führt von der Brünner Straße zur Gerasdorfer Straße; benannt nach dem österreichischen Ingenieur Friedrich Ignaz Emperger.**

Friedrich Ignaz Emperger wurde am 11. Jänner 1862 in Prag geboren. Er hielt sich sechs Jahre in den Vereinigten Staaten auf, führte dort den Stahlbeton in die Praxis ein und zeichnete Pläne für viele wichtige Bauten. Die von ihm entwickelten Beton-Gußeisen-Körper wurden zum erstenmal 1913 in Leipzig beim Bau der Fürst-Schwarzenberg-Brücke verwendet. Emperger gründete die Zeitschrift „Beton und Eisen" und gab das „Handbuch für den Eisenbetonbau" heraus. Er starb am 7. Februar 1942 in Wien.

## Entensteig

**Schwarzlackenau, früher Jägersteig, führt von der Wolsteingasse zur Adolf-Uthmann-Gasse; benannt nach der Ente.**

Die Enten sind mit 110 Arten über die ganze Welt verbreitet. Man unterscheidet Schwimmenten, Tauchenten, Säger-, Ruder- und Eiderenten. Die einzelnen Arten unterscheiden sich stark in ihrem Aussehen und ihren Lebensgewohnheiten. Als ausgesprochene Schwimmvögel haben sie immer ein gut eingefettetes Federkleid. Ihre Bürzeldrüse ist stark vergrößert. Die Enten tasten den Boden seichter Gewässer mit ihrem feinnervigen Schnabel nach Nahrung ab (gründeln). Zwischen den Zehen hat die Ente stark ausgeprägte Schwimmhäute. Enten sind Schlagflieger und können nicht segeln. Die bei uns beheimateten Stockenten (Vorfahren der Hausenten) nisten in Flußauen und an allen seich-ten Stellen heimischer Gewässer. Der Erpel wechselt im Herbst sein unscheinbares Sommerkleid gegen ein farbenprächtiges Balzkleid. Das Entenweibchen behält sein graubraun geflecktes Gefieder. Im Frühjahr, nach 28 Tagen Brutzeit, schlüpfen aus zehn bis zwölf Eiern die graubraunen Jungen. Sie sind Nestflüchter.

## Erbpostgasse

**Stammersdorf, führt vom Freiheitsplatz zur Brünner Straße; benannt nach der k. k. Erbpost.**

Vor der Erbauung der Brünner Reichsstraße (1728 bis 1736) führte die Route der Postkutschen durch die heutige Erbpostgasse und die Jedlersdorfer Straße zur Donaubrücke. Die Poststationen wurden damals von sogenannten Erbpostmeistern geführt.

## Eyblweg

**Leopoldau, führt von der Gerspergasse zur Zehdengasse; benannt nach dem österreichischen Maler und Lithographen Franz Eybl.**

Franz Eybl wurde am 1. April 1806 in Wien geboren. Eybl war der Hauptmeister der österreichischen Genremalerei, jenes Themenkreises also, der weder religiös noch mythologisch, noch historisch ist, sondern lebensnah alltäglich. Eybl malte vorwiegend bäuerliche Szenen. Er starb am 29. April 1880.

# F

## Fahrbachgasse

**Floridsdorf, früher Franz-Ziegler-Gasse, führt von der Franklinstraße zur Angerer Straße; benannt nach der Musikerfamilie Fahrbach.**

Anton Fahrbach (10. Februar 1819 bis 2. Dezember 1887), Bruder des Josef Fahrbach, war Flötist bei Johann Strauß und Josef Lanner, Kapellmeister und Komponist. Anton Fahrbach war auch am Burgtheater engagiert. Josef Fahrbach (26. August 1804 bis 6. Juni 1883) war Militärkapellmeister, Flöten- und Gitarrenvirtuose, Flötist im Theater an der Wien und Inhaber einer Musikschule. Er komponierte Opernphantasien und Schulwerke für Blasinstrumente. Philipp Fahrbach der Ältere (25. Oktober 1815 bis 31. März 1885) wurde von Johann Strauß Vater als Flötist engagiert, gründete aber 1835 eine eigene Kapelle. Seit 1841 war er Militärkapellmeister beim Regiment „Hoch- und Deutschmeister", später beim 14. Infanterieregiment Hesser. Philipp Fahrbach der Ältere schrieb beliebte Walzer, Potpourris und Märsche. Philipp Fahrbach der Jüngere (6. Dezember 1843 bis 15. Februar 1894) war Violinist und Kapellmeister. Als solcher reiste er durch ganz Europa und spielte in allen größeren Städten. Nach dem Tod seines Vaters, Philipp Fahrbach d. Ä., übernahm er dessen Kapelle.

## Fallmerayerweg

**Leopoldau, Nordrandsiedlung, früher Buschweg, führt von der Lavantgasse zur Illgasse; benannt nach dem Schriftsteller und Historiker Jakob Philipp Fallmerayer.**

Jakob Philipp Fallmerayer wurde am 10. Dezember 1790 in Tschötsch bei Brixen geboren. Er studierte Theologie in Salzburg, Rechtswissenschaften und Sprach- und Literaturwissenschaften in Landshut. Fallmerayer trat als Leutnant in ein bayerisches Infanterieregiment ein, wurde 1818 Lehrer in Augsburg und später Professor am Lyzeum in Landshut. Er unternahm Reisen in den Orient und durch Europa. 1848 wurde er an die Universität München berufen, wo er Vorlesungen in Geschichte hielt. Wegen seiner demokratischen Gesinnung wurde er der Professur enthoben und lebte als politischer Flüchtling in St. Gallen und Appenzell. Den Schwerpunkt seiner Arbeit bildete die Erforschung der mittelalterlichen Geschichte Griechenlands. Fallmerayer war ein bedeutender Reiseschriftsteller. Einige seiner Werke: „Geschichte des Kaisertums Trapezunt", „Geschichte der Halbinsel Morea während des Mittelalters", „Fragmente aus dem Orient", „Das albanische Element in Griechenland"

Jakob Philipp Fallmerayer starb am 26. April 1861 in München.

## Fännergasse

**Floridsdorf, führt von der Floridsdorfer Hauptstraße zum Hubertusdamm; benannt nach dem Oberbaurat Gottlieb Fänner.**

Gottlieb Fänner wurde am 20. Jänner 1830 in Wien geboren, wo er auch studierte. 1856 trat er in die niederösterreichische Landesbaudirektion ein, wurde Bauadjunkt, 1872 Ingenieur, zwei Jahre später Oberingenieur, schließlich Baurat und 1886 Oberbaurat. Er befürwortete die Führung eines Floridsdorfer Ortskanals im Straßenkörper der Prager Straße, wodurch die Kanalisierung des Ortes möglich wurde. Gottlieb Fänner starb am 15. Februar 1899.

## Feistlgasse

**Leopoldau, führt von der Schererstraße zur Oswald-Redlich-Straße; benannt nach dem Floridsdorfer Bezirksvorsteher Anton Feistl.**

Anton Feistl wurde am 26. September 1881 geboren. Der gelernte Metallarbeiter wurde am 24. April 1932 zum Bezirksvorsteher von Floridsdorf gewählt. 1933 wurde mit seiner Unterstützung das Floridsdorfer Heimatmuseum gegründet, dessen erster Obmann er war. Nach den Februartagen 1934 wurde Feistl als Bezirksvorsteher abgelöst. Nach dem Zweiten Weltkrieg tätigte er in Horn und Umgebung Einkäufe für das Ernährungsamt Floridsdorf. In den Jahren danach war er hauptsächlich in Jägerorganisationen und für den Naturschutz tätig. Er gründete den Bund Österreichischer Jagdvereine und den Österreichischen Falknerbund. Anton Feistl starb am 12. Oktober 1961.

## Feistritzgasse

**Leopoldau, führt von der Thayagasse zur Illgasse; benannt nach dem Fluß Feistritz.**

Die Feistritz entspringt am Westhang des Wechsels, fließt zwischen Jogelland und Fischbacher Alpen südwärts, quert das oststeirische Hügelland und mündet unterhalb von Fürstenfeld in die Lafnitz.

## Felmayergasse

**Leopoldau, führt von der Schererstraße zur Richard-Neutra-Gasse; benannt nach dem Schriftsteller Rudolf Felmayer.**

Rudolf Felmayer wurde am 24. Dezember 1897 in Wien geboren. Er wurde Bankbeamter und war nebenbei freier Schriftsteller. Nach dem Zweiten Weltkrieg wurde er Bibliothekar und Lektor beim Österreichischen Rundfunk. Er gab eine Reihe von Anthologien heraus („Tür an Tür", „Dein Herz ist deine Heimat"). Von 1955 bis 1970 erschien die von ihm herausgegebene Reihe „Neue Dichtung aus Österreich". Einige seiner Werke: „Die stillen Götter", „Gesicht des Menschen", „Der Spielzeughändler aus dem Osten", „Barocker Kondukt", „Eine wienerische Passion". Felmayer starb am 27. Jänner 1970 in Wien.

## Ferchenbauergasse

**Floridsdorf und Groß-Jedlersdorf II, führt als Fußgängerdurchgang von der Jedleseer Straße, ab Haidschüttgasse als Fahrstraße zur Schwaigergasse; benannt nach dem Floridsdorfer Ortsrichter Johann Ferchenbauer.**

Johann Ferchenbauer wurde am 20. Dezember 1791 in Höritz, Böhmen, geboren. 1828 ließ er sich als Glasermeister in der Floridsdorfer Hauptstraße nieder. Ferchenbauer war von 1841 bis 1846 Ortsrichter von Floridsdorf und Quartiermeister im Jahre 1848. Für seine umsichtsvolle Tätigkeit wurde er ausgezeichnet. Ferchenbauer starb am 12. Juni 1883 in Floridsdorf.

## Ferdinand-Kaufmann-Platz

**Donaufeld, vor der Schnellbahnstation „Strandbäder"; benannt nach dem Siedlerfunktionär Ferdinand Kaufmann.**

Ferdinand Kaufmann wurde am 29. Oktober 1899 geboren. Er hat sich viele Verdienste um die Siedlertätigkeit in Floridsdorf erworben. Ferdinand Kaufmann starb am 15. Juli 1965.

## Ferdinand-Pölz-Gasse

**Donaufeld, Sackgasse, in der Fultonstraße beginnend; benannt nach dem Floridsdorfer Bezirksrat Ferdinand Pölz.**

Ferdinand Pölz wurde am 22. März 1867 in Wien geboren. Er war einer der ersten Mitkämpfer der sozialdemokratischen Bezirksorganisation Floridsdorf und Mitarbeiter der Parteizeitung „Der Wähler". Pölz wurde auch als Bezirksrat nominiert. Er starb am 25. Mai 1930 in Wien.

## Fidelis-Breier-Weg

**Strebersdorf, führt von der Mayerweckstraße zur Langenzersdorfer Straße; benannt nach dem Schulbruder Fidelis Josef Breier.**

Josef Breier (Bruder Fidelis v. Jesus) wurde am 13. Juli 1877 in Balzdorf (Schlesien) geboren. 1890 trat er ins Juvenat der Schulbrüder in Strebersdorf ein. Er wurde einer der populärsten Lehrer an den Lehrerseminaren in Feldkirch und Strebersdorf. 1922 schrieb er das „Strebersdorfer Heimatbuch". Von 1938 bis 1941 war Breier in Frankreich tätig. Nach dem Krieg war er Lehrer in Fünfhaus, Strebersdorf und Maria-Laubegg. Fidelis Josef Breier starb am 17. November 1968 in Maria-Laubegg.

## Fillenbaumgasse

**Strebersdorf, früher In den Sätzen und Setzenweg, führt von der Langenzersdorfer Straße zur Stadtgrenze; benannt nach dem Herrschaftsbesitzer Philipp Josef Edler von Fillenbaum.**

Das Geschlecht der Fillenbaum wurde 1637 von Ferdinand II. geadelt. Bis 1756 befand sich die Herrschaft Strebersdorf im Besitz von Eva Elisabetha Dietmayer von Dietmannsdorf, die es ihrer Tochter Anna Sabina vererbte. Josef von Fillenbaum heiratete Anna Sabina 1759 und wurde so Herr von Strebersdorf. Er blieb es bis zu seinem Tod im Jahre 1779. Fillenbaum erbaute 1762 beim Strebersdorfer Schloß eine Barockkapelle, die zwei Jahre später das Öffentlichkeitsrecht erhielt.

## Fischottergasse

**Schwarzlackenau, früher Heinemannweg, führt von der Wolsteingasse zur**

**Adolf-Uthmann-Gasse; benannt nach dem Fischotter.**

Der Fischotter wird auch Wassermarder genannt und gehört zur Familie der Marder. Fischotter sind in ganz Europa, großen Teilen Asiens, in Nordafrika und Amerika verbreitet. Der Fischotter wird bis zu 135 Zentimeter lang und 15 Kilogramm schwer. Der Kopf ist flach, die Ohren und Nasenlöcher sind im Wasser verschließbar. Der walzenförmige Körper und der lange spitze Schwanz sind muskulös und mit einem dichten, wasserabweisenden Fell bedeckt. Zwischen den Zehen befinden sich Schwimmhäute. Der Fischotter lebt an Binnengewässern und in Meeresbuchten. Den Eingang seines Baues legt er am Ufer, unter dem Wasserspiegel, an. Der Fischotter frißt Fische, Mäuse, Bisamratten, Wasservögel und deren Eier. Er jagt vorwiegend in der Nacht. Neun bis zehn Monate nach der Paarung bekommt das Weibchen zwei bis vier Junge. Sie sind nach zwei Jahren ausgewachsen.

## Flandorferweg

**Leopoldau, führt vom Satzingerweg zur Leopoldauer Straße; benannt nach dem Fuhrwerksunternehmer Johann Flandorfer.**

Johann Flandorfer wurde am 25. September 1870 in Stammersdorf geboren. Er war Besitzer eines Fuhrwerks- und eines Schottergewinnungsunternehmens, die er bis zum Ausbruch des Zweiten Weltkrieges betrieb. Er besaß auch die Grundstücke, die heute von der Josef-Baumann-Gasse, dem Satzingerweg, dem Flandorferweg und der Leopoldauer Straße umschlossen werden. Johann Flandorfer starb am 4. März 1954 in Leopoldau.

## Floridsdorfer Brücke

**Floridsdorf, früher Kaiser-Franz-Josef-Brücke und Malinovskijbrücke, führt vom Friedrich-Engels-Platz zur Floridsdorfer Hauptstraße.**

Die Floridsdorfer Brücke – damals Kaiser-Franz-Josef-Brücke – wurde noch vor der Beendigung der Donauregulierung in den Jahren 1872 bis 1874 erbaut. Jedoch schon gegen Ende der Monarchie genügte die Brücke dem Verkehrsaufkommen nicht mehr. Sie war nur sechs Meter breit und wurde in den Jahren 1913 bis 1923 durch eine neue ersetzt. Am 8. November 1923 wurde diese neu errichtete Floridsdorfer Brücke eröffnet. Am 14. April 1945 sprengten deutsche Soldaten ein Joch der Brücke. Mit Hilfe von sowjetischen Pionieren wurde die Brücke relativ rasch wiederhergestellt. Während der Besatzungszeit hieß dieser Donauübergang Malinovskijbrücke. Seit 18. Juli 1956 ist wieder der Name Floridsdorfer Brücke in Gebrauch. Am 23. Dezember 1976 mußte die Brücke für den gesamten Verkehr gesperrt werden, weil das Tragwerk Mängel aufwies. Zur Zeit wird an einer neuen Floridsdorfer Brücke gebaut.

## Floridsdorfer Hauptstraße

**Floridsdorf, früher Hauptstraße, führt von der Floridsdorfer Brücke bis Am Spitz; benannt nach Floridsdorf.**

Floridsdorf wurde 1786 östlich der Ansiedlung Jedlersdorf am Spitz gegründet. Der Ort erhielt den Namen nach seinem Grundherrn, dem Prälaten des Stiftes Klosterneuburg, Dr. Floridus Leeb. 1874 wurden Jedlersdorf am Spitz und Floridsdorf vereinigt. Der Name Floridsdorf ging auf die neue Ortschaft über. 1895 wurde die Großgemeinde Floridsdorf gebildet, die am 28. Dezember 1904 als 21. Bezirk mit Wien vereinigt wurde.

## Floridsdorfer Markt

**Groß-Jedlersdorf II, zwischen Brünner Straße, Schleifgasse und Pitkagasse.**

Der erste Floridsdorfer Markt hat in der Haidschütt (heutige Wolfsschanzengasse) bestanden. Später war der Floridsdorfer Markt vor dem Wirtshaus am Spitz, wo sich heute der Stiegenaufgang zum Amtshaus befindet. Nach der Erbauung des Floridsdorfer Rathauses (heutiges Amtshaus) war der Markt zwischen dem Rathaus und dem Kaufhaus Wodicka (heute Forum-Kaufhaus). Seit 1926 befindet sich der Floridsdorfer Markt neben dem Schlingerhof an der Brün-

ner Straße, weshalb er auch „Schlinger-
markt" genannt wird.

## Floridusgasse

**Donaufeld, führt von der Morelligasse
bis An der Schanze; benannt nach dem
Propst von Klosterneuburg, Floridus Johannes Nepomuk Leeb.**

Floridus Leeb wurde am 8. Mai 1731 in
Nikolsburg geboren. Er besuchte das
Gymnasium in Nikolsburg und studierte
anschließend Philosophie. Am 27. Mai
1749 trat er in das Stift Klosterneuburg
ein. Leeb wirkte zunächst als Seelsorger
in Hietzing, dann als Bibliothekar und
Novizenmeister, 1768 wurde er Direktor der Hausstudien, 1770 Stiftsdechant
und am 16. Februar 1782 Propst, der 54.
im Stift Klosterneuburg. Papst Pius VI.
stattete ihm im Stift einen Besuch ab.
1786 wurde Floridus Leeb zum Rektor
magnificus der Universität Wien gewählt. Er restaurierte und konsekrierte
die aufgehobenen Kirchen auf dem
Kahlenberg und auf dem Leopoldsberg.
Leopold II. ernannte ihn 1791 zum
„k. k. Rath wie auch Obristen Erbhofka-
plan". Auf der Leopoldauer Hutweide
entstand 1786 ein Ort, der nach dem
Grundherrn („Dorf des Floridus" – Floridsdorf) benannt wurde. Propst Floridus Leeb starb am 13. August 1799 in
Klosterneuburg.

## Franklinstraße

**Floridsdorf und Donaufeld, früher Ru-
dolfstraße, führt von der Schöpfleuthnergasse zum Kinzerplatz; benannt
nach dem Politiker, Schriftsteller und
Naturwissenschaftler Benjamin Franklin.**

Benjamin Franklin wurde am 17. Jänner
1706 in Boston geboren. Er war zuerst
Seifensieder im Geschäft seines Vaters,
lernte später Buchdrucker, richtete eine
eigene Druckerei ein, leitete eine Zeitung, eröffnete eine Buchhandlung,
eine Papierhandlung und eine Bibliothek. Seit 1736 war er Sekretär des Ko-
lonialparlaments von Pennsylvanien
und wurde auch Oberpostmeister von
Philadelphia. Er bewirkte die Errichtung
einer Miliz, einer Feuerwehr, einer
Akademie und ließ die Straßen pfla-
stern. Seine seit 1743 ausgearbeiteten
Vorschläge, eine Philosophische Gesellschaft für Amerika zu gründen, wurden
angenommen und verwirklicht. Franklin
machte Pläne zur Bildung einer Union
der nordamerikanischen Kolonien und
vertrat die Interessen von Pennsylvani-
en, Georgia und Massachusetts gegen
die britische Krone. Er war einer von
jenen, die die Unabhängigkeitserklä-
rung von 1776 unterzeichneten. Von
1776 bis 1785 war er Gesandter in Paris,
nach der Rückkehr in die Vereinigten
Staaten wurde er Gouverneur von
Pennsylvanien. Von 1746 bis 1752 befaßte er sich – neben Schriftstellerei
und Politik – auch mit den Naturwissenschaften: Er entwickelte Blitzableiter, untersuchte Wärmestrahlung, Licht
und Magnetismus. Franklin starb am
17. April 1790 in Philadelphia.

## Franz-Jonas-Platz

**Floridsdorf, beim Schnellbahnhof,
Schloßhofer Straße – Schöpfleuthnergasse; benannt nach dem Bundespräsidenten Dr. h. c. Franz Jonas.**

Franz Jonas wurde (offiziell) am 4. Oktober 1899 im Haus Ecke Prager Straße
– Hopfengasse geboren. In die Fami-
lienbibel, die als Chronik diente, hat
die Mutter von Franz Jonas allerdings
den 29. September 1899 als Geburtsda-
tum eingetragen. Franz Jonas wurde
Schriftsetzer und war von 1919 bis 1932
als Korrektor tätig. Er hatte Funktionen
in der Gewerkschaft und in der Sozialdemokratischen Partei inne. 1932 kandidierte er erstmals für den Nationalrat.
Anfang 1933 wurde er Sekretär der Floridsdorfer Sozialdemokratischen Partei.
Im Februar 1934 floh er in die Tschechoslowakei, kehrte aber im Juli wieder zurück. 1935 wurde Jonas wegen
Teilnahme an der illegalen Brünner
Reichskonferenz der Revolutionären So-
zialisten verhaftet und gemeinsam mit
Bruno Kreisky und anderen Sozialdemokraten angeklagt. Trotz Freispruchs
mangels an Beweisen mußte er vierzehn Monate in Haft zubringen. 1946
wurde Jonas Floridsdorfer Bezirksvorsteher, 1948 Stadtrat für Ernährungsan-
gelegenheiten, 1949 Gemeinderat und
Stadtrat für Bauangelegenheiten, und
am 22. Juni 1951 wurde er vom Gemeinderat zum Bürgermeister gewählt.
Dem Nationalrat gehörte er von 1953

bis 1965 an. Am 1. Juni 1965 wurde Franz Jonas zum Bundespräsidenten gewählt. Nach Ablauf seiner Funktionsperiode wurde er 1971 neuerlich gewählt. Franz Jonas starb am 24. April 1974 in Wien.

## Frauenhofergasse

**Jedlesee, sollte richtig Fraunhofergasse heißen, führt von der Jedleseer Straße zur Schulzgasse; benannt nach dem Optiker und Physiker Joseph von Fraunhofer.**

Joseph Fraunhofer wurde am 6. März 1787 in Straubing geboren. Er lernte Spiegelmacher und Glasschleifer, wurde 1806 Mitarbeiter und 1813 Leiter eines mechanisch-optischen Instituts in München. Fraunhofer konstruierte Schleif- und Poliermaschinen, mit denen er mathematisch genaue Gläser produzieren konnte. 1814 entdeckte er – unabhängig vom englischen Physiker William Hyde Wollaston – die dunklen Linien im Sonnenspektrum (Fraunhofersche Linien). Fraunhofer wurde Mitglied der Bayerischen Akademie der Wissenschaften. Er entwickelt neue Verfahren des Glasschmelzens, und es gelang ihm, die erste Wellenlängenmessung von Spektrallinien durchzuführen. Fraunhofer starb am 7. Juni 1826 in München.

## Frauenschuhgasse

**Stammersdorf, verbindet die Ebereschengasse mit der Hochfeldstraße; benannt nach der Orchideenart Frauenschuh.**

Der Frauenschuh gehört zur Gattung der Orchideen. Es gibt etwa 50 verschiedene Arten, die auf der nördlichen Erdhalbkugel beheimatet sind. Benannt wurde der Frauenschuh nach seinen Blüten, die eine Ähnlichkeit mit Pantoffeln haben. Der europäische Frauenschuh hat rotbraune Blütenhüllblätter und eine gelbe Lippe. Er wird bis zu 30 Zentimeter hoch und blüht von Mai bis Juli. Der Frauenschuh wächst auf Kalkböden im lichten Wald. Viele prachtvolle Arten des Frauenschuhs aus Asien und Amerika werden als Zier- und Zimmerpflanzen kultiviert. Der Frauenschuh wächst auch auf dem Bisamberg.

## Frauenstiftgasse

**Groß-Jedlersdorf I, früher Eipeldauer Straße, führt von der Amtsstraße zur Brünner Straße; benannt nach dem kaiserlichen Frauenstift in Tulln.**

Vor der Schlacht bei Dürnkrut (1278) gelobte Rudolf von Habsburg, ein Kloster zu bauen, falls er seinen Widersacher, König Ottokar von Böhmen, besiegen sollte. Rudolf siegte und hielt Wort: Noch im selben Jahr ließ er in Tulln den Grundstein legen, das er den Nonnenkloster legen, das er den Dominikanerinnen übergab. Rudolf von Habsburg schenkte dem Kloster die landesfürstlichen Ortschaften Böhmischkrut und Jedlersdorf. Das Stift übte mehr als 500 Jahre die Herrschaft in diesen Ortschaften aus. Als 1782 viele Klöster aufgehoben wurden, hörte auch das Tullner Stift auf zu existieren. Jedlersdorf wurde anschließend von der k. k. Staatsgüteradministration verwaltet.

## Freiheitsplatz

**Stammersdorf, früher Kaiserplatz und Adolf-Hitler-Platz, zwischen Erbpostgasse und Stammersdorfer Straße, benannt zur Erinnerung an die Ausrufung der Ersten Republik.**

Nach dem Ersten Weltkrieg, am 21. Oktober 1918, versammelten sich die deutschen Abgeordneten des letzten Reichsrates und erklärten sich zur provisorischen Nationalversammlung eines selbständigen österreichischen Staates. Unter dem Kanzler Dr. Karl Renner wurde ein Staatsrat gebildet, und Kaiser Karl legte die Regierungsgeschäfte zurück (11. November 1918). Am 12. November wurde auf Antrag Dr. Renners die Republik proklamiert.

## Freiligrathplatz

**Donaufeld, früher Schulgasse und Kaiser-Josefs-Platz, umschlossen von Fultonstraße, Rautenkranzgasse, Nordmanngasse und Theodor-Körner-Gasse; benannt nach dem deutschen Dichter Ferdinand Freiligrath.**

Ferdinand Freiligrath wurde am 17. Juni 1810 in Detmold geboren. Nach der Kaufmannslehre wurde er Buchhalter und Kontorist. Aus dieser Zeit stammen seine ersten Gedichte, in denen er seine Vorliebe für Exotisches zeigte. Seit 1839 lebte er als freier Schriftsteller. Der König von Preußen war Freiligrath wohlgesonnen und ließ ihm ein Ehrengehalt aussetzen, auf das er aber schon 1844 verzichtete. Seit 1844 vertrat Freiligrath radikalpolitische Ziele. Weil er deshalb verfolgt wurde, ging er ins Ausland. Die Revolution von 1848 begrüßte er mit Gedichten. Als er in die Heimat zurückkehrte, wurde er wegen Majestätsbeleidigung vor Gericht gestellt, jedoch freigesprochen. Er floh wieder und lebte neun Jahre als Direktor einer Schweizer Bank in London. 1868 kehrte er nach Deutschland zurück. Einige Werke: „Die Toten an die Lebenden", „Die Revolution", „Februarklänge", „Ein Glaubensbekenntnis". Höher als seine literarische Bedeutung ist sein politischer Einsatz für soziale Reformen zu werten. Er starb am 18. März 1876 in Cannstatt (heute bei Stuttgart).

## Freytaggasse

**Donaufeld und Floridsdorf, früher Heinrich-Schindler-Gasse, führt vom Broßmannplatz zur Patrizigasse; benannt nach dem Dichter Gustav Freytag.**

Gustav Freytag wurde am 13. Juli 1816 in Kreuzburg geboren. Er studierte in Breslau und Berlin Philologie. Von 1839 bis 1844 war er Dozent für deutsche Literatur in Breslau, anschließend war er als freier Schriftsteller tätig. Freytag war von 1848 bis 1870 Mitherausgeber der Zeitschrift „Die Grenzboten". Er war drei Jahre lang Abgeordneter der Nationalliberalen Partei im Norddeutschen Reichstag. Als Schriftsteller war er sehr erfolgreich. Einige seiner Werke: „Die Journalisten" (1854), „Soll und Haben" (1855), „Bilder aus der deutschen Vergangenheit" (1859–1867), „Die verlorene Handschrift" (1864). Gustav Freytag starb am 30. April 1895 in Wiesbaden.

## Friedrich-Manhart-Straße

**Stammersdorf, führt von der Erbpostgasse zur Brünner Straße; benannt nach dem Oberlehrer Friedrich Manhart.**

Von Friedrich Manhart ist nicht mehr bekannt, als daß er 1830 geboren wurde und Oberlehrer in Stammersdorf war. Eine Quelle gibt an, daß Manhart 1896 sein 50jähriges Jubiläum als Lehrer feierte. Demnach müßte er schon im Alter von 16 Jahren als „Schulhelfer" unterrichtet haben. Friedrich Manhart starb 1903.

## Friedstraße

**Donaufeld, Bruckhaufen, führt von der Donauturmstraße zur Arbeiterstrandbadstraße; benannt nach dem österreichischen Pazifisten Alfred Hermann Fried.**

Alfred Hermann Fried wurde am 11. November 1864 in Wien geboren. Von Bertha von Suttner beeinflußt, widmete er sich dem Friedensgedanken und war 1892 ein Mitbegründer der Deutschen Friedensgesellschaft. Die Hoffnung auf Abrüstung durch Schiedsgerichtsbarkeit mußte er jedoch bald aufgeben. Fried rechnete mit der Entwicklung einer internationalen Organisation zur Kontrolle des Friedens. 1905 erschien sein Hauptwerk, das „Handbuch der Friedensbewegung". 1911 erhielt er den Friedensnobelpreis. Alfred Hermann Fried starb am 4. Mai 1921 in Wien.

## Frischweg

**Strebersdorf, führt von der Stowassergasse zur Prager Straße; benannt nach dem Bibliothekar und Schriftsteller Ernst Frisch.**

Ernst Frisch wurde am 1. September 1878 in Wien geboren. Hier studierte er Geschichte und Philosophie. 1903 war er an einer Salzburger Bibliothek tätig, später dann in Wien. 1919 übernahm er die Stelle eines Direktors der Studienbibliothek in Salzburg. Er schrieb mehrere Bücher, darunter: „Geschichte der russischen Feldzüge im Siebenjährigen Krieg", „Sommer am Abersee", „Mittelalterliche Buchmalerei", „Kleinodien aus Salzburg". Ernst Frisch starb am 18. Juli 1950 in Salzburg.

## Frömmlgasse

**Floridsdorf und Groß-Jedlersdorf II, führt von der Jedleseer Straße zur Pra-**

ger Straße; benannt nach dem Baumeister Karl Frömml.

Karl Frömml wurde am 7. September 1807 in Lichtental geboren. 1839 ließ er sich in Floridsdorf als Baumeister nieder. Er wurde in den Gemeindeausschuß gewählt, später in den Gemeinderat. 1869 wurde Frömml Bürgermeister von Floridsdorf. Seine Vorgänger hatten ihr Wohnhaus zum Amtssitz, Frömml zog ins Gemeindehaus. Er führte 1872 die Gasbeleuchtung ein, bisher hatte man Petroleumleuchten verwendet. Mehrere neue Gassen entstanden, und die Ortschaften Spitz und Floridsdorf wurden gänzlich vereinigt. Karl Frömml übte sein Amt bis 1876 aus. Er starb am 1. Jänner 1889.

## Fuchsensteig

**Schwarzlackenau, führt von der Schlossergasse zur Tschechowgasse; benannt nach dem Fuchs.**

Der Fuchs ist ein hundeartiges Raubtier. Es gibt viele verschiedene Arten, wie etwa den Polarfuchs, den Blaufuchs, den Fennek, den Löffelfuchs. Zu den echten Füchsen zählen unter anderen der Rotfuchs, der Tibetfuchs, der Kamafuchs, der Blaßfuchs. Der Rotfuchs ist in Europa, Mittel- und Nordasien und in Nordamerika beheimatet. Er wird bis zu 130 Zentimeter lang und manchmal mehr als sieben Kilogramm schwer. Sein Körper ist langgestreckt, die Schnauze zugespitzt, die Läufe sind verhältnismäßig kurz, die Ohren lang und spitz, der Schwanz ist buschig. Der Fuchs ernährt sich vorwiegend von Mäusen und Insekten, aber auch von Fischen, Jungtieren, Vögeln, Eiern, Weintrauben und Beeren. Seinen Bau gräbt der Fuchs im Wald, in nicht zu festen Boden. Er benutzt auch Dachsbaue und Kaninchenhöhlen. Ende April, sieben Wochen nach der Paarungszeit, bekommt die Füchsin im Bau drei bis zwölf Junge. Sie werden von ihr bis zum Spätherbst aufgezogen. Der Fuchs wird bis zu 15 Jahre alt.

## Fultonstraße

**Donaufeld, früher Schiffgasse, führt von der Donaufelder Straße bis An der oberen Alten Donau; benannt nach dem** amerikanischen Mechaniker **Robert Fulton.**

Robert Fulton wurde in Little Britain (heute Fulton) am 14. November 1765 geboren. Er erlernte das Goldschmiedehandwerk, widmete sich aber später der Mechanik. In Paris erfand er eine Marmorsäge, ein System zur Schiffbarmachung der Kanäle, Unterseeboote und das Dampfschiff. 1803 machte er mit Livingstone den Versuch, ein Dampfschiff auf der Seine schwimmen zu lassen. Hier, wie später in England, blieb ihm jede Anerkennung versagt. 1806 kehrte er nach Amerika zurück, wo er ein Boot baute, zu dem James Watt die Dampfmaschine lieferte. Die 43 Meter lange „Clermont" unternahm am 7. Oktober 1807 die erste Fahrt auf dem Hudson River von New York nach Albany. In der Folge baute er viele Schiffe, darunter das erste dampfgetriebene amerikanische Kriegsschiff „Fulton the First". Robert Fulton starb am 24. Februar 1815 in New York.

## Funkgasse

**Groß-Jedlersdorf I, früher Quergasse, führt von der Baumergasse zum Bernreiterplatz; benannt nach dem Lehrer Johann Georg Funk.**

Johann Georg Funk war Mesner und der erste Lehrer in Groß-Jedlersdorf. Ab 1766 unterrichtete er im gemeindeeigenen „Halterhaus". Das Schulhaus war wegen der zahlreichen Wallfahrten nach „Klein-Maria-Taferl" mit einem halbjährlichen Schankrecht ausgestattet.

# G

## Galvanigasse

**Groß-Jedlersdorf II, früher Bellgasse, führt von der Dunantgasse zur Prager Straße; benannt nach dem Arzt und Naturforscher Luigi Galvani.**

Luigi Galvani wurde am 9. September 1737 in Bologna geboren. Er studierte Medizin und wurde Professor der Anatomie in seiner Geburtsstadt. 1780 ent-

deckte er, daß sich präparierte Frosch-
schenkel beim Überschlag elektrischer
Funken zusammenziehen. Galvanis Entdeckung führte zu Spekulationen über
die „Lebenskraft", aber auch zur Entdeckung der elektrochemischen Elemente. Luigi Galvani starb am 4. Dezember 1798 in Bologna.

## Gaswerkstraße

**Groß-Jedlersdorf I und Stammersdorf,
führt von der Peter-Berner-Straße zur
Gerasdorfer Straße, mehrmals unterbrochen; benannt nach dem Leopoldauer
Gaswerk.**

Das erste Gaswerk in Floridsdorf („Im-
perial Continental Gas Association")
wurde 1870 an der Brünner Straße (vor
dem Schlingerhof) errichtet. Ab 1912
wurde der 21. Bezirk vom Gaswerk der
Gemeinde Wien in Leopoldau versorgt.
Vor einigen Jahren wurde die Leucht-
gaserzeugung aufgelassen. Floridsdorf
wird mit Erdgas versorgt.

## Gebauergasse

**Groß-Jedlersdorf II, früher Mautner-
Markhof-Gasse, führt von der Prager
Straße zur Pregartengasse; benannt
nach dem Lehrer und Asienforscher
Anton K. Gebauer.**

Anton K. Gebauer wurde am 16. Juli
1872 in Bennisch geboren. Er kam als
Sängerknabe nach Olmütz und besuchte dort das Gymnasium, später die
Lehrerbildungsanstalt in Troppau. Er
stammte aus ärmlichen Verhältnissen
und führte ein entbehrungsreiches Dasein, in dem er die Liebe zur Natur
entwickelte. Gebauer wurde Turnlehrer
am k. k. Staatsgymnasium in Floridsdorf. Hier betrieb er Sprachstudien, beschäftigte sich mit Naturwissenschaften
und Geographie. 1901 trat er seine erste Reise an. Sie führte ihn nach Ägypten. 1906 bereiste er Indien, 1910 wagte
er sich in die damals für Fremde gefährlichen Schan-Staaten Hinterindiens.
Der Ausbruch des Ersten Weltkriegs
überraschte ihn in Asien. Bis 1919 war
er in Kriegsgefangenenlagern. 1923,
zwei Jahre nach seiner Pensionierung,
heiratete er und zog mit seiner Frau
und seiner 1924 geborenen Tochter

nach Velden am Wörther See, wo er
am 30. Mai 1942 starb

## Gegenbauerweg

**Donaufeld, führt von der Mühlschüttel-
gasse zur Kirchhoffgasse; benannt nach
dem Mathematiker Leopold Gegenbauer.**

Leopold Gegenbauer wurde am 2. Februar 1849 in Asperhofen geboren. Er
studierte Mathematik und wurde Universitätsprofessor in Innsbruck und
Wien. Neben Arbeiten zur Zahlentheo-
rie und Algebra veröffentlichte er Untersuchungen zur Theorie nichtelemen-
tarer Funktionen. Bekannt wurde er
durch die Gegenbauerschen Polynome
(Differentialgleichung). Leopold Gegenbauer starb am 3. Juni 1903.

## Georgistraße

**Schwarzlackenau, führt von der Über-
fuhrstraße zur Wolsteingasse; benannt
nach dem Generaloberst Friedrich Freiherr von Georgi.**

Friedrich Georgi wurde am 27. Jänner
1852 in Prag geboren. Er trat in den Mi-
litärdienst und brachte es bis zum Generaloberst. Vom 1. Dezember 1907 bis
zum 23. Juni 1917 leitete Georgi das
Ministerium für Landesverteidigung. Er
starb am 23. Juni 1926 in Wien.

## Gerasdorfer Straße

**Groß-Jedlersdorf I und Leopoldau, führt
vom Bernreiterplatz zur Stadtgrenze;
benannt nach dem Ort Gerasdorf.**

Die Gemeinde Gerasdorf ist mit der
Gemeinde Seyring vereinigt. Sie liegt
etwa 3,5 km nordöstlich von Wien in
einer Seehöhe von 164 Metern. Etwa
4700 Einwohner leben in dem alten
Dorf, dessen dreiseitiger Anger heute
noch gut erkennbar ist. Die 1429 erbaute Kirche befindet sich außerhalb des
Ortskernes auf einem Hügel. Es wurden
auch zwei neue Kirchen gebaut.

## Gerichtsgasse

**Groß-Jedlersdorf II und Floridsdorf,
führt von der Prager Straße zur Bahnsteggasse; benannt nach dem Bezirksgericht.**

Der Bau des Amtsgebäudes, in dem anfangs die Bezirkshauptmannschaft, das Bezirksgericht, das Steueramt und das Polizeikommissariat untergebracht waren, wurde am 20. März 1894 beschlossen. Am 29. April 1895 wurde mit den Erdaushebungsarbeiten begonnen, und im Juli 1896 konnte das Gebäude übergeben werden.

## Gerlosplatz

**Leopoldau, zwischen Almgasse und Ispergasse; benannt nach dem Fluß Gerlos.**

Die Gerlos entspringt am Gerlospaß (Salzburg), durchfließt ein rechtes Seitental des Zillertales und mündet bei Zell in die Ziller (Tirol).

## Gernengasse

**Stammersdorf, führt von der Hagenbrunner Straße zum Ruppweg; benannt nach den Gernen.**

Gernen ist eine Bezeichnung für schmale Weingartenparzellen. Dieser alte Riedname blieb als Gassenname weiterbestehen.

## Gerspergasse

**Leopoldau, Seitengasse der Josef-Baumann-Gasse; benannt nach dem Fürsorge- und Ortsschulrat Anton Gersper.**

Anton Gersper wurde am 15. April 1858 geboren. In Floridsdorf wirkte er als Fürsorge- und Ortsschulrat. Nähere Einzelheiten sind unbekannt. Er starb am 27. November 1929.

## Gerstlgasse

**Jedlesee und Groß-Jedlersdorf II, führt von der Jeneweingasse zur Anton-Störck-Gasse; benannt nach dem Jedleseer Ortsrichter Georg Gerstl.**

Auf Verträgen aus dem Jahre 1587 findet sich erstmals die Unterschrift des Jedleseer Ortsrichters Georg Gerstl. 1596 unterschrieb er eine Urkunde als Geschworener. Jedlesee war damals noch ein kleines Dorf am Ufer der „Schwarzen Lacke".

## Giseviusgasse

**Groß-Jedlersdorf I, führt von der Carabelligasse zum Marco-Polo-Platz; be-** nannt nach dem Agrarwissenschaftler Paul Gisevius.

Paul Gisevius wurde 1858 geboren. Er war als Lehrer und Forscher in Stuttgart und Berlin tätig. Gisevius schrieb mehrere agrarwissenschaftliche Werke, unter anderem: „Der Übergang unserer neuzeitlichen Landwirtschaft aus der reinen Urproduktion zur teilweisen Veredelungsproduktion", „Bericht über die Sortenanbauversuche mit Beiträgen zur Untersuchung der Getreidekörner", „Der Wettbewerb der dänischen und der schwedischen Landwirte mit Deutschland". Paul Gisevius starb 1935.

## Gitlbauergasse

**Leopoldau, Großfeldsiedlung, führt von der Kürschnergasse zur Herzmanovsky-Orlando-Gasse; benannt nach dem Sprachforscher Michael Gitlbauer.**

Michael Gitlbauer wurde am 3. September 1847 in Leonding bei Linz geboren. Er studierte Theologie an der Hauslehranstalt des Augustinerchorherrenstiftes St. Florian und empfing 1870 die Priesterweihe. Anschließend unterrichtete er klassische Philologie in Wien und Berlin. Sein Hauptverdienst ist die Entzifferung der griechischen Tachygraphie, eines Kurzschriftsystems des Altertums. Gitlbauer starb am 31. Mai 1903.

## Glangasse

**Leopoldau, führt von der Thayagasse zur Lavantgasse; benannt nach dem Fluß Glan.**

Die Glan ist ein rechter Nebenfluß der Gurk (Kärnten). Sie entspringt östlich vom Ossiacher See und mündet nahe bei Klagenfurt.

## Gleichsaustraße

**Stammersdorf, westlich der Sandthalenstraße; benannt nach der Gleichsau.**

Die Gleichsau war mit Bäumen ein und derselben Gattung bepflanzt. Der alte Flurname blieb als Gassenname weiterbestehen.

## Gmündstraße

**Strebersdorf, führt von der Rußbergstra-**

ße zur Mayerweckstraße; benannt nach der Stadt Gmünd.

Die niederösterreichische Grenzstadt Gmünd liegt in 507 Meter Seehöhe an der Mündung der Lainsitz in die Braunau. 1971 wurden in der Bezirkshauptstadt im nördlichen Waldviertel 7200 Einwohner gezählt. Gmünd wurde bereits im 13. Jahrhundert zur Stadt erhoben. Im 19. Jahrhundert erlangte die Stadt Bedeutung als Bahnknotenpunkt. Nahrungsmittel-, Möbel- und Textilindustrie haben sich angesiedelt.

## Göpfritzgasse

**Strebersdorf, führt von der Mayerweckstraße zur Meriangasse; benannt nach der Marktgemeinde Göpfritz an der Wild.**

Göpfritz an der Wild (Niederösterreich) liegt in 578 m Seehöhe und hat etwa 2300 Einwohner. Die Pfarrkirche stammt aus dem Jahre 1783, das „Alte Schloß" aus dem 18. Jahrhundert. Der Komponist Rudolf Weinwurm und der Dichter Rudolf Henz wurden dort geboren.

## Grabmayrgasse

**Floridsdorf, früher Konrad-Krafft-Gasse, führt von der Jedleseer Straße zur Schwaigergasse; benannt nach dem Politiker Karl Grabmayr von Angerheim.**

Karl Grabmayr wurde am 11. Februar 1848 in Bozen geboren. Er studierte Jus in Innsbruck und war in der Anwaltspraxis seines Vaters tätig. Nach kurzem Aufenthalt in Wien eröffnete er in Meran eine Kanzlei. 1892 wurde Grabmayr in den Tiroler Landtag gewählt. 1906 gab er die Meraner Praxis auf und übersiedelte nach Wien, wo er 1913 Präsident des Verwaltungsgerichts wurde. Grabmayr ist der Schöpfer des Tiroler Grundbuchs und des Höferechts. Er starb am 24. Juni 1923 in Meran.

## Gradingergasse

**Leopoldau, Sackgasse in der St.-Michael-Gasse beginnend; benannt nach dem Lehrer Matthias Gradinger.**

Matthias Gradinger ist der erste namentlich genannte Lehrer in Leopoldau. Dort soll schon um 1600 eine Schule bestanden haben. Der Unterricht wurde im Gemeindearmenhaus oder im Gasthof abgehalten. Der Name Gradinger wurde 1649 erstmals erwähnt.

## Graedenergasse

**Strebersdorf, früher Wiener Weg, führt vom Mühlweg zur Matthias-Ernst-Pista-Gasse; benannt nach dem Komponisten Hermann Theodor Graedener.**

Hermann Theodor Graedener wurde am 8. Mai 1844 in Kiel geboren. Seine musikalische Ausbildung erhielt er vom Vater und im Wiener Konservatorium. 1862 war er Organist in Gumpendorf, 1864 Mitglied des Hofopernorchesters. Später gab er Unterricht am Konservatorium und an der Universität Wien. Graedener dirigierte während der Wiener Theater- und Musikausstellung große Orchester. Er starb am 15. September 1929 in Wien.

## Gregor-Ulbrich-Gasse

**Stammersdorf, müßte richtig Gregor-Olbrich-Gasse heißen, Sackgasse, beginnend bei der Jedlersdorfer Straße; benannt nach dem Stammersdorfer Bürgermeister Gregor Olbrich.**

Gregor Olbrich wurde am 9. Mai 1877 geboren. Von 1925 bis 1926 war Olbrich Bürgermeister von Stammersdorf. Er machte sich um die Anlage von Straßen und Wegen im Stammersdorfer Gebiet verdient. Gregor Olbrich starb am 15. Juli 1926 in Stammersdorf.

## Grenzweg

**Stammersdorf und Leopoldau, führt von der Gerasdorfer Straße die Stadtgrenze entlang.**

Der Grenzweg bildet auf Stammersdorfer und Leopoldauer Gebiet die Grenze der Stadt Wien zu Niederösterreich.

## Gretlgasse

**Donaufeld, führt von der Maigasse zur Hanslgasse; benannt nach der Märchenfigur „Gretel" (siehe Hanslgasse).**

## Groligweg

**Strebersdorf, führt von der Stöhrgasse zum Aussererweg; benannt nach dem**

**Bibliothekar des Patentamtes, Moriz Grolig.**

Moriz Grolig wurde am 3. Juni 1873 in Brünn geboren. Er studierte Jus und Geschichte an den Universitäten Wien und Prag. Von 1900 bis 1932 war er in der Bibliothek des Patentamtes in Wien tätig, zuletzt als deren Direktor. Er befaßte sich mit Bibliotheksgeschichte, mit der Geschichte des Buchdrucks und der Handschriftenkunde. Grolig starb am 19. Juni 1949 in Wien.

## Großbauerstraße

**Groß-Jedlersdorf I, führt von der Brünner Straße zur Ruthnergasse; benannt nach dem Forstwirtschaftslehrer Franz Großbauer von Waldstätt.**

Franz Großbauer wurde am 29. Dezember 1813 in Trumau geboren. Er besuchte das Gymnasium im Stift Heiligenkreuz und ging auch in Wien zur Schule. In der Forstlehranstalt Mariabrunn, wo er seine Ausbildung erhalten hatte, wurde Großbauer 1836 Forstpraktikant des „k. k. Oberforstjägermeister- und niederösterreichischen Waldamtes". Von 1852 bis 1875 war er erster Professor der Anstalt und Inspektor des Schulforstes, der die Forstbezirke Hütteldorf und Purkersdorf umfaßte. Im Ruhestand blieb Großbauer in Mariabrunn: als Kustos der Lehr- und Musealsammlung. Er starb am 25. Mai 1887 in Mariabrunn.

## Großfeldstraße

**Leopoldau, führt vom Leopoldauer Platz zur Dopschstraße; benannt nach dem Großfeld.**

Die Großfeldsiedlung ist auf einem gleichnamigen Feld erbaut worden. Der alte Flurname blieb als Gassenname weiterbestehen.

## Großschopfplatz

**Groß-Jedlersdorf I, zwischen Salomongasse und Kollarzgasse; benannt nach dem Kleingartenpionier Josef Großschopf.**

Josef Großschopf wurde 1884 geboren. Er war Magistratsbeamter in der Magistratsabteilung 69 (Kleingartenwesen) und Obmann eines Kleingartenvereins, der bis in die fünfziger Jahre im Gebiet zwischen der Alten Donau und der ehemaligen Remise Kagran bestanden hatte. Großschopf war Fachmann für Gartenbau und Kleintierzucht. Er starb 1956.

## Guschelbauergasse

**Jedlesee und Strebersdorf, führt von der Prager Straße zur Rihosekgasse; benannt nach dem Volkssänger Edmund Guschelbauer.**

Edmund Guschelbauer wurde am 16. Oktober 1839 geboren. Er wurde Vergolder und sang schon als Lehrling in Wirtshäusern. Nachdem er seine Arbeit verloren hatte, nahm ihn der Volkssänger Karl Heinrich Kampf nach einem Probesingen auf. Guschelbauer führte die Sitte ein, das Publikum den Refrain eines Liedes mitsingen zu lassen. Seine beliebtesten Lieder waren: „Die Landpartie", „Die Opernprobe" und der „Alte Drahrer". Guschelbauer trat im Frack, mit weißen Handschuhen, schmalkrempigem Zylinderhut und Filzpatschen auf. Er war der Typ des legendären „gemütlichen Wieners". 1903 wurde ihm das Bürgerrecht verliehen. Guschelbauer starb am 6. Februar 1912 in Wien.

## Gusengasse

**Leopoldau, führt von der Achengasse zur Illgasse; benannt nach dem Fluß Gusen.**

Die Große und die Kleine Gusen vereinigen sich nördlich von Katsdorf (Oberösterreich) zur Gusen. Der Fluß mündet bei Mauthausen in die Donau.

# H

## Haberditzlgasse

**Leopoldau, führt von der Herzmanovsky-Orlando-Gasse zur Adolf-Loos-Gasse; benannt nach dem Kunsthistoriker Franz Martin Haberditzl.**

Franz Martin Haberditzl wurde am

19. Dezember 1882 in Wien geboren. Er studierte an der Universität Wien und am Institut für österreichische Geschichtsforschung. Er war im Kupferstichkabinett der Hofbibliothek beschäftigt, die er ab 1909 leitete. 1915 wurde er Leiter der Staatsgalerie. Haberditzl starb am 22. Jänner 1944 in Wien.

## Hagenbrunner Straße

**Stammersdorf, führt von der Stammersdorfer Straße zur Stadtgrenze; benannt nach dem Ort Hagenbrunn.**

Hagenbrunn liegt in 216 Meter Seehöhe und hat rund 1100 Einwohner. Der bekannte Wein- und Heurigenort liegt an der Grenze zu Wien, rund 3,5 Kilometer von Korneuburg entfernt. Der Sattel von Hagenbrunn am Nordrand des Bisambergs wurde in Kriegszeiten erbittert umkämpft.

## Haidschüttgasse

**Floridsdorf, führt von der Puffergasse zur Ferchenbauergasse; benannt nach einer Donauinsel.**

Die „Haidschütt" war eine Donauinsel zwischen der Großen Taborbrücke und der Straßengabelung „Spitz" (Kuhbrückl). Sie diente bis zur Gründung des Ortes Floridsdorf im Jahre 1786 den Leopoldauer Bauern als „Hornviehweide". Schütt oder Schüttel bedeutet soviel wie Insel.

## Hanslgasse

**Donaufeld, führt von der Maigasse zur Gretlgasse; benannt nach der Märchenfigur „Hänsel".**

Die Brüder Jacob und Wilhelm Grimm sammelten mündlich überlieferte deutsche Volksmärchen und schrieben sie in den Jahren von 1812 bis 1815 nieder. In einem der beiden Bände „Kinder- und Hausmärchen" findet sich auch das Märchen von „Hänsel und Gretel".

## Hans-Spitzy-Gasse

**Groß-Jedlersdorf I, führt von der Großbauerstraße zum Karl-Benz-Weg; benannt nach dem Orthopäden Hans Spitzy.**

Hans Spitzy wurde am 21. Dezember 1872 in St. Leonhard (Steiermark) geboren. Er studierte in Graz Medizin und wurde Assistent an der Kinderklinik. Dort richtete er eine orthopädisch-chirurgische Abteilung ein, die er bis 1913 leitete. Nach dem Ersten Weltkrieg gründete er ein orthopädisches Spital. Spitzy baute auch die Krüppelfürsorge in Wien aus und leitete das orthopädische Spital in Wien. Er verfaßte mehr als 200 wissenschaftliche Arbeiten auf den Gebieten der Orthopädie, Kinderchirurgie und körperlichen Erziehung. Er wurde mehrmals ausgezeichnet. Hans Spitzy starb am 22. August 1956.

## Haspingerplatz

**Groß-Jedlersdorf I, zwischen Jedlersdorfer Straße, Amtsstraße, Mitterhofergasse und Frauenstiftgasse; benannt nach dem Kapuzinerpater Joachim Haspinger.**

Johann Simon Haspinger, als Ordensgeistlicher Joachim genannt, wurde am 28. Oktober 1776 in St. Martin im Pustertal geboren. Er studierte in Bozen und Innsbruck. Während der Studienzeit kämpfte er mit den Tirolern gegen die Franzosen (1796, 1797 und 1799 bis 1801). 1802 trat er dem Kapuzinerorden bei, 1809 nahm er am Befreiungskampf Tirols teil. Zum Sieg bei den Schlachten am Bergisel (29. Mai und 13. August) trug er wesentlich bei. Er veranlaßte Andreas Hofer nach dem Frieden von Schönbrunn (14. Oktober 1809) zu einem neuerlichen Aufstand, indem er Hofer über diesen Friedensschluß falsch informierte. 1810 mußte Haspinger Tirol verlassen. Er wurde Pfarrprovisor in der Lorettokirche in Jedlesee, und von 1811 bis 1813 und 1814/15 war er Seelsorger in Groß-Jedlersdorf. Seit 1815 war er Pfarrer in Traunfeld, wo er 1836 pensioniert wurde. Danach lebte er in Hietzing, begleitete 1848 als Feldprediger eine Kompanie Tiroler Feldjäger nach Italien und ließ sich 1854 im Salzburger Schloß Mirabell nieder. Dort starb er am 12. Jänner 1858.

## Hassingergasse

**Leopoldau, führt von der Leopoldauer Straße zum Satzingerweg; benannt nach**

dem österreichischen Geographen Hugo Hassinger.

Hugo Hassinger wurde am 8. November 1877 in Wien geboren. Er war Professor in Basel, Freiburg im Breisgau und seit 1931 in Wien. Seine Hauptwerke sind: „Die Mährische Pforte und ihre benachbarten Landschaften", „Kunsthistorischer Atlas von Wien", „Die Tschechoslowakei", „Geographische Grundlagen der Geschichte". Hassinger, der bedeutende Beiträge zur Länderkunde lieferte, starb am 13. März 1952 in Wien.

## Hasswellgasse

**Groß-Jedlersdorf I, Strebersdorf und Stammersdorf; führt von der Ödenburger Straße zur Strebersdorfer Straße; benannt nach dem Maschinenbauingenieur und Lokomotivbauingenieur John Hasswell.**

John Hasswell wurde am 20. März 1812 in Lancefield geboren. An der Andersonian-Universität studierte er Maschinenbau, war Volontär in einer Maschinenfabrik, später Konstrukteur. 1837 entwarf er die Pläne für die maschinelle Ausstattung der in Wien entstandenen Hauptwerkstätte der Wien-Raaber-Bahn. Hasswell trat als Leiter der Hauptwerkstätte in den Dienst der Wien-Raaber-Bahn. Die Linie änderte einigemal Namen und Besitzer, aber nie ihren Leiter. Die Hauptwerkstätte wurde eine angesehene Lokomotiv- und Waggonbauanstalt. Hasswell konstruierte Lokomotiven und erfand unter anderem die hydraulische Schmiedepresse. Er starb am 9. Juli 1897 in Wien.

## Hawlicekgasse

**Donaufeld, müßte richtig Havlíčekgasse heißen, Sackgasse, von der Leopoldauer Straße südwärts; benannt nach dem Maler Vinzenz Havlíček.**

Vinzenz Havlíček wurde am 20. März 1864 in Wien geboren. Er besuchte die Klasse Eduard Lichtenfels' an der Wiener Akademie der bildenden Künste. Er war hauptsächlich als Aquarellmaler tätig. Viele Mitglieder der Hocharistokratie lernten in seinem Atelier aquarellieren. Havlíček malte vorwiegend Land-

schaften. Er starb am 28. September 1915 in Wien.

## Heidenreichsteinweg

**Strebersdorf, Sackgasse, beim Schwarzenauweg beginnend; benannt nach der Stadt Heidenreichstein.**

Heidenreichstein liegt im Waldviertel (Bezirk Gmünd) nahe der Grenze zur ČSSR. Die Stadt liegt in 560 m Seehöhe und hat 4300 Einwohner. Um 1200 entstand die mächtige Wasserburg. 1932 wurde Heidenreichstein zur Stadt erhoben. Textilindustrie und Metallwarenfabriken haben sich angesiedelt.

## Heingasse

**Donaufeld, führt von der Steinheilgasse zur Baumberggasse; benannt nach dem Orientalisten und Sprachforscher Wilhelm Hein.**

Wilhelm Hein wurde am 7. Jänner 1861 in Wien geboren. Schon während seiner Gymnasiastenzeit besuchte er Vorlesungen über orientalische Sprachen. Später studierte er Orientalistik, Geschichte, Geographie und Ethnographie. Hein wurde Dozent für allgemeine Ethnographie an der Universität Wien. Im Auftrag der Akademie der Wissenschaften unternahm er Expeditionen nach Südarabien. Er gewann einen bedeutenden Ruf als Museumsethnograph. Hein beschäftigte sich auch mit der Erforschung der heimatlichen Volkskunde. Gemeinsam mit M. Haberlandt gründete er das Museum und den Verein für österreichische Volkskunde. Wilhelm Hein starb am 19. November 1903.

## Heinrich-Mitteis-Gasse

**Leopoldau, führt von der Oberhummergasse zur Höbarthgasse; benannt nach dem Rechtshistoriker Heinrich Mitteis.**

Heinrich Mitteis wurde am 26. November 1889 in Prag geboren. Er war Jurist und Rechtshistoriker, lehrte an den Universitäten Köln, Heidelberg, München, Wien, Rostock, Berlin und Zürich. Bedeutend sind seine Forschungen zum Lehensrecht und zur mittelalterlichen Reichsverfassung. Er schrieb zahlreiche Fachwerke. Heinrich Mitteis starb am 23. Juli 1952 in München.

41

## Heinrich-von-Buol-Gasse

**Leopoldau, führt von der Leopoldauer Straße zur Siemensstraße; benannt nach dem Direktor der Siemens & Halske-Werke, Heinrich von Buol.**

Heinrich Buol wurde am 9. Februar 1888 als Sohn eines Inspektors der Kaiser-Ferdinand-Nordbahn geboren. Er studierte an der Technischen Hochschule Wien und war Assistent an der Universität Halle. 1906 trat er in die Firma Siemens & Halske ein, deren Direktor er 1920 wurde. Buol wurden die Ehrendoktorate der Technischen Hochschulen München und Halle verliehen. Während des Naziregimes setzte er sich wiederholt für gefährdete Mitarbeiter der Firma Siemens ein. Heinrich Buol kam am 1. Mai 1945, während Berlin erobert wurde, dort ums Leben.

## Helmholtzgasse

**Groß-Jedlersdorf II, führt von der Voltagasse zur Anton-Störck-Gasse; benannt nach dem deutschen Physiker und Physiologen Hermann von Helmholtz.**

Hermann Helmholtz wurde am 31. August 1822 in Potsdam geboren. Er studierte Medizin in Berlin, von 1843 bis 1848 war er Militärarzt, später Anatomielehrer, Professor für Physiologie und Physik in verschiedenen deutschen Städten. 1888 wurde er zum Präsidenten der Physikalisch-Technischen Reichsanstalt in Charlottenburg ernannt. Helmholtz' Arbeiten führten zur Formulierung des Gesetzes von der Erhaltung der Energie, ihm gelang es, die Fortpflanzungsgeschwindigkeit von Nervenerregungen zu messen, und er entwickelte den Augenspiegel und andere medizinische Instrumente. Helmholtz bestimmte als erster die Wellenlänge des ultravioletten Lichts, er entwickelte die bereits bestehende Dreifarbentheorie weiter. Er beschäftigte sich auch mit Akustik, Elektro- und Thermodynamik. Helmholtz veröffentlichte eine Reihe wissenschaftlicher Werke. Er starb am 8. September 1894 in Charlottenburg (heute bei Berlin).

## Herchenhahngasse

**Leopoldau, Großfeldsiedlung, führt von der Gitlbauergasse zur Oswald-Redlich-Straße, benannt nach dem Historiker Johann Christian Herchenhahn.**

Johann Christian Herchenhahn wurde am 31. Mai 1754 in Coburg geboren. Das Geschichts- und Philosophiestudium absolvierte er in Wien. 1776 übersiedelte er der Studien wegen in das Haus seines Schwagers nach Erfurt, wo viele Gelehrte verkehrten. Ab 1779 war Herchenhahn wieder in Wien, wo er als Redakteur der „Wiener Realzeitung" Beschäftigung fand. Herchenhahn, der auch literarisch tätig war, brachte es bis zum Reichshofratagenten. Er starb am 23. April 1795 in Wien.

## Hermann-Bahr-Straße

**Floridsdorf, früher Franz-Joseph-Straße und Schlingerstraße, führt von der Brünner Straße zur Prager Straße; benannt nach dem Dichter Hermann Bahr.**

Hermann Bahr wurde am 19. Juli 1863 in Linz geboren. Er studierte Rechtswissenschaften, klassische Philologie und Nationalökonomie. Bahr wurde wegen einer Brandrede gegen Österreich von der Wiener Universität ausgeschlossen. Er beschäftigte sich mit „nationalsozialen" (dieses Wort wurde von ihm geprägt) Problemen. Reisen führten ihn nach Frankreich, Spanien, Marokko, Rußland und in die Schweiz. Hermann Bahr war Lektor in einem Verlag in Deutschland und lebte seit 1894 als freier Schriftsteller und Mitherausgeber der liberalen Zeitschrift „Die Zeit" in Wien. Später lebte er in Salzburg, in Berlin, und 1922 ließ er sich in München nieder. Seine Bühnenwerke zeichnen sind durch glänzende Dialogführung aus. Bahrs Hauptthemen sind die innere Freiheit des Menschen und die Beziehungen zwischen Mann und Frau. Einige seiner Werke: „Die Mutter", „Das Tschaperl", „Der Meister", „Ringelspiel", „Die Kinder", „Himmelfahrt", „Die Rotte Korahs". Hermann Bahr starb am 15. Jänner 1934 in München.

## Herrenholzgasse

**Stammersdorf, früher Schwenkgasse, führt von den Feldern südlich der Johann-Weber-Straße bis zur Friedrich-**

Manhart-Straße; benannt nach dem Herrenholz.

Das Herrenholz ist ein Waldgebiet am flachen Ostabhang des Bisamberges, östlich der Hagenbrunner Straße.

## Herzmanovsky-Orlando-Gasse

**Leopoldau, Großfeldsiedlung, führt von der Wassermanngasse zur Oswald-Redlich-Straße; benannt nach dem Schriftsteller Fritz Ritter von Herzmanovsky-Orlando.**

Fritz Herzmanovsky-Orlando wurde am 30. April 1877 in Wien geboren. Er arbeitete als Architekt in Österreich, Holland und England, er war auch Graphiker. Als Dichter wird er als „das letzte Genie des barocken österreichischen Humors" bezeichnet. Er verfaßte phantastische Erzählungen, parodistische Dramen, Pantomimen und Ballette. Einige Werke: „Kaiser Joseph und die Bahnwärterstochter", „Der Gaulschreck im Rosennetz", „Maskenspiel der Genien", „Das Tyroler Drachenspiel". Herzmanovsky-Orlando starb am 27. Mai 1954 auf Schloß Rametz bei Meran.

## Hinaysgasse

**Floridsdorf und Donaufeld, führt von der Franklinstraße zur Kahlgasse; benannt nach dem Schuldirektor Hans Hinays.**

Hans Hinays wurde am 26. Juni 1859 in Wien geboren. Er besuchte die Lehrerbildungsanstalt in Wiener Neustadt und wurde Volksschullehrer in Wien. Viele Jahre seiner Dienstzeit verbrachte er in Floridsdorf. 1911 bestellte man ihn zum Direktor der Mädchenbürgerschule in der Franklinstraße. Hinays war der Gründer der Floridsdorfer Musikschule. Er war Direktor des Floridsdorfer Kirchenmusikvereins und als Komponist tätig. Während des Ersten Weltkriegs arbeitete er als Inspektor der Kinderhilfswerke für Ungarn. Auf einer seiner Inspektionsreisen, am 21. August 1918, starb er.

## Höbarthgasse

**Leopoldau, führt von der Oswald-Redlich-Straße zur Schererstraße; benannt** nach dem Heimatforscher Josef Höbarth.

Josef Höbarth wurde 1891 in Reinprechtspölla (Niederösterreich) geboren. Was Volkskunde, Kunstgeschichte und Frühgeschichte seiner engeren Heimat betraf, interessierte ihn. Höbarth war Gründer und Leiter des Heimatmuseums in Horn. Er starb am 12. Dezember 1952 in Reinprechtspölla.

## Hochfeldstraße

**Stammersdorf, führt von der Erbpostgasse bis zur Frauenschuhgasse; benannt nach dem Hochfeld.**

„Hochfeld" ist ein alter Flurname, der als Gassenname weiterbesteht.

## Hofherr-Schrantz-Gasse

**Strebersdorf, führt von der Trauzlgasse zur Scheydgasse; benannt nach einem Betrieb.**

Die Firma Hofherr-Schrantz hieß früher „Hofherr-Schrantz-Clayton-Shuttleworth A. G. Landwirtschaftliche Maschinenfabrik". Sie war ursprünglich einer der größten Betriebe Österreichs und befand sich an der Shuttleworthstraße.

## Holetschekgasse

**Groß-Jedlersdorf I, führt von der Gerasdorfer Straße zur Ruthnergasse; benannt nach dem Astronomen Johann Holetschek.**

Johann Holetschek wurde am 29. August 1846 in Thuma geboren. Ursprünglich sollte er Priester werden, aber er studierte in Wien Mathematik und Physik. 1878 trat er als Adjunkt in die Universitätssternwarte Wien ein. Er war ein vorzüglicher Beobachter und scharfsinniger Theoretiker. Er widmete sich vor allem der Erforschung der Kometen. Johann Holetschek starb am 10. November 1923 in Wien.

## Holteigasse

**Groß-Jedlersdorf I, führt von der Gerasdorfer Straße zur Holetschekgasse; benannt nach dem Schriftsteller Karl Holtei.**

Karl Holtei wurde am 24. Jänner 1798 in Breslau geboren. 1819 stand er zum erstenmal auf der Bühne, aber schon zwei Jahre später gab er nach einem Unfall diesen Beruf wieder auf. Er wurde Theatersekretär und Dichter in Breslau. 1823 übersiedelte er nach Berlin, trat als Rezitator von Shakespeare-Dramen auf, nahm später wieder ein Engagement an und leitete schließlich das Theater in Breslau. Ab 1850 lebte er in verschiedenen Städten, so auch in Graz. Einige Werke: „Die Vagabunden", „Der letzte Komödiant", „Vierzig Jahre", „Die Berliner in Wien", „Farben, Sterne, Blumen", „Lorbeerbaum und Bettelstab". Karl Holtei starb am 12. Februar 1880 in Breslau.

## Holzmanngasse

**Leopoldau, führt von der Aderklaaer Straße zur Julius-Ficker-Straße; benannt nach dem Kaufmann Rudolf Holzmann.**

Rudolf Holzmann wurde am 4. August 1883 in Groß-Jedlersdorf geboren. Im Geschäft seiner Eltern (Baumergasse) erlernte er den Kaufmannsberuf. 1909 erwarb er von seinem Onkel eine Gemischtwarenhandlung sowie eine Farben- und Kitterzeugung in der Hauptstraße 60. Gemeinsam mit seiner Gattin, Juliane Bernreiter, eröffnete er in der Brünner Straße 11 ein neues Geschäft. Durch den Eintritt seines Schwagers Wilhelm Steinleitner konnte die Firma weiter vergrößert werden. Rudolf Holzmann starb 1964.

## Holzmeistergasse

**Floridsdorf, führt von der Rechten Nordbahngasse zur Freytaggasse; benannt nach dem k. k. Hofcommissär Augustin Holzmeister.**

Augustin Holzmeister führte im Auftrag von Kaiser Josef II. die Robotabolition (Abschaffung von Leibeigenschaft und Robot) in Niederösterreich durch. 1786 war Holzmeister mit der Robotabolition der Klosterneuburger Herrschaften Kagran und Leopoldau beschäftigt. Die zu den herrschaftlichen Meierhöfen gehörenden Felder wurden verteilt. Auf einer den Leopoldauern zur Nutzung überlassenen Weide wurde Floridsdorf gegründet.

## Hopfengasse

**Jedlesee und Groß-Jedlersdorf II, führt von der Prager Straße zur Koloniestraße; benannt nach dem Hopfen.**

Der Hopfen gehört zur Gattung der Hanfgewächse. In den nördlichen gemäßigten Zonen sind drei Arten bekannt. Beheimatet ist der Hopfen in Europa, Asien und Nordamerika, wo er humusreiche, feuchte, warme Gegenden bevorzugt. Die herzförmigen oder gelappten Blätter besitzen Hafthaare. Die Hopfentriebe ranken sich lianenartig hoch, die zapfenartigen Blüten sind mit einer grünen Blütenhülle umgeben. Die Pflanze wird bis zu sechs Meter hoch und hat weitverzweigte Wurzeln. Die Fruchtzapfen sind mit feinen Schuppen bedeckt, dem sogenannten Hopfenmehl. Das Hopfenmehl macht das Bier haltbar und gibt ihm seinen typisch bitteren Geschmack. Kultiviert werden nur die weiblichen Pflanzen.

## Hoßplatz

**Floridsdorf und Donaufeld, früher Bismarckplatz, wo Patrizigasse und Schloßhofer Straße in die Donaufelder Straße münden; benannt nach dem Wiener Vizebürgermeister Franz Hoß.**

Franz Hoß wurde am 4. November 1866 in Floridsdorf geboren. Er wurde 1893 als Kandidat der Christlichsozialen Partei in den Gemeinderat gewählt und war bis 1904 Vizebürgermeister von Floridsdorf. 1905 wurde er in den Wiener Gemeinderat und zum Stadtrat gewählt. 1910 wurde Hoß Vizebürgermeister von Wien. Dieses Amt behielt er bis 1932. Hoß war auch Mitglied des Bezirksschulrates und des Stadtschulrates von Wien. Er starb am 12. August 1947 in Wien.

## Hubertusgasse

**Donaufeld, Bruckhaufen, führt von der Bruckhaufner Hauptstraße bis Am Hubertusdamm; benannt nach dem Ingenieur Johann Sigismund Hubert.**

Johann Sigismund Hubert wurde am 6. Juni 1736 als J. S. Eutelhuber in Ödenburg getauft. Nach seiner Ausbildung als Wasserbautechniker wurden ihm von der Ungarischen Hofkammer Vermessungs- und Regulierungsarbeiten anvertraut. Im Februar 1769 kam Hubert nach Wien, wo er kleine Wasserbauarbeiten durchführte. Ab 1771 arbeitete er an der Schwarzen Lacke und bei den Donaubrücken. Bis 1784 hatte er einen fast 6 m hohen Damm gebaut, der von der Korneuburger Poststraße bis Floridsdorf reichte. Der Damm wurde allerdings bereits 1787 vom Hochwasser der Donau an mehreren Stellen durchbrochen, worauf allgemein an Huberts Fähigkeiten gezweifelt wurde. Er starb verbittert am 26. April 1792 in Wien.

## Hufgasse

**Donaufeld und Leopoldau, verbindet die bogenförmige Steinheilgasse, benannt nach dem Huf.**

Der Huf bedeckt bei Unpaarhufern das Endglied der dritten Zehe. Die hornartige Masse schützt das Tier vor Verletzungen. Zum Schutz eines Pferdehufes dient das Hufeisen, ein halbringförmiges, plattes Eisenstück mit mehreren Nagellöchern, das am Huf mit 30 bis 80 mm langen Nägeln befestigt wird.

## Hühnersteig

**Schwarzlackenau, führt von der Adolf-Uthmann-Gasse zur Wolsteingasse; benannt nach den Hühnervögeln.**

Die Hühnervögel sind weltweit verbreitet. Es gibt mehr als 260 Arten. Hühner sind kräftige, kurzflügelige Vögel, die stark entwickelte, oft mit Sporen versehene Füße haben. Hühner bewegen sich meist auf dem Boden, wo sie ihre Nahrung durch Scharren bloßlegen. Sie haben einen kräftigen Schnabel und einen geräumigen und dehnungsfähigen Kropf als Nahrungsspeicher. Man unterscheidet vier Familien: Großfußhühner, Hokkos, Fasanenartige und Schopfhühner. Zu den Fasanenartigen zählt das Haushuhn. Schon in vorchristlichen Jahrhunderten wurden Hühner von Indern, Chinesen und Ägyptern gezüchtet. Es gibt Legerassen und Fleischrassen, aber auch Zwierassen, die zur Eier- und Fleischnutzung gezüchtet werden. Zierhühner werden nur zu Liebhaberzwecken gehalten.

# I

## Ichagasse

**Donaufeld, Sackgasse, in der Leopoldauer Straße beginnend; benannt nach dem Bildhauer Oskar Icha.**

Oskar Icha wurde am 11. Oktober 1886 in Wien geboren. Er war Schüler der Bildhauer Edlinger und Hanak. Ab 1914 besuchte Icha die Akademie für bildende Künste in Wien. Seine erste Auszeichnung erhielt er für die Skulptur „Die Badende". Weitere Werke: Reiterstandbild auf dem Stephansplatz (Gebäude der Wiener Städtischen Versicherung), zahlreiche Kriegerdenkmäler (Aspern), Skulpturen in Aufbahrungshallen (Friedhof Neustift am Walde), Beethovenrelief am Haus Jeneweingasse 17. Icha wirkte auch am Russendenkmal (Schwarzenbergplatz) mit. Er war Träger der Goldenen Kunstmedaille der Stadt Wien. Am 1. Oktober 1945 nahm sich Oskar Icha in Wien das Leben.

## Igelsteig

**Schwarzlackenau, früher Lindenheimweg, führt vom Hubertusdamm zur Adolf-Uthmann-Gasse; benannt nach dem Igel.**

Die Familie der Igel gehört zur Ordnung der Insektenfresser. Die 20 verschiedenen Arten sind in Europa, Asien und Afrika beheimatet. Man unterscheidet zwei Unterfamilien: die Haarigel und die Stacheligel. Der europäische Igel wird bis zu 33 Zentimeter lang und 15 Zentimeter hoch. Sein Körper ist gedrungen und muskulös. Der Kopf ist kurz und spitz. Der Igel hat kurze Beine und Füße mit starken Krallen. Am Rücken sitzen kurze Stacheln, die an der Spitze dunkelbraun gefärbt sind. Bei der Abwehrstellung rollt sich der Igel ein und stellt die Stacheln auf. Seine Beutetiere jagt der Igel in der Dämmerung. Es sind dies Schnecken, Regenwürmer, Mäuse, Frösche und Schlangen, aber er frißt auch Obst und Pilze. Der Igel bewohnt Mauerlöcher, Baumhöhlen, oder er gräbt sich einen etwa 30 Zentimeter tiefen Bau mit zwei Ausgängen In dieser mit Laub und Moos ausgepolsterten Behausung hält er seinen Winterschlaf. Sieben Wochen nach der Paarungszeit kommen drei bis sechs Junge zur Welt. Igel werden acht bis zehn Jahre alt.

## Illgasse

**Leopoldau, führt entlang der Stadtgrenze von der Seyringer Straße zur Gerasdorfer Straße; benannt nach dem Fluß Ill.**

Die Ill ist ein rechter Nebenfluß des Rheins und fließt durch Vorarlberg. Der Fluß entspringt am Großen Vermuntgletscher und mündet bei Meiningen. Der 75 Kilometer lange Fluß dient mit sechs Kraftwerken der Energiegewinnung (Illkraftwerke).

## Immengasse

**Groß-Jedlersdorf II, führt von der Gebauergasse zur Brünner Straße; benannt nach den Immen (Bienen).**

In der Immengasse wohnte der Bäckermeister Schöfmann, der sich in den Jahren 1880 bis 1900 intensiv als Imker betätigte.

## In der goldenen Erden

**Stammersdorf, führt von der Stammersdorfer Straße zur Schuchardtstraße; benannt nach einem Flurnamen.**

„In der goldenen Erden" ist ein alter Flurname, der auf die besondere Fruchtbarkeit des Bodens hinweist. Es wird auch behauptet, daß sich die Bezeichnung auf den Goldgehalt des Donausandes oder auf Goldwäschereien bezieht.

## Inwaldweg

**Donaufeld, führt von der Siegfriedgasse zu einer Glasfabrik; benannt nach Josef Inwald von Waldtreu.**

Josef Inwald wurde am 28. Jänner 1837 in Chisten geboren. Er absolvierte das Polytechnikum und eröffnete 1862 eine Glasraffinerie in Deutsch-Brod und spä-

ter auch in anderen Städten. Spezialartikel der Inwaldschen Fabriken war Mousselinglas für Tafelservices. Die damals darniederliegende Glasindustrie Böhmens erlebte einen neuen Aufschwung. Inwald gründete auch Filialen im Ausland. Er starb am 19. Mai 1906 in Wien.

## Irenäusgasse

**Strebersdorf, führt vom Edmund-Hawranek-Platz zum Strebersdorfer Platz; benannt nach dem Gründer und Direktor des Pensionats St. Josef, Irenäus Josef Friedl**

Josef Friedl (Bruder Irenäus) wurde am 8. April 1840 in Staigendorf (Mähren) geboren. 1860 trat er in die Kongregation der christlichen Schulbrüder ein und wirkte im k. k. Waisenhaus. Er war Schuldirektor in Fünfhaus und der erste Direktor des Pensionats St. Josef in Strebersdorf (1889 bis 1899). Vor seinem Tod leitete er ein Pensionat in Böhmen. Josef Friedl starb am 16. Oktober 1901 in Prag.

## Iselgasse

**Leopoldau, führt von der Thayagasse zur Illgasse; benannt nach dem Fluß Isel.**

Die Isel ist ein linker Nebenfluß der Drau in Osttirol. Sie entspringt in der Venedigergruppe und mündet bei Lienz.

## Ispergasse

**Leopoldau, führt von der Thayagasse zur Illgasse; benannt nach dem Fluß Isper.**

Die Isper (auch Ysper) ist ein linker Nebenfluß der Donau. Sie entspringt als Große und Kleine Isper im Weinsberger Forst (Waldviertel) und mündet bei Isperdorf. Die Kleine Isper bildet streckenweise die Grenze zwischen Ober- und Niederösterreich, die Große Isper durchfließt den Oedteich und die Isperklamm.

# J

## Jara-Benes-Gasse

**Strebersdorf, führt vom Edmund-Hawranek-Platz zur Waltenbergergasse; benannt nach dem Operettenkomponisten Jara Benes.**

Jara Benes wurde am 5. Juni 1897 in Prag geboren. Er studierte am Konservatorium und wurde Theaterkapellmeister. Er schrieb Schlager, Operetten und Revuen. Hugo Wiener war der Verfasser seiner deutschen Textbücher. Einige Werke von Jara Benes: „Ich möcht' von dir ein Foto", „Auf der grünen Wiese", „Der gütige Antonius", „Sebastian, der Seitenspringer", „Pfui, Pepi!", „Die kleine Schwindlerin", „Gruß und Kuß aus der Wachau". Jara Benes starb am 10. April 1949 in Wien.

## Jedlersdorfer Straße

**Groß-Jedlersdorf I und Stammersdorf, früher Scheunengasse und Luthersteig, führt von der Koloniestraße zum Freiheitsplatz; benannt nach dem Ort Groß-Jedlersdorf.**

In einer Urkunde aus dem Jahre 1108 scheint zum erstenmal der Name „Urliugesdorf" auf, aus dem über viele Zwischenformen die Bezeichnung Jedlersdorf bildete. Der Ortskern lag einst auf einer Insel. Zu Jedlersdorf gehörte früher das ganze Gebiet zwischen Prager Straße und Brünner Straße, auch die 1782 entstandene Ansiedlung Jedlersdorf am Spitz. Sie wurde 1804 von Jedlersdorf abgetrennt. Die Jedlersdorfer Straße ist ein alter Verbindungsweg zwischen Stammersdorf und Groß-Jedlersdorf.

## Jedleseer Straße

**Floridsdorf, Groß-Jedlersdorf II und Jedlesee, führt von der Floridsdorfer Hauptstraße zur Christian-Bucher-Gasse; benannt nach dem Ort Jedlesee.**

Jedlesee ist das älteste jener Dörfer, die gemeinsam den Bezirk Floridsdorf bilden. Der Name „outcinessevve" scheint bereits 1014 in einer Urkunde auf. Der nahe bei der „Schwarzen Lacke" gelegene Ort wurde oft überschwemmt. Zwischen Jedlesee und Nußdorf bestand lange Zeit eine Überfuhr. Der Bau der Reichsstraße nach Böhmen (1736) und der Bau der Nordwestbahn (1872) gaben Jedlesee neue Impulse. Beidemal wurde die Wohnbautätigkeit angeregt, viele Menschen zogen zu. 1894 wurde Jedlesee der Großgemeinde Floridsdorf einverleibt.

## Jeneweingasse

**Jedlesee, früher Augasse, müßte richtig Jenoweingasse heißen, führt von der Christian-Bucher-Gasse zur Anton-Bosch-Gasse; benannt nach dem Jedleseer Bürgermeister Josef Jenowein.**

Die Bezeichnung Jeneweingasse dürfte durch einen Irrtum zustande gekommen sein: In Jedlesee lebte die Familie Jenowein, aber auch eine Familie namens Jennewein. Die heutige Straßenbezeichnung ist ein Gemisch aus beiden Namen. Josef Jenowein wurde am 29. Jänner 1830 geboren. Er war von 1864 bis 1882 und von 1885 bis 1886 Bürgermeister von Jedlesee. Jenowein ist für seine Verdienste um den Ort ausgezeichnet worden. Er starb am 17. Dezember 1899.

## Jerusalemgasse

**Leopoldau, Großfeldsiedlung, führt von der Julius-Ficker-Straße zur Schererstraße; benannt nach dem Philosophen und Pädagogen Wilhelm Jerusalem.**

Wilhelm Jerusalem wurde am 11. Oktober 1854 in Drenitz geboren. Er studierte klassische Sprachen in Prag und befaßte sich aus Familientradition mit dem Studium der hebräischen Sprache, des Alten Testaments und des Talmuds. Ab 1878 war Jerusalem Gymnasialprofessor in Nikolsburg, von 1885 bis 1920 war er in Wien tätig. 1903 wurde seine Lehrbefugnis auf Pädagogik ausgedehnt. Wilhelm Jerusalem starb am 15. Juli 1923 in Wien.

## Jiricekgasse

**Strebersdorf, müßte richtig Jirečekgasse heißen, führt von der Scheydgasse zur Bonitzgasse; benannt nach dem Historiker Josef Konstantin Jireček.**

Josef Konstantin Jireček wurde am 24. Juli 1854 in Wien geboren. 1872 übersiedelte er mit seinen Eltern nach

Prag, wo er mehrere Sprachen (Tschechisch, Russisch, Bulgarisch, Serbokroatisch, Neugriechisch, Italienisch, Rumänisch, Ungarisch und Türkisch) lernte. An der Prager Universität studierte Jireček Geschichte. Nach seiner Arbeit als Privatdozent an der Prager Universität wurde er nach Bulgarien berufen, wo er zunächst Generalsekretär des Unterrichtsministers, 1881/82 Unterrichtsminister, Präsident des Unterrichtsrates und Direktor der Nationalbibliothek war. 1884 kehrte er nach Prag zurück. Ab 1893 unterrichtete er slawische Philologie und Geschichte an der Universität Wien. Er schrieb unter anderem: „Geschichte der Serben", „Das Fürstentum Bulgarien", „Die Romanen in den Städten Dalmatiens". Josef Konstantin Jireček starb am 10. Jänner 1918 in Wien.

## Jochbergengasse

**Groß-Jedlersdorf I, führt von der Jedlersdorfer Straße zur Ödenburger Straße; benannt nach den Jochbergen.**

„Jochbergen" ist ein alter Riedname, der als Gassenname weiterbesteht.

## Johann-Knoll-Gasse

**Jedlesee, führt von der Johann-Treixler-Gasse zur Prager Straße; benannt nach dem Wiener Stadtrat Johann Knoll.**

Johann Knoll wurde am 12. Mai 1856 in Groß-Weikersdorf geboren. Er wurde Selcher und baute in Floridsdorf einen eigenen Betrieb auf. 1906 wurde er in den Stadtrat gewählt, wo Knoll bis 1919 tätig war. Der damalige Stadtrat ist etwa dem heutigen Stadtsenat gleichzusetzen, bestand aber aus 22 Mitgliedern. Stadträte waren nicht wie heute Leiter von Verwaltungsgruppen. Knoll erhielt 1911 die Große Goldene Salvatormedaille für Verdienste um die allgemeine Wohlfahrt. Er starb am 22. Jänner 1924.

## Johann-Laufner-Gasse

**Groß-Jedlersdorf I, Sackgasse, in der Siemensstraße beginnend; benannt nach dem Jedlersdorfer Ortsrichter Johann Laufner.**

Johann Laufner wurde 1786 geboren.

Als der Ortsrichter Anton Berger 1821 sein Amt niederlegte, übernahm es Laufner. Er blieb sieben Jahre lang Ortsrichter und übernahm diese Aufgabe 1831, nach dreijähriger Pause, wieder. Drei Jahre lang, von 1828 bis 1831, hatte Georg Oswald das Amt inne. Johann Laufner blieb bis zu seinem Tod (1848) Ortsrichter in Jedlersdorf. Während seiner Amtszeit wurde Jedlersdorf an das Stift Klosterneuburg verkauft.

## Johann-Treixler-Gasse

**Jedlesee, führt von der Prager Straße zur Tomaschekstraße; benannt nach dem Groß-Jedlersdorfer Schuldirektor Johann Nepomuk Treixler.**

Johann Nepomuk Treixler wurde 1842 geboren. Er betätigte sich schriftstellerisch, war vor allem aber Schulmann. Als solcher war Treixler Mitbegründer des Deutschen Schulvereins in Österreich (erste Vollversammlung: 2. Juli 1880). Der Verein hatte zum Ziel, in den österreichischen Ländern mit sprachlich gemischter Bevölkerung die Erlangung und Erhaltung deutscher Schulen zu fördern. Ende 1892 hatte der Verein bereits 95.000 Mitglieder. Von 1867 bis 1876 war Treixler Lehrer in Groß-Jedlersdorf. Es war dies die Zeit, da große Fabriken entstanden, und deshalb wurde in Groß-Jedlersdorf eine zweite Schule gebaut. Dieser zweiten Volksschule, die am 18. September 1876 ihrer Bestimmung übergeben wurde, stand Johann Nepomuk Treixler als Direktor vor. Treixler leitete auch eine Schule in Niederkreuzstetten. Er starb am 28. März 1898 in Wien.

## Johann-Weber-Straße

**Stammersdorf, führt von der Jedlersdorfer Straße zur Stammersdorfer Straße; benannt nach dem Stammersdorfer Gemeinderat Johann Weber.**

Johann Weber wurde 1839 geboren. Er war Privatier, Realitätenbesitzer, Ehrenbürger und Gemeinderat in Stammersdorf. 1875 soll Weber auch Bürgermeister des Ortes gewesen sein. Er erwarb sich Verdienste auf dem Gebiet der Gemeindefinanzierung. Johann Weber starb am 13. September 1909.

## Josef-Baumann-Gasse

**Leopoldau, führt von der Donaufelder Straße zur Eipeldauer Straße; benannt nach dem Leopoldauer Bürgermeister Josef Baumann.**

Josef Baumann wurde 1840 geboren. Er war seit dem 9. August 1876 Bürgermeister von Leopoldau, später auch Landtagsabgeordneter. Während seiner Amtszeit entstand die Gemeinde „Neu-Leopoldau mit Mühlschüttel". Weil „Neu-Leopoldau" oft mit der alten Ortschaft Leopoldau verwechselt wurde, beantragte Baumann die Änderung des Namens „Neu-Leopoldau" auf „Donaufeld". Ab 1886 wurde der Ort so genannt. Josef Baumann starb 1920.

## Josef-Flandorfer-Straße

**Stammersdorf, führt von der Dr.-Nekowitsch-Straße zur Brünner Straße; benannt nach dem Stammersdorfer Gemeinderat Josef Flandorfer.**

Josef Flandorfer wurde 1844 geboren. Er war Wirtschaftsbesitzer in Stammersdorf und wurde von 1900 bis 1908 in den Stammersdorfer Gemeinderat berufen. Nähere Einzelheiten sind nicht bekannt. Flandorfer starb 1920.

## Josef-Melichar-Gasse

**Donaufeld, Bruckhaufen, früher Siedlergasse, führt von Am Hubertusdamm zur Arbeiterstrandbadstraße; benannt nach dem Begründer des Siedlervereins „Bruckhaufen", Josef Melichar.**

Josef Melichar wurde am 2. Februar 1863 in Auspitz (Mähren) geboren. Als er elf Jahre alt war, kam er nach Wien. In Meidling wohnend, erlernte er das Perlmutter-Drechsler-Handwerk. 1902 zog Melichar nach Floridsdorf. 1919 wohnte er schon auf dem Bruckhaufen, wo er die noch heute bestehende Siedlung gründete. Bis zur Pension war er Postbeamter. Melichar starb am 31. Jänner 1955.

## Josef-Ruston-Gasse

**Jedlesee, führt von Am Hubertusdamm zur Äugelgasse; benannt nach den Brüdern Josef und John Ruston.**

Josef Ruston wurde am 3. März 1809 in London geboren. Ruston war Schiffsbauingenieur bei der Firma „Boulton und Watt" in London. Er wurde 1832 vom Mitbegründer der Donau- und Elbeschiffahrt John Andrews geholt und baute auf der Elbe den Dampfer „Bohemia". 1835 arbeitete Ruston auf der Andrewschen Werft unterhalb Floridsdorfs. 1847 starb Andrews, Josef Ruston heiratete dessen Witwe und erwarb die Traunsee-Schiffahrt von den Erben seines früheren Chefs. Dann holte er seinen Bruder John, geboren am 28. Jänner 1820, der ebenfalls Schiffbauingenieur war. 1848 baute John Ruston in Böhmen die „Saxonia". 1854 kamen beide Brüder nach Wien und gründeten im Klosterneuburger Arm der Donau eine Schiffswerft. Als dieser versandete, übersiedelten sie mit ihrem Werk in die Schwarzlackenau. Im Jahr wurden etwa 5 bis 6 Dampfer und 35 bis 40 Schlepper gebaut. Nach der Donauregulierung fand sich kein Platz für die Werft. Sie wurde 1873 aufgelassen. John Ruston verunglückte am 28. August 1873 bei einem Schiffsbrand auf dem Traunsee tödlich, Josef Ruston starb am 2. März 1895 in Wien.

## Josef-Türk-Gasse

**Schwarzlackenau, führt von der Weißenwolffgasse zur Tomaschekstraße; benannt nach dem Vorstand des Floridsdorfer Fürsorgeinstituts, Josef Türk.**

Von Josef Türk ist lediglich bekannt, daß er 1856 geboren wurde und Vorstand des Fürsorgeinstituts in Floridsdorf war. Er starb 1923.

## Josef-Wakovsky-Gasse

**Strebersdorf, Sackgasse, in der Graedenergasse beginnend; benannt nach dem Komponisten und Schrammelmusiker Josef Wakovsky.**

Josef Wakovsky wurde am 4. März 1900 in Wien geboren. Er besuchte die Volks- und Bürgerschule in der Deublergasse und erlernte anschließend das Schlosser- und Spenglerhandwerk. Ohne einen Lehrer zu haben, erlernte er das Harmoniaspiel. Nach 1930, während der Arbeitslosenzeit, war die Harmonika seine einzige Einnahmequelle. 1932 bezog Wakovsky eine Gemeindewohnung im Karl-Seitz-Hof. Während des Zweiten Weltkrieges war er bei Austro-Fiat kriegsdienstverpflichtet. Nach dem Krieg wurde er freischaffender Künstler und beschäftigte sich nur noch mit Musik. Seinem Heimatbezirk widmete er den „Floridsdorfer Marsch", seine bekannteste Komposition ist wohl „Der narrische Kastanienbaum". Mit seinen Schrammeln spielte Wakovsky in dem Film „Kleine Melodien aus Wien". In den fünfziger Jahren erhielt er Engagements in der Schweiz, in Innsbruck und im Hotel Panhans auf dem Semmering. Josef Wakovsky starb am 31. März 1959 in Wien.

## Josef-Zapf-Gasse

**Jedlesee, führt von der Prager Straße zur Poppenwimmergasse; benannt nach dem Textdichter Josef Zapf.**

Josef Zapf wurde am 29. November 1847 als Sohn eines armen Seidenwebers auf dem Schottenfeld geboren. Er wurde Graveur und schrieb den Text „Lied der Arbeit", der 1868 von Josef Scheu vertont und zur österreichischen Arbeiterhymne wurde. Josef Zapf starb am 28. Jänner 1902 in Wien.

## Julius-Ficker-Straße

**Leopoldau, Großfeldsiedlung, führt von der Siemensstraße zur Seyringer Straße; benannt nach dem Historiker Julius Ficker.**

Julius Ficker wurde am 30. April 1826 in Paderborn geboren. Er studierte in Bonn, Münster und Berlin. Von der Universität Bonn, wo er unterrichtete, berief ihn Unterrichtsminister Leo Graf Thun im Zuge der Hochschulreform an die Universität Innsbruck. 1863 übernahm Ficker die neugeschaffene Lehrkanzel für deutsche Reichs- und Rechtsgeschichte. 1879 zog er sich zurück, um sich seinen wissenschaftlichen Arbeiten widmen zu können. Julius Ficker war bis zu seinem Tod geistiger Mittelpunkt eines großen Kreises Gelehrter von internationaler Bedeutung. Grundlegend sind seine „Beiträge zur Urkundenlehre". Er starb am 10. Juli 1902 in Innsbruck.

## Justgasse

**Groß-Jedlersdorf I, führt vom Berzeliusplatz zur Ruthnergasse; benannt nach dem Jedlersdorfer Pfarrer Ferdinand Just.**

Ferdinand Just wurde am 13. Februar 1843 in Wien geboren. Er war Pfarrer in Puchberg am Schneeberg und kam am 31. Oktober 1890 in die Pfarre Groß-Jedlersdorf. Danach wirkte er an der Pfarre St. Brigitta. Just starb am 24. September 1912.

# K

## Kaftangasse

**Leopoldau, führt von der Herzmanovsky-Orlando-Gasse zur Adolf-Loos-Gasse; benannt nach dem Gründer des Uhrenmuseums, Rudolf Kaftan.**

Rudolf Kaftan wurde am 13. April 1870 in Haslach (Oberösterreich) geboren. An der Universität Wien studierte er Mathematik, Physik, Astronomie und Pädagogik. Kaftan unterrichtete an einer Mittelschule in Währing. Schon in der Kindheit zeigte er reges Interesse für Uhren. Er legte eine Sammlung an und entwickelte mehrere Spezialuhren. Für die Konstruktion der ersten elektrischen Pausenläutuhr für Schulen wurde er 1906 ausgezeichnet. 1917 kaufte die Gemeinde Wien Kaftans Sammlung um 120.000 Kronen. Die Uhren wurden im Haus Schulhof 2 untergebracht. Am 30. Mai 1921 wurde dort das erste Uhrenmuseum der Welt eröffnet. Rudolf Kaftan war dessen Leiter. Er starb am 4. Jänner 1961 in Wien.

## Kahlgasse

**Donaufeld und Floridsdorf, führt von der Bentheimstraße zum Kinzerplatz; benannt nach dem Floridsdorfer Bürgermeister Josef Kahl.**

Josef Kahl war der letzte Ortsrichter von Floridsdorf (1846–1849). Auf Grund des provisorischen Gemeindegesetzes von 1849 wurde er zum ersten Bürgermeister gewählt. Diesen Posten hatte der im Haus Hauptstraße 50 wohnende Josef Kahl bis 1861 inne. Trotz vieler Ausgaben durch Hochwasser und Einquartierung verschiedener Truppenteile machte die Gemeinde Floridsdorf unter Bürgermeister Kahl Fortschritte: 1855 wurde mit der Straßenbespritzung begonnen, 1861 wurde eine neue Feuerspritze gekauft.

## Kainachgasse

**Leopoldau, führt von der Thayagasse zur Illgasse; benannt nach dem Fluß Kainach.**

Die Kainach entspringt am Südostabhang der Gleinalpe (Steiermark) und mündet bei Wildon in die Mur.

## Kaingasse

**Strebersdorf, führt von der Mayerweckstraße zur Stadtgrenze, benannt nach dem Strebersdorfer Wirtschaftsbesitzer Johann Kain.**

Der Strebersdorfer Wirtschaftsbesitzer Johann Kain vermachte vor seinem Tod sein ganzes bewegliches und unbewegliches Vermögen der Gemeinde Strebersdorf. Er bestimmte, daß seiner Dienstmagd, dem Armeninstitut, der Schule und der Stammersdorfer Kirche bestimmte Summen zugewendet werden. Das übrige Vermögen sollte zur Errichtung einer Benefiziatenstelle verwendet werden. Da keine kirchlichen Gewänder und Geräte vorhanden waren, verzögerte sich die Erfüllung des letzten Wunsches Kains elf Jahre. Mitbestimmend für die fromme Stiftung dürfte gewesen sein, daß am 8. Dezember 1841, während Johann Kain einer Messe in Stammersdorf beiwohnte, in seinem Haus Frau und Tochter mit einer Hacke erschlagen wurden. Der Täter blieb unerkannt. Johann Kain starb am 12. Juli 1864.

## Kallbrunnergasse

**Strebersdorf, führt von der Arnimgasse zum Frischweg; benannt nach dem Archivar Josef Kallbrunner.**

Josef Kallbrunner wurde am 23. November 1881 in Langenlois geboren. Er studierte Philosophie an der Universität Wien. Nach dem Studium trat er als Archivar ins Staatsarchiv des Innern und der Justiz ein. Er schrieb mehrere Bücher, darunter: „Maria Theresia als Herrscherin", „Wohnungssorgen im alten Wien". Kallbrunner starb am 29. März 1951.

## Kalsergasse

**Leopoldau, verbindet die in einem Bogen geführte Steinheilgasse; benannt nach der Bäckerei Kalser.**

Die Bäckerei Kalser bestand von 1906 bis 1970 am Leopoldauer Platz 87. In der Kalsergasse besaß die Familie einen Grund. Josef Kalser (geboren am 31. Oktober 1878 in Erdberg, gestorben am 18. Oktober 1937 in Wien) war der Gründer der Bäckerei. Das Geschäft wurde von Josef Kalser jun. (geboren am 20. Mai 1908 in Wien, gestorben am 28. Dezember 1960 in Wien) weitergeführt. Seine Gattin Anna Kalser (geboren am 18. Jänner 1913) leitete die Bäckerei bis zur Schließung.

## Kammelweg

**Jedlesee, früher Enzersdorfer Weg, führt von der Michtnergasse zur Tomaschekstraße; benannt nach dem Psychologen und Pädagogen Willibald Franz Josef Kammel.**

Willibald Kammel wurde am 27. Mai 1879 in Steinschönau (Böhmen) geboren. Er studierte an den Universitäten in Wien, Leipzig, Hamburg, Salzburg und Grenoble. Kammel erfand das Ästhesiometer, einen Empfindungs- und Wahrnehmungsmesser. Er gründete das erste österreichische Institut für experimentelle Psychologie und Jugendkunde. Über dieses Thema hat Kammel viel geschrieben. Er starb am 16. April 1953.

## Kantnergasse

**Groß-Jedlersdorf I, Sackgasse, in der Edergasse beginnend, die Siemensstraße querend; benannt nach dem Jedlersdorfer Oberlehrer Simon Kantner.**

Simon Kantner wurde 1809 geboren. Er war der Nachfolger des Jedlersdorfer Lehrers Matthias Kober, der im Jahre 1836 starb. Neben seinem Lehrberuf war Kantner seit 26. Juni 1850 auch Ge-

meinderat von Floridsdorf. Er starb am
1. Oktober 1867 in Jedlersdorf.

## Karl-Aschenbrenner-Gasse

**Floridsdorf, führt von der Schöpfleuth-
nergasse zur Linken Nordbahngasse;
benannt nach dem Hauptschuldirektor
Karl Aschenbrenner.**
Karl Aschenbrenner wurde am 24. Februar 1865 in Seltschan (Südböhmen)
geboren. Später wohnte die Familie in
Prachatitz, zwei Häuser neben dem
ehemaligen Wohnhaus des Hans Puchs-
baum, Dombaumeister von St. Stephan.
Karl Aschenbrenner besuchte die Lehrerbildungsanstalten in Budweis und in
Krems. 1885 trat er in der Schule Kuenburggasse den Dienst an, wirkte dann
an der Schule Ecke Schloßhofer Straße–Schöpfleuthnergasse und wurde
schließlich Direktor der Schule Deublergasse. Bei Professor Lichtenfels studierte Aschenbrenner Malerei. Er schuf
Aquarelle, Zeichnungen, Ölbilder und
Radierungen. Seine Motive waren
hauptsächlich Landschaften in und um
Floridsdorf. Karl Aschenbrenner starb
am 30. März 1955 in Floridsdorf.

## Karl-Benz-Weg

**Groß-Jedlersdorf I, führt von der Geras-
dorfer Straße zur Ruthnergasse; benannt nach dem deutschen Ingenieur
Carl Friedrich Benz.**
Carl Friedrich Benz wurde am 25. November 1844 in Karlsruhe geboren. 1883
gründete er in Mannheim die Benz &
Cie. Gasmotorenfabrik. 1884 konstruierte er einen dreirädrigen Motorwagen.
1926 schlossen sich die Firma Benz &
Cie. und die Daimler-Motoren-Gesell-
schaft zur Daimler-Benz AG. zusammen. Carl Benz starb am 4. April 1929
in Ladenburg.

## Karl-Gramm-Gasse

**Jedlesee, führt von der Poppenwim-
mergasse zur Kreuzfeldgasse; benannt
nach dem Komponisten Karl Gramm.**
Karl Gramm wurde 1855 geboren. Er ist
als Komponist des deutschen Sozia-
listenmarsches in die Geschichte der Ar-
beiterpartei eingegangen. Karl Gramm
starb 1927.

## Karl-Lothringer-Straße

**Stammersdorf, führt von der Georg-Ul-
brich-Gasse zur Dammäckergasse; benannt nach Herzog Karl von Lothringen.**
Karl V. von Lothringen wurde am
3. April 1643 in Wien geboren. Er wurde von seinem Onkel, Karl IV., zu dessen Herrschaftsnachfolger bestimmt.
Beide wurden aber 1669 durch die
Franzosen vertrieben. Karl V. trat in
österreichische Kriegsdienste. 1669 und
1674 bewarb er sich vergebens um die
polnische Krone. Der Lothringer befrei-
te 1683 Wien von den Türken, schlug
sie 1685 bei Gran und siegte 1687 bei
Mohács. 1689 kämpfte er gegen die
Franzosen und eroberte Mainz und
Bonn. Er war mit der Schwester Kaiser
Leopolds I., der Witwe des Königs Michael von Polen, verheiratet. Sein Sohn
Leopold erhielt 1697 Lothringen zurück,
sein zweiter Sohn, Karl Leopold, wurde
Kurfürst von Trier. Karl V. starb am
18. April 1690 in Wels.

## Kendegasse

**Donaufeld, Sackgasse, in der Leopold-
auer Straße beginnend; benannt nach
dem Historiker und Geographen Oskar
Kende.**
Oskar Kende wurde am 24. Jänner 1881
in Wien geboren. Er studierte in Wien
Geschichte und Geographie und war
anschließend in Prag als Lehrer tätig.
Von 1909 bis 1938 unterrichtete er in
der Staatsrealschule Wien 15. Er verfaßte zahlreiche Schulbücher. 1930 gab er
gemeinsam mit J. Müller und E. Richter
einen Mittelschulatlas heraus. Oskar
Kende starb am 17. März 1945 in Ehr-
wald (Tirol).

## Kerpengasse

**Schwarzlackenau, führt von der Über-
fuhrstraße zur Voltelinistraße; benannt
nach dem Infanterieregiment Kerpen
Nr. 49.**
Das Infanterieregiment Kerpen Nr. 49
zeichnete sich am 13. Mai 1809 im
Kampf gegen die in der Schwarzlackenau gelandeten Franzosen durch besondere Tapferkeit aus. Der Regiments-
kommandeur hieß Karl Baron Kerpen.

# Kinzerplatz

**Donaufeld, früher Kirchenplatz, zwischen Kahlgasse, Theodor-Körner-Gasse, Franklinstraße und Scheffelstraße; benannt nach Karl Kinzer.**

Karl Kinzer wurde 1857 geboren. Er baute von 1901 bis 1910 die 2. Wiener Hochquellenwasserleitung. Die Leitungen sind etwa 200 km lang, die Maximalleistung beträgt 200.000 Kubikmeter Wasser pro Tag. Bis 1910 gab es im Floridsdorfer Gebiet nur Grundwasser. Kinzer starb 1916.

# Kirchhoffgasse

**Donaufeld, früher Neugasse, führt von der Prießnitzgasse zur Morelligasse; benannt nach dem deutschen Physiker Gustav Robert Kirchhoff.**

Gustav Robert Kirchhoff wurde am 12. März 1824 in Königsberg geboren. Er studierte dort Mathematik und Physik, wurde dann Professor in Breslau, Heidelberg und Berlin. Seine ersten Arbeiten führten ihn zu den Gesetzen der Stromverzweigung, weitere Arbeiten bezogen sich auf die Ströme in nicht linearen Leitern, die Bewegungsgleichungen der Elektrizität, die Elastizität, die mechanische Wärmetheorie und auf das Gebiet der Optik. Gemeinsam mit Bunsen entwickelte er 1859/60 die Spektralanalyse. Diese neue Methode führte bald danach zur Entdeckung der Elemente Cäsium und Rubidium. Im Zuge dieser Arbeit gelang es Kirchhoff, die Fraunhoferschen Linien im Sonnenspektrum zu erklären. Kirchhoff war einer der bedeutendsten Physiker des 19. Jahrhunderts. Er starb am 17. Oktober 1887 in Berlin.

# Klagergasse

**Groß-Jedlersdorf I, führt von der Brünner Straße zur Baumergasse; benannt nach dem Jedlersdorfer Ortsrichter Adam Klager.**

1789 und 1817 war, wie aus alten Aufzeichnungen hervorgeht, Adam Klager Ortsrichter von Jedlersdorf. Er war es gewiß nicht den ganzen Zeitraum über, denn aus dem Jahre 1804 ist bekannt, daß Anton Laufner das Amt bekleidete. Während Klagers Amtsperiode wurde in Jedlersdorf am Spitz das Gemeindegasthaus gebaut, das später vielen Floridsdorfern und Jedlersdorfern Sicherheit bei Hochwasser bot.

# Kleinhausgasse

**Strebersdorf, führt von der Langenzersdorfer Straße zur Kaingasse; benannt nach Kleinhäusern.**

Kleinhäuser, die in diesem Gebiet nach dem geltenden Bebauungsplan aufgestellt werden dürfen, haben der Gasse den Namen gegeben.

# Klingenbachgasse

**Groß-Jedlersdorf I, führt von der Ödenburger Straße zur Babitschgasse; benannt nach dem Ort Klingenbach.**

Klingenbach ist ein burgenländischer Grenzort an der Straße Wien–Sopron (Ödenburg). Er liegt in 231 Meter Seehöhe und hat etwa 1300 Einwohner.

# Knaackgasse

**Groß-Jedlersdorf I, führt von der Holetschekgasse zur Gerasdorfer Straße; benannt nach dem Schauspieler Wilhelm Knaack.**

Wilhelm Knaack wurde am 13. Februar 1829 in Rostock geboren. Er stand zum erstenmal 1846 im Rahmen einer Wohltätigkeitsveranstaltung auf der Bühne und wurde daraufhin für den Chor und für kleine Rollen am Rostokker Stadttheater engagiert. In der Folge kam er nach Stralsund, Greifswald, Güstrow, Lübeck, Danzig, Berlin und Prag. 1857 holte ihn Johann Nestroy ans Carl-Theater nach Wien. Knaack übernahm bald darauf Nestroys Rollen. 1860 gastierte er in Budapest, 1882 ging er auf Tournee nach Amerika. Zusammen mit Karl Blasel und Josef Matras bildete er ein in Wien sehr beliebtes Komikertrio. Wilhelm Knaack starb am 29. Oktober 1894 in Wien.

# Knauffgasse

**Strebersdorf, führt von Am Bisamberg zur Anton-Böck-Gasse; benannt nach dem Schulbruder Cosmus Knauff.**

Cosmus Knauff wurde 1839 in Plittersdorf im Rheinland geboren. Er wirkte seit 1859 in der Kongregation der christlichen Schulbrüder in Deutschland, später in Luxemburg und Belgien und seit 1884 in Österreich. Er eröffnete 1886 die Niederlassung der Schulbrüder in Strebersdorf. Er setzte sich für die Eröffnung eines Postamtes und einer Nordwestbahnhaltestelle in Strebersdorf ein und gründete das Pensionat St. Josef, das Strebersdorf als Schulort bekannt machte. Cosmus Knauff starb am 5. Jänner 1911 in Strebersdorf.

# Knöfelgasse

**Groß-Jedlersdorf I, südlich der Empergergasse; benannt nach dem Schuhmacher Robert Gottlieb Knöfel.**

Robert Gottlieb Knöfel wurde am 5. Februar 1834 in Wildsruff bei Dresden geboren. Er erlernte bei seinem Vater das Schuhmacherhandwerk. Während seiner Wanderjahre blieb er eine Zeitlang in Weimar, wurde dort Obmann des Turn- und Bildungsvereins, nahm Unterricht in Zeichnen, Geometrie und Anatomie, legte 1860 in Dresden die Meisterprüfung ab und gründete einen Arbeiterbildungsverein, wo er lehrte, was er in Weimar gelernt hatte. Er blieb ab 1873 in Wien und war Mitbegründer der „Wiener Schuhmacherzeitung". 1876 eröffnete er eine private „Wiener Schuhmacher-Lehranstalt". Knöfel bestimmte die fachliche Ausbildung im Schuhmacherhandwerk von ganz Mitteleuropa. Er schrieb ein Lehrbuch für dieses Gewerbe. Robert Gottlieb Knöfel starb am 14. Juni 1884 in Wien.

# Kollarzgasse

**Groß-Jedlersdorf I, führt von der Gerasdorfer Straße zur Gaswerkstraße; benannt nach dem Fürsorgerat Josef Kollarz.**

Josef Kollarz wurde am 18. Juli 1873 in Altlengbach geboren. Die Eltern bestimmten, daß ihr Sohn im Stift Lilienfeld ein Studium zum Lehrer absolvieren sollte. Josef Kollarz aber wollte lieber Kaufmann werden und nahm eine entsprechende Lehrstelle in Hainfeld an. Als kaufmännischer Beamter kam er zur in Floridsdorf ansässigen Fabrik Brevillier & Urban. 1910 wurde er von Bürgermeister Lueger als Armenrat vereidigt. Bei seiner Arbeit für die sozial

Schwachen erwarb er sich große Verdienste. Josef Kollarz starb am 19. April 1955 in Wien.

# Koloniestraße

**Groß-Jedlersdorf II, führt von der Prager Straße zur Jedlersdorfer Straße; benannt nach einer Wohnhausanlage.**

1873 wurde für die Beamten und Arbeiter der Nordwestbahn eine Wohnhausanlage gebaut. Diese Anlage wurde „Nordwestbahnkolonie" genannt.

# Königsteingasse

**Donaufeld, führt von der Kugelfanggasse zur Sandrockgasse; benannt nach dem Floridsdorfer Bezirksrat Wilhelm Königstein.**

Wilhelm Königstein wurde 1888 geboren. Er war Eisenbahner, Funktionär der Sozialdemokratischen Partei und der Eisenbahnergewerkschaft. Von 1923 bis 1934 war Königstein Bezirksrat von Floridsdorf. Er starb 1934. Seine Witwe war die Bedienerin von Franz Jonas, als dieser Bürgermeister von Wien war.

# Kormorangasse

**Schwarzlackenau, früher Hauptgasse, führt von der Wolsteingasse zur Adolf-Uthmann-Gasse; benannt nach dem Kormoran.**

Die Kormorane gehören zur Ordnung der Ruderfüßer. Etwa 30 verschiedene Arten sind auf der Erde verbreitet und siedeln an Meeresküsten oder Binnenseen. Sie werden in vier Gruppen eingeteilt: Kleinkormorane, Großkormorane, Krähenscharben und Guanokormorane. Kormorane werden 48 bis 92 Zentimeter lang und 70 Dekagramm bis 3,5 Kilogramm schwer. Sie werden erst mit zwei oder drei Jahren geschlechtsreif und bekommen dann ein meist schwarzes, glänzendes „Alterskleid". Die drei bis vier Eier werden von den Eltern 25 Tage gebrütet. Kormorane benutzen einmal gebaute Nester mehrere Jahre. Sie nisten auf Bäumen oder in Felsnischen. Ihre Nahrung - Fische, Krebse, Lurche - holen sie aus dem Meer oder dem Süßwasser. Kormorane sind ausgezeichnete Taucher und verfolgen ihre Beute unter Wasser. Unverdauliche Nahrungsreste werden in einem roten, von der Magenwand abgestreiften Schleimsack ausgewürgt.

## Koschakergasse

**Leopoldau, Großfeldsiedlung, führt von der St.-Michael-Gasse zur Robert-Lach-Gasse; benannt nach dem Rechtsgelehrten Paul Koschaker.**

Paul Koschaker wurde am 19. April 1879 in Klagenfurt geboren. Nach dem Studium wurde er Privatdozent in Graz, 1908 Professor in Innsbruck, ein Jahr später in Prag, 1914 in Frankfurt am Main, dann in Leipzig, Berlin, Tübingen, 1948 in Ankara. Paul Koschaker, der viele Ehrendoktorate ausländischer Universitäten besaß, beschäftigte sich vorwiegend mit dem römischen Recht und der vergleichenden Rechtsgeschichte. Er starb am 1. Juni 1951 in Basel.

## Koschiergasse

**Groß-Jedlersdorf I, nördlich der Empergergasse; benannt nach dem Beamten und Pionier des Briefmarkenwesens Laurenz Koschier.**

Laurenz Koschier wurde am 29. Juli 1804 in Unterluscha geboren. Er besuchte das Gymnasium in Laibach und trat anschließend in den Staatsdienst. In Wien war er in der Posthofbuchhaltung tätig. Er wurde Rechnungsrat (1851), Vizestaatsbuchhalter (1857), und 1871 wurde er nach einer fälschlichen Anklage vom Dienst suspendiert. Koschier behauptete, in den Jahren 1835, 1839 und 1848 der Allgemeinen Hofkammer und dem Finanzministerium Vorschläge zur Einführung von Briefmarken gemacht zu haben. (Die diesbezüglichen Akten waren jedoch unauffindbar.) 1837, so Koschier, habe er dieselbe Idee dem englischen Handelsagenten Galvay unterbreitet, worauf Rawland Hill die Briefpostreform und die Einführung der Briefmarken in England vorgeschlagen habe. Koschier wollte seine Prioritätsrechte geltend machen, sein Bemühen war jedoch vergeblich. Er starb am 7. August 1879 in Wien.

## Kramreitergasse

**Floridsdorf, führt von der Zaunscherbgasse zur Angerer Straße; benannt** nach dem Architekten **Robert Kramreiter.**

Robert Kramreiter wurde am 18. September 1905 geboren. Er besuchte die Staatsgewerbeschule für Hochbau und die Akademie der bildenden Künste in Wien. Er hielt sich mehrere Jahre in Köln und in Spanien auf. Zu seinen bedeutendsten Werken gehören einige Kirchen in Wien (St.-Josefs-Kirche in Floridsdorf), das Österreichische Nationaldenkmal in Schönbrunn, das Kulturinstitut in Madrid. Robert Kramreiter starb am 20. April 1965.

## Kravoglgasse

**Groß-Jedlersdorf I, führt von der Skraupstraße zur Ruthnergasse; benannt nach dem Erfinder Johann Kravogl.**

Johann Kravogl wurde am 24. Mai 1823 in Lana (Südtirol) geboren. Er verlor früh seine Eltern und erhielt äußerst schlechte Schulbildung. Auf dem Gebiet der Naturwissenschaften eignete er sich selbst großes Wissen an. Der gelernte Schlosser verbrachte einen Großteil seiner Freizeit an den Technischen Hochschulen in München und Wien. 1857 ließ er sich als selbständiger Mechaniker in Wilten nieder. Einige seiner Erfindungen: Modell einer Preßluftlokomotive (1844), Vakuumpumpe (1861), ein Elektromotor, der alle bisherigen Konstruktionen übertraf (1867). Kravogl konnte mit keiner seiner Erfindungen wirtschaftlichen Erfolg erzielen. Er starb am 1. Jänner 1889 in Brixen.

## Kreuzfeldgasse

**Groß-Jedlersdorf II, Jedlesee und Strebersdorf; führt von der Koloniestraße zur Karl-Gramm-Gasse; benannt nach dem Kreuzfeld.**

„Kreuzfeld" ist ein alter Flurname, der als Gassenname weiterbesteht.

## Krottenhofgasse

**Strebersdorf und Stammersdorf, führt von der Strebersdorfer Straße zur Hagenbrunner Straße; benannt nach dem Krottenhof.**

Der Krottenhof gehörte zur Gemeinde Krottendorf. Krottendorf wurde erstmals im 12. Jahrhundert im Klosterneuburger Salbuch erwähnt. Besitzer waren unter anderem das Stift Heiligenkreuz, das Stift Schotten, Wigand Eisenbeutl, Ludwig von Döbling, 1379 kaufte die Gemeinde Strebersdorf den Krottenhof. Man nimmt an, daß Krottendorf 1440 bei einem verheerenden Hochwasser völlig vernichtet wurde. Die Gemeinde Strebersdorf blieb bis 1848 für den Krottenhof zinspflichtig.

## Kuenburggasse

**Groß-Jedlersdorf II, Sackgasse, in der Immengasse beginnend; benannt nach dem Korneuburger Bezirkshauptmann Leopold Graf von Kuenburg.**

Leopold Kuenburg wurde am 26. November 1848 in Linz geboren. Er besuchte dort das Gymnasium und studierte Jus in Graz. 1873 nahm er eine Stellung bei der k. k. Statthalterei in Prag an. Nach Jahren der Arbeit in Tetschen, Brüx und Prag wurde der mittlerweile zum k. k. Kämmerer ernannte Kuenburg 1882 ins Ministerium für Inneres berufen. Zwei Jahre später wurde er provisorischer Bezirkshauptmann in Gablonz und schließlich Bezirkshauptmann von Korneuburg. 1893 wurde er als wirklicher Statthaltereirat zur Statthalterei einberufen. Kuenburg führte 1894 die Vereinigung von Floridsdorf, Jedlesee, Donaufeld und Neu-Jedlersdorf zur Großgemeinde Floridsdorf durch. Er starb 1921.

## Kugelfanggasse

**Donaufeld, Bruckhaufen, führt von der Donauturmstraße zur Arbeiterstrandbadstraße; benannt nach einem Erdaufwurf.**

Im Insel- und Augebiet des Bruckhaufens, an der Wagramer Straße, befand sich eine k. k. Militärschießstätte. Der Kugelfang war ein Erdaufwurf, der die Aufgabe hatte, Passanten vor abirrenden Geschossen zu schützen.

## Kuhschellenweg

**Stammersdorf, führt von der Ebereschengasse zur Hochfeldstraße; benannt nach der Kuhschelle.**

Die Kuhschelle gehört zur Familie der Hahnenfußgewächse. Sie ist mit mehr als 30 Arten auf der nördlichen Erdhalbkugel verbreitet. Die Frühlingskuhschelle öffnet von April bis Juli ihren aufrecht stehenden, weißen Blütenkopf. Sie wird nur 10 bis 15 Zentimeter hoch. Die Frühlingskuhschelle bevorzugt kalkhaltigen Boden, sie wächst auf Alpenweiden, auf trockenen Hügeln und in lichten Wäldern. Die Wiesenkuhschelle hat einen hängenden Blütenkopf. Sie wächst auf trockenen Wiesen und Heiden. Ihre Blütenfarbe ist vom Standort abhängig. In Nordeuropa blüht sie purpurn, in Mitteleuropa violett und in Südosteuropa gelb bis grauviolett. Alle Kuhschellen sind giftig und in Österreich streng geschützt.

## Kürschnergasse

**Leopoldau, Großfeldsiedlung, führt von der Schererstraße zur Aderklaaer Straße; benannt nach dem Historiker Franz Kürschner.**

Franz Kürschner wurde am 23. März 1840 in Oberbobrau geboren. Er studierte in Wien Geschichte, Geographie und Germanistik. Nach dem Doktorat und der Lehramtsprüfung wurde Kürschner Mitglied des Instituts für österreichische Geschichtsforschung, Gymnasiallehrer und Archivar in Eger. 1868 unterrichtete Kürschner am Gymnasium in Troppau und arbeitete ein Jahr später im k. k. Reichsfinanzarchiv, dessen Direktor er 1874 wurde. Kürschner lehrte an der Universität Wien historische Hilfswissenschaften. Seine Hauptarbeitsgebiete waren die Landesgeschichte seiner engeren Heimat und die Diplomatik (Urkundenlehre). Er hat sich Verdienste bei der Neuordnung des Hofkammerarchivs erworben. Kürschner trat 1878 krankheitshalber in den Ruhestand. Er starb am 22. August 1882 in Troppau.

# L

## Lafnitzgasse

**Leopoldau, führt von der Trisannagasse zur Ispergasse; benannt nach dem Fluß Lafnitz.**

Die Lafnitz ist ein linker Nebenfluß der Raab. Sie entspringt im Joglland (Steiermark), durchfließt das südliche Burgenland und mündet hinter der ungarischen Staatsgrenze bei Szentgotthard.

## Lamarckgasse

**Groß-Jedlersdorf I, führt von der Wankläckergasse zur Scottgasse; benannt nach dem Naturforscher Jean Baptiste Antoine Pierre Monet, Chevalier de Lamarck.**

Jean Lamarck wurde am 1. August 1744 in Barentin geboren. 1760 trat er in Kriegsdienste ein, befaßte sich jedoch schon bald mit dem Studium der Medizin, der Botanik und der Mineralogie. 1792 wurde Lamarck Professor am Jardin des plantes (Bontanischer Garten) in Paris und befaßte sich nebstbei mit Meteorologie und Chemie, dann mit Zoologie. Er unterschied zwischen Wirbellosen und Wirbeltieren. Die Wirbellosen klassifizierte er neu. In seiner „Philosophie zoologique" stellte er die Theorie der Unveränderlichkeit der Arten in Frage. Jean Lamarck starb am 18. Dezember 1829 in Paris.

## Lammaschgasse

**Leopoldau, führt von der Schererstraße zur Julius-Ficker-Straße; benannt nach dem Juristen Heinrich Lammasch.**

Heinrich Lammasch wurde am 21. Mai 1853 in Seitenstetten geboren. Er studierte an der Universität Wien, wo er 1879 den Posten eines Privatdozenten für Strafrecht übernahm. Lammasch war Mitverfasser eines Entwurfs für ein neues österreichisches Strafgesetzbuch, er war völkerrechtlicher Berater bei der ersten (1899) und zweiten (1907) Haager Friedenskonferenz sowie Mitglied der Schiedsgerichte in verschiedenen internationalen Streitfragen. Am 25. Oktober 1918 stellte er sich an die Spitze der österreichischen Regierung. Lammasch erwog die dauernde Neutralität Österreichs und bemühte sich um Erleichterungen des Vertrags von St-Germain. Er starb am 6. Jänner 1920 in Salzburg.

## Langenzersdorfer Straße

**Strebersdorf, führt von der Rußbergstraße zur Stadtgrenze; benannt nach der Marktgemeinde Langenzersdorf.**

Langenzersdorf ist ein langgestrecktes

Straßendorf beim südwestlichen Abhang des Bisamberges. Der Ort ist eine beliebte Sommerfrische und ein bekanntes Weinbaugebiet. 1938 bis 1945 war Langenzersdorf Teil des 21. Bezirks, von 1945 bis 1954 „Randgemeinde". Derzeit leben im 171 m hoch gelegenen Ort etwa 5300 Menschen, und 1200 Zweitwohnungen sind gemeldet.

## Langfeldgasse

**Leopoldau, führt von der St.-Michael-Gasse zur Dopschstraße; benannt nach dem Langfeld.**

„Langfeld" ist ein alter Flurname, der als Gassenname weiterbesteht.

## Lavantgasse

**Leopoldau, führt von der Dahliengasse zur Iselgasse; benannt nach dem Fluß Lavant.**

Die Lavant ist ein linker Nebenfluß der Drau in Kärnten. Sie entspringt am Zirbitzkogel in den Lavanttaler Alpen, durchfließt das Lavanttal und mündet bei Lavamünd.

## Lebnergasse

**Groß-Jedlersdorf II und Jedlesee, führt von der Sildgasse zur Bellgasse; benannt nach dem Jedleseer Ortsrichter Franz Lebner.**

Franz Lebner, 1819 geboren, wurde 1854 als Nachfolger von Anton Bosch zum Ortsrichter von Jedlesee gewählt. Er blieb sechs Jahre im Amt. Lebner ließ auf Anregung des Pfarrers Karl Rippel im Frühjahr 1858 den Platz vor der Lorettokirche mit Bäumen bepflanzen. Sein Nachfolger im Amt war Jakob Kaiser. Lebner starb 1863.

## Leopoldauer Platz

**Leopoldau, zwischen Leopoldauer Straße und Aderklaaer Straße; benannt nach dem Ort Leopoldau.**

Auf Leopoldauer Gebiet hatten sich schon in der Jungsteinzeit Menschen angesiedelt. Zahlreiche Funde sind Beweis dafür. Der Ort selbst ist um die Wende des 11. zum 12. Jahrhundert entstanden. Viele Überschwemmungen und Überfälle feindlicher Völkerscharen haben das Dorf schwer geprüft. Durch

57

die Gründung Floridsdorfs verloren die Leopoldauer die fettesten Weiden in der Haidschütt-Au. Der Leopoldauer Platz hat heute noch seinen dorfähnlichen Charakter. Die Häuser sind unter Denkmalschutz gestellt worden.

## Leopoldauer Straße

**Donaufeld und Leopoldau, führt von der Angerer Straße zum Leopoldauer Platz; benannt nach dem Ort Leopoldau (siehe Leopoldauer Platz).**

## Leopold-Ferstl-Gasse

**Floridsdorf, führt von der Floridsdorfer Hauptstraße zur Linken Nordbahnanlage; benannt nach dem Arzt Dr. Leopold Ferstl.**

Leopold Ferstl wurde am 8. November 1812 in Merkenbrechts geboren. Er studierte Medizin in Wien. Im August 1838 ließ er sich in Floridsdorf als praktischer Arzt nieder. Von 1850 bis 1873 gehörte Ferstl der Gemeindevertretung an, von 1861 bis 1869 war er Bürgermeister, seit 1860 Schulaufseher und seit 1871 erster Obmann des Ortsschulrates. Anfang Februar des Jahres 1862 wurden in Floridsdorf zum erstenmal die Straßen beleuchtet. Für seine verdienstvolle Tätigkeit anläßlich des Hochwassers im Jahre 1862 und wegen der aufopfernden Pflege für die Soldaten im Krieg 1866 wurde Ferstl mehrmals ausgezeichnet. Ende 1869 führte er die Hundesteuer ein. Leopold Ferstl starb am 10. Jänner 1876.

## Leuchsweg

**Strebersdorf, Sackgasse nordöstlich der Miklosichgasse; benannt nach dem Geologen und Paläontologen Kurt Leuchs.**

Kurt Leuchs wurde am 14. September 1881 in Nürnberg geboren. Er studierte an der Universität München und war ein hervorragender Alpinist. 1907 unternahm er seine erste Forschungsreise nach Asien, mehrere Reisen in den Mittelmeerraum folgten. 1915 bis 1918 arbeitete er als Kriegsgeologe, ab 1925 lehrte er an der Universität in Frankfurt. Nach seiner zweiten großen Asienreise (1928) lehrte er in Wien und Ankara. Leuchs lieferte viele wissen-

schaftliche Arbeiten. Er starb am 7. September 1949 in Wien.

## Lhotskygasse

**Leopoldau, führt von der Bubergasse zur Seyringer Straße; benannt nach dem Historiker Alphons Lhotsky.**

Alphons Lhotsky wurde am 8. Mai 1903 in Wien geboren, wo er auch studierte. Von 1930 bis 1937 war er Angestellter im höheren Verwaltungsdienst im Bundesministerium für Unterricht, anschließend im Kunsthistorischen Museum, dessen Kustos er 1943 wurde. 1954 war er als Dozent, ab 1961 als Professor für österreichische Geschichte an der Universität Wien tätig. Er veröffentlichte zahlreiche Werke. Lhotsky starb am 21. Juni 1968.

## Liebleitnergasse

**Stammersdorf, früher Kirchengasse, führt von der Stammersdorfer Straße zur Clessgasse; benannt nach dem Volksliedforscher Karl Liebleitner.**

Karl Liebleitner wurde am 29. September 1858 in Korneuburg geboren. Dort und in Wien besuchte er die Lehrerbildungsanstalt. Ab 1876 unterrichtete Liebleitner in Wien. Zuletzt war er Direktor der Schule auf der Stubenbastei. 1889 trat Liebleitner in den Deutschen Volksgesangverein ein und wurde 1892 dessen Chormeister. Er war Mitbegründer der Deutschen Volksliedvereinigungen in Liesing, Mödling und Baden und leitete die Redaktion der Zeitschrift „Das deutsche Volkslied". Wegen seiner Verdienste um das Volkslied wurde er vielfach geehrt. Liebleitner starb am 8. April 1942 in Mödling.

## Lieleggweg

**Strebersdorf, führt von der Hasswellgasse zur Strebersdorfer Straße; benannt nach dem Chemiker Andreas Lielegg.**

Andreas Lielegg wurde am 12. November 1830 in Graz geboren. Er studierte an der Technischen Hochschule in Wien und war dann Lehrer an der niederösterreichischen Landesoberrealschule in St. Pölten. Von 1870 bis 1880 war Lielegg Professor an der Lehrerbildungsanstalt in Wien, in den nächsten zehn Jahren unterrichtete er an der Oberrealschule im dritten Bezirk. Seine Arbeiten zur Anwendung der Spektralanalyse bei der Überwachung des Bessemerverfahrens und seine Lehrbücher fanden Anerkennung. Lielegg starb am 29. Jänner 1899 in Wien.

## Liesneckgasse

**Jedlesee, führt von der Überfuhrstraße zum Jedleseer Friedhof; benannt nach dem Pfarrer Franz Jakob Liesneck.**

Franz Jakob Liesneck war der letzte Benefiziat (Inhaber eines Kirchenamtes) in der Lorettokapelle. Von 1783 bis zum 29. Mai 1790 war Liesneck der erste Kaplan der Jedleseer Pfarrkirche Maria Loretto.

## Linke Nordbahngasse

**Floridsdorf, früher Linke Eisenbahngasse, führt von An der oberen Alten Donau zur Karl-Aschenbrenner-Gasse; benannt nach der Kaiser-Ferdinand-Nordbahn.**

Am 15. April 1835 erhielt Salomon Freiherr von Rothschild das von Kaiser Ferdinand I. ausgestellte Privileg zum Bau einer Eisenbahn nach Brünn und zum großen Salzlager in Wieliczka. Am 1. Jänner 1837 wurde mit den Vermessungsarbeiten für die Strecke Floridsdorf–Deutsch-Wagram begonnen, am 19. November desselben Jahres fanden die ersten Probefahrten statt. 1838 war die Strecke bis Gänserndorf befahrbar. 1883 wurde an der Schloßhofer Straße statt des alten hölzernen Bahnhofgebäudes ein aus Stein gebaut. 1890 wurde ein eigener Floridsdorfer Verschubbahnhof errichtet. 1962 hat die Stadt Wien auf der Strecke der ehemaligen Nordbahn die Schnellbahn in Betrieb genommen.

## Lisseeweg

**Strebersdorf, führt vom Fidelis-Breier-Weg zur Kleinhausgasse; benannt nach einem Teich.**

Das „Liessen-" oder „Liesselwasser" war ein Teich am Abhang des Bisambergs. Der Name geht auf die Flurbezeichnung „Lissen" oder „Lüssen" zu-

rück und wird aus der althochdeutschen Form „luz" (das Los) abgeleitet. Die Aufteilung der Fluren im Mittelalter soll nämlich durch das Los entschieden worden sein.

## Litschauweg

**Strebersdorf, führt von der Meriangasse zur Roda-Roda-Gasse; benannt nach der Stadt Litschau.**

Litschau ist die nördlichste Stadt Österreichs und gehört zum Bezirk Gmünd (Niederösterreich). Die Stadt liegt 530 Meter über dem Meeresspiegel und hat etwa 3200 Einwohner. Litschau wurde 1363 zur Stadt erhoben. Es haben sich Textilfabriken und holzverarbeitende Werke angesiedelt.

## Lohnergasse

**Strebersdorf, führt von der Scheydgasse zur Trauzlgasse; benannt nach den Lohnerwerken.**

Die Firma „Jacob Lohner & Co." wurde 1823 gegründet und 1876 bis 1878 auf Leopoldauer Boden erbaut. Dort wurden Pferdewagen aller Art erzeugt. 1898 wurden in der Firma Jacob Lohner & Co. – erstmals in Österreich-Ungarn – Automobile erzeugt, später Elektromobile, Lohner-Porsche und Oberleitungsomnibusse. 1910 wurde das erste Flugzeug für die Monarchie gebaut. Für die Marine wurden Flugboote hergestellt, und die Produktion von Flugzeugen wurde während des Ersten Weltkrieges ausgebaut. Ab 1916 hieß die Firma „Lohnerwerke Ges. m. b. H.". In der Zwischenkriegszeit stellten die Lohnerwerke unter anderem Wagen, Karosserien und Flugzeuge her. Nach dem Zweiten Weltkrieg wurden Straßenbahnwagen und Motorroller erzeugt. Der Betrieb heißt jetzt „Bombardier-Rotax"

## Lokomotivgasse

**Groß-Jedlersdorf II, führt von der Hopfengasse zur Trasse der Nordwestbahn; benannt nach der Lokomotivfabrik.**

In unmittelbarer Nähe befanden sich die „Wiener Locomotiv-Fabriks-Actiengesellschaft" (gegründet 1869) und die „Werkstätten der k. k. priv. österreichischen Nordwestbahn" (gegründet 1872). Dort wurden Lokomotiven hergestellt beziehungsweise repariert.

## Lorettoplatz

**Jedlesee, bei Wenhartgasse und Anton-Bosch-Gasse; benannt nach der Loretto-Kirche.**

1712/13 wurde neben drei alten Uferkapellen an der Schwarzen Lacke eine Maria-Loretto-Kapelle errichtet. Diese Kapelle wurde 1779 zur Kirche erweitert. Der Kirchturm wurde 1877 gebaut.

## Lormweg

**Schwarzlackenau, früher Hirschensteig, führt von der Georgistraße zum Hubertusdamm; benannt nach dem Journalisten und Schriftsteller Hieronymus Lorm.**

Hieronymus Lorm, der eigentlich Heinrich Landesmann hieß, wurde am 9. August 1821 in Nikolsburg geboren. Eine Lähmung und Verlust des Gehörs verhinderten seine Ausbildung zum Pianisten. Er widmete sich deshalb schon mit 16 Jahren der Literatur. 1846 mußte er wegen seiner politischen Schrift „Wiens poetische Schwingen und Federn" nach Berlin übersiedeln. Lorm kehrte 1848 zurück und wurde Redakteur der „Wiener Zeitung". Ab 1873 war er als Journalist und Schriftsteller in Dresden tätig. Von 1882 bis zu seinem Tod lebte er in Brünn. Seit 1880 war er völlig erblindet. Lorm erfand das Fingeralphabet für Ertaubte und Taubblinde, das noch heute in Österreich, Deutschland und der Schweiz gültig ist. Er starb am 3. Dezember 1902 in Brünn.

## Loschmidtgasse

**Groß-Jedlersdorf I, führt von der Schwanngasse westlich zur Brünner Straße; benannt nach dem Physiker Johann Josef Loschmidt.**

Johann Josef Loschmidt wurde am 15. März 1821 in Putschin bei Karlsbad geboren. Er war Sohn eines Taglöhners, und das Studium war ihm nur durch die Unterstützung des Schulorganisators Franz Exner möglich. Nach dem Mathematik- und Naturwissenschaftsstudium gelang es ihm, gemeinsam mit seinem Freund und Kollegen Margulies, ein Verfahren zu finden, mit dem man Chilesalpeter (Natriumnitrat) in den bei der Schießpulvererzeugung verwendeten Kalisalpeter umwandeln konnte. 1847 eröffnete Loschmidt eine Salpeterfabrik in Atzgersdorf, die aber schon 1850 aufgegeben werden mußte. Er arbeitete später in der Steiermark und in Böhmen, ab 1856 unterrichtete er in einer Volksschule in Leopoldstadt. 1865 berechnete er erstmals die Größe der Luftmoleküle und ihre Anzahl pro Volumeneinheit. Loschmidt starb am 8. Juli 1895.

## Lottgasse

**Groß-Jedlersdorf II, führt von der Pitkagasse zur Werndlgasse; benannt nach dem Techniker Julius Lott.**

Julius Lott wurde am 25. März 1836 in Wien geboren. Er studierte an den Technischen Hochschulen in Wien und in Karlsruhe. Nach abgeschlossenem Studium trat er in den Staatsdienst ein. 1862 erhielt er den Auftrag zur Ausführung der schwierigsten Teilstrecke der Brennerbahn übertragen. Ab 1867 war Lott in leitenden Positionen beim Bau ungarischer Bahnen, 1875 berief man ihn zum Vorstand der neu errichteten Direktion für Staatseisenbahnbauten. Die Krönung seiner Laufbahn war die Planung der Arlbergbahn. Lott starb am 24. März 1883.

## Loulagasse

**Strebersdorf, führt von der Berlagasse zur Matthias-Ernst-Pista-Gasse; benannt nach dem Strebersdorfer Lehrer Johann Loula.**

Johann Loula wurde am 18. Jänner 1891 in Krems geboren. Die Maturaprüfung legte er 1910 bei den Strebersdorfer Schulbrüdern ab, wo er später unterrichtete. Nach 1945 wurde Johann Loula Direktor der Volksschule in der Dr.-Albert-Geßmann-Gasse. Er starb am 16. November 1950 in Wien.

## Luckenholzgasse

**Stammersdorf, nördlich der Clessgasse; benannt nach dem Luckenholz.**

„Luckenholz" ist ein alter Flurname, der als Gassenname weiterbesteht.

## Luckenschwemmgasse

**Stammersdorf, führt von der Stammersdorfer Straße zur Josef-Flandorfer-Straße; benannt nach der Luckenschwemm.**

„Luckenschwemm" ist ein alter Flurname, der als Gassenname weiterbesteht.

## Luschingasse

**Schwarzlackenau, führt von der Josef-Türk-Gasse zur Dafertgasse; benannt nach dem Rechtshistoriker Arnold Luschin-Ebengreuth.**

Arnold Luschin-Ebengreuth wurde am 26. August 1841 in Lemberg geboren. Er studierte ab 1860 an der Universität Wien und promovierte 1866 zum Doktor jur. Luschin besuchte auch das Institut für österreichische Geschichtsforschung. Er arbeitete zunächst im Münz- und Antikenkabinett, 1867 aber übersiedelte er nach Graz ins Steiermärkische Landesarchiv. Ab 1869 lehrte er an der Universität Graz, wo er 1905 Rektor wurde. Luschin war Mitglied der Akademie der Wissenschaften in Wien und gründendes Mitglied der Numismatischen Gesellschaft. Er schrieb zahlreiche Beiträge zur wissenschaftlichen Erforschung der österreichischen Münz- und Geldgeschichte des Mittelalters. Arnold Luschin-Ebengreuth starb am 6. Dezember 1932 in Graz.

# M

## Maigasse

**Leopoldau, führt von der Steinheilgasse zum alten Wiener Weg (Siemenswemk); benannt nach dem Monat Mai.**

Der Monat Mai ist wohl nach dem altitalischen Gott Maius, dem Beschützer des Wachstums, benannt worden. Er ist der dritte Monat des altrömischen und der fünfte Monat des Julianischen Kalenders. Maifeiern – aus Anlaß des beginnenden Vegetationsjahres – sind weit verbreitet.

## Maisgasse

**Schwarzlackenau, führt von der Wolsteingasse zur Adolf-Uthmann-Gasse; benannt nach dem Mais.**

Der Mais zählt zu den Süßgräsern. Er ist nur mit einer Art in den wärmeren gemäßigten Zonen der Erde vertreten. Mais wird auch Welschkorn, Kukuruz oder Türkischer Weizen genannt. Er ist ein einjähriges Gras, das zwei bis drei Meter hoch werden kann. Die dicken Kolben sind mit grünen Blättern umhüllt. Der Mais, der erst nach der Entdeckung Amerikas (1492) nach Europa gelangte, ist heute eine der wichtigsten Kulturpflanzen. In 127 Ländern wird Mais angebaut. Die wichtigsten davon sind die USA, Brasilien und Mexiko.

## Mallygasse

**Schwarzlackenau, führt von der Kerpengasse zur Weißenwolffgasse; benannt nach dem Floridsdorfer Pfarrer Adam Mally.**

Adam Mally, 1833 geboren, kam 1869 an die Pfarre St. Jakob in Floridsdorf. Drei Jahre lang sammelte er für den Bau eines Kindergartens 3973 Gulden und kaufte von einem Teil des Geldes einen passenden Bauplatz in der Schloßhofer Straße. 1876 wurde das Innere Zwischenbrücken ausgepfarrt, dafür wurde Neu-Leopoldau eingepfarrt. Aus diesem Anlaß erhielt Pfarrer Mally einen zweiten „Cooperator" (Hilfsgeistlicher). Am 6. Jänner 1880 übersiedelte Pfarrer Mally in die Pfarre Tattendorf, wo er am 2. September 1886 starb.

## Malvengasse

**Schwarzlackenau, führt von der Wolsteingasse zur Adolf-Uthmann-Gasse; benannt nach der Malve.**

Die Malve gehört zur Familie der Malvengewächse, die mit 1500 Arten weltweit verbreitet ist. In Europa, Asien und Nordafrika kennt man etwa 30 Arten der Malve. Malven sind Kräuter oder kleine Stauden. Ihre fünf tellerförmig angeordneten Blütenblätter können jede Farbe haben. Bei uns beheimatet sind die Wegmalve (Käspappel), die Wilde Malve und die Moschusmalve.

## Marco-Polo-Platz

**Groß-Jedlersdorf I, zwischen Giseviusgasse und Schwanngasse; benannt nach dem italienischen Reisenden Marco Polo.**

Marco Polo wurde 1254 in Venedig geboren. 1271 begleitete Marco Polo seinen Vater und seinen Onkel auf einer Fahrt zum Tatarenkhan Kublai, zu dessen Ehrenbegleiter er ernannt wurde. In der Folge übertrug ihm der Khan die verschiedensten Missionen. Dabei lernte Marco Polo Asien genau kennen. 1292 entließ der Khan die drei Reisenden, nachdem er sie reich belohnt hatte. 1295 erreichten die drei wieder Venedig. Marco Polo kam 1298 in die Gefangenschaft der Genuesen, während der er seine Erlebnisse einem gewissen Rusticiano diktierte. Polo starb 1323 in Venedig.

## Marinonigasse

**Stammersdorf, führt von der Brünner Straße zur Tilakstraße; benannt nach dem Astronomen und Geometer Jakob Marinoni.**

Jakob Marinoni wurde 1676 in Udine geboren. Er kam mit 20 Jahren nach Wien, studierte an der Universität und wurde Mathematiklehrer. 1703 wurde Marinoni von Kaiser Leopold I. zum Hofmathematiker ernannt. Von Prinz Eugen erhielt Marinoni den Auftrag, einen Befestigungswall um die Wiener Vorstädte zu entwerfen. Zusammen mit Anguissola zeichnete Marinoni einen Plan von Wien und den Vorstädten. Von Kaiser Joseph I. wurde Marinoni zum Ingenieur von Niederösterreich ernannt. Von 1717 bis 1720 war er Unterdirektor der von Anguissola gegründeten Militär-Ingenieur-Akademie und Lehrer von Maria Theresia. 1719 wurde er beauftragt, das Herzogtum Mailand zu vermessen und Karten anzufertigen. 1733 erhielt er den Titel Kaiserlicher Rat. Er kaufte das Haus Mölkerbastei 8 und errichtete dort eine Sternwarte. Marinoni verfaßte viele Fachbücher. Er starb am 10. Jänner 1755 in Wien.

## Matthäus-Jiszda-Straße

**Floridsdorf, führt von der Floridsdorfer Hauptstraße zur Schöpfleuthnergasse; benannt nach dem Mitbegründer und Leiter der ersten Bezirkskrankenkasse Floridsdorfs und der Landwirtschaftskrankenkasse für Wien, Matthäus Jiszda.**

Matthäus Jiszda wurde am 13. Jänner 1871 in Floridsdorf geboren. Er wuchs in ärmlichen Verhältnissen auf. Frühzeitig erkannte er die Bedeutung der Sozialversicherung für die Arbeiter. Durch Selbststudium und Kurse für Krankenversicherung an der Handelsakademie erwarb er sich die Qualifikation für die Leitung der neugegründeten Arbeiter-Bezirkskrankenkasse Floridsdorf. Er war auch Mitbegründer und Leiter der Landwirtschaftskrankenkasse für Wien. Jiszda war auch Redakteur des sozialdemokratischen Blattes „Der Volksbote". Bis 1934 war er Mandatar der Sozialdemokratischen Partei. Matthäus Jiszda starb am 1. Jänner 1949.

## Matthias-Ernst-Pista-Gasse

**Strebersdorf, führt vom Edmund-Hawranek-Platz zur Graedenergasse; benannt nach dem Faschismusopfer Matthias Ernst Pista.**

Matthias Ernst Pista wurde am 12. Jänner 1894 in Wien geboren. Er kam sehr früh zur Arbeiterbewegung. 1920 wurde Pista Mitglied der Sozialdemokratischen Partei. Er war Angestellter des Magistrats und Sekretär der Floridsdorfer Bezirksvorsteher Franz Bretschneider und Anton Feistl. Nach 1934 leitete Pista das Wohlfahrtsamt in Groß-Enzersdorf. Er schloß sich der illegalen Untergrundbewegung an. Am 20. Jänner 1941 wurde er verhaftet. Man warf ihm vor, Kommunist zu sein und die Wehrmacht durch Bildung von Soldatenorganisationen zu zersetzen. Matthias Ernst Pista wurde vom Volksgerichtshof zum Tod durch das Fallbeil verurteilt und am 13. April 1943 im Wiener Landesgericht hingerichtet.

## Matthias-Wagner-Gasse

**Stammersdorf, früher Sobieskigasse, führt von der Zwerchbreitelngasse zur Erbpostgasse, von dort als Sackgasse weiter; benannt nach dem Faschismusopfer Matthias Wagner.**

Matthias Wagner wurde am 25. Oktober 1894 in Stammersdorf geboren. Er war

Mitglied der Sozialdemokratischen Partei, nach deren Verbot war er in der illegalen Organisation tätig. Nach dem Anschluß Österreichs an Deutschland wurde Wagner Widerstandskämpfer. Er machte antifaschistische Propaganda und trieb Sabotage. Im Straßenbahn-Bahnhof Floridsdorf sammelte er Geld für die Angehörigen von KZ-Häftlingen. Er wurde denunziert und wegen Vorbereitung zum Hochverrat zum Tod verurteilt. Matthias Wagner wurde am 16. März 1943 hingerichtet.

## Maulwurfgasse

**Schwarzlackenau, führt von der Wolsteingasse zur Adolf-Uthmann-Gasse; benannt nach dem Maulwurf.**

Vom Maulwurf werden vier Arten unterschieden: der europäische Maulwurf, der römische Maulwurf, der Blindmaulwurf und der Ostmaulwurf. Der bei uns bekannteste ist der europäische Maulwurf. Er wird bis zu 20 Zentimeter lang. Der walzenförmige Körper ist mit einem weichen, dunklen Pelz bedeckt. Die kurzen Haare sind nach jeder Seite umlegbar. Die Schnauze ist rüsselförmig und sehr tastempfindlich. Geruchs-, Erschütterungs- und Gehörsinn sind hoch entwickelt. Die kleinen Augen sind verkümmert. Die Vorderfüße sind zu Grabhänden, bei denen die Innenflächen nach außen gedreht sind, umgebildet. Die Nahrung des Maulwurfs besteht aus Insektenlarven, Regenwürmern, Asseln, Spinnen, Fröschen und Mäusen. Der Maulwurf baut unterirdische Höhlen, in deren Nähe er im Winter Vorratskammern anlegt. Das Weibchen bekommt vier bis fünf Junge, die mit zwölf Monaten erwachsen sind. Der Maulwurf wird drei bis vier Jahre alt.

## Max-Jellinek-Gasse

**Leopoldau, führt von der Dopschstraße zur Robert-Lach-Gasse; benannt nach dem Germanisten Max Jellinek.**

Max Jellinek wurde am 29. Mai 1868 in Wien geboren. Er studierte Germanistik und war ab 1900 Professor in Wien. Er befaßte sich hauptsächlich mit alten Sprachen. Zu seinen bedeutendsten Werken zählen: „Geschichte der niederhochdeutschen Grammatik" und „Geschichte der gotischen Sprache". Er starb am 6. Mai 1938 in Wien.

## Maxwellgasse

**Jedlesee, führt von der Coulombgasse zur Ohmgasse; benannt nach dem englischen Physiker James Clerk Maxwell.**

James Clerk Maxwell wurde am 13. Juni 1831 in Edinburgh geboren. Er studierte dort und in Cambridge. Seit 1856 war er Professor der Physik, erst in Aberdeen, dann in London und Cambridge. Maxwell ist der Schöpfer der modernen Elektrodynamik und der elektromagnetischen Lichttheorie. Gemeinsam mit dem österreichischen Physiker Ludwig Boltzmann arbeitete Maxwell an der kinetischen Gastheorie. Er verfaßte mehrere wissenschaftliche Werke. Maxwell starb am 5. November 1879 in Cambridge.

## Mayerweckstraße

**Strebersdorf, führt vom Strebersdorfer Platz zur Prager Straße; benannt nach dem Strebersdorfer Bürgermeister Franz Mayerweck.**

Franz Mayerweck wurde 1807 in Strebersdorf geboren. Von 1838 bis 1849 war er Ortsrichter, von da an bis 1873 Bürgermeister. Er genoß das uneingeschränkte Vertrauen der Behörden und der Bevölkerung. Mayerweck hatte großen Anteil an der Schulgründung (1845), er ließ den Glockenturm (1855) und das Halterhaus (1862) bauen. Unter Mayerweck erreichte Strebersdorf seine größte Ausdehnung. Er starb im Mai 1873.

## Meistergasse

**Leopoldau, führt von der Wassermanngasse zur Lhotskygasse; benannt nach dem Pädagogen und Sprachforscher Richard Meister.**

Richard Meister wurde am 5. Februar 1881 in Znaim geboren. 1920 wurde er Professor für klassische Philologie an der Universität Wien, ab 1923 auch Professor für Pädagogik. Meister erwarb sich große Verdienste um die Organisation der österreichischen Wissenschaft. Von 1951 bis 1963 war er Präsident der

Akademie der Wissenschaften. Richard Meister starb am 11. Juni 1964 in Wien.

## Mengergasse

**Donaufeld, früher Kaiserin-Elisabeth-Straße, führt von der Leopoldauer Straße zur Bessemerstraße; benannt nach dem Rechtsanwalt und Sozialpolitiker Anton Menger.**

Anton Menger wurde am 12. September 1841 in Maniow (Gallizien) geboren. Er studierte Jus in Krakau und Wien, auch Philosophie, Geschichte und Mathematik. Nach dem Studium ließ er sich als Anwalt in Wien nieder und übernahm 1874 eine Professur für österreichisches Zivilrecht an der Universität Wien. Dort wurde er in den Jahren 1887/88 Dekan (Vorsteher der juristischen Fakultät) und 1895/96 Rektor (Leiter der Universität). Menger schrieb viele sozialpolitische Werke, in denen er das Bild eines volkstümlichen Arbeiterstaates entwarf. Einen gangbaren Weg zu diesem Staat konnte er allerdings nicht zeigen. Er starb am 6. Februar 1906 in Rom.

## Mercatorplatz

**Groß-Jedlersdorf I, zwischen Berzeliusgasse und Loschmidtgasse; benannt nach dem Mathematiker und Geographen Gerhard Mercator.**

Gerhard Mercator, der eigentlich Kremer hieß, wurde am 5. März 1512 in Rupelmonde (Flandern) geboren. Er studierte in Löwen, erlernte das Kupferstechen und die Herstellung wissenschaftlicher Instrumente. 1552 übersiedelte er nach Duisburg, wo er Kosmograph des Herzogs von Jülich wurde. Seine Hauptwerke sind ein großer, in Kupfer gestochener Atlas und eine erst 1889 wieder aufgefundene Karte von Europa. Von Mercator stammt das nach ihm benannte Projektionssystem bei Landkarten. Gerhard Mercator starb am 2. Dezember 1594 in Duisburg.

## Meriangasse

**Strebersdorf, führt von der Rußbergstraße zur Mayerweckstraße; benannt nach dem Schweizer Kupferstecher und Radierer Matthäus Merian dem Älteren.**

Matthäus Merian d. Ä. wurde am 22. September 1593 in Basel geboren. Er war ein Schüler des Kupferstechers Dietrich Meyer. Nach der Lehre reiste er durch Frankreich, Deutschland und Holland. Von 1619 bis 1624 arbeitete er in Basel, übernahm dann den Verlag seines Schwiegervaters in Frankfurt am Main. Merian lieferte viele historische Städtebilder. In der „Topographia Provinciarum Austriacarum" sind auch Ansichten von Wien enthalten. In diesem Werk befindet sich die erste Ansicht eines Vorortes (Hernals), die wir besitzen. Matthäus Merian d. Ä. starb am 19. Juni 1650 in Schwalbach.

## Meyerbeergasse

**Schwarzlackenau, führt von der Georgistraße zur Wettsteingasse; benannt nach dem Komponisten Jakob (Giacomo) Meyerbeer.**

Jakob Meyerbeer, der eigentlich Jakob Liebmann Meyer Beer hieß, wurde am 5. September 1791 in Tasdorf bei Berlin geboren. Mit zehn Jahren trat er zum erstenmal öffentlich als Klavierspieler auf. Seine erste Komposition, eine Klaviersonate, veröffentlichte er mit zwölf. Bekannte Opern: „Robert, der Teufel", „Die Hugenotten", „Der Nordstern", „Die Afrikanerin". Meyerbeer komponierte außerdem zahlreiche Gesänge, Psalmen, Lieder, Arien, Klavierstücke, Chöre und Märsche. Er starb am 2. Mai 1864 in Paris.

## Michael-Dietmann-Gasse

**Floridsdorf, führt von der Hermann-Bahr-Straße zur Weisselgasse; benannt nach dem Geschworenen der Gemeinde Jedlersdorf am Spitz, Michael Dietmann.**

Michael Dietmann wurde 1762 geboren. Er erlernte das Wagnerhandwerk und wurde in den Gemeindeausschuß gewählt. Gemeinsam mit dem Ortsrichter Lorenz Stryeck kämpfte Dietmann darum, daß die Gemeinde einen vom Kaiser erhaltenen Vorschuß nicht zurückzahlen müsse. Begründung: Die französische Armee habe in der Gemeinde Spitz die Häuser abgetragen, Ziegel, Steine, Holz und Schindeln weggeschleppt, Bäume und Gartenanlagen zerstört und Schanzen angelegt. Die

Gemeinde war bettelarm. Die Spitzer brauchten nach einem diesbezüglichen Schreiben Dietmanns und Stryecks jährlich nur ein Sechstel des Vorschusses zurückzahlen. Michael Dietmann starb 1830.

## Michtnergasse

**Jedlesee, früher Bischofgasse, führt von der Anton-Bosch-Gasse zum Kammelweg; benannt nach dem Jedleseer Gemeinderat Karl Michtner.**

Karl Michtner wurde am 22. Jänner 1802 in Baumgarten bei Groß-Weikersdorf geboren. Michtner war Wirtschaftsbesitzer und Gemeinderat von Jedlesee. Er und seine Gattin Theresia stifteten für die Pfarrkirche Maria-Loretto im Jahre 1877 eine sieben Zentner schwere Glocke. Er starb am 26. August 1877.

## Mihatschgasse

**Donaufeld und Leopoldau, führt von der Alfred-Nobel-Straße zur Alois-Negrelli-Straße; benannt nach dem Ingenieur Karl Mihatsch.**

Karl Mihatsch wurde am 25. Oktober 1826 in Jägerndorf (Schlesien) geboren. Er wurde Ingenieur. Laut Protokoll vom 24. Oktober 1873, das anläßlich der Inbetriebnahme des Hochstrahlbrunnens auf dem Schwarzenbergplatz zur Eröffnung der 1. Wiener Hochquellenwasserleitung geschrieben wurde, war Mihatsch einer der Erbauer. Er war ab 1870 erster Baurat und Stellvertreter des damaligen Baudirektors, Franz Berger. 1871, nach dem Tod des Vizedirektors Gabriel und des Oberingenieurs Otto Wertheim, wurde Mihatsch alleiniger Bauleiter der Hochquellenwasserleitung. Er starb am 28. Mai 1910 in Wien.

## Miklosichgasse

**Strebersdorf, führt von der Scheydgasse zur Stowassergasse; benannt nach dem Sprachforscher Franz Ritter von Miklosich.**

Franz Miklosich wurde am 20. November 1815 in Radmeščak bei Luttenberg geboren. Von 1838 bis 1844 war er Anwalt in Wien, dann trat er als Scriptor (Titel bei Bibliotheksangestellten) in die

k. k. Hofbibliothek ein. Miklosich veröffentlichte zahlreiche Arbeiten über slawische Sprachen. 1850 wurde er Professor des Slawischen an der Wiener Hochschule, später Dekan und Rektor der Universität Wien. 1862 wurde er in den Reichsrat berufen. Miklosich starb am 7. März 1891 in Wien.

## Mitterhofergasse

**Groß-Jedlersdorf I, führt von der Ödenburger Straße zur Jedlersdorfer Straße; benannt nach dem Erfinder Peter Mitterhofer.**

Peter Mitterhofer wurde am 20. September 1822 in Partschins (Südtirol) geboren. Er war Tischler und Instrumentenmacher. 1866/67 konstruierte er das erste brauchbare Modell einer Schreibmaschine aus Holz, die er später verbesserte. Er wanderte zu Fuß nach Wien, um dem Kaiser seine Erfindung vorzuführen. Mitterhofer erhielt Unterstützung in Form von 200 Gulden. Das zweite Schreibmaschinenmodell kaufte ihm der Kaiser um 150 Gulden ab. Die Erfindung fand jedoch lange Zeit bei der Bevölkerung keinen Anklang. Mitterhofer starb am 27. August 1893 in Partschins.

## Möllplatz

**Leopoldau, zwischen Lafnitzgasse, Aistgasse, Thayagasse und Kainachgasse; benannt nach dem Fluß Möll.**

Die Möll ist ein linker Nebenfluß der Drau. Sie entspringt im Großglocknergebiet und mündet bei der Möllbrücke. Im Mittelalter war das obere Mölltal Mittelpunkt des Silber- und Goldbergbaues in den Hohen Tauern.

## Morelligasse

**Donaufeld und Floridsdorf, führt von An der oberen Alten Donau bis zur Franklinstraße; benannt nach den Musikern Franz, Karl und Ludwig Morelli.**

Franz Morelli wurde 1810 in Wien geboren. Er war neben Strauß und Lanner der bedeutendste zeitgenössische Musiker und Komponist. Den Floridsdorfern widmete er einen „Kirchweihländler" 1842 wurde er von der englisch-ostindischen Handelskompanie als Regimentskapellmeister engagiert und lebte eine Zeitlang in Indien. Nach kurzer Rückkehr trennte er sich von seiner Frau und fuhr nach Bombay, wo er am 17. Februar 1859 starb. Sein Bruder Ludwig wurde 1840 geboren und starb 1864. Auch er widmete den Floridsdorfern einen Ländler. Der dritte Bruder, Karl Josef, dirigierte ebenfalls Orchester in den verschiedensten Restaurants und Tanzsälen.

## Morettigasse

**Stammersdorf, führt vom Steinbügelweg zur Hagenbrunner Straße; benannt nach dem Stammersdorfer Ehrenbürger Anton Moretti.**

Anton Moretti wurde 1824 geboren. Von ihm ist nicht mehr bekannt, als daß er in Stammersdorf als Wohltäter gewirkt hat. Einige Quellen geben an, Moretti sei auch Gemeinderat in Stammersdorf gewesen, doch scheint sein Name in den Gemeinderatsprotokollen nicht auf. Anton Moretti starb 1900.

## Moritz-Dreger-Gasse

**Leopoldau, führt von der Schererstraße zur Dopschstraße; benannt nach dem Kunsthistoriker Moritz Dreger.**

Moritz Dreger wurde am 3. Juni 1868 in Wien geboren. Er studierte in Wien und in Rom bei bekannten Kunsthistorikern und unternahm viele Studienreisen nach West- und Mitteleuropa, Italien und in den Orient. Dreger wurde 1901 Privatdozent an der Universität Wien, 1917 ordentlicher Professor an der Universität Innsbruck, und von 1926 bis 1936 lehrte er an der Technischen Hochschule in Wien. 20 Jahre lang war Dreger Kustos und zuletzt Vizedirektor des österreichischen Museums für Kunst, wo er sich um die Textilsammlung Verdienste erwarb. Moritz Dreger starb am 26. April 1939 in Wien.

## Morsegasse

**Groß-Jedlersdorf II, führt von der Bunsengasse zur Prager Straße; benannt nach dem Erfinder Samuel Morse.**

Samuel Finley Breese Morse wurde am 27. April 1791 in Charlestown (Massa-chusetts) geboren. Er war Maler und ging 1811 nach London, um sich in seiner Kunst weiterzubilden. 1825 gründete er in New York eine Malergesellschaft. 1829 fuhr er wieder nach Europa, um die dortigen Mal- und Zeichenschulen zu studieren. Auf dem Heimweg nach Amerika entwarf er 1832 einen Drucktelegrafen und bildete ein System aus Punkten und Strichen, das Morsealphabet. Drei Jahre später stellte er seinen Fernschreiber aus. Mit Unterstützung der Regierung richtete Morse 1843 die erste Leitung zwischen Baltimore und Washington ein. Am 27. Mai 1844 wurde die erste Depesche befördert. Morse arbeitete daraufhin bei einer Telegrafengesellschaft und wurde Professor der Naturgeschichte. Er starb am 2. April 1872 in New York.

## Mörthgasse

**Schwarzlackenau, früher Kroygasse, führt von der Blechschmidtgasse zur Dafertgasse; benannt nach dem Freiheitskämpfer Johann Mörth.**

Johann Mörth wurde am 7. März 1901 in Langenzersdorf geboren. Er erlernte den Beruf eines Autoschlossers und war ab 1918 in der Sozialdemokratischen Partei und ihren Organisationen tätig. Wegen seiner Beteiligung am Februaraufstand 1934 wurde er zu sechs Jahren Kerker verurteilt, die er im Internierungslager Wöllersdorf verbrachte. 1943 wurde er von den Nationalsozialisten wegen Vorbereitung zum Hochverrat zum Tod verurteilt und am 13. April 1943 in Wien hingerichtet.

## Mosheimergasse

**Stammersdorf, Sackgasse, in der Gernengasse beginnend; benannt nach dem Stammersdorfer Pfarrer Berthold Paul Mosheimer.**

Berthold Paul Mosheimer wurde am 24. Jänner 1722 in Patzmannsdorf (Niederösterreich) geboren. Am 5. Oktober 1743 trat er ins Schottenstift ein, die Ordensgelübde legte er ein Jahr später ab. Von 1746 bis 1749 war Mosheimer als Aushilfspriester tätig. 1749 wurde er Kooperator in Zellerndorf,

1767 übernahm er dort das Pfarramt. Mosheimer war von 1768 bis 1783 Pfarrer in Stammersdorf. 1783 übernahm er die Pfarre in Breitenlee, wo er am 1. Februar 1807 starb.

## Mühlschüttelgasse

**Donaufeld, führt von der Prießnitzgasse bis An der oberen Alten Donau (zweimal unterbrochen); benannt nach einer großen Donauinsel.**

Der Mühlschüttel war eine große Donauinsel östlich von Floridsdorf (Schüttel bedeutet soviel wie Insel). Anfänglich von nur wenigen Schiffmühlen gesäumt, entstand bald eine ausgedehnte Mülleransiedlung, die in der Mitte des 19. Jahrhunderts ihre Blütezeit erreichte. Die Donauregulierung (1870 bis 1875) war der Untergang dieses Gewerbes. 1881 wurde der Ort mit Neu-Leopoldau vereinigt und fünf Jahre später „Donaufeld" benannt.

## Mühlweg

**Strebersdorf, führt von der Prager Straße zur Strebersdorfer Straße; benannt nach den ehemaligen Schiffmühlen.**

Der Mühlweg führte zu den ehemaligen Schiffmühlen, die an den alten Donauarmen bei Jedlesee lagen. Sie mußten bei der Donauregulierung (1870 bis 1875) den Betrieb einstellen.

# N

## Neudorfergasse

**Groß-Jedlersdorf I, führt von der Divischgasse zur Otto-Storch-Gasse; benannt nach dem Jedlersdorfer Ortsrichter Michael Neudorfer.**

Michael Neudorfer wurde 1714 geboren. Er war Ortsrichter in Jedlersdorf. 1763 stiftete er der Jedlersdorfer Pfarre ein Tabernakel aus Holz. Neudorfer starb am 24. September 1784.

## Neulandweg

**Donaufeld, Bruckhaufen, führt von der Bruckhaufner Hauptstraße zur Donauturmstraße; benannt nach neugeschaffenem Land.**

Die einstigen Donaugerinne am Bruckhaufen sind zugeschüttet und planiert worden. So ist „Neuland" entstanden.

## Neusatzgasse

**Stammersdorf, führt von der Clessgasse zur Zwerchbreitelngasse; benannt nach den Neusatzen.**

„Neusatzen" ist ein alter Flurname, der als Gassenname weiterbesteht.

## Norbert-Krebs-Gasse

**Leopoldau, nördlich und südlich des Satzingerweges; benannt nach dem Geographen Norbert Krebs.**

Norbert Krebs wurde am 29. August 1876 in Leoben geboren. Er war Professor in Würzburg, Frankfurt, Freiburg und ab 1927 in Berlin. Er untersuchte die Balkanhalbinsel, die Ostalpen, Süddeutschland und Indien. Krebs gab den „Atlas des deutschen Lebensraumes in Mitteleuropa" heraus und verfaßte mehrere wissenschaftliche Werke. Norbert Krebs starb am 5. Dezember 1947 in Berlin.

## Nordbahnanlage

**Donaufeld, früher Bahnhofplatz, zwischen Angerer Straße, Pitkagasse und Werndlgasse; benannt nach der Nordbahn.**

Die Nordbahnstation Floridsdorf ging aus einer kleinen Stationshütte der 1837 eröffneten Bahnlinie Floridsdorf–Deutsch-Wagram hervor. Die Nordbahnstrecke war eine die bedeutendste Eisenbahnlinie Floridsdorfs. Nach der Schließung des Wiener Nordwestbahnhofes verstärkte sich der Verkehr auf dieser Strecke noch mehr.

## Nordmanngasse

**Donaufeld und Leopoldau, führt von der Theodor-Körner-Gasse zur Dücke-**

gasse; benannt nach dem Feldmarschalleutnant Armand von Nordmann.

Armand Nordmann wurde am 31. August 1759 in Molsheim (Elsaß) geboren. In französischen Diensten hatte er es bis zum Husarenoberst gebracht, trat aber 1798 als Oberstleutnant dem österreichischen Heer bei. Bald schon wurde er Oberst und General (1805). Wegen seiner Standhaftigkeit in der Schlacht bei Caldiero wurde er mit dem Ritterkreuz des Maria-Theresien-Ordens ausgezeichnet. Bei Landshut und Ebelsberg befehligte er eine Reiterbrigade, auch bei Aspern blieb er siegreich, wofür er am 24. Mai 1809 zum Feldmarschallleutnant befördert wurde. Nordmann fiel am 6. Juli 1809 in der Schlacht bei Wagram.

## Nostitzgasse

**Donaufeld, Sackgasse nördlich der Leopoldauer Straße; benannt nach dem Feldmarschalleutnant Graf Johann Nepomuk Nostitz-Rieneck.**

Johann Nostitz wurde am 24. März 1768 geboren. Seine Ausbildung erhielt er an der Militärakademie Wiener Neustadt. Er war anschließend Kadett bei den Dragonern und wurde 1787 Oberleutnant. Nach der Schlacht von Aspern (1809) wurde er zum Feldmarschallleutnant ernannt. Besondere Verdienste erwarb er sich in der Schlacht bei Leipzig (1813). Wegen vieler Verletzungen wurde er in den Ruhestand versetzt und beschäftigte sich von da an mit Musik. Er schrieb die Melodien zur Operette „Feodora". Seit seiner Pensionierung lebte Nostitz in Prag, wo er am 22. Oktober 1840 starb.

## Novigasse

**Leopoldau, führt vom Leopoldauer Platz zur Aderklaaer Straße; benannt nach der italienischen Stadt Novi Ligure.**

Novi Ligure befindet sich am Nordabhang des Ligurischen Apennin. Während des Zweiten Koalitionskrieges besiegten dort die verbündeten österreichischen und russischen Truppen die französische Revolutionsarmee (15. August 1799).

# O

## Obere Jungenberggasse

**Stammersdorf, führt von Am Bisamberg auf den Südabhang des Bisamberges; benannt nach den Oberen Jungenbergen.**

„Obere Jungenbergen" ist ein alter Flurname, der als Gassenname weiterbesteht.

## Obergfellplatz

**Jedlesee und Groß-Jedlersdorf II, zwischen Gerstlgasse, Anton-Dengler-Gasse, Peter-Kaiser-Gasse; benannt nach Oberst Josef Obergfell.**

Josef Obergfell wurde 1758 im Breisgau geboren. Er entstammte einer Adelsfamilie mit weit zurückreichender militärischer Tradition. Obergfell war Kommandeur des Leopold-Ordens und diente mit Unterbrechungen in allen drei Koalitionskriegen und den anschließenden Franzosenkriegen. Obergfell diente im Freikorps O'Donell, im Erzherzog-Rainer-Infanterieregiment 11, er war Kommandant des 2. Landwehrbataillons und anschließend Kommandant des 3. Bataillons, als Oberst diente er beim 1. Landwehrbataillon Erzherzog Karl und dann im Infanterieregiment 49. Obergfell kämpfte 1809 in der Schwarzlackenau gegen die Franzosen. Er starb am 24. Februar 1840 in Wien.

## Oberhummergasse

**Leopoldau, führt von der Schererstraße zur Oswald-Redlich-Straße; benannt nach dem Geographen Eugen Oberhummer.**

Eugen Oberhummer wurde am 29. März 1859 in München geboren. Er studierte Naturwissenschaften, vor allem Geologie. Später wandte er sich der klassischen Altertumswissenschaft zu, führte aber sein geographisches Studium weiter. 1903 kam Oberhummer an die Wiener Universität. Für seine Arbeiten wurde er mit vielen Ehrendoktoraten und Orden ausgezeichnet. Eugen Oberhummer starb am 4. Mai 1944 in Wien.

## O'Brien-Gasse

**Jedlesee und Groß-Jedlersdorf II, führt von der Jedleseer Straße zur Prager Straße und östlich (Richtung Trasse der Nordwestbahn) als Sackgasse; benannt nach dem Generalmajor Johann O'Brien.**

Johann O'Brien, Graf von Thomond (Irland), wurde 1775 in Karansebes geboren und an der Wiener Neustädter Akademie ausgebildet. Im Juni 1808 wurde er als Major dem Infanterieregiment Kerpen Nr. 49 zugeteilt. Er kämpfte bei Landshut, bei Ebelsberg und schlug die Truppen Napoleons in den Jedleseer Auen, wofür er mit dem Ritterkreuz des Maria-Theresien-Ordens ausgezeichnet wurde. In der Schlacht bei Wagram wurde O'Brien schwer verwundet, ebenso bei Leipzig (1813). 1826 trat er in den Ruhestand. An ihn erinnert ein Denkmal bei der Überfuhrstraße. O'Brien starb am 27. Februar 1830 in Pest.

## Ödenburger Straße

**Groß-Jedlersdorf I und Strebersdorf, führt von der Jedlersdorfer Straße zur Hasswellgasse; benannt nach der Stadt Ödenburg.**

Die ungarische Stadt Ödenburg (Sopron) liegt in 212 Meter Seehöhe und hat etwa 40.000 Einwohner. 1919 wurde die Stadt im Friedensvertrag von St-Germain Österreich zugesprochen. Ungarn verhinderte jedoch die Übergabe, indem Freischaren das Land besetzten. Bei den daraufhin abgehaltenen Wahlen (14. Dezember 1921) erzielte Ungarn durch Wahlmanipulationen und mit Hilfe Italiens eine knappe Mehrheit. Entgegen den Friedensbestimmungen wurde Ödenburg Ungarn überlassen.

## Oellacherweg

**Strebersdorf, Sackgasse bei der Miklosichgasse; benannt nach dem Sprachforscher Hans Oellacher.**

Hans Oellacher wurde am 18. Mai 1889 in Salzburg geboren. Er studierte an der Wiener Universität und wurde nach abgeleistetem Kriegsdienst Gymnasialprofessor. Er unternahm viele Reisen nach Griechenland, unterrichtete in München und Scheyern. Oellacher war ein bedeutender Sprachforscher und Papyrologe. 1946 wurde er an die Universität Wien berufen. Oellacher veröffentlichte viele Fachwerke. Er starb am 5. Mai 1949.

## Ohmgasse

**Jedlesee, führt von der Jedleseer Straße zur Maxwellgasse; benannt nach dem Physiker Georg Simon Ohm.**

Georg Simon Ohm wurde am 16. März 1787 in Erlangen geboren. 1817 wurde er Lehrer in Köln, neun Jahre später in Berlin. In Nürnberg war er Direktor einer Schule und in München Professor an der Universität. Nach ihm ist das Ohmsche Gesetz benannt. Der elektrische Widerstand wird in Ohm gemessen. Georg Simon Ohm schrieb unter anderem: „Beiträge zur Molekularphysik", „Grundzüge der Physik". Er starb am 7. Juli 1854 in München.

## Opalgasse

**Leolpoldau, früher Achatgasse, führt von der Türkisgasse zur Smaragdgasse; benannt nach dem Edelstein Opal.**

Der Opal ist ein glasig bis wächsern glänzendes, milchigweißes oder verschieden gefärbtes Mineral. Er besteht aus eingetrockneter Kieselsäuregallerte mit Wassergehalt. Opale sind vor allem in jungvulkanischem Ergußgestein zu finden. Fundorte sind Ungarn, Mexiko, die USA und Australien. Der Opal hat ein spezifisches Gewicht von 2,1 bis 2,22 g/cm³ und die Härtestufe 5,5 bis 6,5 nach der zehnteiligen Mohs-Skala.

## Orelgasse

**Leopoldau, führt von der Maigasse zum alten Wiener Weg; benannt nach dem Kartographen Eduard Ritter von Orel.**

Eduard Orel wurde am 5. November 1877 in Triest geboren. Von 1901 bis 1912 arbeitete er am Militärgeographischen Institut in Wien, danach in privaten fotogrammetrischen Unternehmen. 1908 erfand Orel den Autostereographen, ein Gerät, das die mechanische Auswertung von Meßbildern ermöglicht. Die Fotogrammetrie ist ein Verfahren, bei dem Landkarten aus der Fotografie des darzustellenden Gebietes hergestellt werden. Eduard Orel starb am 25. Oktober 1941 in Bozen.

## Osergasse

**Groß-Jedlersdorf I, früher Stammelgasse, führt von der Berzeliusgasse zur Skraupstraße; benannt nach dem Arzt Dr. Leopold Oser.**

Leopold Oser wurde am 27. Juli 1839 in Nikolsburg (Mähren) geboren. Er studierte Medizin in Wien und arbeitete anschließend im Institut für experimentelle Pathologie. Fünf Jahre lang war Oser Sekundararzt im Allgemeinen Krankenhaus. 1885 wurde er außerordentlicher Professor für Innere Medizin an der Wiener Universität. Er führte bei Cholerakranken Wassereinspritzungen unter die Haut durch, um deren Austrocknung zu verhindern. Oser verwendete als erster einen weichen Magenschlauch, vorher waren nur starre Sonden im Gebrauch. 1872 wurde Leopold Oser Primarius im Rothschildspital und Abteilungsvorstand an der Wiener Poliklinik. Er starb am 22. August 1910 in Gainfarn bei Wien.

## Ostmarkgasse

**Donaufeld, früher Ziegelofengasse, führt von der Leopoldauer Straße zum Satzingerweg; benannt nach der Ostmark.**

Die Ostmark war einst ein Grenzland zum Schutz vor Awaren und Magyaren. Karl der Große hat sie 796 als Awarische Mark gegründet, und Otto der Große hat das Land 955 als Ostmark neuerlich seinem Reich beigefügt.

## Oswald-Redlich-Straße

**Leopoldau, führt von der Egon-Friedell-Gasse zur Seyringer Straße; benannt nach dem Historiker Oswald Redlich.**

Oswald Redlich wurde am 17. September 1858 in Innsbruck geboren. Er studierte Geschichte und Geographie in Innsbruck und Wien. Seit 1881 war er im Statthaltereiarchiv von Innsbruck beschäftigt. Redlich widmete sich vor allem der Historiographie (Geschichtsschreibung) und der Urkundenlehre. In einem Großteil seiner Arbeiten befaßte er sich mit seiner Tiroler Heimat. 1887 wurde er Privatdozent in Innsbruck, 1893 Professor für allgemeine Geschichte und historische Hilfswissenschaften in Wien. Oswald Redlich hatte entscheidenden Anteil an der Schaffung des Denkmalschutzgesetzes (1923). 1919 wurde er zum Präsidenten der Akademie der Wissenschaften gewählt. Er starb am 20. Jänner 1944 in Wien.

## Otto-Beyschlag-Gasse

**Leopoldau, Großfeldsiedlung, führt von der Oswald-Redlich-Straße zur Schererstraße; benannt nach dem Industriellen Otto Beyschlag.**

Otto Beyschlag wurde am 24. Jänner 1869 in Nördlingen geboren. Er arbeitete als Mechaniker in Deutschland, Schweden und Norwegen. Schon damals betrieb er Radsport. 1893 gründete er zusammen mit Heinrich Opel in Wien die erste Radfahrerschule. Zugleich eröffnete er am Kärntner Ring eine Firma, wo Fahrräder und Nähmaschinen verkauft wurden. Nach der Jahrhundertwende begann Beyschlag mit dem Verkauf von Autos. Er wurde Präsident des Verbandes der Automobilhändler Österreichs. Otto Beyschlag starb am 24. April 1945.

## Otto-Storch-Gasse

**Groß-Jedlersdorf I, führt von der Shuttleworthstraße zur Neudorfergasse; benannt nach dem Zoologen Otto Storch.**

Otto Storch wurde am 26. Oktober 1886 in Wien geboren. An der Wiener Universität studierte er Zoologie und Botanik. Storch war dann Universitätsprofessor und Vorstand des Zoologischen Instituts in Wien. Er analysierte die Herzbewegung niederer Tiere und beobachtete Kleintiere des Süßwassers mit einer Mikrozeitlupenapparatur. Storch befaßte sich auch mit der Sonderstellung des Menschen bei der Vererbung. Er starb am 18. Mai 1951 in Wien.

# P

## Pastorstraße

**Leopoldau, Großfeldsiedlung, führt von der Schererstraße zur St.-Michael-Gasse; benannt nach dem Historiker Ludwig Pastor.**

Ludwig Pastor wurde am 31. Jänner 1854 in Aachen geboren. Er wurde durch strenge Katholiken kirchlich-politisch geschult. Sein Studium absolvierte er in Bonn, Berlin und Wien. Mehrere Reisen führten ihn nach Italien, wo er in Archiven und Bibliotheken forschte. Bekannt wurde Pastor durch sein mehrbändiges Werk über die Geschichte der Päpste. Pastor war Professor in Innsbruck und ab 1920 österreichischer Gesandter im Vatikan. Er starb am 30. September 1928 in Innsbruck.

## Patrizigasse

**Floridsdorf und Donaufeld, früher Kagraner Straße, führt von der Leopoldauer Straße zum Hoßplatz; benannt nach dem heiligen Patrizius.**

Der Forstmeister Otto Ferdinand Herzog ließ 1722 in der Nähe der Leopoldauer Viehtrift, einem alten Hochwasserrinnsal, eine Säule mit dem Standbild des heiligen Patrizius errichten, weil er Wilddiebe, die ihm aufgelauert hatten, entkommen war. Das Denkmal fand später einen Platz in einer Nische des Eckhauses Leopoldauer Straße-Patrizigasse. Dieses Haus ist abgerissen worden. Die Statue befindet sich im Besitz des Fleischhauermeisters Schuller. Es sind Bemühungen im Gang, sie wieder der Öffentlichkeit zugänglich zu machen. Die Statue zeigt den heiligen Patrick, einen irischen Apostel, der 373 geboren wurde. Er hieß eigentlich Sucat und wurde mit 16 Jahren entführt. Erst nach Jahren kam er wieder in die Heimat, wo er das Christentum verbreitete. Er soll am 17. März 461 gestorben sein.

## Paul-Hopfner-Gasse

**Stammersdorf, führt vom Steinbügelweg zur Clessgasse; benannt nach dem Stammersdorfer Hotelier Paul Hopfner.**

Von Paul Hopfner ist nur bekannt, daß er Weingroßhändler und Hotelier in Stammersdorf war. Er soll auch manche Wohltat erwiesen haben. An der Hagenbrunner Straße soll Hopfner eine Villa besessen haben.

## Peitlgasse

**Groß-Jedlersdorf II, früher Eichengasse, führt von der Gebauergasse zur Brünner Straße; benannt nach dem Klosterneuburger Probst Bernhard Peitl.**

Bernhard Peitl wurde am 24. Juli 1847 in Wollmannsberg (Niederösterreich) geboren. 1867 trat er in den Orden der Augustiner-Chorherren ein, 1872 wurde er zum Priester geweiht. Bernhard Peitl war ab 1874 Kooperator in Floridsdorf, 1880 in Meidling und 1883 in Hietzing. Ab 1886 wirkte Peitl als Pfarrverweser in Höflein an der Donau, ab 1889 in Langenzersdorf. Von 1900 bis 1903 war Peitl Dechant und bis 1906 Probst des Stiftes Klosterneuburg. Er starb am 6. Oktober 1906 in Klosterneuburg.

## Penkgasse

**Groß-Jedlersdorf I, müßte richtig Penckgasse heißen, führt von der Ruthnergasse zur Giseviusgasse; benannt nach dem Geographen Albrecht Penck.**

Albrecht Penck wurde am 25. September 1858 in Leipzig geboren. Von 1885 bis 1906 war er Professor an Mittelschulen und an der Universität Wien, von da an in Berlin, wo er auch das Museum für Meereskunde leitete. Albrecht Penck erhob die österreichische Schule der physikalischen Geographie zu internationaler Bedeutung. Er ist einer der Begründer der modernen Geomorphologie (Lehre von der äußeren Gestalt der Erde und deren Veränderungen). Penck beschäftigte sich auch mit Eiszeitforschung. Er schrieb mehrere wissenschaftliche Werke wie „Die Vergletscherung der deutschen Alpen", „Morphologie der Erdoberfläche", „Die Alpen im Eiszeitalter". Albrecht Penck starb am 7. März 1945 in Prag.

## Peter-Berner-Straße

**Stammersdorf, führt von Brünner Straße bis südlich der Johann-Weber-Gasse;**

**benannt nach dem Fischer Peter Berner.**

In der Nacht vom 28. Februar auf den 1. März 1830 überschwemmte die Donau das Floridsdorfer Gebiet. Schon tags zuvor hatte es mächtige Überschwemmungen gegeben, aber das Wasser war zurückgegangen und die Bewohner hatten ihre Häuser wieder bezogen. In der folgenden Nacht wurden sie vom neuerlichen, noch verheerenderen Hochwasser überrascht. In Floridsdorf rettete der greise Fischer Peter Berner 175 Menschen das Leben, indem er mit seinem Boot von Haus zu Haus fuhr und die vom Wasser Bedrängten aufnahm.

## Peter-Kaiser-Gasse

**Jedlesee und Groß-Jedlersdorf II, führt von der Jeneweingasse zur Anton-Störck-Gasse; benannt nach dem Jedleseer Ortsrichter Peter Kaiser.**

Peter Kaiser ist der zweite Ortsrichter von Jedlesee, den man kennt. 1587 übte Georg Gerstl dieses Amt aus. Sein Nachfolger ist unbekannt. Peter Kaiser war von 1596 bis 1602 Ortsrichter.

## Pfarrer-Matz-Gasse

**Stammersdorf, führt von der Stammersdorfer Straße zur Josef-Flandorfer-Straße; benannt nach dem Stammersdorfer Pfarrer Maximilian Anton Matz.**

Maximilian Anton Matz wurde am 13. August 1811 in Wien geboren. Am 3. Oktober 1830 trat er ins Schottenstift ein und wurde am 25. Juli 1835 zum Priester geweiht. Von 1836 bis 1838 war er provisorischer Seelsorger in der stiftlichen Pfarre Platt (Niederösterreich). Anschließend war Pfarrer Matz Gymnasialprofessor in Augsburg, und von 1844 bis 1854 wirkte er als Kooperator an der Pfarre Gumpendorf. 1851 wurde er Mitglied der Wiener Zoologisch-botanischen Gesellschaft, von 1854 bis 1880 war er Pfarrer in Höbersbrunn (Niederösterreich). Am 1. April 1880 begann Matz seine Tätigkeit in Stammersdorf. Anläßlich seines goldenen Priesterjubiläums erhielt er 1885 vom Wiener Fürsterzbischof Cölestin Josef Ganglbauer den Titel eines fürsterzbischöflichen

Rates verliehen. 1888 überreichte ihm der Korneuburger Bezirkshauptmann Freiherr von Mara in der Stammersdorfer Kirche das Goldene Verdienstkreuz mit der Krone. Pfarrer Matz war Mitglied des „Allgemeinen österreichischen Apotheker-Vereins", Ehrenmitglied des „Ersten österreichischen Humanitätsvereines ‚Die Biene' " und Ehrenmitglied des „Stammersdorfer Männergesangvereines". Er starb am 24. Jänner 1893 in Stammersdorf.

## Pfendlergasse

**Groß-Jedlersdorf I und Leopoldau, führt von der Thayagasse zur Ruthnergasse; benannt nach dem Chemiker Georg Pfendler.**

Georg Pfendler wurde am 13. Juni 1799 in Wien geboren. Er studierte Chemie und schrieb eine Doktorarbeit über das Opium. 1826 hielt er sich längere Zeit in London auf, wo er in Gaswerken arbeitete. Später errichtete er in der Roßau (heute zum 9. Bezirk gehörend) eine Ölgasfabrik. Er eröffnete auch eine Apotheke, in der er 1827 als erster Gasbeleuchtung verwendete. 1832 legte er die erste Gasleitung von der Roßau in die Innere Stadt. Pfendler zählt mit Josef Prechtl zu den Pionieren der Wiener Gasbeleuchtung. Sein Sterbedatum ist auch in einschlägigen wissenschaftlichen Kreisen nicht bekannt.

## Pichelwangergasse

**Floridsdorf, führt von der Fännergasse zur Schwaigergasse (unterbrochen); benannt nach dem Floridsdorfer Ortsrichter Matthias Pichelwanger.**

Matthias Pichelwanger wurde 1770 geboren. Er war von 1805 bis 1811 und von 1815 bis 1822 Ortsrichter von Floridsdorf. In der Zwischenzeit versah Peter Biber das Amt. Bei Matthias Pichelwanger hatte sich vom 8. Juli bis zum 12. August 1809 der französische Platzkommandant einquartiert. Pichelwanger mußte ihn und seine Leute verpflegen. Er starb 1832.

## Pilzgasse

**Donaufeld, früher Fabriksgasse und Jägergasse, führt von der Angerer Straße**

zur Leopoldauer Straße; benannt nach dem Gründer der Floridsdorfer Mineral-ölfabrik, Friedrich Pilz.

Friedrich Pilz wurde am 20. Februar 1841 in Graslitz geboren. Er studierte in Prag und wandte sich der Chemie zu. Pilz arbeitete in einer großen chemischen Fabrik bei Aussig. 1864 kaufte er in Floridsdorf eine aufgelassene Kesselschmiede und errichtete eine Mineral-öl- und Paraffinfabrik. 1870 gelang es ihm, Zeresin, ein gebleichtes Erdwachs, herzustellen. Nach seiner Heirat im selben Jahr schied er aus der Fabrik aus und gründete eine andere in Theusau bei Karlsbad. 1880 übernahm Pilz auch die väterliche Spinnerei in Graslitz, wo er zum Bürgermeister gewählt wurde. Das Theusauer Werk wurde 1897 wegen der starken Konkurrenz aufgelassen. Friedrich Pilz starb am 12. September 1898.

## Pinkagasse

**Leopoldau, führt von der Thayagasse zur Illgasse; benannt nach dem Fluß Pinka.**

Die Pinka ist ein linker Nebenfluß der Raab und entspringt am Wechsel. Ihr Quellgebiet liegt in der Steiermark, der Mittellauf im Burgenland und der Unterlauf wechselnd im Burgenland und in Ungarn.

## Pitkagasse

**Donaufeld, führt vom Floridsdorfer Markt zur Nordbahnanlage; benannt nach dem Gemeinderat und Direktor der Floridsdorfer Sparkasse, Josef Pitka.**

Josef Pitka wurde 1850 geboren. Er war von Beruf Fleischhauer und wurde später Gemeinderat von Floridsdorf. Ab 1882 war Pitka einer der Direktoren der „Floridsdorfer Gemeinde-Sparcasse". Pitka vermachte sein Grundstück, am heutigen Pius-Parsch-Platz gelegen, der Kirche. Er starb am 23. September 1908.

## Pius-Parsch-Platz

**Floridsdorf, zwischen Angerer Straße und Schloßhofer Straße; benannt nach dem Augustiner-Chorherrn Pius Parsch.**

Pius Johann Parsch wurde am 18. Mai 1884 in Olmütz geboren. Von 1904 an war er Augustiner-Chorherr im Stift Klosterneuburg, seit 1913 Professor für Pastoraltheologie. Pius Parsch war Wegbereiter der Erneuerung der Liturgie (Form des Gottesdienstes). Er gründete das Klosterneuburger Bibelapostolat und die Zeitschriften „Bibel und Liturgie" sowie „Leben mit der Kirche". Parsch verfaßte auch viele Bücher, wie etwa „Das Jahr des Heiles", „Meßerklärung", „Volksliturgie", „Die liturgische Predigt". Während der Vertreibung der Chorherren aus Klosterneuburg (1940 bis 1945) war Pius Parsch als Seelsorger an der Pfarre Floridsdorf tätig. Er lebte in einem Turmzimmer der St.-Josefs-Kirche. Pius Parsch starb am 11. März 1954 in Klosterneuburg.

## Plankenbüchlergasse

**Donaufeld, führt von der Donaufelder Straße zur Siegfriedgasse; benannt nach dem Donaufelder Bürgermeister Franz Plankenbüchler.**

Franz Plankenbüchler wurde 1852 in Zwischenbrücken geboren. Er war Restaurateur in der Lohnerschen Wagenfabrik, führte später eine Fleischhauerei und ein Gasthaus in der Donaufelder Straße 10. 1884 wurde er in den Gemeinderat gewählt, 1887 zum Bürgermeister. In dieser Position erwarb er sich besondere Verdienste um die Kanalisation des Ortes. Plankenbüchler starb am 7. Juni 1894.

## Poppenwimmergasse

**Jedlesee, führt von der Koloniestraße zur Winkeläckerstraße; benannt nach dem Vorkämpfer der Arbeiterbewegung, Franz Poppenwimmer.**

Franz Poppenwimmer wurde 1863 geboren. Er gehörte zur ersten Generation der sozialdemokratischen Bewegung in Floridsdorf. Poppenwimmer war einer der Gründer der Arbeitersänger in Donaufeld (1889), der Keimzelle der sozialdemokratischen Partei in Floridsdorf. Er war der erste Floridsdorfer Parteitagsdelegierte (1891). Poppenwimmer gehörte auch zu den Gründern der Arbeiter-Radfahrer in Donaufeld (1895), und auf ihn geht die Gründung der Floridsdorfer Naturfreunde (1897) zurück, deren erster Obmann er war. Bei der Wahl am 6. Juli 1896 kandidierte Poppenwimmer im III. Wahlkörper. Er war auch Herausgeber des sozialdemokratischen Lokalblattes „Der Wähler". Franz Poppenwimmer starb 1918.

## Prager Straße

**Floridsdorf, Groß-Jedlersdorf II, Jedlesee und Strebersdorf; führt von Am Spitz zur Stadtgrenze; benannt nach der Stadt Prag.**

Die Reichsstraße nach Böhmen (Prager Straße) und die Reichsstraße nach Mähren (Brünner Straße) wurden nach 1730 aus wirtschaftlichen und strategischen Gründen neu angelegt und ausgebaut. Beide Straßenzüge folgen im wesentlichen den alten Verkehrswegen nach Prag und Brünn. Die alte Prager Straße (Kaiserstraße) wurde als Hochwasserschutzdamm angelegt, die Erhöhung ist außerhalb Strebersdorfs noch stellenweise erkennbar. Prag ist die Hauptstadt von Böhmen und zugleich die Hauptstadt der Tschechoslowakei. Etwa 1,1 Millionen Einwohner leben dort. Prag entstand um 1100. 1235 erhielt die Altstadt, 1257 der Teil unterhalb des Hradschin das Stadtrecht.

## Praschnikerweg

**Strebersdorf, führt von der Bonitzgasse zur Scheydgasse; benannt nach dem Archäologen Camillo Praschniker.**

Camillo Praschniker wurde am 13. Oktober 1884 in Wien geboren. Er studierte in Innsbruck, Berlin und Wien. Ausgedehnte Reisen führten ihn nach Griechenland, Kleinasien und Italien. Als Universitätsprofessor der klassischen Archäologie arbeitete Praschniker in Prag, Jena und Wien. 1935 wurde er Direktor des Österreichischen archäologischen Instituts. Er starb am 1. Oktober 1949 in Wien.

## Pregartengasse

**Groß-Jedlersdorf II, führt von der Demmergasse zur Gebauergasse; benannt nach den „Brechgärten".**

„Brechgärten" ist ein alter Flurname. Die „Brechgärten", später Wienerfeld genannt, waren ein Teil der sogenannten Hutweide.

## Preßburger Gasse

**Groß-Jedlersdorf I, führt von der Mitterhofergasse zur Jochbergengasse; benannt nach der tschechoslowakischen Stadt Preßburg.**

Preßburg (Bratislava) ist eine Hafenstadt am Fuß der Kleinen Karpaten. 1805 wurde der dritte Koalitionskrieg zwischen Frankreich und Österreich mit dem Frieden von Preßburg beendet. Von 1526 bis 1784 war Preßburg die Hauptstadt von Ungarn, bis 1830 war sie die Krönungsstadt der ungarischen Könige. 1919 kam Preßburg zur Tschechoslowakei. Rund 325.000 Menschen leben dort.

## Prießnitzgasse

**Donaufeld und Floridsdorf, früher Wurmsergasse, führt von An der oberen Alten Donau zur Franklinstraße; benannt nach dem Begründer der neuen Wasserheilkunde, Vinzenz Prießnitz.**

Vinzenz Prießnitz wurde am 5. Oktober 1799 in Gräfenberg (Schlesien) geboren. Er war Landwirt und führte an sich selbst mehrere erfolgreiche Kaltwasserkuren durch, worauf er 1826 in Gräfenberg eine Kaltwasserheilanstalt eröffnete. Prießnitz starb in seinem Geburtsort am 28. November 1851.

## Puffergasse

**Floridsdorf und Groß-Jedlersdorf II, führt von der Jedleseer Straße zur Schwaigergasse; benannt nach dem Floridsdorfer Bürgermeister Georg Puffer.**

Georg Puffer wurde 1829 in Eggendorf geboren. Er kam 1855 nach Floridsdorf und betrieb als Getreide- und Mehlhändler von 1859 bis 1871 eine Schiffmühle. Puffer wurde in die Gemeindevertretung und 1873 zum Bürgermeister gewählt. Diesen Posten hatte er bis 1882 inne. Gemeinderat blieb er bis zu seinem Tod am 8. Juli 1895. Puffer hatte sich für die Errichtung einer Gemeindesparkasse eingesetzt.

## Pulkaugasse

**Leopoldau, führt von der Thayagasse zur Lavantgasse; benannt nach dem Fluß Pulkau.**

Die Pulkau ist ein Nebenfluß der Thaya

und entspringt bei Pernegg im nordöstlichen Waldviertel. Das Pulkautal ist ein bekanntes Weinbaugebiet. Der Fluß mündet bei Laa.

## Puschkingasse

**Schwarzlackenau, führt von der Schlossergasse zur Adolf-Uthmann-Gasse; benannt nach dem Dichter Alexander Sergejewitsch Puschkin.**

Alexander Sergejewitsch Puschkin wurde am 6. Juni 1799 in Moskau geboren. Er ist mütterlicherseits ein Urenkel Hannibals, des Mohren Peters des Großen. Schon mit 15 Jahren machte er durch das Gedicht „Erinnerungen an Zarskoje Selo" von sich reden. 1817 trat er in den Staatsdienst, wurde aber schon 1820 wegen einiger satirischer und politischer Gedichte nach Südrußland versetzt. 1824 wurde er für zwei Jahre auf das elterliche Gut bei Psovk verbannt. Dort schrieb er, von den Dichtungen Shakespeares angeregt, zahlreiche Gedichte und Tragödien. Nach seiner Rückkehr nach Moskau und Petersburg stellte ihn der Zar unter Polizeiaufsicht. Puschkin arbeitete bei vielen Zeitungen mit. Er ist der Schöpfer der neueren romantischen Dichtersprache Rußlands, sein Stil ist klar und ruhig. Einige Werke: „Eugen Onegin", „Boris Godunow", „Die Hauptmannstochter", „Pique-Dame", „Der Gefangene im Kaukasus", „Der Mohr Peters des Großen". Puschkin starb am 10. Februar 1837 an den Folgen einer Verwundung, die er sich bei einem Duell zugezogen hatte.

## Puschmanngasse

**Leopoldau, führt von der Oswald-Redlich-Straße zur Schererstraße; benannt nach dem Mediziner Theodor Puschmann.**

Theodor Puschmann wurde am 4. Mai 1844 in Löwenberg geboren. Er studierte an den Universitäten in Wien, Berlin, Marburg und München. In Kairo und später in München betrieb er eine Arztpraxis. 1878 erwarb er an der Universität Leipzig die Lehrberechtigung für Geschichte der Medizin. 1879 wurde Puschmann in Wien Professor in diesem Fach. 1884 veröffentlichte er „Die Medizin in Wien während der letzten 100 Jahre". Er gilt als Begründer der Wiener Medizingeschichte. Theodor Puschmann starb am 28. September 1899 in Wien.

# R

## Rabnitzweg

**Leopoldau, führt von der Illgasse zur Lavantgasse; benannt nach dem Fluß Rabnitz.**

Der Fluß Rabnitz entspringt in der östlichen Buckligen Welt und mündet bei Györ (Raab) in Ungarn gemeinsam mit der Raab in die Donau. Ein anderer Fluß gleichen Namens entspringt am Schöckl bei Graz und mündet bei Gleisdorf in die Raab.

## Raffaltplatz

**Leopoldau, zwischen Satzingerweg und Josef-Baumann-Gasse; benannt nach dem Maler Ignaz Raffalt.**

Ignaz Raffalt wurde 1800 in Weißkirchen (Steiermark) geboren. Er ist in einfachen Verhältnissen aufgewachsen. In seiner Freizeit malte er. Künstler und Kunstfreunde wurden auf das Talent aufmerksam. Nach wiederholten Aufforderungen verließ er seine Landwirtschaft und zog nach Wien, wo er sich ganz der Kunst widmete. Er malte vor allem Landschaften. Viele seiner Bilder wurden ins Ausland verkauft. Raffalt starb am 7. Juli 1857 in Hainbach.

## Ragwurzgasse

**Stammersdorf, führt von der Ebereschengasse zum Türkenbundweg; benannt nach der Orchidee Ragwurz.**

Die Ragwurz kennt man auch unter dem Namen Kerfstendel. Sie ist eine der seltensten Orchideen in Österreich. Die Blüten ähneln Insekten oder Spinnen. Es sind drei Arten bekannt: die Spinnenragwurz, die Bienenragwurz und die Fliegenragwurz. Die Pflanze steht unter Naturschutz. Sie wächst auf sonnigen Berghängen und Heidewiesen und kam früher auch auf dem Bisamberg vor.

## Rappgasse

**Groß-Jedlersdorf II, führt von der Prager Straße zur Koloniestraße; benannt nach dem Arzt Dr. Oskar Karl Rapp.**

Oskar Karl Rapp wurde am 14. März 1840 in Gernsheim geboren. Er beendete seine Studien in Salzburg, wo er auch eine Zeitlang im Militärspital tätig war. Bis Ende März 1874 führte er eine Praxis in Sankt Nikola (Oberösterreich). Am 1. April kam Oskar Karl Rapp als Gemeindearzt nach Jedlesee. Von 1882 bis zu seinem Tod gehörte er der Jedleseer Gemeindevertretung an. Rapp starb am 6. August 1897 in Admont.

## Rasmussengasse

**Jedlesee, führt von der Tschaikowskijgasse zur Prager Straße; benannt nach dem dänischen Grönlandforscher Knud Rasmussen.**

Knud Rasmussen wurde am 7. Juni 1879 auf Grönland geboren. Von 1902 bis 1904 nahm er an der dänischen Literarischen Grönlandexpedition unter Mylius-Erichsen teil. Von 1906 bis 1908 war Rasmussen in Nordgrönland unterwegs. Von 1912 an unternahm er mehrere Expeditionen, die ihren Ausgangspunkt von der Station Thule nahmen. Über seine Reisen schrieb er Bücher. Rasmussen starb am 21. Dezember 1933 in Kopenhagen.

## Rathmayergasse

**Leopoldau, Großfeldsiedlung, führt von der St.-Michael-Gasse zur Zelkinggasse; benannt nach dem Schuldirektor Franz Rathmayer.**

Franz Rathmayer wurde am 23. Oktober 1891 als Sohn eines Sattlermeisters in Aspern geboren. Nach der Pflichtschule besuchte er die Lehrerbildungsanstalt der Schulbrüder in Strebersdorf und trat anschließend in den Schuldienst ein. Als Hauptschuldirektor wirkte er an der Schule Deublergasse 21. Franz

Rathmayer erwarb sich bedeutende Verdienste am Aufbau der Volkshochschule Wien-Nord, deren Präsident er viele Jahre war. Er starb am 4. Dezember 1965 in Tulln.

## Ratzenhofergasse

**Groß-Jedlersdorf I, führt von der Gerasdorfer Straße zum Karl-Benz-Weg; benannt nach dem Soziologen Gustav Ratzenhofer.**

Gustav Ratzenhofer wurde am 4. Juli 1842 in Wien geboren. Er schlug die Militärlaufbahn ein und war von 1898 bis 1901 im Range eines Feldmarschallleutnants Präsident des Militärobergerichts. Ratzenhofer schrieb mehrere soziologische Werke, zum Beispiel „Wesen und Zweck der Politik" (drei Bände) und „Soziologische Erkenntnis". Er starb am 8. Oktober 1904 auf der Rückreise von Amerika.

## Rautenkranzgasse

**Floridsdorf und Donaufeld, führt von der Theodor-Körner-Gasse zur Fultonstraße; benannt nach dem Pfarrer Roman Rautenkranz.**

Roman Rautenkranz war Pfarrer in Korneuburg und wurde, als Pfarrer Karl Hammerschmied die Floridsdorfer Pfarre St. Jakob verließ, am 22. August 1852 hierher versetzt. Rautenkranz ließ 1855 eine Turmuhr anbringen, 1866 ließ er die Sakristei vergrößern, 1867 wurde die hölzerne Vorhalle gemauert. Weil der hinter der Kirche gelegene Friedhof zu klein wurde, kaufte die Gemeinde 1863 vom Stift einen Grund an der Brünner Straße, wohin der Friedhof verlegt wurde (heute Paul-Hock-Park). Am 15. Mai 1864 fand dort die erste Beerdigung statt. 1868 ging Pfarrer Rautenkranz in die Pfarre Nußdorf, wo er am 26. Jänner 1878 starb.

## Rechte Nordbahngasse

**Foridsdorf, früher Rechte Eisenbahngasse, führt von An der oberen Alten Donau zur Angerer Straße; benannt nach der Nordbahn. (Siehe Linke Nordbahngasse.)**

## Rehgasse

**Donaufeld, Bruckhaufen, zwischen Bruckhaufner Hauptstraße und Birnekkergasse; benannt nach dem Reh.**

Das Reh gehört zur Unterfamilie der Trughirschen. Es gibt drei Unterarten: das europäische, das sibirische und das chinesische Reh. Rehe sind in Europa die häufigste Hirschart. Man findet sie im Flachland, auf Bergen, in Wäldern, Feldern und Wiesen. Das Reh ist ein Paarhufer. Die Beine sind schlank, die Hufe spitz. Es wird bis zu 140 Zentimeter lang und 16 bis 50 Kilogramm schwer. Geruchs- und Gehörsinn sind sehr gut ausgebildet. Der Rehbock hat ein meist dreiendiges Geweih. Im Winter wechseln die Rehe ihr schütteres rotbraunes Haarkleid gegen ein dickes graubraunes Fell. Im Winter schließen sich die Rehe zu einem „Feldrudel" (40 bis 60 Tiere) zusammen. Sie sind Wiederkäuer und ernähren sich nur von pflanzlichen Stoffen.

## Reisgasse

**Groß-Jedlersdorf I, führt von der Siemensstraße zur Osergasse; benannt nach dem Lehrer und Erfinder Philipp Reis.**

Philipp Reis wurde am 7. Jänner 1834 in Gelnhausen geboren. Ab 1850 arbeitete er in einem Farbengeschäft und begann, privat Mathematik und Naturwissenschaften zu studieren. 1858 wurde Reis Lehrer in Friedrichsdorf bei Homburg. 1860 konstruierte er das erste Telefon. Philipp Reis starb am 14. Jänner 1874 in Friedrichsdorf.

## Richard-Neutra-Gasse

**Leopoldau, führt von der Siemensstraße zur Felmayergasse; benannt nach dem Architekten Richard Joseph Neutra.**

Richard Joseph Neutra wurde am 8. April 1892 in Wien geboren. Er war Schüler und später Mitarbeiter von Otto Wagner und Adolf Loos. 1923 ging er nach Amerika. Ab 1926 war er selbständiger Architekt in Los Angeles. Er versuchte, seine Bauten den landschaftlichen Gegebenheiten sowie den Wohn- und Lebensbedürfnissen der Menschen anzupassen. Neutra leitete damit eine neue Entwicklung im Wohnbau ein. Seine Bauten befinden sich vorwiegend in Amerika. Als Autor wurde er mit dem Buch „Wenn wir weiterleben wollen" bekannt. Richard Joseph Neutra starb am 16. April 1970 in Wuppertal.

## Rieglgasse

**Leopoldau, führt von der Wassermanngasse zur Schererstraße; benannt nach dem Kunsthistoriker Alois Riegl.**

Alois Riegl wurde am 14. Jänner 1858 in Linz geboren. Seine Mittelschulstudien begann er in Polen, kehrte jedoch 1873 mit seinen Eltern nach Österreich zurück. An der Wiener Universität studierte er zuerst Rechtswissenschaften, wechselte später jedoch zu Philosophie und Universalgeschichte über. Erst am Institut der österreichischen Geschichtsforschung fand er den Weg zur Kunstgeschichte. Er trat ins Österreichische Museum für Kunst und Industrie ein und wurde 1895 Professor an der Universität Wien. Riegl arbeitete an der Denkmalbestandsaufnahme und an der gesetzlichen Regelung der Denkmalpflege mit. Er verfaßte bedeutende kunsthistorische Schriften. Riegl starb am 17. Juni 1905 in Wien.

## Rihosekgasse

**Jedlesee und Strebersdorf, führt von der Winkeläckerstraße zur Guschelbauergasse; benannt nach dem Konstrukteur Johann Rihosek.**

Johann Rihosek wurde am 5. Juni 1869 in Macao geboren. Er studierte an der Technischen Hochschule in Wien. 1893 arbeitete er als Konstrukteur in der Floridsdorfer Lokomotivfabrik, 1897 im k. k. Eisenbahnministerium. 1924 ging er als Sektionschef in den Ruhestand. Von da an war Rihosek Honorardozent für Lokomotivbau an der Technischen Hochschule Wien. Er konstruierte mehrere Lokomotivtypen und erfand auch einige Bestandteile, wie die Vakuum- und Luftdruckbremse. Rihosek verfaßte verschiedene fachwissenschaftliche Werke. Er starb 1956.

## Ringelseegasse

**Floridsdorf und Donaufeld, führt von der Prießnitzgasse zur Corygasse; benannt nach dem Ort Ringelsee.**

Ringelsee war ursprünglich einer der vielen Teiche in den Auen der Donau, später wurde eine Ortschaft danach benannt. Ein Herwich von Ringilinisse findet sich schon im 12. Jahrhundert in den Aufzeichnungen des Stiftes Klosterneuburg. Anfang des 13. Jahrhunderts besaß das Stift dort einige Häuser. Viele Überschwemmungen verwüsteten den Ort. Vermutlich im Jahre 1520 wurde Ringelsee von den Fluten der Donau vollständig vernichtet.

## Rittingergasse

**Groß-Jedlersdorf I, führt von der Gerasdorfer Straße in nördliche Richtung; benannt nach dem Ingenieur Peter Ritter von Rittinger.**

Peter Rittinger wurde am 23. Jänner 1811 in Neutitschein (Mähren) geboren. Er besuchte die Bergakademie in Schemnitz, wo er Werkinspektor wurde. Er erfand Bergmannsgeräte wie die Waschtrommel und den Spitzkastenapparat, Anlagen zur Trennung der Erze von taubem Gestein. 1848 erfand er eine einachsige Pumpe und ein Jahr später eine Wassersäulenmaschine zur Wasserförderung. Rittinger kam 1850 als Sektionsrat nach Wien. 1864 erhielt er das Referat „Bergakademien" zugeteilt, wo dann nach seinen Vorstellungen unterrichtet wurde. Im selben Jahr berief man Rittinger als Ministerialrat ins Finanzministerium. Er war ein Erzaufbereitungsfachmann von europäischem Ruf. Rittinger starb am 7. Dezember 1872 in Wien.

## Robert-Lach-Gasse

**Leopoldau, führt von der Max-Jellinek-Gasse zur Moritz-Dreger-Gasse; benannt nach dem Komponisten Robert Lach.**

Robert Lach wurde am 29. Jänner 1874 in Wien geboren. Er war Schüler am Konservatorium der Gesellschaft der Musikfreunde Wien, studierte Jus, Philosophie und Musikwissenschaften. Ab 1911 war Lach in der Hofbibliothek beschäftigt, von 1913 bis 1920 war er Vorstand der Musikabteilung. 1929 berief man ihn als Ordinarius ans Musikwissenschaftliche Institut. Lach erforschte die europäische Musikgeschichte und Musikpsychologie. Er war ein bedeutender Vertreter der vergleichenden Musikwissenschaft. Robert Lach starb am 11. September 1958 in Salzburg.

## Roda-Roda-Gasse

**Strebersdorf, führt von der Berlagasse zum Schwarzenauweg; benannt nach dem Schriftsteller Alexander Roda Roda.**

Alexander Roda Roda, der eigentlich Sándor Friedrich Rosenfeld hieß, wurde am 13. April 1872 in Puszta Zdenci (Slowenien) geboren. Er wurde Offizier, gab seine Laufbahn jedoch auf, um Journalist zu werden. Er war Mitarbeiter des „Simplicissimus". 1933 wanderte Roda Roda nach den Vereinigten Staaten aus. Er schrieb Erzählungen, Dramen, Feuilletons, Satiren und Humoresken. Einige Werke: „Der Feldherrnhügel", „Der Schnaps, der Rauchtabak und die verfluchte Liebe", „Roda Rodas Roman", „Die rote Weste". Alexander Roda Roda starb am 20. August 1945 in New York.

## Roggegasse

**Strebersdorf, führt von der Waltenbergergasse zum Strebersdorfer Platz; benannt nach dem Sparkassendirektor Heinrich Friedrich Albert Ritter von Rogge.**

Friedrich Albert Rogge wurde 1811 geboren. Er war Industrieller und Direktor der ersten österreichischen Sparkasse. 1848 leitete er die Nationalgarde im zweiten Stadtviertel. Einen Großteil seines Vermögens vermachte er wohltätigen Stiftungen, unter anderem 25.000 Gulden zu Handen des Wiener Bürgermeisters, der mit dem Gewinn der Stiftung eine Zeitlang jährlich fünf arme Familien beteilte. Rogge starb 1872.

## Röllgasse

**Schwarzlackenau, führt von der Josef-Türk-Gasse zur Dafertgasse; benannt nach dem Schöpfer der modernen Tier-**

seuchenbekämpfung, **Moritz Friedrich Röll.**

Moritz Friedrich Röll wurde am 17. September 1818 in Wien geboren. 1842 promovierte er zum Dr. med. Er unterrichtete Seuchenlehre am Tierarzneiinstitut und wurde Professor der Tierheilkunde an der Universität Wien. Von 1852 bis 1879 war Röll Studiendirektor der Tierarzneianstalt. Er gilt als Altmeister der österreichischen Veterinärmedizin. Röll übersiedelte nach Graz, wo er am 10. Mai 1907 starb.

# Rosannagasse

**Leopoldau, führt von der Thayagasse zur Lavantgasse; benannt nach dem Fluß Rosanna.**

Rosanna ist ein Fluß in Tirol. Er entspringt in der Verwallgruppe, fließt durch das Stanzer Tal und vereinigt sich mit der Trisanna zur Sanna.

# Rosenzeile

**Schwarzlackenau, führt vom Lormweg zur Wolsteingasse; benannt nach der Rose.**

Die Rose gehört zur Familie der Rosengewächse, die mit mehr als 2000 Arten über die ganze Welt verbreitet sind. Die in unseren Breiten bekannte Hekken- oder Hundsrose ist ein kräftiger Strauch mit überhängenden Zweigen. Die behaarten Früchte sind in leuchtend rote Hagebutten eingeschlossen. Die fünfblättrigen Blüten sind rosa oder weiß gefärbt und blühen im Juni. Das Rosenöl, das in den Blütenblättern vorhanden ist, wird in der Parfümerzeugung verwendet. Die wildwachsenden Rosen werden als Edelrosen (Teehybriden) oder Beetrosen (Polyantha- oder Floribunde-Rosen) kultiviert.

# Rothengasse

**Stammersdorf, führt von der Unteren Jungenberggasse zur Oberen Jungenberggasse; benannt nach einer Flurbezeichnung.**

Die genaue Herkunft des Namens konnte nicht festgestellt werden, doch dürfte es sich um eine dem Flurnamen „Rothe Erd" (Raum Stetten) ähnliche Bildung handeln. Am Bisamberg findet man nämlich neben Lößböden auch rötliche Schieferschichten, die durch Erosion sichtbar werden.

# Rubingasse

**Leopoldau, führt von der Leopoldauer Straße zur Smaragdgasse; benannt nach dem Edelstein Rubin.**

Der Rubin ist eine wertvolle Abart des Minerals Korund, eines in der Natur vorkommenden Aluminiumoxids. Der tiefrote Rubin wird durch geringe Mengen Chromoxid gefärbt. Große Rubine sind nach den Diamanten die wertvollsten Edelsteine. Die größten Lager befinden sich in Ceylon, Birma, Thailand und Montana (USA). Der Rubin hat ein spezifisches Gewicht von 3,9 bis 4,1 g/cm$^3$ und die Härtestufe 9 nach der zehnteiligen Mohs-Skala.

# Rudolf-Virchow-Straße

**Jedlesee, führt von der Tomaschekstraße zur Prager Straße; benannt nach dem Arzt und Naturwissenschaftler Rudolf Virchow.**

Rudolf Virchow wurde am 13. Oktober 1821 in Schivelbein (Pommern) geboren. In Berlin studierte er Medizin und gründete 1847 das „Archiv für pathologische Anatomie und Physiologie und für klinische Medizin". 1848 schickte ihn die Regierung nach Oberschlesien, um die dort ausgebrochene Hungertyphusepidemie zu beobachten. 1849 enthob man ihn seines Postens, weil er sich nicht im Sinne der Machthaber politisch betätigte. Er ging als Anatomieprofessor nach Würzburg. 1856 kehrte er an die Berliner Universität zurück. Virchow begründete neue medizinische Lehren. 1862 wurde er als Gründer und Führer der Fortschrittspartei ins preußische Abgeordnetenhaus gewählt. Virchow war Vorstand mehrerer Stiftungen, Gründer der Deutschen und der Berliner Anthropologischen Gesellschaft. 1881 reiste er zum Kaukasus, 1888 nach Ägypten und Nubien, schrieb über Pfahlbauten und Hünengräber. Er verfaßte viele medizinische und anthropologische Werke. Virchow starb am 5. September 1902 in Berlin.

## Ruppweg

**Stammersdorf, führt von der Gernengasse südwärts; benannt nach der Stammersdorfer Fürsorgerätin Karla Rupp.**

Karla Rupp wurde am 18. Mai 1882 geboren. Die Stammersdorferin hat sich in den Jahren von 1922 bis 1934 große Verdienste als Obmännin des dortigen Fürsorgerates erworben. Karla Rupp starb am 15. November 1953.

## Rußbergstraße

**Strebersdorf, führt von der Prager Straße zur Anton-Böck-Gasse; benannt nach dem Rußberg.**

„Rußberg" ist ein alter Flurname, der als Gassenname weiterbesteht.

## Ruthnergasse

**Groß-Jedlersdorf II, Groß-Jedlersdorf I und Leopoldau, früher Grenzgasse, führt von der Shuttleworthstraße zur Gerasdorfer Straße; benannt nach mehreren Lehrern aus der Familie Ruthner.**

Der Familie Ruthner entstammten viele Lehrer, die ihr Wissen Leopoldauer Kindern vermittelten: Johann Ruthner (1618–1658), Johann Georg Ruthner sen. (1769–1831), Johann Georg Ruthner jun. (1816–1853), Anton Ruthner (bis 1880). In der Straßenmitte verläuft die alte Gemeindegrenze von Jedlersdorf und Leopoldau.

# S

## Salamandergasse

**Schwarzlackenau, führt von der Wolsteingasse zur Adolf-Uthmann-Gasse; benannt nach dem Salamander.**

Der Salamander zählt zu den Schwanzlurchen und Molchen. Es gibt etwa 90 verschiedene Arten in Europa, Nordafrika, Ostasien, Kleinasien und Nordamerika. Der Salamander ist scheu, lebt unter Baumwurzeln oder Felsplatten. Seine Haut ist glatt oder rauh, aber nicht schleimig. Der Geruchssinn ist sehr gut entwickelt. Die hierzulande häufig vorkommenden Feuer- und Alpensalamander sind Landbewohner. Der schwarze Feuersalamander ist am Rücken gelb oder orangerot gefleckt. Er wird bis zu 30 cm lang. Im Körper des Weibchens entwickeln sich die befruchteten Eier zu Larven. Diese werden im Wasser abgesetzt. Der Alpensalamander ist zierlicher als der Feuersalamander. Er lebt zwischen 700 und 3000 m Höhe.

## Salomongasse

**Groß-Jedlersdorf I, führt von der Gerasdorfer Straße in nördliche Richtung; benannt nach dem Mathematiker Johann Salomon.**

Johann Salomon wurde am 22. Februar 1793 geboren. Er wurde Lehrer für Geometrie an der polytechnischen Schule in Oberdürrbach bei Würzburg. Ab 1814 studierte er Rechtswissenschaften, und 1817 nahm er die Assistentenstelle für höhere Mathematik an der Universität Wien an. 1821 wurde Salomon Professor am Polytechnikum und später an der Universität Wien. Er starb am 2. Juli 1856.

## Sandrockgasse

**Donaufeld, führt von der Arbeiterstrandbadstraße zur Donauturmstraße; benannt nach der Schauspielerin Adele Sandrock.**

Adele Sandrock wurde am 19. August 1864 in Rotterdam geboren. Sie war Schauspielerin am Wiener Volkstheater und am Burgtheater. Adele Sandrock wirkte auch in mehreren Filmen mit. Sie starb am 30. August 1937 in Berlin. Ihr Grab befindet sich auf dem Matzleinsdorfer Friedhof.

## Sandthalenstraße

**Stammersdorf, nördlich der Schuchardtstraße; benannt nach Sandthalen.**

„Sandthalen" ist ein alter Flurname, der als Gassenname weiterbesteht.

## Sandtnergasse

**Stammersdorf, führt von der Brünner Straße zur Friedrich-Manhart-Straße;**

benannt nach dem Stammersdorfer Wohltäter Josef Sandtner.

Über Josef Sandtner ist nicht mehr bekannt, als daß er in Stammersdorf als Wohltäter galt und dort 1852 gestorben ist.

## St.-Michael-Gasse

**Leopoldau, führt von der Großfeldstraße zur Kürschnergasse; benannt nach dem Erzengel Michael.**

Michael ist der oberste der sieben Erzengel. Die katholische Kirche feierte ursprünglich zwei verschiedene Feste zu seinem Gedächtnis: 15. März und 8. Mai. Beim Konzil in Mainz (813) entstand ein weiteres Michaelsfest zum 29. September. Es sollte die Einweihung der im Jahre 493 dem Erzengel in Rom erbauten Kirche verewigen. Dieser Festtag hat sich bis heute erhalten, während man von den anderen beiden abgekommen ist.

## Saphirweg

**Leopoldau, parallel zur Opalgasse; benannt nach dem Edelstein Saphir.**

Als Saphire werden alle durchsichtigen klaren Korunde (Aluminiumoxid) bezeichnet. Der Saphir erhält durch geringe Mengen anderer Metalloxide seine Färbung (blau, violett, gelblich, grün). Der rote Korund wird Rubin genannt. die größten Saphirlager befinden sich in Ceylon, Birma, Thailand, Montana (USA) und Madagaskar. Der Saphir hat ein spezifisches Gewicht von 3,9 bis 4 g/cm$^3$ und die Härtestufe 9 der zehnteiligen Mohs-Skala.

## Satzingerweg

**Donaufeld und Leopoldau, führt von der Bessemerstraße zum Raffaltplatz; benannt nach dem Flurnamen „Satzingen".**

Der Satzingerweg ist Teil eines alten Pflanzsteiges von Leopoldau zu den Gärten auf der Gemeindehutweide am Donauufer. Er führt an einem Feld mit dem Namen „In Satzingen" vorbei.

## Schaffernakgasse

**Groß-Jedlersdorf I, führt von der Ruthnergasse zur Schleidengasse; be-**nannt nach dem Wasserbautechniker Friedrich Schaffernak.

Friedrich Schaffernak wurde am 27. April 1881 in Windischgraz geboren. Er studierte an der Technischen Hochschule in Graz und erhielt 1904 den Titel Diplomingenieur. Er trat in den Staatsdienst und befaßte sich mit Bauaufgaben in der Steiermark, wie zum Beispiel mit der Mur-Drau-Regulierung. Von 1909 bis 1919 war Schaffernak im Ministerium für öffentliche Arbeiten beschäftigt. Danach nahm er eine Professur für Wasserbau in Wien an. Nach vierjähriger Tätigkeit in Bulgarien kehrte er nach Wien zurück und wurde Rektor der Technischen Hochschule. Er verfaßte zahlreiche Werke über Wasserbau. Schaffernak starb am 12. März 1951.

## Scheffelstraße

**Floridsdorf und Donaufeld, führt von An der oberen Alten Donau zum Hoßplatz; benannt nach dem Dichter Josef Viktor von Scheffel.**

Josef Viktor Scheffel wurde am 26. Februar 1826 in Karlsruhe geboren. Er studierte Rechtswissenschaft, Philosophie und Kunstgeschichte in München, Heidelberg und Berlin. Scheffel arbeitete in mehreren großherzoglichen Ämtern. 1854 legte er alle seine Ämter zurück, um sich der Kunst zu widmen. Er wollte Maler werden und hatte sich deshalb schon 1852 nach Rom zurückgezogen. Auf Capri schrieb er sein Erstlingswerk: „Der Trompeter von Säckingen", ein Sang vom Oberrhein." Nachdem er erkannt hatte, daß nicht die Malerei, sondern die Dichtkunst seiner Begabung entspricht, widmete er sich nur noch ihr. Nach einigen Reisen lebte er in Heidelberg und München, dann in Donaueschingen, wo er die Bibliothek des Fürsten Egon von Fürstenberg archivierte. 1864 ließ er sich in Karlsruhe nieder, wo er Karoline von Malzen, die Tochter des bayerischen Gesandten, heiratete. Zu seinem 50. Geburtstag wurde er in den Adelsstand erhoben. Weitere Werke: „Ekkehard" (1855), „Frau Aventiure" (1863), „Gaudeamus!" (1868). Die letzten Jahre lebte Scheffel auf seinem Besitz in Radolfzell am Bodensee. Er starb am 9. April 1886 in Karlsruhe.

## Schenkendorfgasse

**Donaufeld, früher Hamerlinggasse und Feldgasse, führt von der Leopoldauer Straße zur Bessemerstraße; benannt nach dem Dichter Max von Schenkendorf.**

Max Schenkendorf wurde am 11. Dezember 1783 in Tilsit geboren. Nach Rechtsstudien an der Königsberger Universität trat er als Kammerreferendar in den preußischen Staatsdienst ein. 1807 gab er mit Achim von Arnim, Johann Gottlieb Fichte und anderen die Zeitung „Vesta" heraus, die aber bereits nach sieben Monaten von der napoleonischen Zensur verboten wurde. Nach einem Duell in Karlsruhe (1812) blieb Schenkendorf rechtshändig gelähmt. 1813 trat er in den preußischen Generalstab ein und nahm an der Völkerschlacht bei Leipzig teil. Die letzten Jahre verbrachte er als Regierungsrat in Koblenz. Einige Werke: „Freiheit, die ich meine", „Muttersprache". Max Schenkendorf starb am 11. Dezember 1817 in Koblenz.

## Schererstraße

**Leopoldau, Großfeldsiedlung, führt von der Egon-Friedell-Gasse zur Seyringer Straße; benannt nach dem Literaturhistoriker Wilhelm Scherer.**

Wilhelm Scherer wurde am 26. April 1841 in Schönborn (Niederösterreich) geboren. Er besuchte das Gymnasium in Wien und studierte in Berlin. Er ist der Begründer der wissenschaftlich organisierten Historie der deutschen Literatur. Scherer betrieb sprach- und altertumskundliche Forschungen. Er lebte in Straßburg und seit 1877 in Berlin. Einige Werke: „Jacob Grimm", „Zur Geschichte der deutschen Sprache". Wilhelm Scherer starb am 6. August 1886.

## Scheydgasse

**Strebersdorf, führt von der Prager Straße zur Lohnergasse; benannt nach dem Müller Sebastian Scheyd.**

Der Müller Sebastian Scheyd soll 1714 die Feld- oder Emauskapelle errichtet haben, weil seine Mühle beim Hochwasser im Jahre 1708 gerettet worden war. Nach einer anderen Quelle soll Scheyd die Kapelle lediglich renovieren haben lassen. Vor wenigen Jahren mußte die Kapelle von ihrem bisherigen Standort entfernt werden. Die Firma Böhler, die den Platz brauchte, hat die Kosten für die Abtragung und Übersiedlung der Kapelle übernommen. Sie steht jetzt an der Tomaschekstraße.

## Schichtweg

**Donaufeld, führt von der Donaufelder Straße zur Firma Georg Schicht; benannt nach dem Fabriksbesitzer Georg Schicht.**

Georg Schicht wurde am 30. Juni 1849 in Ringelsheim (Sudetenland) geboren. In Wien erhielt er seine Ausbildung zum Baumeister. Er kehrte in seine Heimatstadt zurück, wo sich seit Generationen die Firma Schicht AG befand. In den siebziger Jahren des vorigen Jahrhunderts trennte er sich von dieser Firma und gründete 1883 eine eigene Fabrik in Floridsdorf. Dort stellte er Wasserglas her, ein Natrium- oder Kaliumsilikat, das in der Bau-, Textil-, Papier-, Metall- und Keramikindustrie verwendet wird. Georg Schicht setzte sich schon 1910 für den Bau einer Donaubrücke auf der Höhe der Innstraße ein. Er starb am 14. Dezember 1913 in Wien.

## Schillgasse

**Jedlesee, führt von der Jedleseer Straße zur Wiener Gasse; benannt nach dem Major Ferdinand Baptista von Schill.**

Ferdinand Schill wurde am 6. Jänner 1776 in Wilmsdorf bei Dresden geboren. 1788 trat er in ein preußisches Husarenregiment ein. 1807 bildete er ein Freikorps von tausend Mann, mit dem er die Verteidigung der Festung Kolberg unterstützte. Schill wurde nach dem Frieden zu Tilsit Major und Kommandeur des 2. Husarenregiments in Berlin. Am 28. April 1809 verließ er Berlin mit seinem Regiment unter dem Vorwand, Manöver abzuhalten. In Wirklichkeit wollte er durch eine kühne Unternehmung Preußen zum Krieg gegen Napoleon bewegen. Am 5. Mai hatte das Regiment bei Magdeburg das erste Gefecht. Sein Unternehmen fand nicht die Zustimmung des Königs. Von holländischen und dänischen Truppen hart bedrängt, verschanzte sich Schill in Stralsund. Am 31. Mai stürmten 6000 Holländer und Dänen die Stadt. Schill wurde dabei im Kampf erschossen.

## Schippergasse

**Groß-Jedlersdorf I, führt von der Gerasdorfer Straße zur Ruthnergasse; benannt nach dem Anglisten Jakob Schipper.**

Jakob Schipper wurde am 19. Juli 1842 bei Oldenburg geboren. Er studierte Theologie und Philosophie in Heidelberg und Berlin. In Bonn wandte er sich der neueren Philologie zu. Nach Aufenthalten in Paris, Rom und London arbeitete er in Oxford an einer Neuauflage eines Wörterbuchs mit. 1872 erhielt er eine Professur an der Universität in Königsberg. 1877 berief ihn die Wiener Universität als Professor für englische Philologie. Er gab die „Wiener Beiträge zur englischen Philologie" heraus und verfaßte mehrere wissenschaftliche Werke. Jakob Schipper starb am 20. Jänner 1915.

## Schleidengasse

**Groß-Jedlersdorf I, führt von der Scottgasse zur Tasmangasse; benannt nach dem Botaniker Matthias Jakob Schleiden.**

Matthias Jakob Schleiden wurde am 5. April 1804 in Hamburg geboren. Er studierte Rechtswissenschaften in Heidelberg und war Advokat in Hamburg. 1833 widmete er sich dem Botanikstudium in Göttingen und Berlin. 1839 nahm Schleiden eine Professur in Jena an, 1863 war er Professor der Botanik und Anthropologie in Dorpat. 1866 setzte er sich zur Ruhe, ging zuerst nach Dresden, dann nach Wiesbaden. Sein Hauptwerk sind die „Grundzüge der wissenschaftlichen Botanik". Schleiden starb am 23. Juni 1881 in Frankfurt am Main.

## Schleifgasse

**Groß-Jedlersdorf II und Donaufeld, führt von der Angerer Straße zur Pitkagasse; benannt nach dem Floridsdorfer Pfarrer Ignaz Schleif.**

Ignaz Schleif wurde am 4. November 1835 in Neutitschein geboren. Er war Pfarrer in Haselbach und kam am 8. Jänner 1880 an die Pfarrkirche St. Jakob in Floridsdorf. Während seiner Amtszeit wurden zwei neue Glocken aufgezogen, die vom Ehepaar Anna und Anton Pittner gestiftet worden waren. Schleif wurde am 22. Jänner 1883 als Kanzleidirektor ins Stift Klosterneuburg berufen. Dort starb er am 30. März 1898.

## Schliemanngasse

**Floridsdorf, führt von der Fahrbachgasse zur Bentheimstraße; benannt nach dem Archäologen Heinrich Schliemann.**

Heinrich Schliemann wurde am 6. Jänner 1822 in Neubuckow (Mecklenburg) geboren. Er war zuerst Kaufmannslehrling und ließ sich auf ein Schiff anwerben. Nach einem Schiffbruch arbeitete Schliemann in Amsterdam in einem Büro, wo er sich Sprachkenntnisse aneignete. 1846 wurde er nach Petersburg geschickt, wo er ein eigenes Geschäft gründete. Er lernte auch Altgriechisch und bereiste den europäischen Kontinent, Syrien und Ägypten. 1859 war er zum erstenmal in Griechenland. 1870 grub er, wo er das alte Troja vermutete. 1876 begann Schliemann in Mykenä zu graben. Er fand Schmuckgegenstände, Waffen und Skelette. In Griechenland entdeckte er noch viele Dinge – Überreste einer Stadt, das Schatzhaus des Minyas, in Orchomenos den Palast der Könige von Tiryns. Schliemann wurde 1879 zum Ehrendoktor der Universität Rostock und 1881 zum Ehrenbürger von Berlin ernannt. Er starb am 27. Dezember 1890 in Neapel.

## Schlossergasse

**Schwarzlackenau, früher Engerlinggasse, führt von der Autokaderstraße zur Wolsteingasse; benannt nach dem Kunsthistoriker Julius Schlosser.**

Julius Schlosser wurde am 23. September 1866 in Wien geboren. Er war Kunsthistoriker und lehrte an der Universität Wien. Seine besonderen Verdienste lagen auf dem Gebiet der Quellenkunde und der Geschichte der Kunstliteratur. Schlosser war auch Direktor des Kunsthistorischen Museums in Wien. Er veröffentlichte viele wissenschaftliche Arbeiten. Unter dem Pseudonym O. Hammer schrieb er auch belletristische Werke. Julius Schlosser starb am 1. Dezember 1938 in Wien.

## Schloßhofer Straße

**Floridsdorf, früher Kirchengasse, führt von Am Spitz zum Hoßplatz; benannt nach Schloßhof an der March.**

Nach der Neuanlage der Wiener Donaubrücken gegen Ende des 17. Jahrhunderts nahm der Verkehr am nördlichen Donauufer seinen Ausgang von einem einzigen Punkt. Nördlich der letzten Donaubrücke (Kuhbrückl) gabelten sich beim „Spitz" die Wege: Nordwärts führte der Weg nach Mähren, nach Nordwest verlief der Weg nach Böhmen, und flußabwärts, Richtung Osten, ging es nach Preßburg und nach Ungarn. Dieser Weg – einst Preßburger Straße genannt – führte von Floridsdorf über Donaufeld, Kagran, Hirschstetten, Aspern und andere Marchfelddörfer nach Schloßhof an der March. Dort querte der Weg den Grenzfluß und endete in Preßburg. Die Schloßhofer Straße war seit 1786 Dorfstraße von Floridsdorf, wurde ab 1836 Kirchengasse genannt und erhielt 1873 den gegenwärtigen Namen. Sie wurde um 1840 ausgebaut. Zu ihrer Erhaltung wurde eine Maut eingehoben. Eine der drei Mautstationen befand sich in Floridsdorf.

## Schnorrgasse

**Jedlesee, führt von der Johann-Knoll-Gasse zur Rasmussengasse; benannt nach dem Maler, Radierer und Lithographen Ludwig Ferdinand Schnorr von Carolsfeld.**

Ludwig Ferdinand Schnorr wurde am 11. Oktober 1788 in Königsberg geboren. Er war ein Schüler seines Vaters, des Malers Johann Veit Schnorr. Ab 1804 studierte Ferdinand Schnorr an der Wiener Akademie, hatte künstlerisch enge Beziehungen zu Friedrich Schlegel und Zacharias Werner. Herzog Albert von Sachsen-Teschen förderte das Werk von Schnorr. Der Maler machte Reisen nach Deutschland, Frankreich und in die Schweiz, 1841 wurde er erster Ku-

stos an der Wiener Belvederegalerie. Einige seiner Werke: „Der heilige Georg als Drachentöter" (Pfarrkirche Kahlenbergerdorf), „Petrus im Gefängnis" (Erzbischöfliches Schloß in Ober-St. Veit), „Speisung der Fünftausend" (Mechitaristenkloster Wien), Illustrationen romantischer Dichtungen und Sagen. Ludwig Ferdinand Schnorr starb am 13. April 1853 in Wien.

## Schönthalergasse

**Leopoldau, führt von der Egon-Friedell-Gasse zur Richard-Neutra-Gasse; benannt nach dem Holzbildhauer und Innenarchitekten Franz Schönthaler.**

Franz Schönthaler wurde am 21. Jänner 1821 in Neusiedl bei Grafenstein geboren. Er arbeitete als Bildhauer und Innenarchitekt. Von ihm stammen die Chorherrenstühle und die Kanzel im Grazer Dom, er lieferte Arbeiten für das Arsenal, die Börse, den Stephansdom, das Burgtheater und das Jagdschloß Lainz. Schönthaler starb 1904.

## Schöpfleuthnergasse

**Floridsdorf, führt von der Schloßhofer Straße bis An der oberen Alten Donau; benannt nach dem Gemeinderat Johann Schöpfleuthner.**

Johann Schöpfleuthner wurde 1827 in Süßenbrunn geboren. 1860 kam er nach Floridsdorf, wo er das Haus Hauptstraße Nr. 29 kaufte und neu aufbaute. Der Floridsdorfer Gemeindevertretung gehörte er von 1867 bis 1875 und von 1882 bis 1896 an. Er war im Sparkassenausschuß tätig. Johann Schöpfleuthner starb 1896.

## Schotterfeldweg

**Groß-Jedlersdorf I, führt von der Gerasdorfer Straße zum Karl-Benz-Weg; benannt nach dem Schotterfeld.**

„Schotterfeld" ist ein alter Flurname, der als Gassenname weiterbesteht.

## Schuchardtstraße

**Stammersdorf, früher Türkenstraße, führt von der Brünner Straße zur Tilak-**

straße; benannt nach dem Sprachforscher Hugo Ernst Mario Schuchardt.

Hugo Schuchardt wurde am 4. Februar 1842 in Gotha geboren. Schon im Alter von sieben Jahren schrieb er eine vielbeachtete Abhandlung über die griechische Grammatik, mit fünfzehn schrieb er über die thüringische Mundart. Er lernte Arabisch und Baskisch. Schuchardt, der zeitlebens krank war, studierte zuerst, dem Wunsch des Vaters folgend, Jus in Jena, widmete sich später aber dem Philologiestudium. Seine Doktorarbeit schrieb Schuchardt über das Vulgärlatein. 1870 war er Privatdozent in Leipzig, 1872 Professor in Halle, 1876 in Graz. Schuchardt beschäftigte sich vor allem mit der Sprachvermischung (Negerportugiesisch, Malaiospanisch usw.). Er starb am 21. April 1927 in Graz.

## Schulzgasse

**Floridsdorf, Groß-Jedlersdorf II und Jedlesee, führt von der Ohmgasse zur Josef-Ruston-Gasse; benannt nach dem General der Kavallerie Graf Schulz.**

General Schulz befehligte seit 1676 ein Dragonerregiment und führte 1683 die Besatzung der Wolfsschanze, nachdem der Herzog von Lothringen mit seinen Truppen aus dem Jedleseer Lager abgezogen war. Schulz schlug die Türken, als sie am 6. August 1683 versuchten, die Donau zu überqueren. General Schulz starb 1686.

## Schwaigergasse

**Groß-Jedlersdorf II und Floridsdorf, führt von der Sinawastingasse zur Prager Straße; benannt nach dem Armeninstitutsverwalter der Gemeinde Spitz, Josef Schwaiger.**

Josef Schwaiger wurde am 7. März 1805 in Ladendorf geboren. 1824 kam er zum Kaufmann Anton Habermayer nach Floridsdorf. Dessen Bruder Ignaz führte im Spitzer Wirtshaus einen Kaufmannsladen. Schwaiger heiratete nach dem Tod Ignaz Habermayers dessen Witwe und gründete das Kaufhaus „Zum goldenen Löwen". 1848 wurde Schwaiger zum Hauptmann der Nationalgarde gewählt. Ab 1840 war Schwaiger Geschworener und Verwalter des Armeninstituts der

Gemeinde Spitz. 1850 wurde er in den Ausschuß gewählt und gehörte der Gemeindevertretung bis 1867 an. Am 8. März 1883 ernannte ihn die Gemeinde zum Ehrenbürger. Schwaiger starb am 25. Juni 1893.

## Schwanngasse

**Groß-Jedlersdorf I, führt vom Marco-Polo-Platz zur Großbauerstraße; benannt nach dem Biologen Theodor Schwann.**

Theodor Schwann wurde am 7. Dezember 1810 in Neuß geboren. Er studierte Medizin und Philosophie in Bonn, Würzburg und Berlin. Von 1834 bis 1838 war er Assistent des Physiologen Johannes Müller. In dieser Zeit entdeckte Schwann das Pepsin, einen eiweißspaltenden Stoff im Magensaft. Schwann schrieb mehrere Arbeiten über künstliche Verdauung und medizinische Probleme. 1838 nahm er eine Professur in Löwen an, 1848 ging er nach Lüttich. Schwann konstruierte einen Apparat zum Atmen verdorbener Luft und verschiedene andere medizinische Geräte. Er starb am 11. Jänner 1882 in Köln.

## Schwarzenauweg

**Strebersdorf, führt von der Mayerweckstraße zur Roda-Roda-Gasse; benannt nach dem Ort Schwarzenau.**

Der Markt Schwarzenau, über die Horner Bundesstraße zu erreichen, liegt in 504 Meter Seehöhe. Mehr als 2000 Menschen leben dort. Besonders sehenswert ist das im 12. Jahrhundert erbaute Schloß, das allerdings 1945 stark beschädigt wurde.

## Schwemmäckergasse

**Groß-Jedlersdorf I, führt von der Jedlersdorfer Straße zur Ödenburger Straße; benannt nach den Schwemmäckern.**

„Schwemmäcker" ist ein alter Flurname, der als Gassenname weiterbesteht.

## Scottgasse

**Groß-Jedlersdorf I, führt von der Skraupstraße zur Ruthnergasse; benannt**

nach dem englischen Polarforscher Robert Falcon Scott.

Robert Scott wurde am 6. Juni 1868 in Outsland bei Davenport geboren. Er wurde Offizier bei der englischen Marine. 1901 bis 1904 führte er gemeinsam mit Dr. Edward Wilson und Ernest Shackleton eine Expedition zum Südpol durch. 620 Kilometer vor dem Pol waren die Expeditionsteilnehmer gezwungen, umzukehren. 1911 fuhr Scott wieder zum Südpol. Er erreichte ihn am 18. Jänner 1912 – vier Wochen nach dem Norweger Roald Amundsen. Auf dem Rückzug vom Pol kam Scott Ende März 1912 um. Über seine erste Expedition verfaßte er ein Buch.

## Sebaldgasse

**Leopoldau, führt von der Wagramer Straße zum Leopoldauer Platz; benannt nach dem Pfarrer Ivo Gustav Sebald.**

Ivo Gustav Sebald wurde am 2. Juli 1838 in Wien geboren. Er besuchte ein Gymnasium in Josefstadt und trat 1857 in den Orden der Augustiner-Chorherren ein. 1862 wurde er zum Priester geweiht. Ab 1864 war Sebald Kooperator in Nußdorf, wo er ab 1868 auch als Pfarrprovisor tätig war. Später wurde er Kaplan und Pfarrprovisor in Heiligenstadt, ging aber 1878 aus gesundheitlichen Gründen ins Stift Klosterneuburg, wo er als Sekretär des Prälaten, als Schatzmeister und als Zeremoniär wirkte. Von 1889 bis 1904 war Ivo Sebald Pfarrer von Leopoldau. Er schrieb ein Büchlein über den Ort. Ivo Sebald starb am 20. September 1904 in Wien.

## Sebastian-Kohl-Gasse

**Donaufeld, früher Fabriksgasse, führt von der Leopoldauer Straße zur Andreas-Hofer-Straße; benannt nach dem Chirurgen Dr. Sebastian Kohl.**

Sebastian Kohl wurde 1804 geboren. Er war Chirurg und Kriminalgerichtsarzt in Floridsdorf. Beim Bau der St.-Jakobs-Kirche im Jahre 1835 spendeten Sebastian Kohl und seine Gattin ein von Anton Bauhofer gemaltes Bild des heiligen Jakob und ließen außerdem den noch aus der alten Kapelle stammen-

den Bildrahmen vergolden. Kohl war auch Schulaufseher und Ortsrichter. Nach Josef Zaunscherb übernahm er dieses Amt 1839. Kohl war nur ein Jahr lang Richter und starb 1841.

## Semmelweisgasse

**Groß-Jedlersdorf I, führt von der Jedlersdorfer Straße zur Ödenburger Straße; benannt nach dem Gynäkologen Ignaz Philipp Semmelweis.**

Ignaz Philipp Semmelweis wurde am 1. Juli 1818 in Buda geboren. Er studierte zwei Jahre lang Philosophie an der Budapester Universität und kam 1837 nach Wien, wo er mit dem Medizinstudium begann. Er promovierte am 21. April 1844, legte das „Geburtshelfer-Jurament" ab und erwarb auch das Doktorat der Chirurgie. 1847 erkannte Semmelweis, daß das Kindbettfieber eine Wundkrankheit ist. Er ordnete vor jedem Eingriff die Waschung der Hände mit Wasser, Seife und Chlor an. Angriffe führender Geburtshelfer veranlaßten Semmelweis, 1851 nach Budapest zurückzukehren, wo er unter schlechten Verhältnissen arbeitete. In den Jahren 1857 bis 1860 schrieb er „Die Ätiologie, der Begriff und die Prophylaxis des Kindbettfiebers". Wegen deutlicher Anzeichen einer beginnenden Geisteskrankheit brachte ihn seine Familie nach Wien. Er starb am 13. August 1865 an einer von einer Operation herrührenden Vergiftung des Blutes.

## Senderstraße

**Stammersdorf, führt von der Hagenbrunner Straße zum Magdalenenhof und zur Senderzentrale Bisamberg; benannt nach dem Rundfunksender.**

Nahe beim Magdalenenhof (311 m Seehöhe) steht das Rundfunkgebäude, wo zwei Mittelwellensender betrieben werden. Über den 265 Meter hohen Nordmast, der das höchste Bauwerk Österreichs ist, wird das Programm von Österreich 1 ausgestrahlt, über den 125 Meter hohen Südmast wird das Programm von Österreich Regional gesendet. Vom Rundfunkgebäude auf dem Bisamberg werden alle Sender Österreichs gesteuert. Von 1933 bis 1945 dienten zwei 130 Meter hohe Masten als Sendeantennen. Im April 1945 wurde die gesamte Sendeanlage von Soldaten der zurückweichenden deutschen Armee gesprengt. 1950 wurde der Betrieb mit einem 65 Meter hohen Mast wieder aufgenommen.

## Seyringer Straße

**Leopoldau, führt von der Wagramer Straße zur Stadtgrenze; benannt nach dem Ort Seyring.**

Seyring ist vier Kilometer von Gerasdorf entfernt und mit dieser Gemeinde vereinigt. (Siehe Gerasdorfer Straße.)

## Shuttleworthstraße

**Groß-Jedlersdorf II, führt von der Brünner Straße zur Ruthnergasse; benannt nach einer Maschinenfabrik.**

An der Shuttleworthstraße lag die Hauptfront der „Landwirtschaftlichen Maschinenfabrik Hofherr-Schrantz-Clayton-Shuttleworth AG". In der Fabrik wurden Verbrennungsmotoren, Dampfdreschmaschinen, Sämaschinen, Mühlen aller Art, Mäher, Strohpressen, Häckselmaschinen, Pflüge, Lokomobile, Straßenwalzen und viele andere Maschinen hergestellt.

## Siegfriedgasse

**Donaufeld, früher Rüdigergasse, führt von der Leopoldauer Straße zum Satzingerweg; benannt nach dem Markgrafen Siegfried.**

Der Babenberger Adalbert war seit 1018 Markgraf von Österreich. 1043 begleitete er Kaiser Heinrich III. nach Ungarn, wo dessen Schützling, König Peter, abgesetzt worden war. Heinrich III. siegte und setzte Peter wieder als König ein. Das eroberte Land zwischen Fischa und Leitha gab er an Adalberts Sohn Luitpold weiter. Der aber starb noch im selben Jahr. Daraufhin wurde Graf Siegfried mit der Mark belehnt. 1048 wurde dieses Gebiet mit der Ostmark vereinigt. Leitha und March waren die Grenze.

## Siemensstraße

**Groß-Jedlersdorf I und Leopoldau, früher Eipeldauer Straße, führt von der Brünner Straße zum Leopoldauer Platz;**

benannt nach dem Physiker Ernst Werner von Siemens.

Ernst Werner Siemens wurde am 13. Dezember 1816 in Lenthe bei Hannover geboren. Er trat 1834 in Magdeburg in die preußische Artillerie ein und besuchte die Ingenieurschule in Berlin. 1841 meldete er ein Patent zur galvanischen Versilberung und Vergoldung an und konstruierte Maschinen. 1847 wurde Siemens der Kommission zur Einführung der elektrischen Telegrafen zugeteilt. Er konstruierte einen Zeiger- und Drucktelegrafen und erfand eine Maschine, die Kupferdrähte mit Isoliermaterial umgeben konnte. Später befaßte er sich mit Minen und deren elektrischer Zündung. Im Winter 1848/49 legte Siemens eine unterirdische Telegrafenlinie von Berlin nach Frankfurt und Aachen. Ab 1847 widmete er sich nur noch der mit dem Mechaniker Halske errichteten Telegrafenbauanstalt. In dieser Fabrik wurden viele Erfindungen gemacht: Tiefseekabel, der Dynamo, elektrische Distanzmesser, die elektrische Eisenbahn. Die Fabrik baute Telegrafenanlagen in Deutschland und das russische Telegrafennetz. Zweiggeschäfte in vielen Ländern entstanden. 1883 wurde unter der Leitung von Werner Siemens' Sohn Arnold ein technisches Büro in Wien gegründet. 1898 entstand in Leopoldau eine Kabelfabrik. Ernst Werner Siemens starb am 6. Dezember 1892.

## Siemensweg

**Leopoldau, zwischen den Schrebergärten „Werk Nr. VI", Siemensstraße und Maigasse; benannt nach dem Siemens-Werk (siehe Siemensstraße).**

## Sildgasse

**Groß-Jedlersdorf II, führt von der Jedleseer Straße zur Schulzgasse; benannt nach dem Floridsdorfer Kaufmann und Gemeinderat Lambert Sild.**

Lambert Sild wurde 1838 geboren. Er gehörte einer Familie an, die sich bereits im Jahr nach der Gründung Floridsdorfs hier ansiedelte. Die Familie Sild betrieb eine Warenhandlung, die sich bestens weiterentwickelte und heute als Abholmarkt „Cash & Carry

Conrad Sild" bekannt ist. Lambert Sild war auch Gemeinderat in Floridsdorf. Er starb 1890.

## Sinawastingasse

**Floridsdorf, Groß-Jedlersdorf II, führt vom Floridsdorfer Aupark zur Schwaigergasse (unterbrochen); benannt nach der Dienstmagd Anna Sinawastin.**

Anna Sinawastin war 35 Jahre lang die Dienstmagd der Familie Schwaiger. Vor ihrem Tod am 26. Dezember 1891 hat sie ihren Nachlaß von 3590 Gulden in einem mündlichen Testament einer Stiftung für arme alte Dienstboten in Floridsdorf gewidmet.

## Skraupstraße

**Groß-Jedlersdorf I, führt von der Gerasdorfer Straße zur Siemensstraße; benannt nach dem Chemiker Zdenko Hans Skraup.**

Zdenko Hans Skraup wurde am 3. März 1850 in Prag geboren. Nach dem Chemiestudium lehrte er an der Universität in Gießen, war 1879 Privatdozent an der Technischen Hochschule in Wien, 1881 an der Wiener Universität. 1886 unterrichtete er an der Technischen Hochschule in Graz und ein Jahr später auch an der dortigen Universität. Er befaßte sich mit Forschungen auf dem Gebiet der organisch-chemischen Synthese. 1906 kam er wieder nach Wien zurück, wo er am 10. September 1910 starb.

## Smaragdgasse

**Leopoldau, führt von der Hassingergasse zur Opalgasse; benannt nach dem Edelstein Smaragd.**

Der Smaragd ist eine chromhaltige Abart des Minerals Beryll. Der grasgrüne, fleckenlose Smaragd zählt neben dem Diamanten zu den kostbarsten Edelsteinen. Eines der größten Smaragdlager befindet sich in Kolumbien. Die bis zu 40 cm langen und 25 cm breiten Kristalle sind in dem auf Tonschiefer lagernden Kalk eingebettet. Im Ural, in Irland und Nordcarolina wurden Smaragde in Glimmerschiefer eingelagert gefunden. Der Smaragd wurde bereits im Altertum als Schmuckstein verwendet. Der Smaragd hat ein spezifisches Gewicht von 2,65 bis 2,75 g/cm³ und die Härtestufe 7,5 der zehnteiligen Mohs-Skala.

## Sölchgasse

**Leopoldau, führt von der Töllergasse zur Hassingergasse; benannt nach dem Geographen Johann Sölch.**

Johann Sölch wurde am 16. Oktober 1883 in Wien geboren, wo er an der Universität Geographie und Geschichte studierte. 1907 war er als Assistent am Geographischen Institut der Universität Leipzig tätig. In der Folge arbeitete er an der Universität Wien, an einer Mittelschule in Graz, an den Universitäten Innsbruck und Heidelberg und dann wieder in Wien. Hier wurde er Direktor des Geographischen Instituts. Johann Sölch starb 1951.

## Sorgenthalgasse

**Leopoldau, führt von der Siemensstraße zur Schönthalergasse; benannt nach dem Direktor der Wiener Porzellanmanufaktur Konrad von Sorgenthal.**

Konrad Sorgenthal wurde 1735 in Nürnberg geboren. Im Siebenjährigen Krieg (1756–1763) diente er in der Armee, trat aber nach einer Verwundung in den Zivilstaatsdienst ein. 1765 wurde Sorgenthal zum niederösterreichischen Commerzienrat ernannt, fünf Jahre später erhielt er den Regierungsauftrag, die Wollmanufakturen in Böhmen und Mähren zu untersuchen, um ähnliche Manufakturen auch in Sachsen und im Voigtland aufbauen zu können. 1771 brachte Sorgenthal einer herabgekommenen Wollfabrik in Linz wieder wirtschaftlichen Aufschwung. Auch in der Porzellan- und Spiegelindustrie erwarb er sich große Verdienste. Unter seiner Führung fand das Kunsthandwerk (keramische Malerei) wieder Beachtung. Sorgenthal wurde zum Direktor aller Aerarial-Fabriken (Staatsfabriken) ernannt. Er starb am 17. Oktober 1805 in Wien.

## Spanngasse

**Donaufeld, Bruckhaufen, früher Neugasse, führt vom Hubertusdamm zur**

**Kugelfanggasse;** benannt nach dem Gastwirt Matthias Spann.

Matthias Spann war zur Zeit der großen Überschwemmung im Jahre 1830 Wirt des Gasthofes Am Spitz, dem „Spitzer Wirtshaus". Er und seine Dienstleute retteten in mehreren Fahrten mit einem kleinen Boot mehr als hundert Menschen vor dem sicheren Ertrinken.

## Sperbergasse

**Schwarzlackenau, früher Hansgasse, führt von der Wolsteingasse zur Adolf-Uthmann-Gasse; benannt nach dem Sperber.**

Der Sperber gehört zu der Gruppe der Habichte. Die Sperber bewohnen Gebiete, in denen Wälder mit Buschlandschaften, Lichtungen, Kultursteppen, See- und Flußufer einander abwechseln. Die kurzen runden Flügel und die langen Schwanzfedern machen den Sperber zum wendigen Flieger. Sperber werden höchstens 37 Zentimeter lang, die Spannweite beträgt bis zu 77 Zentimeter. Die weiblichen Sperber werden 300 Gramm schwer, die Männchen nur bis zu 130 Gramm. Die Nahrung des Sperbers besteht aus Kleinvögeln und kleinen Säugetieren. Das Weibchen legt drei bis sechs Eier, die es 36 Tage allein bebrütet.

## Spitzweg

**Leopoldau, Gartensiedlung parallel zur Seyringer Straße; benannt nach dem Maler Carl Spitzweg.**

Carl Spitzweg wurde am 5. Februar 1808 in München geboren. Er war Apotheker und bildete sich selbst zum Maler aus. Seine Hauptwerke sind: „Der arme Poet", „Frauenbad in Dieppe", „Das Ständchen", „Die rastende Schauspielertruppe". Er schilderte die Biedermeierwelt vor allem in kleinformatigen Bildern. Spitzweg starb am 23. September 1885 in München. Die nach ihm benannte Gartensiedlung östlich der Seyringer Straße entstand 1936 und wurde 1947 vereinsrechtlich anerkannt.

## Sportweg

**Donaufeld, führt von der Kugelfanggasse zur Sandrockgasse; benannt nach dem Sport.**

## Spöttlgasse

**Jedlesee und Strebersdorf, führt von der Prager Straße zur Guschelbauergasse; benannt nach dem Wiener Heimatforscher Ignaz Spöttl.**

Ignaz Spöttl wurde am 4. Mai 1834 in Wien geboren. Er besuchte die Akademie der bildenden Künste und betätigte sich als Historienmaler. Große Verdienste erwarb er sich bei der Erforschung der Vorgeschichte Österreichs. Obwohl er kein Fachgelehrter war, erschienen seine Berichte in mehreren Fachzeitschriften. Er sammelte Taler, die nach seinem Tod als „Spöttl-Sammlung" bekannt wurden und in den Besitz des Museums der Stadt Wien übergingen. Ignaz Spöttl starb am 7. Jänner 1892 in Wien.

## Staackmanngasse

**Strebersdorf, Sackgasse, in der Autokaderstraße beginnend; benannt nach dem Verleger Johann August Ludwig Staackmann.**

Ludwig Staackmann wurde am 3. Juni 1830 in Wolfenbüttel geboren. 1869 gründete er in Leipzig einen Verlag, der vor allem schöngeistige Werke deutscher und österreichischer Schriftsteller – wie etwa von Peter Rosegger – herausgab. Ludwig Staackmann starb am 13. Dezember 1896 in Leipzig. Nach der Teilung Deutschlands übersiedelte der Verlag nach Bamberg (1945).

## Stammersdorfer Straße

**Stammersdorf, früher Hauptstraße, führt von der Hagenbrunner Straße zur Grenze von Wien; benannt nach dem Ort Stammersdorf.**

Stammersdorf wurde schon im 12. Jahrhundert als Stenmarsdorf und als Staemesdorf genannt. Der Ort wurde bei vielen kriegerischen Auseinandersetzungen gestürmt und teilweise niedergebrannt. Da die Lößschicht im Gebiet von Stammersdorf stellenweise bis zu zwölf Meter tief ist, hat man schon in alter Zeit Weinkeller angelegt. In der Weinhauersiedlung Stammersdorf beginnt die Lokalbahn nach Zistersdorf und Poysdorf.

## Steidlgasse

**Stammersdorf, führt von der Clessgasse zur Stammersdorfer Straße; benannt nach dem Stammersdorfer Gemeindearzt Josef Steidl.**

Josef Steidl wurde am 4. Februar 1769 in Hohenstadt geboren. Gemeinsam mit seiner Frau Antonia Steidl, geborene Resch, siedelte er sich in Stammersdorf an, wo er den Posten eines Gemeindearztes erhielt. Josef Steidl starb am 22. Mai 1850 in Stammersdorf.

## Steinbügelweg

**Stammersdorf, sollte richtiger Steinbühelweg heißen, führt von der Dr.-Nekowitsch-Straße zur Unteren Jungenberggasse, benannt nach dem Steinbühel.**

„Steinbühel" (Bühel = Hügel) ist ein alter Flurname, der als Gassenname weiterbesteht.

## Steinheilgasse

**Donaufeld und Leopoldau, früher Siemensstraße, führt von der Leopoldauer Straße zur Dolezalgasse; benannt nach dem Physiker und Elektrotechniker Karl August Steinheil.**

Karl August Steinheil wurde am 12. Oktober 1801 in Rappoltsweiler (Elsaß) geboren. Er studierte Rechtswissenschaften in Erlangen, in Göttingen und Königsberg Astronomie. Ab 1825 lebte er auf dem väterlichen Gut und beschäftigte sich mit astronomischen und physikalischen Arbeiten. 1832 erhielt Steinheil eine Professur an der Universität München. 1846 berief ihn die neapolitanische Regierung zur Regulierung des Maß- und Gewichtssystems. 1849 trat er in österreichische Dienste und richtete ein vollständiges Telegrafensystem in allen Kronländern ein. Auch in der Schweiz baute er Telegrafenstationen. 1852 kam er ins Handelsministerium nach München. In dieser Stadt gründete er eine optisch-astronomische Anstalt. Steinheil gilt als Begründer der elektromagnetischen Telegrafie. Er erfand die elektrische Uhr und stellte das erste Daguerrotypbild (Vorläufer der Fotografie) in Deutschland her. Steinheil starb am 12. September 1870 in München.

## Stephensongasse

**Donaufeld, führt von der Mühlschüttelgasse zur Floridusgasse; benannt nach dem englischen Ingenieur George Stephenson.**

George Stephenson wurde am 8. Juni 1781 in Wylam bei Newcastle geboren. Ursprünglich Maschinist, arbeitete er sich zum Direktor der Kohlenwerke in Darlington empor. 1814 baute er die erste Lokomotive für das Kohlenwerk Killingworth. Stephenson gründete 1824 in Newcastle eine Maschinenfabrik, und im folgenden Jahr baute er die erste Eisenbahn zwischen Stockton und Darlington. 1829 folgte der Bau der Liverpool-Manchester-Eisenbahn. Stephenson baute dann die bedeutendsten englischen Eisenbahnen und wurde nach Belgien, Holland, Frankreich, Deutschland, Italien und Spanien geholt. Er starb am 12. August 1848 in Tapton-House bei Chesterfield.

## Stöhrgasse

**Strebersdorf, führt von der Arnimgasse zum Groligweg; benannt nach dem Philosophen Adolf Stöhr.**

Adolf Stöhr wurde am 24. Februar 1855 in St. Pölten geboren. Er studierte Philosophie an der Universität Wien, wo er später als Professor das Spezialgebiet der Sprachphilosophie lehrte. Stöhr war auch auf den Gebieten der theoretischen Physik und der Psychologie tätig. Adolf Stöhr starb am 10. Februar 1921 in Wien.

## Stooßgasse

**Schwarzlackenau, führt von der Mallygasse zur Audorfgasse; benannt nach dem Strafrechtslehrer Carl Stooß.**

Carl Stooß wurde am 13. Oktober 1849 in Bern geboren, wo er Rechtswissenschaften studierte. Er war als Anwalt und Richter tätig. Stooß wurde mit den Vorarbeiten des Schweizer Strafrechts betraut. Er wurde 1896 nach Wien berufen und arbeitete hier einen neuen Strafgesetzentwurf aus. Stooß nahm eine Professorenstelle an der Wiener Universität an. Er starb am 24. Februar 1934 in Graz.

## Stowassergasse

**Strebersdorf, führt von der Dirnelstraße zur Kallbrunnergasse; benannt nach dem Altphilologen Josef Maria Stowasser.**

Josef Maria Stowasser wurde am 10. März 1854 in Troppau geboren. Er wurde Gymnasialprofessor und Regierungsrat. Stowasser verfaßte viele Arbeiten über römische Literatur, besonders über die lateinische Sprache und Wortkunde. Er verfaßte ein lateinisch-deutsches Schulwörterbuch. Josef Maria Stowasser starb am 24. März 1910 in Wien.

## Strandgasse

**Donaufeld, Bruckhaufen, führt von der Birneckergasse zur Sandrockgasse; benannt nach dem Strand der Alten Donau.**

Der Name Strandgasse wurde deshalb gegeben, weil diese Gasse in Richtung zum Strand der Alten Donau führt.

## Strebersdorfer Platz

**Strebersdorf, zu ihm führen die Rußbergstraße, die Mayerweckstraße, die Langenzersdorfer Straße und die Strebersdorfer Straße; benannt nach dem Ort Strebersdorf.**

Ein Ort Strobersdorf wurde erstmals 1078 genannt. Er lag Überlieferungen nach westlich des Nordwestbahndammes in der Nähe der Scheydgasse. Ein Hochwasser vernichtete ihn zu Beginn des 15. Jahrhunderts. Die Überlebenden siedelten sich am Südfuß des Bisamberges an. Ein neuer Ort war entstanden.

## Strebersdorfer Straße

**Groß-Jedlersdorf I und Strebersdorf, führt vom Bernreiterplatz zum Strebersdorfer Platz; benannt nach dem Ort Strebersdorf (siehe Strebersdorfer Platz).**

## Strohbogasse

**Strebersdorf, sollte richtig Strobogasse heißen, führt von der Einzingergasse zur Scheydgasse; benannt nach dem ersten Ansiedler in Strobersdorf.**

Strobo war vermutlich der Name des ersten Ansiedlers in Strobersdorf, das

Überlieferungen nach westlich des Nordwestbahndammes in der Nähe der Scheydgasse gelegen sein soll. Strobersdorf wurde schon 1078 genannt und zu Beginn des 15. Jahrhunderts durch ein Hochwasser gänzlich vernichtet.

## Stryeckgasse

**Floridsdorf, führt von der Frömmlgasse zur Prager Straße; benannt nach dem Spitzer Richter Lorenz Stryeck.**

Der Ortsrichter der Gemeinde Spitz, Lorenz Stryeck, wurde 1757 geboren. Er war Schuhmachermeister und wurde 1804 als Nachfolger des Richters Martin Bowelka gewählt. Stryeck hatte diese Tätigkeit bis zu seinem Tod im Jahre 1847 inne.

## Sumpfgasse

**Schwarzlackenau, führt von der Wolsteingasse zur Adolf-Uthmann-Gasse; benannt nach dem Sumpf.**

Sumpflandschaften findet man in den Tropen, gemäßigten und nördlichen Zonen. Sie bilden sich in breiten, flachen Flußtälern, auf waldbedeckten Ebenen mit tonigem Boden oder hohem Grundwasser, an den Mündungen großer Flüsse. Sie können auch beim Austrocknen von Süßwasserseen entstehen. Viele Tiere und Pflanzen finden im Sumpf gute Lebensbedingungen. Die im Sumpf durch Sauerstoffmangel absterbenden Pflanzen bilden Torf- und Moorlager. Im eisenreichen Wasser bildet sich der Raseneisenstein (Sumpferz).

# T

## Tasmangasse

**Groß-Jedlersdorf I, führt von der Ruthnergasse zur Berzeliusgasse; benannt nach dem holländischen Seefahrer Abel Janszoan Tasman.**

Abel Janszoan Tasman wurde 1602 oder 1603 in Lutgegast geboren. 1642 fuhr er mit zwei Schiffen um Mauritius und Australien herum und entdeckte dabei

Tasmanien, das er nach dem Gouverneur von Batavia „Van-Diemens-Land" nannte. Tasman entdeckte auch Neuseeland. 1644 unternahm Tasman eine zweite Fahrt. Er starb 1659 in Batavia.

## Tauschekgasse

**Groß-Jedlersdorf I, führt von der Ödenburger Straße zur Jedlersdorfer Straße; benannt nach dem österreichischen Erfinder Gustav Tauschek.**

Gustav Tauschek wurde am 29. April 1899 in Wien geboren. Er besuchte die Mittelschule, konnte aber wegen Geldmangels nicht weiterstudieren. Im Ersten Weltkrieg kam er in italienische Kriegsgefangenschaft, war später arbeitslos und erhielt erst 1920 einen Posten als Laufbursche bei der Nationalbank. 1924 erfand er eine Guillochiermaschine (zeichnet fein verschlungene Linien auf Wertpapiere und Urkunden), die er der Nationalbank verkaufte. Weiters erfand er: Buchhaltungsmaschinen, eine Art Lochkartensystem, Chiffriermaschinen, eine Schreibmaschine ohne Lettern, Rechenmaschinen, Tabelliermaschinen... Da er seine Patente im Inland nicht verwerten konnte, verkaufte er sie der amerikanischen International Business Machines Corporation (IBM). Tauschek starb am 14. Februar 1945 in Zürich.

## Teslagasse

**Jedlesee, führt vom Hubertusdamm zur Christian-Bucher-Gasse; benannt nach dem serbischen Physiker Nikola Tesla.**

Nikola Tesla wurde am 15. Juli 1856 in Kroatien geboren. Er studierte Physik am Polytechnikum in Graz, dann an den Universitäten Prag und Budapest. Tesla war Mitarbeiter von Edison. Ihm gelangen bahnbrechende Erfindungen auf dem Gebiet der drahtlosen Telegrafie. 1884 ging er als 28jähriger nach Amerika. Ihm zu Ehren gab Jugoslawien 1936 eine Sondermarke heraus, und die Einheit der magnetischen Kraftflußdichte wurde nach ihm benannt. Nikola Tesla starb 1943 in New York.

## Tetmajergasse

**Groß-Jedlersdorf II, Sackgasse, in der Jedleseer Straße beginnend; benannt** nach dem Rektor der Technischen Hochschule Wien, Ludwig von Tetmajer.

Ludwig Tetmajer wurde am 14. Juli 1850 in Kraupach (Ungarn) geboren. Von 1868 bis 1872 besuchte er das Polytechnikum in Zürich und war dann kurze Zeit Ingenieur bei der schweizerischen Nordostbahn. Nachdem er die Schweizer Staatsbürgerschaft angenommen hatte, wurde Tetmajer Honorarprofessor für Ingenieurwissenschaften. In Zürich gründete er das Zentrallaboratorium zur Materialprüfung. Er schrieb mehrere Fachwerke. Am 1. Oktober 1901 übernahm Tetmajer die Leitung der Technischen Hochschule in Wien. Er starb am 31. Jänner 1905.

## Thayagasse

**Leopoldau, führt von der Siemensstraße zur Seyringer Straße; benannt nach dem Fluß Thaya.**

Die Thaya ist ein rechter Nebenfluß der March. Sie entspringt bei Schweiggers im Waldviertel. Bei Raabs nimmt sie die mährische Thaya auf, verläuft dann auf tschechischem Staatsgebiet und ist nach Hardegg streckenweise Grenze gegen die Tschechoslowakei. Die Thaya mündet bei Hohenau in die March.

## Theodor-Körner-Gasse

**Donaufeld, früher Vereinsstraße, führt von An der oberen Alten Donau zur Donaufelder Straße; benannt nach dem Dichter Karl Theodor Körner.**

Karl Theodor Körner wurde am 23. September 1791 in Dresden geboren. Er besuchte die Bergakademie in Freiberg und studierte Rechtswissenschaften in Leipzig. 1811 wurde er wegen eines Duells von der Schule gewiesen, worauf er nach Berlin ging und dort Philosophie studierte. Im August des Jahres 1811 kam er nach Wien, wo er eine Anstellung als Hoftheaterdichter erhielt. Von 1811 bis 1813 schrieb er in rascher Folge Operntexte und dramatische Dichtungen. Einige seiner Hauptwerke: „Sühne", „Zriny", „Der Nachtwächter", „Tagebuch und Kriegslieder aus dem Jahr 1813". 1813 diente Körner beim Lützowschen Freikorps und fiel am 26. August 1813 in einem Gefecht bei Gadebusch.

## Thomagasse

**Groß-Jedlersdorf I, früher Albengasse, Sackgasse, von der Brünner Straße ausgehend; benannt nach dem Jedlersdorfer Gemeinderat Josef Thoma.**

Josef Thoma wurde 1835 geboren. Er war Hauptmann der Groß-Jedlersdorfer Feuerwehr und übernahm auch das Amt eines Gemeinderates. Er erwarb sich um die Gemeinde Jedlersdorf viele Verdienste. Thoma starb 1892.

## Tilakstraße

**Stammersdorf, führt von der Stammersdorfer Straße zur Hochfeldstraße; wurde vermutlich nach einem der ersten dort seßhaften Siedler benannt.**

## Töllergasse

**Leopoldau, führt vom Satzingerweg zur Leopoldauer Straße; benannt nach dem Amtmann Georg Töller.**

Der Amtmann Georg Töller schenkte der Gemeinde Leopoldau 1453 ein Haus. Er bestimmte, daß dort für immerwährende Zeiten die Armen des Ortes eine Zuflucht finden sollten. Das Armenhaus stand am Leopoldauer Platz 20 und wurde 1842 vom Ortsrichter Zeinlinger abgerissen. Er ließ ein neues „Gemeinde-Markthaus" bauen, in dem auch die Armen untergebracht werden konnten.

## Tomaschekstraße

**Jedlesee, Strebersdorf, führt von der Rudolf-Virchow-Gasse zur Schlossergasse; benannt nach dem Geographen Wilhelm Tomaschek.**

Wilhelm Tomaschek wurde am 26. Mai 1841 in Olmütz geboren. Er studierte in Wien und wurde hier Lehrer an einem Gymnasium. Seit 1877 war Tomaschek Professor für historische Geographie an der Grazer Universität, ab 1885 an der Wiener Universität. Er schrieb viele wissenschaftliche Arbeiten. Tomaschek starb am 9. September 1901.

## Topasplatz

**Leopoldau, östlich der Türkisgasse; benannt nach dem Edelstein Topas.**

Der Topas ist ein fluorhaltiges Aluminiumsilikat. Er ist selten farblos, meist gelb, blau, grün oder rosa. Der Topas hat die Härte 8 der zehnstufigen Mohsschen Härteskala und ein spezifisches Gewicht von 3,52 bis 3,58 g/cm³. Dieser Edelstein ist oft in zinnerzhaltigem Granit oder in quarzigem Ergußgestein eingebettet. Hauptfundorte sind Brasilien, Mexiko, Sibirien, Ceylon, Irland und Schweden.

## Trauzlgasse

**Strebersdorf, führt von der Hofherr-Schrantz-Gasse zur Lohnergasse; benannt nach dem Trauzlwerk.**

Das Trauzlwerk wurde 1889 als Ingenieurbüro für Erdbohrtechnik gegründet. Die erste Fabrik zur Herstellung der Bohreinrichtungen befand sich in der Brigittenau und wurde später nach Mödling verlegt. Nach 1914 übersiedelte die Firma nach Strebersdorf. Hier wurden Tiefbohreinrichtungen konstruiert und hergestellt. Das Werk wurde dann aufgelassen, die Gründe kaufte die Gemeinde Wien und siedelte dort, im Strebersdorfer Industriegebiet, große Firmen an.

## Triestinggasse

**Leopoldau, führt von der Thayagasse zur Illgasse; benannt nach dem Fluß Triesting.**

Die Triesting ist ein rechter Nebenfluß der Schwechat. Sie entspringt nordwestlich von Kaumberg und bildet die Südwestgrenze des Wienerwaldes. Die Triesting durchfließt das Wiener Bekken und mündet bei Achau.

## Trillergasse

**Groß-Jedlersdorf I, früher Thomagasse, führt von der Jedlersdorfer Straße zur Brünner Straße; benannt nach dem Hofkontrollor Andreas Triller.**

Andreas Triller war ein in Jedlersdorf wohnender Hofkontrollor. „Gott zu Ehren", wie es in der Inschrift heißt, hat Triller ein steinernes Kreuz aufstellen lassen, das einst das Wahrzeichen von Jedlersdorf war. Die aus Eggenburger Sandstein gefertigte Säule stammt aus der Mitte des 17. Jahrhunderts. Sie steht an der Brünner Straße, nächst der Trillergasse.

## Trisannagasse

**Leopoldau, führt von der Thayagasse zur Lavantgasse; benannt nach dem Fluß Trisanna.**

Die Trisanna entsteht aus der Vereinigung von Jambach und Vermuntbach bei Galtür, durchfließt das Paznauntal und vereinigt sich bei Wiesberg mit der aus dem Stanzer Tal kommenden Rosanna zur Sanna.

## Tschaikowskijgasse

**Jedlesee, führt von der Johann-Treixler-Gasse zur Tomaschekstraße; benannt nach dem Komponisten Peter Iljitsch Tschaikowskij.**

Peter Iljitsch Tschaikowskij wurde am 25. Dezember 1840 in Wotkinsk geboren. Er studierte Rechtswissenschaften in Petersburg und arbeitete dann im Justizministerium. Dort entdeckte er seine Neigung zur Musik, verließ den Staatsdienst und trat in das von Rubinstein gegründete Konservatorium ein. Vom Ende seiner Lehrzeit an – und nachdem er für die Kantate zu Schillers Gedicht „An die Freude" einen Preis erhalten hatte – wirkte er bis 1877 als Kompositionslehrer. Dann widmete er sich ganz seinen Kompositionen, wofür er ein kaiserliches Ehrengehalt kassierte. Zu seinen bedeutendsten Werken zählen die Opern „Eugen Onegin", „Die Jungfrau von Orléans", „Pique Dame" und „Jolanthe", weiters die Ballette „Schwanensee", „Dornröschen" und „Nußknacker", die 4. Sinfonie in f-Moll, die 5. Sinfonie in e-Moll, die 6. Sinfonie in h-Moll („Pathétique") sowie Klavierkonzerte, Streichquartette, Lieder und Sonaten. Tschaikowskij starb am 6. November 1893 in Petersburg.

## Tschechowgasse

**Schwarzlackenau, führt von der Puschkingasse zur Bussardgasse; benannt**

nach dem russichen Dichter Anton Pawlowitsch Tschechow.

Anton Pawlowitsch Tschechow wurde am 29. Jänner 1860 in Taganrog geboren. Er studierte Medizin und praktizierte kurze Zeit. Bald schon widmete er sich dem Schreiben und lebte als freier Schriftsteller und Mitarbeiter von Zeitungen und Zeitschriften. Er schrieb unter dem Pseudonym Tschechonte und hatte, als er diesen Namen ablegte, großen Erfolg. Tschechow unternahm mehrere Reisen. Sein Werk besteht aus Dramen, Skizzen und Kurzgeschichten. Einige Titel: „Eine langweilige Geschichte", „Ein Zweikampf", „Duell", „Krankensaal Nr. 6", „Die Möwe", „Onkel Wanja", „Der Kirchgarten". Tschechow starb am 15. Juli 1904 in Badenweiler.

## Türkenbundweg

**Stammersdorf, führt von der Ragwurzgasse zur Tilakstraße; benannt nach der Türkenbundlilie.**

Die Türkenbundlilie ist eine wildwachsende Art der Gattung Lilien. Sie wird auch Goldapfel, Goldwurz oder Marslilie genannt. Der Türkenbund wächst auf Bergwiesen und in schattigen Bergwäldern Europas (außer im Norden) bis in 2600 Meter Höhe. Der aufrechte, 30 bis 110 Zentimeter hohe Stengel trägt an der Spitze purpurfarbene, dunkel gefleckte Blüten. Die einzelnen Blütenblätter sind eingerollt und erinnern an einen Turban. Die Türkenbundlilie blüht von Mai bis Juli.

## Türkisgasse

**Leopoldau, führt von der Opalgasse zum Topasplatz; benannt nach dem Halbedelstein Türkis.**

Der Türkis ist ein blauer oder grüner undurchsichtiger Halbedelstein aus der Ordnung der Phosphate. Er hat eine Härte 5 bis 6 der zehnstufigen Mohsschen Härteskala und ein spezifisches Gewicht von 2,62 bis 2,80 g/cm³. Der Türkis besteht aus wasserhaltiger, phosphorsaurer Tonerde mit Eisen oder Kupfer, das ihm seine typische Farbe gibt. Die wichtigsten Fundorte sind Persien, Arabien, Tibet, Mexiko und die USA.

# U

## Überfuhrstraße

**Jedlesee und Schwarzlackenau, führt vom Marchfeldschutzdamm (Hubertusdamm) zur Anton-Bosch-Gasse; benannt nach der Donaufähre.**

Die Donaubrücken im Wiener Raum wurden 1439 errichtet. Bis dahin waren die Dörfer auf dem linken Stromufer durch Fähren (früher Urfahre genannt) mit Wien verbunden. Eine dieser wichtigen Überfuhren befand sich jahrhundertelang zwischen Nußdorf und Jedlesee. In neuerer Zeit besorgte ein Motorboot den Fährverkehr. Die Jedleseer Fähre war in der Zwischenkriegszeit sehr beliebt, wurde aber in den fünfziger Jahren eingestellt. Bevor noch das Motorboot Dienst tat, war ein kleines Dampfboot in Betrieb. Es hieß „Charlotte".

## Uhlirzgasse

**Leopoldau, Großfeldsiedlung, beginnt bei der Julius-Ficker-Straße und endet als Sackgasse nach der Wassermanngasse; benannt nach dem Historiker Karl Uhlirz.**

Karl Uhlirz wurde am 13. Juni 1854 in Wien geboren. Er war an den Universitäten in Wien und Graz tätig. Sein Spezialgebiet war die österreichische Geschichtsforschung. Darüber schrieb er einige Standardwerke: „Österreichische Geschichte" (2 Bände), „Handbuch der Geschichte Österreichs und seiner Nachbarländer Böhmen und Ungarn" (4 Bände). Seine Tochter Mathilde (geb. 24. April 1881, gest. 20. April 1966), ebenfalls Universitätsprofessorin für Geschichte in Graz, führte das Werk ihres Vaters weiter und veröffentlichte seinen Nachlaß. Karl Uhlirz starb am 22. März 1914 in Wien.

## Uhugasse

**Siedlung Schwarzlackenau, früher Gründergasse, führt von der Voltelinistraße zur Adolf-Uthmann-Gasse; benannt nach dem Uhu.**

Der Uhu und der Blaßuhu gehören zu den größten Eulen der Welt. Sie sind bis zu 73 Zentimeter lang und haben eine Spannweite von 170 Zentimeter. Sie werden bis zu 32 Kilo schwer. Der Uhu hat große, runde Augen. Die Regenbogenhaut ist orangerot gefärbt. Der Uhu bewohnt enge Schluchten, Nischen und Höhlen, Waldungen und Bruchwälder, aber auch Steppen und Wüsten. Seine Nahrung jagt er im offenen Gelände. Er frißt Mäuse, Ratten, Eichhörnchen, Hasen, Vögel, aber auch Frösche und Fische. Seine Beute macht er vorwiegend in der Dämmerung oder nachts. Unverdauliche Nahrungsreste werden als „Gewölle" ausgewürgt. Nach 35 Tagen Brutzeit schlüpfen die Jungen aus den zwei bis drei runden Eiern. Mit fünf Wochen verlassen sie das Nest und sind mit neun Wochen flugfähig.

## Untere Jungenberggasse

**Stammersdorf, führt von Am Bisamberg über den Südabhang des Bisamberges in nordöstlicher Richtung zur Hagenbrunner Straße; benannt nach den Unteren Jungenbergen.**

„Untere Jungenbergen" ist ein alter Flurname, der als Gassenname weiterbesteht.

## Untere Sätzen

**Strebersdorf, früher Kellerweg, führt von der Anton-Böck-Gasse bis Am Bisamberg; benannt nach den Unteren Sätzen.**

„Untere Sätzen" ist ein alter Flurname, der als Gassenname weiterbesteht.

# V

## Verbindungsweg

**Donaufeld, Bruckhaufen, führt von der Hubertusgasse zur Friedstraße; wurde so benannt, weil er die beiden Verkehrsflächen miteinander verbindet.**

## Vohburggasse

**Strebersdorf, führt von der Einzinger-gasse zur Scheydgasse; benannt nach dem Markgrafen Berthold von Vohburg.**

Die Vohburger, Markgrafen von Chamb am Regen (Bayern), ein 1204 ausgestorbenes Geschlecht, haben sich bei der Kolonisation der Mark im Osten Verdienste erworben. Sie wurden als erste Herren im ältesten Strebersdorf (Strobersdorf) genannt. Markgraf Berthold von Vohburg schenkte um 1160 seinen Hof zu Strobersdorf dem Kloster Reichenbach.

## Voltagasse

**Groß-Jedlersdorf II und Jedlesee, führt von der Prager Straße zur Jedleseer Straße; benannt nach dem Physiker Alessandro Graf Volta.**

Alessandro Volta wurde am 19. Februar 1745 in Como geboren, wo er auch studierte. 1774 wurde er Rektor des Gymnasiums und Professor der Physik, 1779 wurde Volta an die Universität nach Pavia versetzt. 1777 begründete er die Theorie von der Elektrizität. 1782 erfand Volta den Kondensator. Er bereiste 1777 und 1782 die Schweiz, Holland, Deutschland, England und Frankreich. Nach seiner Rückkehr führte er in der Lombardei den Kartoffelbau ein. Napoleon I. ernannte ihn zum Grafen und Senator des Königreiches Italien. Der Erfinder der Voltaschen Säule, des ersten Apparats, der einen dauernden elektrischen Strom abgab, wurde 1815 zum Direktor der philosophischen Fakultät der Universität Padua ernannt. Die elektrische Spannung wird in Volt gemessen. Alessandro Volta starb am 5. März 1827 in Como.

## Voltelinistraße

**Jedlesee und Schwarzlackenau, führt von der Georgistraße zur Josef-Türk-Gasse; benannt nach dem Rechtshistoriker Hans von Voltelini.**

Hans Voltelini wurde am 31. Juli 1862 in Innsbruck geboren. Er besuchte das Gymnasium in Innsbruck, studierte dann an der dortigen Universität und in Wien Philosophie und Jus. 1886 trat er als Volontär ins Haus-, Hof- und Staats-archiv ein. Ab 1899 unterrichtete er an der Universität Wien, ab 1902 in Innsbruck und ab 1908 wieder in Wien. Voltelini befaßte sich mit der Geschichte Wiens. Er schrieb Abhandlungen über Stadtverfassung, Stadtbild und Sozialgeschichte. 1913 erschien sein Buch „Die Anfänge der Stadt Wien". 1937 wurde ihm der Ehrenring der Stadt Wien verliehen. Voltelini starb am 25. Juni 1938 in Wien.

# W

## Wacholderweg

**Leopoldau, führt von der Lavantgasse zur Gerasdorfer Straße; benannt nach dem Wacholderbaum.**

Der gemeine Wacholder gehört zur Familie der Zypressengewächse. Man nennt ihn auch Heidewacholder, Kranewitt oder Machandel. Der Wacholder zählt zu den immergrünen Nadelhölzern. Er wächst selbst auf unfruchtbaren Sand- und Heideböden der nördlichen Erdhalbkugel. Der bis zu zwölf Meter hohe Baum gedeiht noch in 1800 Meter Höhe. Das aromatisch riechende Holz verwendete man früher als Räuchermittel. Die Wacholderbeeren sind im ersten Jahr grün und oval. Die volle Reife haben sie erst im Oktober des zweiten Jahres, dann sind die Beeren rund und blauschwarz gefärbt. Aus ihnen bereitet man Säfte und Schnäpse, oder sie werden als Gewürz verwendet.

## Wagramer Straße

**Leopoldau, kommt von der Reichsbrücke und führt auf Floridsdorfer Gebiet von der Sebaldgasse als Bezirksgrenze zur Stadtgrenze; benannt nach dem Ort Deutsch-Wagram.**

In Deutsch-Wagram fand am 5. und 6. Juli 1809 die Schlacht der Heere Erzherzog Karls und Napoleons statt, bei der der Franzose Sieger blieb. Der Ort liegt in 159 Meter Seehöhe und hat etwa 4450 Einwohner. Es wird vorwiegend Landwirtschaft betrieben, aber auch Industriebetriebe haben sich angesiedelt.

# Walkergasse

**Donaufeld, Bruckhaufen, früher Schießstattgasse, führt von der Donauturmstraße zur Rehgasse; benannt nach dem Universitätsprofessor Gustav Walker.**

Gustav Walker wurde am 21. April 1868 in Wien geboren. Er studierte Rechtswissenschaften und war in den Jahren 1922 bis 1938 Präsident des Abrechnungsgerichtshofs. Er verfaßte viele Schriften über internationales Recht. Walker starb am 1. Jänner 1944 in Wien.

# Waltenbergergasse

**Strebersdorf, führt von der Rußbergstraße zur Roggegasse, von da an Sackgasse; benannt nach dem Strebersdorfer Bezirksrat Johann Waltenberger.**

Johann Waltenberger wurde am 24. April 1876 in Kleinstetteldorf bei Hollabrunn geboren. Er stammte aus ärmlichsten Verhältnissen und war bereits mit zwei Jahren Vollwaise. Er wurde Fleischhauergehilfe und später Eisenbahner. Gemeinsam mit Conrad Lötsch gründete er eine Gewerkschaftssektion am Floridsdorfer Nordbahnhof. 1908 wurde Waltenberger Sektionsleiter der Sozialdemokratischen Partei in Strebersdorf. Von 1919 bis 1934 übertrug man ihm das Amt eines Bezirksrates. Nach den Februarunruhen im Jahre 1934 kam er für drei Monate ins Gefängnis. Von 1945 bis 1948 war er wieder als Bezirksrat tätig. Er wurde 1949 mit dem Victor-Adler-Orden ausgezeichnet. Johann Waltenberger starb am 10. April 1952 in Wien.

# Walter-Schwarzacher-Gasse

**Leopoldau, führt von der Dopschstraße zur Oswald-Redlich-Straße; benannt nach dem Gerichtsmediziner Dr. Walter Schwarzacher.**

Walter Schwarzacher wurde am 3. April 1892 in Salzburg geboren. Er studierte Medizin in Wien und Graz. 1927 wurde er Professor an der Universität in Heidelberg und später in Graz. 1945 war er Schwarzacher an der Prosektur in Salzburg tätig, ein Jahr später wurde er wieder an die Grazer Universität berufen. Noch 1946 berief man ihn an die Universität Wien, wo er von 1947 bis 1948 Dekan war. Walter Schwarzacher war Vorstand des Instituts für gerichtliche Medizin in Wien und Vizepräsident des obersten Sanitätsrates. Er lieferte etwa 50 wissenschaftliche Arbeiten. Schwarzacher starb am 4. Juli 1958.

# Wankläckergasse

**Groß-Jedlersdorf I, führt von der Ruthnergasse zur Reisgasse; benannt nach den Wankläckern.**

„Wankläcker" ist ein alter Flurname, der als Gassenname weiterbesteht.

# Wannemachergasse

**Groß-Jedlersdorf I, führt von der Brünner Straße zur Baumergasse; benannt nach dem Jedlersdorfer Pfarrer Martin Wannemacher.**

Martin Wannemacher kam am 18. September 1822 als Pfarrprovisor an die Jedlersdorfer Pfarre. Vorher ist er in Mödling gewesen. Ihm gelang es, das Jedlersdorfer Muttergottesbild, dem wunderbare Kräfte zugeschrieben wurden und das eine Zeitlang in der Karmeliterkirche aufbewahrt wurde, wieder nach Jedlersdorf zu bringen. Am 11. September 1824 wurde es wieder über dem Hochaltar der Jedlersdorfer Kirche befestigt. Pfarrer Wannemacher starb am 31. Jänner 1845.

# Warhanekgasse

**Donaufeld, früher Invalidengasse, führt von der Arbeiterstrandbadstraße zur Donauturmstraße; benannt nach dem Mitglied des Obersten Gerichtshofes Karl Warhanek.**

Karl Warhanek wurde am 4. Dezember 1860 in Wien geboren. 1884 legte er die Richteramtsprüfung ab, 1897 wurde er Gerichtssekretär und 1900 Landesgerichtsrat in Linz. Von 1907 bis 1912 war er in derselben Position in Wien tätig. 1912 stieg er zum Oberlandesgerichtsrat auf, und 1915 wurde er Hofrat des Obersten Gerichtshofes, wo man ihn 1923 zum Senatspräsidenten ernannte. Karl Warhanek war ein prominenter Gegner der Todesstrafe. Er starb am 11. März 1945 in Graz.

## Wassermanngasse

**Leopoldau, führt von der Kürschnergasse zur Seyringer Straße; benannt nach dem Schriftsteller Jakob Wassermann.**

Jakob Wassermann wurde am 10. März 1873 in Fürth geboren. Nach schwerer Jugend war er in mehreren Berufen tätig. Nach seinen ersten literarischen Erfolgen ließ er sich in Österreich nieder. Er wollte ein deutscher Dostojewskij werden, dazu reichte aber seine dichterische Kraft nicht. Dennoch war er lange Zeit ein international erfolgreicher Erzähler. Er ist der Verfasser großer psychologischer Zeitromane. Einige seiner Werke: „Die Juden von Zirndorf", „Der Moloch", „Alexander in Babylon", „Caspar Hauser oder Die Trägheit des Herzens", „Christian Wahnschaffe", „Der Fall Mauritius". Wassermann starb am 1. Jänner 1934 in Altaussee.

## Wedekindgasse

**Floridsdorf und Donaufeld, führt von der Freytaggasse zur Bodenstedtgasse; benannt nach dem Dichter Frank Wedekind.**

Frank Wedekind, der eigentlich Benjamin Franklin Wedekind hieß und auch unter dem Pseudonym Hieronymus Jobs schrieb, wurde am 24. Juli 1864 in Hannover geboren. Seine Jugend verlebte er in der Schweiz. Schon während der Schulzeit schrieb er Gedichte und Dramenentwürfe. In Lausanne studierte er Germanistik und war Reklamechef einer großen Firma. Anschließend arbeitete er als Journalist für einige Blätter. Wedekind machte mehrere Reisen, auf denen er überall die Bekanntschaft von Dichtern und Verlegern suchte. 1898 war er Schauspieler und Dramaturg am „Münchner Schauspielhaus". Von 1899 bis 1900 hielt man ihn wegen Majestätsbeleidigung auf der Feste Königstein gefangen. Danach wurde er Kabarettist. Als Schauspieler gastierte er in vielen europäischen Städten. Fast alle Stücke Wedekinds

waren während des Ersten Weltkriegs verboten. Einige Werke: „Frühlings Erwachen", „Franziska", „Erdgeist", „Die Büchse der Pandora", „Der Tantenmörder", „Rabbi Esrach". Frank Wedekind starb am 9. März 1918 in München.

## Wegscheidergasse

**Groß-Jedlersdorf I, führt von der Justgasse zur Tasmangasse; benannt nach dem Chemiker Rudolf Wegscheider.**

Rudolf Wegscheider wurde am 8. Oktober 1859 in Nagy Becskerek geboren. Von 1902 bis 1933 war Wegscheider Professor an der Universität Wien. Nach seiner Ernennung zum Hofrat wurde er Präsident des „Vereines österreichischer Chemiker". Wegscheider entwickelte die Theorie der chemischen Reaktionsgeschwindigkeit und war Wegbereiter der physikalischen Chemie. Er starb am 18. Jänner 1935 in Wien.

## Weilandgasse

**Stammersdorf, früher Smitalgasse, führt von der Schuchardtstraße zur Johann-Weber-Straße; benannt nach dem Mundartdichter Josef Weiland.**

Josef Weiland wurde am 21. September 1882 in Schrick (Niederösterreich) geboren. Er war Versicherungsbeamter. Seit 1920 lebte er in Stammersdorf, wo er unter anderem die Gedichte „Aus da Weingegnd" und „Herbst in meinem Weinberg" („Hirigst i mei'n Weinbiri") verfaßte, außerdem Erzählungen unter dem Titel „Laßt's eng darzähln". Weiland starb am 12. Juli 1961 in Wien.

## Weinsteiggasse

**Stammersdorf, führt von der Clessgasse zum Breitenweg; benannt nach den Weingärten.**

Der Weinsteig führt durch Stammersdorfer Weingärten. Dies hat der Gasse ihren Namen gegeben.

## Weisselgasse

**Floridsdorf, Groß-Jedlersdorf II und Donaufeld, früher Kretzgasse und Obermeiergasse, führt von der Ge-**

richtsgasse zur Nordbahnanlage; benannt nach dem Feuerwehroffizier und Schutzbundführer Georg Weissel.

Georg Weissel wurde am 28. März 1899 in Wien geboren. Schon während seiner Mittelschulzeit schloß er sich der sozialdemokratischen Bewegung an. Er studierte Chemie und war lange Zeit arbeitslos, erst 1926 wurde er als Brandadjunkt bei der Wiener Feuerwehr eingestellt. 1931 ist Weissel als Brandkommissär nach Floridsdorf gekommen. Er war auch der Gasoffizier der Wiener Feuerwehr und leitete in diesem Fach die Ausbildung. 1927 wurde er zum Kommandanten der Studentenabteilung „Akademische Legion" bestellt. Nachdem der Schutzbund, dem die Studentenabteilung angehörte, aufgelöst worden war, zog sich Weissel aus dem politischen Leben zurück. Erst 1933, unter dem Eindruck der weiteren politischen Entwicklung, kehrte er zum Floridsdorfer Schutzbund zurück. Am 12. Februar 1934 wurde ihm und einer Schutzbundabteilung die Aufgabe gestellt, das Floridsdorfer Polizeikommissariat auszuschalten. Er wurde von Polizeieinheiten gefangengenommen und wegen Aufruhrs zum Tod durch den Strang verurteilt. Das Urteil wurde am 15. Februar 1934 vollstreckt.

## Weißenwolffgasse

**Schwarzlackenau, führt von der Überfuhrstraße zur Voltelinistraße; benannt nach dem Feldmarschalleutnant Nikolaus Ungnad Graf Weißenwolff.**

Nikolaus Weißenwolff wurde am 16. August 1763 in Prag geboren. 1778 wurde er im Regiment Colloredo Nr. 57 als Fähnrich aufgenommen. 1788 war Weißenwolff bereits Hauptmann. Er bewährte sich bei der Schlacht von Würzburg, so daß Erzherzog Karl ihn aversah, die Siegesnachricht nach Wien zu bringen. Die Beförderungen zum Major, Oberst (1800) und Generalmajor (1805) blieben nicht aus. 1809 hatte Weißenwolff das Kommando über eine Infanteriebrigade (Kerpen- und Deutschmeisterinfanterie) im Hillerschen Armeekorps. Er kämpfte bei Landshut, Ebelsberg, Aspern, Wagram und Znaim. Bei Aspern wurde Weißen-

wolff zum Feldmarschalleutnant befördert. Er nahm auch an der Völkerschlacht bei Leipzig (1813) teil und wurde schließlich Militärkommandant von Linz. Weißenwolff starb am 11. April 1825 in Linz.

## Wenhartgasse

**Jedlesee, früher Kirchengasse, führt von der Christian-Bucher-Gasse zum Lorettoplatz; benannt nach dem Pfarrer Vinzenz Wenhart.**

Pfarrer Vinzenz Wenhart wurde am 24. März 1831 geboren und kam 1869 von Staatz an die Lorettokirche in Jedlesee. Er legte 1873 den Jedleseer Friedhof an. Als erster wurde dort der praktische Arzt Jakob Schoßer begraben. Pfarrer Wenhart ließ auch den Turm der Lorettokirche erbauen. Die Kirche wurde außerdem vergrößert, eine neue Orgel und neue Glocken wurden angeschafft. Pfarrer Wenhart starb am 12. Februar 1893.

## Werndlgasse

**Groß-Jedlersdorf II, früher Nordbahngasse, Nordwestbahnkolonie, Rieplgasse, führt von der Brünner Straße zur Nordbahn; benannt nach dem Waffenfachmann Josef Werndl.**

Josef Werndl wurde am 26. Februar 1831 in Steyr geboren. 1866, nach dem Krieg mit Preußen, glaubte man, daß die Siege der Preußen auf ihre Hinterlader zurückzuführen seien. Man vergab den Auftrag zur Anfertigung solcher Gewehre an ausländische Fabriken. Daraufhin errichtete der Gewehrfachmann Werndl eine Waffenfabrik in Steyr, die vielen Menschen Arbeit bot. Werndl wurde Generaldirektor der österreichischen Waffenfabriks-Gesellschaft und Leiter der Gewehrfabriken im Arsenal zu Wien und Pest. Er ist der Erfinder des „Werndlgewehres", das bis 1888 in der österreichischen Armee verwendet wurde. Werndl starb am 29. April 1889 in Steyr.

## Wettsteingasse

**Schwarzlackenau, früher Wegscheidergasse, führt von der Audorfgasse zur Josef-Türk-Gasse; benannt nach dem**

Botaniker Richard von Westersheim Wettstein.

Richard Wettstein wurde am 30. Juni 1863 in Wien geboren, wo er auch sein Studium absolvierte. Nach der Lehramtsprüfung (1886) nahm er eine Professur an der deutschen Universität in Prag an. An der Verlegung des Botanischen Gartens in die Prager Neustadt wirkte Wettstein maßgeblich mit. Später gestaltete er auch in Wien den Botanischen Garten. Er war seit 1900 Mitglied der kaiserlichen Akademie der Wissenschaften, auf deren Kosten er eine Forschungsreise nach Südbrasilien unternahm. Das „Handbuch der systematischen Botanik" ist sein Hauptwerk. Wettstein starb am 10. August 1931 in Trins (Tirol).

## Wiener Gasse

**Jedlesee, führt von der Anton-Bosch-Gasse zur Anton-Dengler-Gasse; benannt nach der Stadt Wien.**

Die Wiener Gasse ist das Teilstück eines alten Weges, der von Langenzersdorf entlang der Schwarzen Lacke über Jedlesee zu den Donaubrücken führte. Von den Donaubrücken kommend, war er der kürzeste Weg zur Überfuhr Jedlesee–Nußdorf. Wien ist 414 km² groß und hat etwa 1,62 Millionen Einwohner. Im 1. Jahrhundert nach Chr. wurde am alten Kreuzungspunkt der nord-südlichen und west-östlichen Handelswege das römische Legionslager Vindobona errichtet. 1221 erhielt Wien das Stadtrecht.

## Wildbadgasse

**Donaufeld, Bruckhaufen, führt von der Arbeiterstrandbadstraße zur Walkergasse; benannt nach den Möglichkeiten zum Wildbaden an der Alten Donau.**

An der Alten Donau gibt es neben den zahlreichen Strandbädern auch heute noch viele Möglichkeiten zum Wildbaden. Ein derartiges „Wildbad" befindet sich unterhalb des Birnersteges und wird im Volksmund „Beim Schotter" genannt.

## Wildgänsegasse

**Donaufeld, Bruckhaufen, führt von der Bruckhaufner Hauptstraße zur Warha-nekgasse; benannt nach den Wildgänsen.**

Die Wildgänse oder auch Graugänse gehören zur Familie der echten Gänse. Sie bewohnen schilfreiche, sumpfige Gebiete in Europa und Asien. Sie werden 70 bis 85 Zentimeter groß. Männchen und Weibchen haben das gleiche Federkleid. Es ist an der Oberseite dunkelgrau, der Kopf und die Unterseite sind hellgrau gefärbt. Die Flügel sind silbergrau umrandet. Der Schnabel der westlichen Rasse ist gelb, jener der östlichen ist fleischfarben. Wildgänse sind ausdauernde und schnelle Flieger (Zugvögel) und gute Schwimmer. Sie sind Pflanzenfresser. Ihre Nahrung suchen sie „gründelnd" im Wasser, „weiden" jedoch auch an Land. Die Graugans legt vier bis neun weißliche Eier in ein Bodennest, die sie vier bis fünf Wochen bebrütet. Die Jungen sind Nestflüchter. Wildgänse führen eine Dauerehe. Sie sind die Stammform der Hausgans, von der zahlreiche Arten gezüchtet wurden.

## Wildnergasse

**Schwarzlackenau, führt von der Voltelinistraße zur Audorfgasse; benannt nach dem Vorstand des Fürsorgeinstituts Floridsdorf, Gustav Wildner.**

Gustav Wildner wurde am 10. Juni 1896 in Igls (Tirol) geboren. Über ihn ist nicht mehr bekannt, als daß er einige Zeit hindurch das in Floridsdorf bestehende Fürsorgeinstitut geleitet hat. Gustav Wildner starb 1925 in Wien.

## Wilhelm-Raab-Gasse

**Floridsdorf, führt von der Schloßhofer Straße zur Patrizigasse; benannt nach dem Vorsteher der Müllergenossenschaft am Mühlschüttel Wilhelm Raab.**

Wilhelm Raab wurde 1818 geboren. Die Müller am Mühlschüttel hatten sich – wie die Müller anderswo auch – zu einer Genossenschaft zusammengeschlossen. Als am 14. April 1875 die Donau in ihr neues Bett umgeleitet wurde, mußten viele Müller vom Mühlschüttel übersiedeln. Diese Mühlen gehörten zur Schiffsmüllerzunft in Aspern.

Obwohl die Müller in drei politischen Bezirken verstreut waren, wurde 1875 der Weiterbestand der Genossenschaft beschlossen. Am 20. September 1877 wurde Wilhelm Raab zum Vorsteher der Genossenschaft gewählt. Ein Jahr darauf trat der Krieauer Johann Haller an seine Stelle, und die dortigen Müller bildeten eine neue Genossenschaft. Wilhelm Raab starb 1893.

## Winkeläckerstraße

**Jedlesee und Strebersdorf, führt von der Prager Straße zur ÖBB-Hauptwerkstätte Jedlersdorf; benannt nach den Winkeläckern.**

„Winkeläcker" ist ein alter Flurname, der als Gassenname weiterbesteht.

## Wolfsschanzengasse

**Floridsdorf, früher Obere Haidschüttgasse, führt von der Floridsdorfer Hauptstraße zur Grabmayrgasse; benannt nach einer Befestigungsanlage.**

Die Wolfsschanze sicherte die alte Donaubrücke am Jedleser Ufer. Vor 1698 befand sich die Brücke über den Hauptarm in der Nähe der heutigen Nordbrücke. 1645 wurde die Wolfsschanze von den Schweden unter General Torstenson erobert.

## Wolsteingasse

**Schwarzlackenau, von der Georgistraße parallel zur Voltelinistraße; benannt nach dem Arzt und Tierarzt Johann Gottlieb Wolstein.**

Johann Gottlieb Wolstein wurde am 14. März 1738 in Flinsberg geboren. Zu Beginn seines Studiums wandte er sich der Chirurgie zu. Durch bekannte Ärzte auf Wolstein aufmerksam gemacht, schickte ihn der Kaiser zur tierärztlichen Ausbildung nach Alfort bei Paris. Nach einem Aufenthalt in London kam Wolstein 1777 nach Wien, wo er als Direktor das von Scotti eröffnete Tierspital übernahm. Aus offensichtlich politischen Gründen wurde Wolstein 1795 seines Postens enthoben und des Landes verwiesen. Er starb am 3. Juli 1820 in Altona.

# Z

## Zallingergasse

**Schwarzlackenau, führt von der Georgistraße zur Blechschmidtgasse; benannt nach dem Rechtshistoriker Otto Zallinger.**

Otto Zallinger wurde am 27. November 1856 in Bozen geboren, wo er das Gymnasium besuchte. An der Universität Innsbruck studierte er Rechts- und Staatswissenschaften. 1883 nahm Zallinger eine Professorenstelle an der Universität Innsbruck an, zu deren Rektor er 1891/92 bestellt wurde. Im folgenden Jahr ging Zallinger an die Wiener Universität. 1906 mußte er wegen eines schweren Nervenleidens in den Ruhestand treten. Erst in den letzten Lebensjahren nahm er seine wissenschaftliche Arbeit wieder auf. Er verfaßte mehrere Werke über deutsche Reichsgeschichte. Otto Zallinger starb am 12. Mai 1933 in Salzburg.

## Zaunscherbgasse

**Floridsdorf, Sackgasse, in der Kramreitergasse beginnend; benannt nach dem Floridsdorfer Ortsrichter Josef Zaunscherb.**

Josef Zaunscherb löste 1833 den Floridsdorfer Ortsrichter Paul Neuhauser in seinem Amt ab. Zaunscherb blieb bis 1839 Richter. In dieser Zeit bemühte er sich vor allem um den Bau der St.-Jakobs-Kirche, der lange Zeit nicht genehmigt wurde. Zaunscherb ließ die Kirche sogar ohne Bewilligung der Landesstelle bauen, nachdem durch eine Sammlung genügend Kapital vorhanden war. Während seiner Amtszeit wurde die Strecke Wien–Floridsdorf der Kaiser-Ferdinand-Nordbahn gebaut. Zaunscherb blieb bis 1839 Ortsrichter. Seine Geldbörse wird im Floridsdorfer Bezirksmuseum aufbewahrt.

## Zehdengasse

**Leopoldau, früher Michael-Pacher-Gasse, führt von der Leopoldauer Straße zur Aderklaaer Straße; benannt nach dem Geographen Karl August Zehden.**

Karl August Zehden wurde am

16. August 1843 in Linz geboren, wo er auch das Gymnasium besuchte. In Wien betrieb er dann historische, geographische und nationalökonomische Studien. Nach seiner Staatsprüfung zum Dr. phil. (1868/69) arbeitete er eine Zeitlang im Archiv des Ministeriums für Inneres und ging 1871 als Lehrer für Geographie und Statistik an die Wiener Handelsakademie. Auf ausgedehnten Reisen lernte er, sein theoretisches Wissen mit der Praxis zu verbinden. 1882 wurde Zehden Professor für Verkehrsgeographie und Statistik an der neugegründeten Fortbildungsschule der Eisenbahnbeamten. 1888 ernannte man ihn zum Inspektor aller Handelsschulen mit deutscher und italienischer Unterrichtssprache in Österreich. Zehden erhielt die Große Goldene Medaille für Kunst und Wissenschaft sowie das Ritterkreuz des Franz-Joseph-Ordens. Er schrieb viele Werke mit wirtschaftsgeographischem Inhalt. Zehden starb 1901.

## Zelkinggasse

**Leopoldau, führt von der Lammaschgasse zur Jerusalemgasse; benannt nach dem Ritter Conrad von Zelking.**

Conrad Zelking war ein Gefolgsherr König Ottokars II. In dessen Auftrag schlichtete Zelking im Jahre 1260 einen Streit zwischen den Jedlersdorfern und den Leopoldauern. Infolge der zahlreichen Überschwemmungen hatte sich die gemeinsame Grenze beider Dörfer verwischt. Die Jedlersdorfer und die Leopoldauer konnten sich über den neuen Grenzverlauf nicht einigen. Am 14. März 1260 wurde von Conrad Zelking eine Urkunde ausgefertigt, in der der neue Grenzverlauf festgelegt wurde.

## Ziegelofenweg

**Strebersdorf, beginnt am Mühlweg, gegenüber der Eichfeldergasse; benannt nach dem Ziegelofen.**

In den Ziegelöfen, die auch in dieser Gegend standen, wurde der im Tagbau gewonnene Ton zu Ziegeln gebrannt. In den ersten vier Tagen heizte man schwach, später dann stark, so daß die Ziegel nach sieben oder acht Tagen gebrannt waren. Daraufhin wurden alle Öffnungen des Ofens verschlossen. Nach etwa fünf Tagen konnte der Ofen geleert werden.

## Zukunftsweg

**Leopoldau, führt von der Gerasdorfer Straße zur Lavantgasse; benannt nach der kommenden Zeit.**

## Zwerchbreitelngasse

**Stammersdorf, früher Kirchberggasse, führt von der Clessgasse zur Hagenbrunner Straße; benannt nach den Zwerchbreiteln.**

„Zwerchbreiteln" ist ein alter Flurname, der als Gassenname weiterbesteht.